Anwenden und Vernetzen

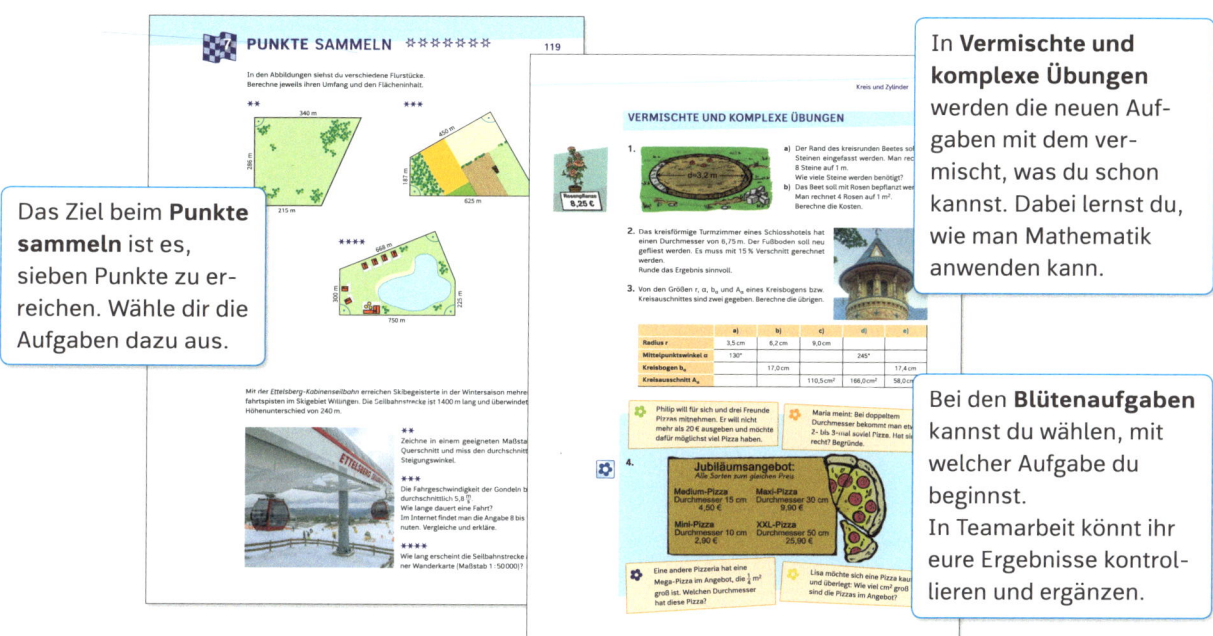

Das Ziel beim **Punkte sammeln** ist es, sieben Punkte zu erreichen. Wähle dir die Aufgaben dazu aus.

In **Vermischte und komplexe Übungen** werden die neuen Aufgaben mit dem vermischt, was du schon kannst. Dabei lernst du, wie man Mathematik anwenden kann.

Bei den **Blütenaufgaben** kannst du wählen, mit welcher Aufgabe du beginnst.
In Teamarbeit könnt ihr eure Ergebnisse kontrollieren und ergänzen.

Überprüfen und Testen

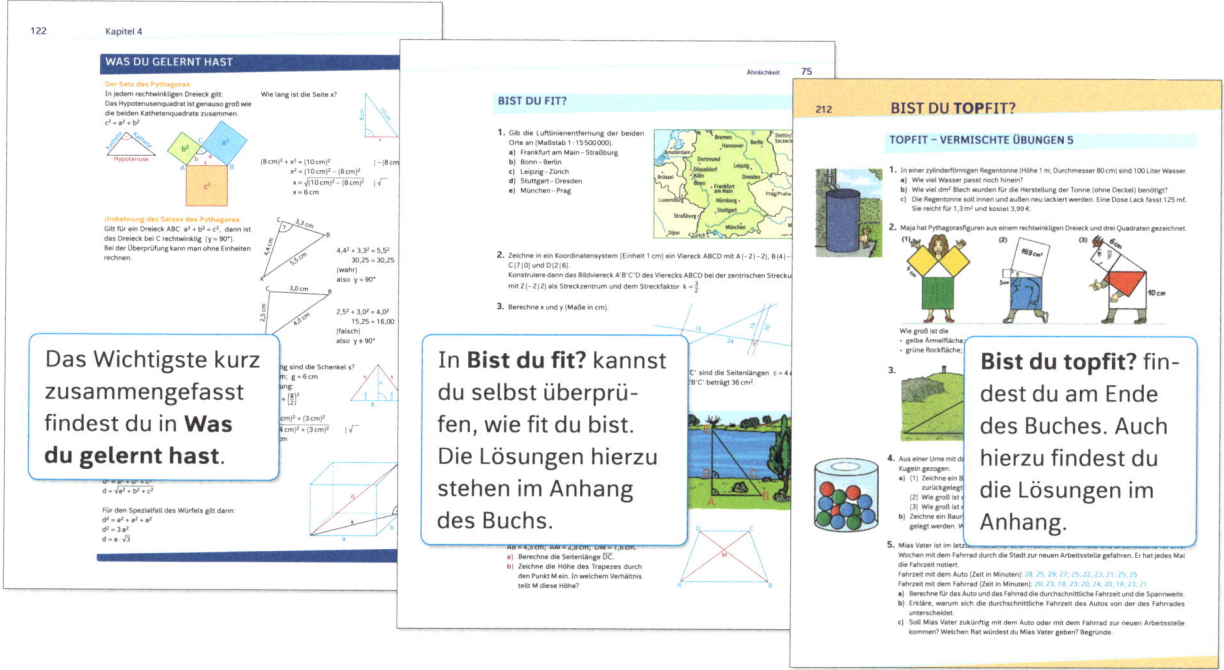

Das Wichtigste kurz zusammengefasst findest du in **Was du gelernt hast**.

In **Bist du fit?** kannst du selbst überprüfen, wie fit du bist. Die Lösungen hierzu stehen im Anhang des Buchs.

Bist du topfit? findest du am Ende des Buches. Auch hierzu findest du die Lösungen im Anhang.

Manche Aufgaben sind durch kleine Bilder gekennzeichnet.

Teamarbeit

Suche nach Fehlern

Blütenaufgabe

Internet

Tabellenkalkulation

Dynamische Geometrie-Software

offene Aufgaben

Dieses Bild zeigt dir, dass du hier etwas über den Umgang mit Medien lernst.

Mathematik heute 9

Hessen

Herausgegeben von
Rudolf vom Hofe, Bernhard Humpert
Heinz Griesel, Helmut Postel

Mathematik heute 9

Hessen

Herausgegeben und bearbeitet von

Prof. Dr. Rudolf vom Hofe, Bernhard Humpert
Prof. Dr. Heinz Griesel, Prof. Helmut Postel

Arno Bierwirth, Prof. Dr. Andreas Büchter, Heiko Cassens, Dr. Thomas Hafner,
Dirk Kehrig, Manfred Popken, Torsten Schambortski

An dieser Ausgabe für Hessen wirkten mit:
Eugen Ancke, Dirk Bresinsky, Katrin Friedrich, Christoph Maitzen,
Christina Mc Coy, Johannes Ressel, Axel Schnedler

westermann GRUPPE

© 2021 Westermann Bildungsmedien Verlag GmbH, Braunschweig
www.westermann.de

Druck A[1] / Jahr 2021
Alle Drucke der Serie A sind im Unterricht parallel verwendbar.

Redaktion: Doreen Hempel
Titel- und Innenlayout: LIO DESIGN GmbH, Braunschweig
Illustrationen: Carla Miller; Zeichnungen: Langner & Partner
Druck und Bindung: Westermann Druck GmbH, Braunschweig

ISBN 978-3-14-**150440**-8

INHALTSVERZEICHNIS

MATHEMATIK IN AUSBILDUNGSBERUFEN

Herzlich willkommen im 9. Schuljahr. Hast du schon mal darüber nachgedacht, wie viele Stunden deines Lebens du schon Mathematik gelernt hast? Wie viele Aufgaben hast du schon gelöst?

Auch nach deiner Schulzeit wirst du immer wieder Mathematik nutzen, um privat oder im Beruf „Aufgaben zu lösen". Dabei stellen die Ausbildungsberufe, die du erlernen kannst, ganz unterschiedliche Anforderungen an deine mathematische Kompetenz.

Im 9. Schuljahr wirst du häufiger die Möglichkeit haben, dich über unterschiedliche Ausbildungsberufe zu informieren. Deshalb beginnt dieses Schulbuch mit einem Blickpunkt, der für ausgewählte Berufe sichtbar machen soll, wie Mathematik dort zur Anwendung kommt.

Garten- und Landschaftsbau

Dass Handwerker auch gut rechnen können müssen, weißt du bestimmt schon.
Welche Beispiele fallen dir ein?
Die folgenden Situationen kommen im Arbeitsalltag eines Garten- und Landschaftsbauers vor.

Situation 1 Ein neuer Spielrasen soll in einem Garten gesät werden. Auf der Verpackung des Samens für den Spielrasen steht: Je nach gewünschter Dichte des Rasens sollen $25\,g/m^2$ bis $40\,g/m^2$ verwendet werden.

Situation 2 Auf einem 2 m breiten Gehweg sollen auf einer Länge von 30 m neue Platten verlegt werden. Die Gehwegplatten sind quadratisch mit der Seitenlänge 40 cm. Eine dieser Platten wiegt 11,8 kg.

Situation 3 Im Frühjahr können Kartoffeln gepflanzt werden. Dafür werden Kartoffeln mit ausgetriebenen Keimen 5 cm bis 10 cm tief in die Erde gesetzt. Die gepflanzten Kartoffeln sollen untereinander einen Abstand von ca. 40 cm haben. Außerdem sollen sie in Reihen gesetzt werden, damit man zwischen ihnen durchlaufen und die Erde in den Reihen anhäufen kann.

Situation 4 Bei der Gestaltung von Gärten nutzt man immer wieder Rechtecke. Diese werden häufig ohne Winkelmesser nur mithilfe von Maßbändern, mit denen man Längen messen kann, hergestellt. Eine Handwerkerregel besagt: Wenn bei einem Viereck die gegenüberliegenden Seiten jeweils gleich lang sind und die Diagonalen auch gleich lang sind, dann ist es ein Rechteck.

Kranken-, Kinder- und Altenpflege

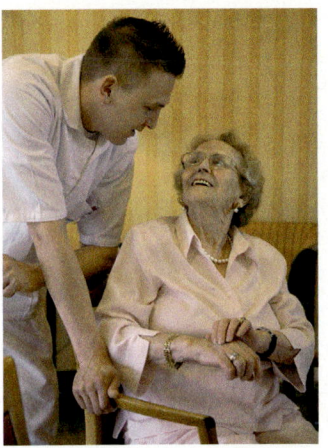

Im Gesundheitsbereich gibt es viele unterschiedliche Berufe. Einige kannst du nach dem 9. bzw. 10. Schuljahr erlernen, für andere musst du zunächst noch weiter zur Schule gehen und vielleicht später studieren.
In Pflegeberufen ist natürlich der einfühlsame Umgang mit Menschen ganz wichtig. Es gehört aber auch dazu, den anderen Menschen helfen zu können, indem Medikamente in der passenden Menge verabreicht werden oder wichtige Daten (Blutdruck, Puls, Körpertemperatur) erfasst werden.

Welche Situationen fallen dir zu diesen Berufen ein, in denen Mathematik eine Rolle spielt?

Situation 1 Viele Medikamente werden in unterschiedlicher Form angeboten, z. B. als Tabletten, als Saft oder als Zäpfchen. Die Dosierung des eigentlichen Wirkstoffs erfolgt dabei häufig in Abhängigkeit vom Körpergewicht der Menschen.
Auf einer Verpackung eines Medikaments steht, dass in 5 mℓ des Medikaments 100 mg des Wirkstoffs enthalten sind. Wer das Medikament nehmen muss, soll 75 mg des Wirkstoffs pro 10 kg Körpergewicht zu sich nehmen.

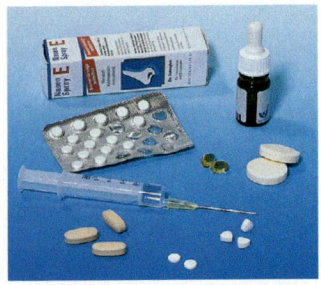

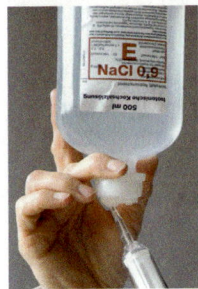

Situation 2 Wenn Menschen krank sind und nicht genügend trinken können, benötigen sie eine Infusion, damit der Körper nicht austrocknet. Hierfür werden zumeist 0,9 %ige Kochsalzlösungen verwendet, die 9 g Kochsalz und 1 Liter reines Wasser enthalten. Es kann vorkommen, dass die richtige Kochsalzlösung nicht vorrätig ist. Dann kann man sie etwa aus einer 3 %igen Kochsalzlösung herstellen, indem man sie passend mit reinem Wasser verdünnt.

Situation 3 Kinder leiden manchmal unter Fieberkrämpfen, die gefährlich sein können. Bei einem Fieberkrampf steigt das Fieber zuvor sehr schnell an.

Öffentliche Verwaltung

Eine Aufgabe der öffentlichen Verwaltung ist es, Steuern zu erheben oder Gebühren festzusetzen. Aber auch die Überwachung der Vorschriften zu Fluchtwegen und Standgrößen auf einem Wochenmarkt oder einem Volksfest gehören dazu. Darüber hinaus gibt es viele weitere Aufgaben, bei denen Berechnungen wichtig sind oder Pläne gelesen werden und Zahlen aus Gesetzen und Verordnungen passend berücksichtigt werden müssen.

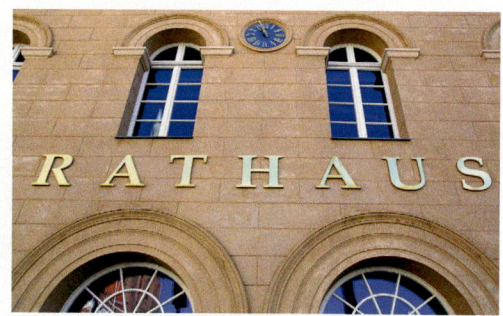

Situation 1 Eigentümer von Häusern müssen jedes Jahr bestimmte „Grundbesitzabgaben" an die Gemeinde bezahlen. Dazu gehören Gebühren für die Müllentsorgung und für die Abwasserentsorgung. Wenn in dem Haus Mietwohnungen sind, werden diese Kosten hinterher auf die Mieterinnen und Mieter verteilt.
In Gießen müssen im Jahr 2020 pro m³ Abwasser 2,05 € bezahlt werden. Für die Entsorgung des Restmülls berechnet die Stadt Gießen bei einer 240-Liter-Tonne und 4-wöchentlicher Leerung 162,00 € im Jahr 2020; für eine 120-Liter-Tonne werden bei 2-wöchentlicher Leerung 174,00 € berechnet.

Situation 2 Wer einen Garten hat, möchte vielleicht ein Gartenhaus hineinstellen. Das kann man z. B. im Baumarkt kaufen. Ab einer bestimmten Größe benötigt man zuvor eine Baugenehmigung. Die rechtlichen Vorschriften heißen in vielen Bundesländern „Bauordnung". Diese unterscheidet sich von Bundesland zu Bundesland erheblich. Häufig wird darin geregelt, ab wie viel „Raummetern" ein Gartenhaus genehmigungspflichtig ist.
Unter „Raummetern" wird dabei das Volumen im Inneren der Häuser verstanden. In manchen Bundesländern benötigt man erst ab 75 m³ eine Baugenehmigung, in anderen schon ab 30 m³.

Situation 3 Für den Besuch von Kindertagesstätten müssen die Eltern der Kinder in den meisten Gemeinden einen Beitrag an die Gemeinde zahlen. Die Höhe dieses Beitrags richtet sich bei den meisten Eltern nach dem jährlichen Einkommen, dem Alter der Kinder und der Betreuungszeit pro Woche.
In der abgebildeten Tabelle sind die Beiträge angegeben, die im Jahr 2020 in Göttingen für Kinder unter drei Jahren monatlich bezahlt werden mussten.

Jahreseinkommen	4 Std./Tag	6 Std./Tag	8 Std./Tag
bis 31 000 €	153 €	232 €	307 €
bis 36 100 €	166 €	249 €	331 €
bis 41 200 €	183 €	276 €	366 €
bis 46 400 €	200 €	303 €	402 €
über 46 400 €	221 €	333 €	441 €

Banken und Versicherungen

Wer im Finanzbereich – z. B. bei einer Bank – arbeitet, berät seine Kundinnen und Kunden häufig bei der Anlage von Geld oder bei der Finanzierung größerer Anschaffungen mit einem Kredit. Dabei sollte es immer darum gehen, dass für die Kundinnen und Kunden möglichst günstige Geldanlagen oder Kredite gefunden werden – und riskant sollten Geldanlagen und Kredite auch nicht sein.

Situation 1 Für größere Anschaffungen oder die Renovierung eines Hauses oder einer Wohnung müssen viele Menschen einen größeren Kredit aufnehmen. Die Bank leiht ihnen dann Geld und bekommt dafür Zinsen. Welche Kosten für das Leihen von Geld entstehen, wird in einem Kreditvertrag geregelt. Häufig wird darin vereinbart, dass das geliehene Geld monatlich verzinst wird und dass monatlich ein fester Betrag zurückgezahlt wird. Wie lange es dann dauert, bis der Kredit zurückgezahlt wurde, lässt sich gut mit einer Tabellenkalkulation berechnen. In den beiden Abbildungen wurde die Rückzahlung eines Kredits in Höhe von 5 000,00 € berechnet, der mit einem Zinssatz von 4,95 % pro Jahr verzinst wird und für den eine monatliche Zahlung („Rate") von 100,00 € vereinbart wurde. Die monatliche Verzinsung bedeutet hier, dass jeden Monat für den aktuellen Restbetrag ein Zwölftel der Jahreszinsen berechnet werden. Mit dem Rest der 100,00 € wird dann ein Teil des Kredits zurückbezahlt („getilgt"). Der Kredit im Beispiel wäre nach 57 Monaten mit einer Schlussrate von 11,24 € vollständig zurückbezahlt.

B7	▼	⋮	✕ ✓	*fx*	=D6*B$2/12

	A	B	C	D
1	Kredit	5.000,00 €		
2	Nominalzins	4,95%		
3	Rate	100,00 €		
4				
5	**Monat**	**Zinsen**	**Tilgung**	**Restbetrag**
6	0	0,00 €	100,00 €	5.000,00 €
7	1	20,63 €	79,38 €	4.920,63 €
8	2	20,30 €	79,70 €	4.840,92 €
9	3	19,97 €	80,03 €	4.760,89 €
10	4	19,64 €	80,36 €	4.680,53 €
11	5	19,31 €	80,69 €	4.599,84 €

C62	▼	⋮	✕ ✓	*fx*	=B$3-B62

	A	B	C	D
1	Kredit	5.000,00 €		
2	Nominalzins	4,95%		
3	Rate	100,00 €		
4				
5	**Monat**	**Zinsen**	**Tilgung**	**Restbetrag**
58	52	2,08 €	97,92 €	406,92 €
59	53	1,68 €	98,32 €	308,60 €
60	54	1,27 €	98,73 €	209,87 €
61	55	0,87 €	99,13 €	110,74 €
62	56	0,46 €	99,54 €	11,19 €
63	57	0,05 €	99,95 €	-88,76 €

Situation 2 Es gibt auch unterschiedliche Möglichkeiten, Geld zu sparen oder anzulegen. Angenommen, du hast 5 000,00 € geschenkt bekommen. Eine Bank bietet dir an, dass du das Geld dort für fünf Jahre fest anlegst und dafür jährlich 1,25 % Zinsen auf dem Konto gutgeschrieben bekommst. Bei einer anderen Bank würdest du im ersten Jahr 0,75 % Zinsen bekommen, im zweiten Jahr 1,00 % Zinsen, im dritten Jahr 1,25 % Zinsen, im vierten Jahr 1,50 % Zinsen und im fünften Jahr 1,75 % Zinsen.

Situation 3 Bei einer Kapitallebensversicherung zahlt man bis zu einem vereinbarten Zeitpunkt monatlich einen festen Betrag ein, der dann mit einem garantierten Zinssatz verzinst wird. Nach dem vereinbarten Zeitpunkt werden die eingezahlten Beiträge von der Versicherung in einer Summe oder als monatliche Rentenzahlung zurückgezahlt. Zurzeit beträgt der garantierte Zinssatz häufig weniger als 1,00 %, der durchschnittliche Kaufkraftverlust durch Inflation in Zukunft aber vermutlich 1,50 %.

KAPITEL **1**

LINEARE GLEICHUNGSSYSTEME

Klletterspaß für Jung und Alt!

2 Erwachsene und 2 Kinder
zahlen 60,– €

1 Erwachsener und 3 Kinder
zahlen nur 58,– €

Hochseilgarten

Wer Spaß am Klettern hat, kann in einem Hochseilgarten mithilfe von Seil- und Hängebrücken,
Netzen, Balken oder Kletterwänden verschiedene Hindernisse überwinden.
Der Betreiber eines Hochseilgartens wirbt mit der abgebildeten Anzeige.

» Versuche durch Schätzen und Probieren den Eintrittspreis für einen Erwachsenen und für
ein Kind zu bestimmen.
» Welchen Eintrittspreis müssen zwei Erwachsene mit einem Kind zahlen?

Ab nach Wien

Die Jugendlichen des TuS Fortuna starten mit dem Bus nach Wien zu einem internationalen Sportwettkampf. Zwei der Betreuer können erst später nachreisen und nehmen den Pkw.

» Was kannst du dem Graphen rechts auf einen Blick entnehmen?
» Welcher der Graphen gehört zu welchem Fahrzeug? Begründe.
» Gib jeweils auch die Funktionsgleichung an.
» Welche Bedeutung hat der Schnittpunkt der beiden Geraden? Begründe.

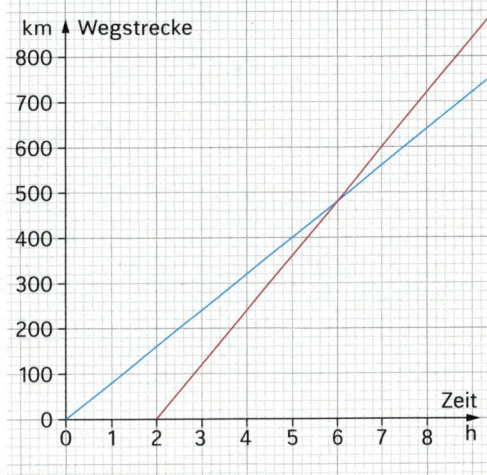

Englisches Zahlenrätsel

Old McDonald has a farm ...
He wants to know exactly how many cows and how many chickens he has. He knows that in total he has 84 chickens and cows and he knows that their total number of legs is 266.

IN DIESEM KAPITEL LERNST DU ...

... was lineare Gleichungen und was lineare Gleichungssysteme sind.
... wie man lineare Gleichungssysteme grafisch und rechnerisch löst.
... wie man lineare Gleichungssysteme zum Lösen von Sachaufgaben nutzt.

GLEICHUNGEN UND LINEARE FUNKTIONEN – GRUNDLAGEN

Gleichungen

Leider wurde ein Teil der Lösung bereits abgewischt.

» Ergänze die fehlenden Rechenanweisungen und Zahlen.
» Führe eine Probe durch.

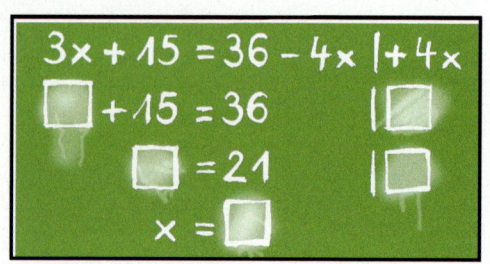

(1) Gleichungen kann man nach einer Variablen auflösen.

$$15 + 2\,a = 29 \qquad |-15$$
$$2\,a = 14 \qquad |:2$$
$$a = 7$$

(2) Umformungsregeln für Gleichungen
Additions- und Subtraktionsregel
Addiert oder subtrahiert man auf beiden Seiten einer Gleichung dieselbe Zahl, so verändert sich die Lösung nicht.

$$x - 3 \qquad = 11 \qquad |+3$$
$$x - 3 + 3 = 11 + 3$$
$$x = 14$$

> $|+3$ bedeutet: Addiere auf beiden Seiten der Gleichung 3.

Multiplikations- und Divisionsregel
Multipliziert (dividiert) man beide Seiten einer Gleichung mit derselben Zahl (durch dieselbe Zahl) ungleich 0, so ändert sich die Lösung nicht.

$$4 \cdot x = 24 \qquad |:4$$
$$(4 \cdot x) : 4 = 24 : 4$$
$$x = 6$$

> Dividiere beide Seiten der Gleichung durch 4.

Ziel der Umformungen ist es, dass die Variable auf einer Seite der Gleichung alleine steht. Man sagt auch: Man isoliert die Variable.

1. Löse die Gleichung durch Umformen. Führe eine Probe durch.
 a) $3\,x + 4 = 5\,x - 4$
 b) $17 - 4\,x = x - 8$
 c) $20 - 2,5\,x = -6 - 6,5\,x$
 d) $7\,x + 3,5 = 4,5\,x + 21$
 e) $2,2\,x - 2,5 = 14 - 3,3\,x$
 f) $4,3 - 0,6\,x = 1,8\,x - 2,9$
 g) $1,5 \cdot (x - 2) = -12 \cdot (x + 2,5)$
 h) $-2 \cdot (3\,x + 3) - (x - 2) = 0$
 i) $2 \cdot (a - 3) = -3 \cdot (a + 5)$
 j) $4 \cdot (b + 3) = 7 \cdot (b + 5)$

2. Stelle jeweils Gleichungen auf und löse sie durch Umformen oder Probieren.
 a) Eine Kerze ist 24 cm lang. Wenn sie brennt, wird sie pro Stunde 1,5 cm kürzer. Nach welcher Brenndauer ist sie noch 4,2 cm lang?
 b) Tobi denkt an eine Zahl. Er multipliziert die Zahl mit der um 4 größeren Zahl und erhält 96 als Ergebnis. An welche Zahl könnte er denken? Gibt es noch eine andere Möglichkeit?

> Nach ... Stunden ist die Kerze noch ... lang.

3. Bei einem Rechteck ist die eine Seite 10 cm länger als die andere Seite.

   a) Stelle jeweils einen Term auf, mit dem
     (1) der Umfang;
     (2) der Flächeninhalt berechnet werden kann.
   b) Finde heraus, für welche Seitenlängen der Umfang 88 cm beträgt.
   c) Finde heraus, für welche Seitenlängen der Flächeninhalt 119 cm² beträgt.

(Rechteck: Höhe a, Breite $a + 10$)

Lineare Funktionen

EINSTIEG

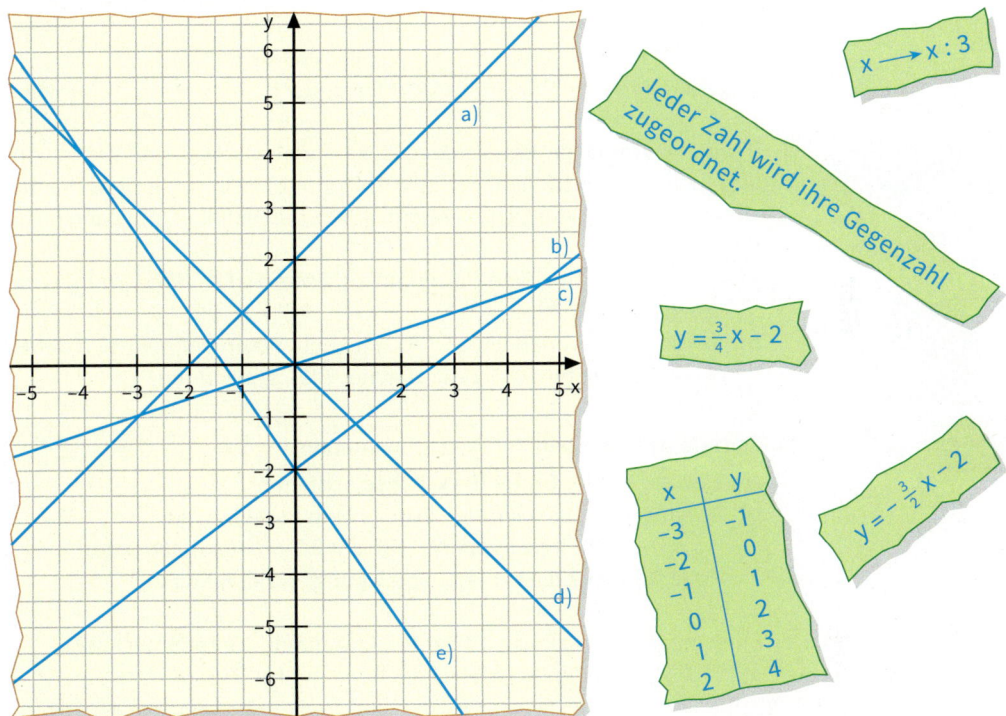

Zettel-Beschriftungen:
$x \longrightarrow x : 3$
Jeder Zahl wird ihre Gegenzahl zugeordnet.
$y = \frac{3}{4}x - 2$
$y = -\frac{3}{2}x - 2$

x	y
-3	-1
-2	0
-1	1
0	2
1	3
2	4

Auf den dargestellten Zetteln sind lineare Funktionen auf verschiedene Weise beschrieben worden. Ordne zu: Welche Zettel bzw. Graphen gehören jeweils zur selben Funktion? Begründe.

INFORMATION

(1) Gleichung einer linearen Funktion
Lineare Funktionen werden durch eine Gleichung der Form $y = m \cdot x + b$ beschrieben.

(2) Graph einer linearen Funktion
Der Graph einer linearen Funktion ist eine Gerade.
Diese Gerade lässt sich mithilfe des **y-Achsenabschnitts b** und der **Steigung m** zeichnen.

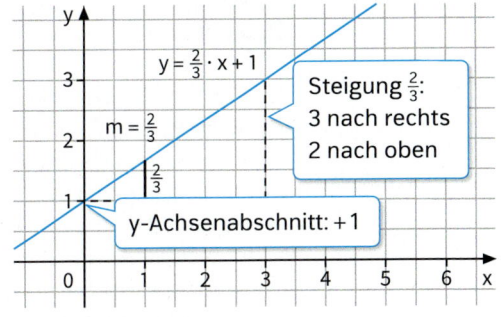

$y = \frac{2}{3} \cdot x + 1$
$m = \frac{2}{3}$
Steigung $\frac{2}{3}$: 3 nach rechts 2 nach oben
y-Achsenabschnitt: $+1$

ÜBEN

1. Zeichne den Graphen der linearen Funktion.

a) $y = 2x + 1$ **d)** $y = -x + 2$ **g)** $y = -0{,}4x$ **j)** $f(x) = \frac{2}{7}x - 3$

b) $y = \frac{3}{2}x - 2$ **e)** $y = 3x + 2$ **h)** $y = 0{,}4x - 2$ **k)** $f(x) = x$

c) $y = \frac{3}{4}x + 5$ **f)** $y = -\frac{5}{3}x + \frac{1}{2}$ **i)** $y = x + 1$ **l)** $f(x) = -5$

2. Bestimme zu den Geraden die Gleichung der linearen Funktion.

a) 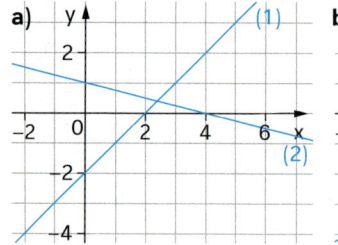   **b)** 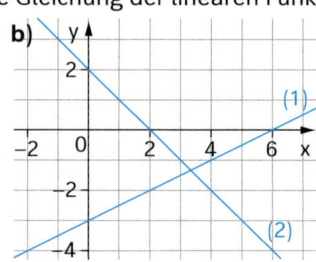   **c)**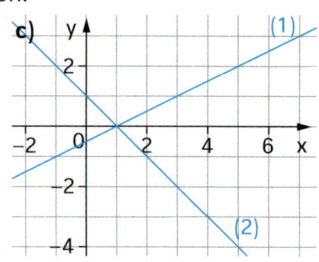

3. In einer Erzmine bewegt sich ein Förderkorb zwischen einer Höhe von 20 m im Förderturm und dem tiefsten Stollen, der sich 150 m unterhalb der Erdoberfläche befindet. Betrachte einen Förderkorb, der sich zu Beginn ganz oben befindet und dann pro Sekunde 3 m abwärts fährt.

a) Zeichne den Graphen der Funktion *Zeit (in s) → Höhe (in m)*. Erstelle auch die Funktionsgleichung.

b) Bestimme zeichnerisch und rechnerisch: Wann befindet sich der Förderkorb
(1) auf der Höhe der Erdoberfläche;   (2) ganz unten?

4. Zeichne den Graphen der linearen Funktion $y = \frac{4}{7}x - 1$.

a) Lies ab, wo der Graph die x-Achse schneidet.

b) Zeichne zu dieser Geraden jeweils eine Parallele, die
(1) um 1 Einheit nach oben;   (2) um 3 Einheiten nach unten   verschoben ist.
Notiere jeweils die Funktionsgleichung. Was fällt dir auf?

5. Entscheide zeichnerisch, ob der Punkt A auf der Geraden PQ liegt.

a) $P(0|4)$; $Q(7|0)$; $A(10{,}5|-2)$ **b)** $P(0|0)$; $Q(8|5)$; $A(-3|-2)$

6. Eine Gerade g geht durch die Punkte P und Q. Berechne die Steigung der Geraden und ermittle die Funktionsgleichung.

a) $P(2|3)$, $Q(4|1)$ **b)** $P(0|-2)$, $Q(5|-1)$ **c)** $P(-5|1{,}5)$, $Q(1{,}5|1{,}5)$

7. Bestimme die Stelle, an der die Funktion zu $y = \frac{2}{3}x - 4$ den Funktionswert 5 annimmt.

8. Stelle die Funktion mit der Gleichung $3x - 2y = 5$ grafisch dar.

9. Die elektrische Energie wird in Kilowattstunden (kWh) gemessen. Ein Energieversorger bietet seinen Kunden zwei Tarife an. Bei welchem monatlichen Stromverbrauch ist der Tarif H1 günstiger als der Tarif H2?

Tarif	H1	H2
Monatlicher Grundpreis	6,50 €	10,50 €
Arbeitspreis je kWh	0,26 €	0,23 €

10. Ermittle eine Gleichung der Geraden PQ und überprüfe rechnerisch, ob der Punkt A auf der Geraden liegt.

a) $P(0|4)$; $Q(7|0)$; $A(10{,}5|-2)$ **b)** $P(0|0)$; $Q(8|5)$; $A(-3|-2)$

LINEARE GLEICHUNGEN – LINEARE GLEICHUNGSSYSTEME

Lineare Gleichungen mit zwei Variablen

EINSTIEG

Zwei Top-Torjäger der Bundesliga haben in einer Saison zusammen 40 Tore geschossen.

>> Gebt verschiedene Möglichkeiten an, wie viele Tore x der eine und wie viele Tore y der andere Stürmer erzielt haben könnten.
>> Stellt die gefundenen Möglichkeiten in einem Koordinatensystem dar. Was fällt auf?
>> Gebt den Zusammenhang zwischen x und y durch eine Gleichung an. Sucht mehrere Möglichkeiten.

AUFGABE

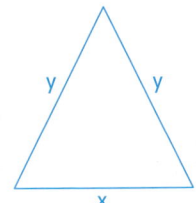

1. Ein Stück Draht mit einer Länge von 20 cm soll zu einem gleichschenkligen Dreieck gebogen werden.
   a) Welche Maße könnten die Seitenlängen x und y haben? Gib verschiedene Möglichkeiten an.
   b) Stelle mit den Variablen x und y eine Gleichung für das Dreieck auf. Welche der Zahlenpaare (2|9), (3|6), (7|6,5), (5,5|8) sind Lösungen dieser Gleichung?
   c) Stelle den Zusammenhang zwischen x und y durch einen Graphen in einem Koordinatensystem dar und gib die Funktionsgleichung an.

Lösung

a) Durch Probieren findet man verschiedene Möglichkeiten:

Länge x der Basis	4 cm	5 cm	8 cm	1 cm
Länge y eines Schenkels	8 cm	7,5 cm	6 cm	9,5 cm

b) Das gleichschenklige Dreieck soll den Umfang 20 cm haben. Damit gilt: $x + 2y = 20$
Wir prüfen, welche der gegebenen Zahlenpaare Lösungen der Gleichung sind.

x	y	x + 2y = 20	wahr/falsch	
2	9	$2 + 2 \cdot 9 = 20$	wahr	also ist (2│9) eine Lösung
3	6	$3 + 2 \cdot 6 = 20$	falsch	also ist (3│6) keine Lösung
7	6,5	$7 + 2 \cdot 6,5 = 20$	wahr	also ist (7│6,5) eine Lösung
5,5	8	$5,5 + 2 \cdot 8 = 20$	falsch	also ist (5,5│8) keine Lösung

c) Man erkennt, dass die eingetragenen Punkte alle auf einer Geraden liegen.
Die Gleichung $x + 2y = 20$ löst man nach y auf:

$$x + 2y = 20 \qquad | -x$$
$$2y = 20 - x \qquad | :2$$
$$y = 10 - \tfrac{1}{2}x$$
$$y = -\tfrac{1}{2}x + 10$$

Dies ist die Gleichung einer linearen Funktion. Ihr Graph ist eine Gerade.

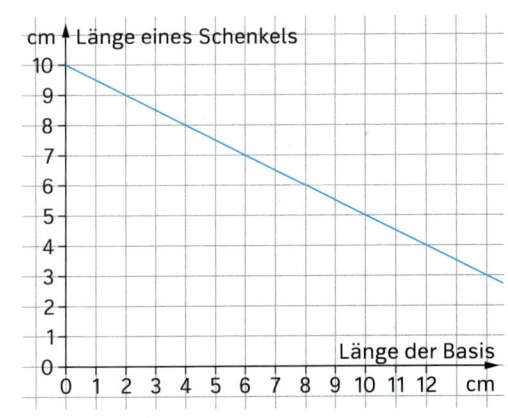

INFORMATION

(1) Lineare Gleichungen mit zwei Variablen – Zahlenpaare als Lösungen

Gleichungen wie $3x + 2y = 8$ oder $2r = 6 - 3s$
heißen **lineare Gleichungen mit zwei Variablen**.
Die Lösungen einer linearen Gleichung mit zwei Variablen sind nicht einzelne Zahlen, sondern
Zahlenpaare $(x\,|\,y)$ bzw. $(r\,|\,s)$.

Beispiel:
Das Zahlenpaar $(2\,|\,1)$ ist eine Lösung der Gleichung $3x + 2y = 8$.
Probe durch Einsetzen: $3 \cdot 2 + 2 \cdot 1 = 8$ (wahr)
Das Zahlenpaar $(1\,|\,2)$ ist *keine* Lösung der Gleichung $3x + 2y = 8$.
Probe durch Einsetzen: $3 \cdot 1 + 2 \cdot 2 = 8$ (falsch)

> $(2\,|\,1)$ und $(1\,|\,2)$ sind verschiedene Paare.

> $3x + 2y = 8 \qquad |-3x$
> $\quad 2y = -3x + 8 \;|:2$
> $\qquad y = -\frac{3}{2}x + 4$

(2) Graph einer Gleichung mit zwei Variablen

Die Lösungen einer Gleichung mit zwei Variablen können im Koordinatensystem durch Punkte dargestellt werden.

Zur Lösung $(2\,|\,1)$ gehört der Punkt P mit dem Koordinatenpaar $(2\,|\,1)$.

Alle Punkte, die zur Lösung gehören, liegen auf einer Geraden.
Eine lineare Gleichung mit zwei Variablen hat unendlich viele Lösungen.

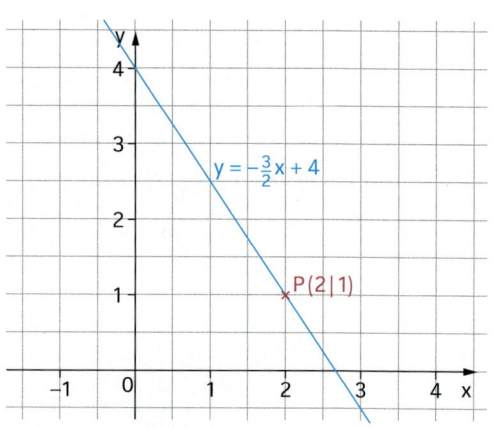

$y = -\frac{3}{2}x + 4$

$P(2\,|\,1)$

FESTIGEN UND WEITERARBEITEN

2. Welche der Zahlenpaare $(4\,|\,4)$, $(-1\,|\,1)$, $(1\,|\,-6)$, $(2\,|\,0)$, $(-1\,|\,9)$, $\left(0\,\middle|\,\frac{1}{4}\right)$ sind Lösungen der Gleichung?

 a) $x + y = 8$ **b)** $5y - 3x = 8$ **c)** $8y + 7x = 2$ **d)** $-2r + \frac{1}{3}s = -4$

3. Die Zahlenpaare $(-2\,|\,\blacksquare)$, $(8\,|\,\blacksquare)$, $(\blacksquare\,|\,-1)$, $(\blacksquare\,|\,2)$, $(\blacksquare\,|\,10)$ sollen Lösungen der Gleichung sein. Bestimme die fehlende Zahl. Beschreibe dein Vorgehen.

 a) $2x + y = 6$ **b)** $3x - 4y = 12$ **c)** $3y - 2x = -6$ **d)** $\frac{1}{3}r + s = \frac{5}{6}$

4. Löse die Gleichung nach y auf. Zeichne den Graphen. Bestimme damit zeichnerisch mindestens vier Zahlenpaare als Lösungen der Gleichung. Prüfe durch Rechnung.

 a) $4x + 2y = 10$ **c)** $3x - 5y = 20$ **e)** $5x = 6 - 3y$ **g)** $\frac{x}{3} + \frac{y}{4} = 1$

 b) $\frac{x}{2} + y = -3{,}5$ **d)** $3x + 2y = -4$ **f)** $0 = 2x + 6 - 4y$ **h)** $\frac{x}{2} - \frac{y}{3} = 2$

5. Anne hat für ein Klassenfest Weizen- und Vollkornbrötchen eingekauft und insgesamt 24 € bezahlt.
Wie viele Brötchen könnte sie von jeder Sorte gekauft haben?
Notiere dazu eine Gleichung mit zwei Variablen und gib mehrere Lösungen an.

Vollkornbrötchen
0,50 €

Weizenbrötchen
0,30 €

ÜBEN

6. Welche der Zahlenpaare $(2\,|\,1)$, $(1\,|\,4)$, $(4\,|\,2)$, $(2\,|\,3)$, $(-2\,|\,-1)$, $(-8\,|\,10)$ sind Lösungen der Gleichung?

a) $2x + 3y = 14$ **b)** $5x - 3y = -7$ **c)** $\frac{a}{2} - b = 0$

7. Die Zahlenpaare sollen Lösungen der linearen Gleichung sein. Fülle die Lücken aus:

$(0\,|\,\blacksquare)$, $(\blacksquare\,|\,0)$, $(1\,|\,\blacksquare)$, $(\blacksquare\,|\,1)$, $(3\,|\,\blacksquare)$, $(\blacksquare\,|\,-5)$, $\left(-\frac{1}{2}\,\middle|\,\blacksquare\right)$, $(\blacksquare\,|\,0,1)$

a) $x + y = 0$ **b)** $x - y = 1$ **c)** $3x + 2y = 6$ **d)** $\frac{3}{4}x - \frac{y}{2} = \frac{3}{8}$ **e)** $\frac{a}{7} - \frac{b}{3} + \frac{1}{4} = 0$

8. Welche der Punkte $P_1(1\,|\,1)$, $P_2(0,5\,|\,1)$, $P_3(1\,|\,-1)$, $P_4(-1\,|\,1)$, $P_5(-3\,|\,0)$, $P_6(0,2\,|\,3,2)$ und $P_7(3\,|\,6)$ gehören zum Graphen der linearen Gleichung?

a) $y - x = 3$ **b)** $2y + 9x = 11$ **c)** $\frac{x}{2} + 0,3y = \frac{1}{5}$ **d)** $\frac{2x - y}{7} = 0$

9. Denke dir eine lineare Gleichung und nenne deinem Partner nur drei Lösungspaare der Gleichung. Er soll die Gleichung finden. Stimmt sie genau mit deiner Gleichung überein?

10. Aus einem 70 cm langen Draht soll ein Rechteck gebogen werden.
  a) Stelle für die Länge a und die Breite b eine Gleichung auf.
  b) Notiere fünf Lösungen dieser Gleichung und gib jeweils die Länge und Breite des Rechtecks an.
  c) Gib auch eine Lösung der Gleichung an, die kein Rechteck ergibt.

11. Löse die Gleichung nach y auf. Zeichne den Graphen der zugehörigen linearen Funktion. Lies vier Lösungen ab. Kontrolliere jeweils rechnerisch.
  a) $4x + 2y = 6$ **b)** $2y - x = 5$ **c)** $8 + 4y = 6x$ **d)** $3y - 10 = 2x$

12. Ayla hat Äpfel und Birnen gekauft. Sie hat dafür insgesamt 7,50 € bezahlt.
Wie viel Kilogramm könnte sie von jeder Sorte gekauft haben? Gib mehrere Möglichkeiten an.

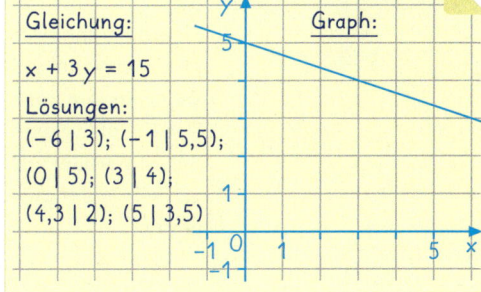

13. Patrick hat die Lösungen einer linearen Gleichung grafisch ermittelt. Kontrolliere seine Ergebnisse.

Gleichung:

$x + 3y = 15$

Lösungen:

$(-6\,|\,3)$; $(-1\,|\,5,5)$;
$(0\,|\,5)$; $(3\,|\,4)$;
$(4,3\,|\,2)$; $(5\,|\,3,5)$

Graph:

14. a) Das Zahlenpaar $(2\,|\,6)$ ist Lösung einer Gleichung mit zwei Variablen. Wie könnte die Gleichung lauten? Gib mindestens zwei Möglichkeiten an.
  b) Das Zahlenpaar $(3\,|\,5)$ ist Lösung einer linearen Gleichung $ax + by = c$. Bestimme a und b für
  (1) $c = 2$; (2) $c = 0$; (3) $c = 1,4$. Gib mehrere Möglichkeiten an.

15. Notiere eine Gleichung mit zwei Variablen. Gib vier Zahlenpaare an, die Lösung der Gleichung sind.
  a) Die Differenz zweier Zahlen ist 5.
  b) Die Summe zweier Zahlen ist 12.
  c) Addiert man zum Doppelten einer Zahl eine zweite Zahl, so erhält man 9.
  d) Subtrahiert man von einer Zahl die Hälfte einer zweiten Zahl, so erhält man 4.

Sonderfälle bei linearen Gleichungen mit zwei Variablen

EINSTIEG

Die Geraden a und b sind die Graphen zweier linearer Gleichungen mit zwei Variablen.

》 Notiert mehrere Zahlenpaare, die jeweils Lösung der dargestellten linearen Gleichungen sind.
Was haben alle Zahlenpaare zu der Geraden a gemeinsam, was alle Zahlenpaare zu der Geraden b?
》 Versucht, zu den Geraden a und b jeweils eine lineare Gleichung mit zwei Variablen zu finden.
》 Berichtet über eure Ergebnisse.

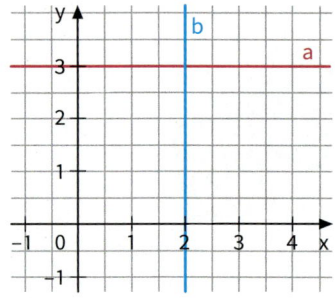

AUFGABE

1. Zeichne mithilfe einer Wertetabelle den Graphen der linearen Gleichung.

a) $0 \cdot x + 2y = 6$ **b)** $3x + 0 \cdot y = 12$

Nach welcher Variablen kannst du die Gleichung auflösen?
Beschreibe den Graphen der linearen Gleichung.

Lösung

a) Die Gleichung lautet: $0 \cdot x + 2y = 6$
Auflösung nach y: $2y = 6$, also **y = 3**
Ein Punkt gehört immer dann zum Graphen, wenn seine y-Koordinate 3 ist.
Die x-Koordinate kann beliebig sein.
Der Graph ist eine Gerade.
Sie ist parallel zur x-Achse.
Sie schneidet die y-Achse an der Stelle 3.

x	y
–2	3
–1	3
0	3
1	3
2	3

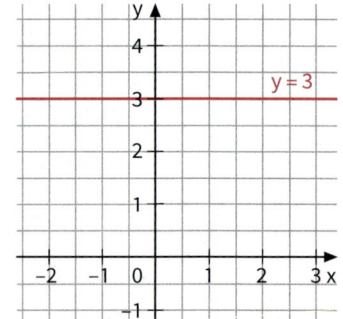

b) Die Gleichung lautet: $3x + 0 \cdot y = 12$
Auflösung wegen $0 \cdot y = 0$ nur nach x möglich:
$3x = 12$, also **x = 4**
Ein Punkt gehört immer dann zum Graphen, wenn seine x-Koordinate 4 ist. Die y-Koordinate kann beliebig sein.
Der Graph ist eine Gerade.
Sie ist parallel zur y-Achse.
Sie schneidet die x-Achse an der Stelle 4.

x	y
4	–2
4	–1
4	0
4	1
4	2

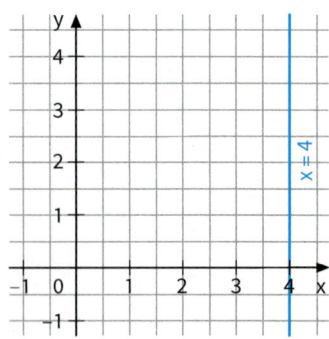

INFORMATION

(1) Vereinfachte Schreibweise einer linearen Gleichung, falls einer der Faktoren 0 ist
Statt $0 \cdot x + 2y = 8$ schreibt man vereinfacht $2y = 8$.
Statt $3x + 0 \cdot y = 6$ schreibt man vereinfacht $3x = 6$.

Diese vereinfachte Schreibweise kann man nur verwenden, wenn klar ist, dass es sich um Gleichungen mit *zwei* Variablen handelt (jeweils mit Zahlenpaaren als Lösungen). $2y = 8$ und $3x = 6$ sind nämlich sonst Gleichungen mit *einer* Variablen (jeweils mit *einer* Zahl als Lösung).

(2) Graph einer Gleichung mit zwei Variablen in der Form y = b bzw. x = a

Der Graph der Gleichung $y = 2$ ist eine Parallele zur x-Achse. Er schneidet die y-Achse an der Stelle 2.

Der Graph der Gleichung $x = -2$ ist eine Parallele zur y-Achse. Er schneidet die x-Achse an der Stelle -2.

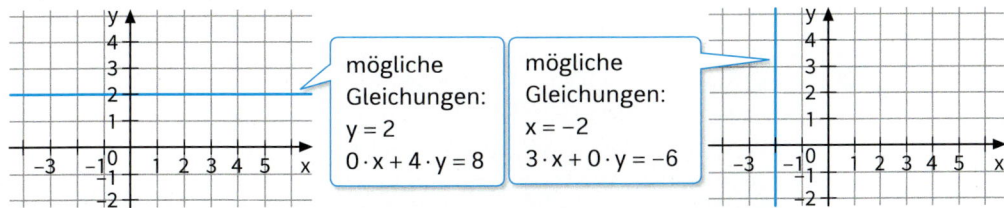

mögliche Gleichungen:

$y = 2$

$0 \cdot x + 4 \cdot y = 8$

mögliche Gleichungen:

$x = -2$

$3 \cdot x + 0 \cdot y = -6$

FESTIGEN UND WEITERARBEITEN

2. Zeichne den Graphen der linearen Gleichung. Notiere die Gleichung in vereinfachter Form.

a) $0x + 3y = 6$ **b)** $5x + 0y = -10$ **c)** $0x - 4y = 2$ **d)** $-\frac{x}{2} + 0y = 1$

3. Jede der beiden Koordinatenachsen kannst du als Graph einer linearen Gleichung mit zwei Variablen auffassen.
Notiere (1) für die x-Achse, (2) für die y-Achse eine passende lineare Gleichung mit zwei Variablen. Gib auch die vereinfachte Form an.

4. a) Zeichne eine Parallele zur x-Achse durch den Punkt P (2|3). Gib eine lineare Gleichung dafür an. Begründe.

   b) Zeichne eine Parallele zur y-Achse durch den Punkt P (2|3). Gib eine lineare Gleichung dafür an. Begründe.

ÜBEN

5. Zeichne den Graphen der linearen Gleichung. Notiere die Gleichung auch vereinfacht.

a) $0x + 3y = 21$ **b)** $-2x + 0y = 10$ **c)** $4x + 0y = 8$ **d)** $0x - 5y = 2$

6. Notiere die gegebene Gleichung in ausführlicher Form, sodass beide Variablen x und y vorkommen. Zeichne auch die Gerade.
Gib jeweils drei Lösungen der linearen Gleichung mit zwei Variablen an.

a) $y = 6$ **b)** $y = -1,5$ **c)** $x = 2$ **d)** $x = -5,5$ **e)** $y = 0$

7.

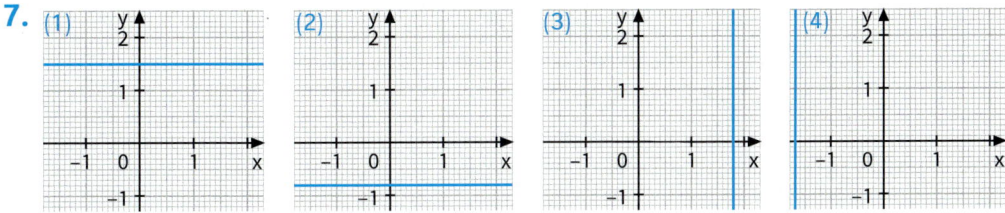

Gib zu jeder Geraden eine passende lineare Gleichung mit zwei Variablen an; notiere diese auch in der vereinfachten Form.

8. Stelle die Gleichung der Geraden auf, die durch den Punkt (1) P (4|-7), (2) P (-1,9|5,3) geht und   **a)** parallel zur x-Achse verläuft;   **b)** parallel zur y-Achse verläuft.

Mehrere Lösungen

9. Notiere die Gleichungen einer Geraden, die von einer Koordinatenachse 4,2 Einheiten Abstand hat und   **a)** parallel zur x-Achse ist;   **b)** parallel zur y-Achse ist.

LINEARE GLEICHUNGSSYSTEME – GRAFISCHES LÖSEN

EINSTIEG

Fahr schon los, ich komme in 10 Minuten nach.

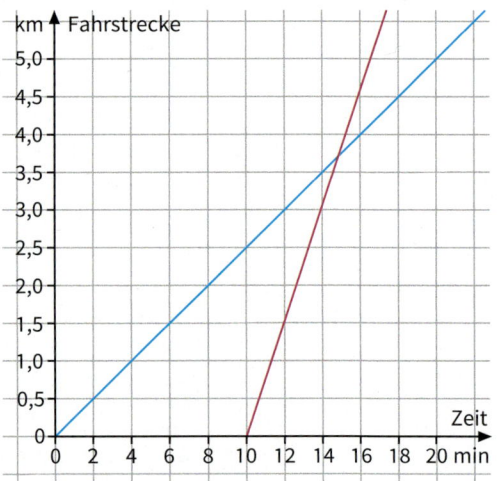

» Was könnt ihr dem Graphen rechts auf einen Blick entnehmen?

» Stellt zu jeder Geraden eine Gleichung auf.

» Welche Bedeutung hat der Schnittpunkt der beiden Geraden?

AUFGABE

1. Für einen Umzug muss ein Kleintransporter einen Tag lang gemietet werden. Folgende Angebote liegen vor:

	Autoverleih Riedt	Autovermietung Selbach
Grundgebühr pro Tag	15 €	27 €
Kosten pro gefahrenem km	0,50 €	0,35 €

Erstelle für die Berechnung der Kosten je eine lineare Gleichung mit zwei Variablen und zeichne die Graphen beider Gleichungen in dasselbe Koordinatensystem.
Was kann man der grafischen Darstellung entnehmen?

Lösung

(1) Wir legen die Variablen fest und stellen die Gleichungen für den Mietpreis auf.
x: Anzahl der gefahrenen km; y: Mietpreis
Autoverleih Riedt: y = 15 + 0,5 x;   *Autovermietung Selbach:* y = 27 + 0,35 x

(2) *Zeichnen der Graphen:*

(3) *Preisvergleich auf einen Blick:*
Für Entfernungen, die unter 80 km liegen, ist Autoverleih Riedt günstiger, für Entfernungen über 80 km Autovermietung Selbach.
Bei beiden Firmen muss man für 80 gefahrene km 55 € zahlen.
Der Schnittpunkt P (80|55) der beiden Geraden erfüllt beide Gleichungen:
55 = 15 + 0,5 · 80 (wahr)
55 = 27 + 0,35 · 80 (wahr)

INFORMATION

(1) Lineares Gleichungssystem
Zwei lineare Gleichungen, z. B. $x + y = 5$ und $y = 2x - 1$, bilden zusammen ein
lineares Gleichungssystem.

Wir schreiben übersichtlich: $\begin{vmatrix} x + y = 5 \\ \quad\; y = 2x - 1 \end{vmatrix}$

(2) Grafisches Lösen eines linearen Gleichungssystems
- Forme (falls notwendig) die Gleichungen nach y um.
- Zeichne beide Geraden in ein Koordinatensystem.
- Bestimme (falls vorhanden) den Schnittpunkt der Geraden.

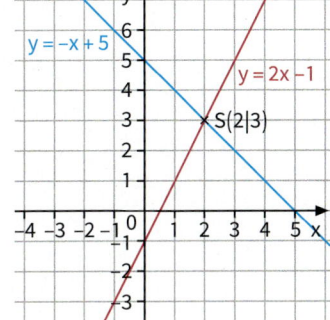

Beispiel:
Wir formen die Gleichungen nach y um.
$\begin{vmatrix} y = -x + 5 \\ y = 2x - 1 \end{vmatrix}$
Wir zeichnen die Geraden.
Wir lesen die Lösung (2|3) ab.
Die Koordinaten des Schnittpunkts $S(2|3)$ erfüllen *zugleich*
beide Gleichungen.
Zur Probe setzen wir $x = 2$ und $y = 3$ in beide Gleichungen ein:
1. Gleichung: $2 + 3 = 5$ (wahr)
2. Gleichung: $3 = 2 \cdot 2 - 1$ (wahr)
Als Ergebnis geben wir die Lösungsmenge an: $L = \{(2|3)\}$

FESTIGEN UND WEITERARBEITEN

2. Rechts findest du die Graphen der beiden Gleichungen $\begin{vmatrix} y = -3x + 6 \\ y = x + 2 \end{vmatrix}$.

   a) Gib zwei Zahlenpaare an, die die Gleichung $y = -3x + 6$
erfüllen, nicht aber die Gleichung $y = x + 2$, und weise
dies rechnerisch nach.

   b) Lies die Koordinaten des Schnittpunktes S der beiden
Geraden ab und zeige, dass beide Gleichungen *zugleich*
erfüllt sind.

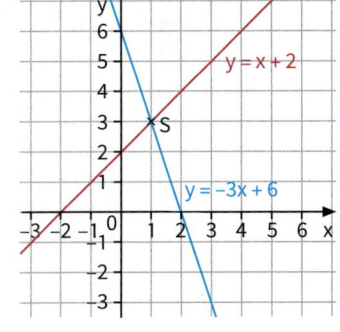

> Löse ggf.
> die Gleichungen
> nach y auf.

3. Ermittle grafisch die Lösung des Gleichungssystems und
prüfe rechnerisch.
(1) $\begin{vmatrix} y = 2x - 5 \\ y = 4x - 11 \end{vmatrix}$ (2) $\begin{vmatrix} 2x - y = 8 \\ \;\; x + y = 1 \end{vmatrix}$ (3) $\begin{vmatrix} -x + 2y = 1 \\ \;\, 2x - y = 4 \end{vmatrix}$

4. a) Gib jeweils das Gleichungssystem und seine Lösung an.

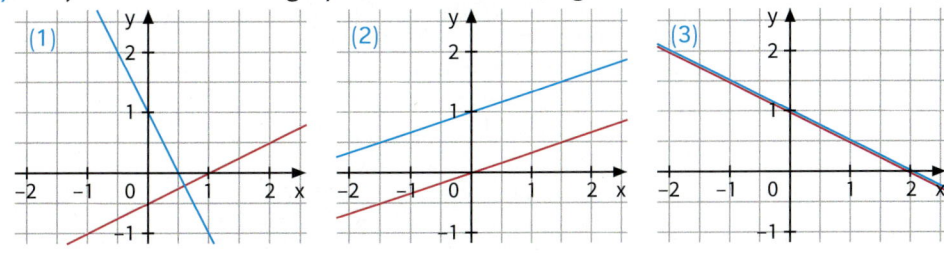

   b) Wie viele Lösungen kann ein lineares Gleichungssystem haben? Begründe.

ÜBEN

Beachte: Die Variablen müssen nicht immer x und y heißen.

5. Ermittle zeichnerisch die Lösung des Gleichungssystems. Mache eine Probe.

a) $\begin{vmatrix} y = -x + 5 \\ y = 2x - 1 \end{vmatrix}$
b) $\begin{vmatrix} 2x + y = 7 \\ 6x - 2y = 6 \end{vmatrix}$
c) $\begin{vmatrix} 6r = 2s - 8 \\ 8s - 12 = 4r \end{vmatrix}$

6. Welche Zahlenpaare $(1|2)$, $(3|5)$, $(0|1)$, $(2|2)$, $(4|0)$, $(-1|1)$ sind sowohl Lösung der Gleichung $2x + y = 6$ als auch der Gleichung $3x - y = 4$?
Überprüfe grafisch und rechnerisch.

7. Kontrolliere Stefans Hausaufgaben. Korrigiere die gefundenen Fehler.

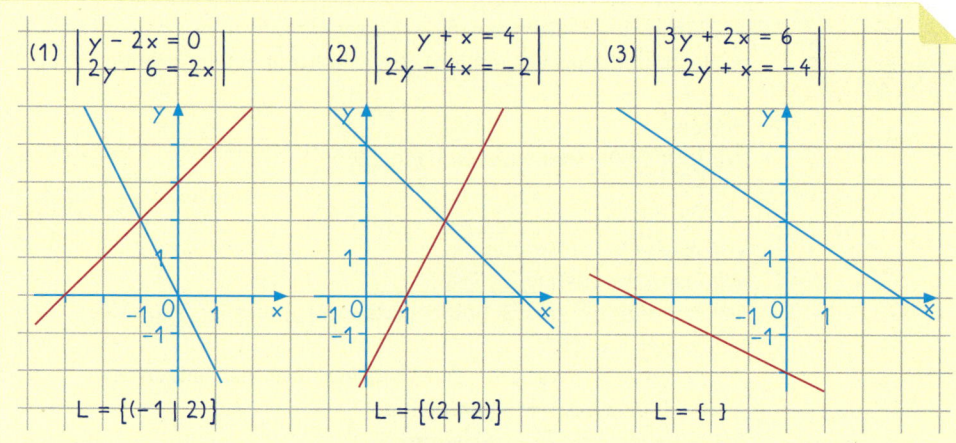

(1) $\begin{vmatrix} y - 2x = 0 \\ 2y - 6 = 2x \end{vmatrix}$ (2) $\begin{vmatrix} y + x = 4 \\ 2y - 4x = -2 \end{vmatrix}$ (3) $\begin{vmatrix} 3y + 2x = 6 \\ 2y + x = -4 \end{vmatrix}$

$L = \{(-1 \mid 2)\}$ $L = \{(2 \mid 2)\}$ $L = \{\ \}$

8. Bestimme die Lösungsmenge des Gleichungssystems.
Entscheide möglichst früh, ob das Gleichungssystem genau eine oder keine Lösung hat oder jeder Punkt auf den Geraden Lösung ist.

a) $\begin{vmatrix} 2x + y = 6 \\ 3x + 2y = 8 \end{vmatrix}$
b) $\begin{vmatrix} 4x + 2y = 5 \\ -2x - y = -\frac{5}{2} \end{vmatrix}$
c) $\begin{vmatrix} 2r + 3s = 6 \\ 2r - 3s = 6 \end{vmatrix}$
d) $\begin{vmatrix} 3x - 6y = 9 \\ 4x - 8y = 12 \end{vmatrix}$

9. Im Jugendherbergsverzeichnis ist angegeben, dass in der Jugendherberge in Eulenburg 145 Jugendliche in 35 Zimmern übernachten können. Es gibt nur Dreibett- und Fünfbettzimmer.
Wie viele Dreibettzimmer und wie viele Fünfbettzimmer hat diese Jugendherberge?

10. Mit Computerprogrammen kannst du dir die Graphen linearer Gleichungen einfach anzeigen lassen.
Gib dazu die Gleichungen in der Eingabezeile unten ein, beschrifte die Graphen und lies den Schnittpunkt ab. Löse mit der Software.

a) $\begin{vmatrix} y = -0{,}5x + 3 \\ y = 1{,}5x - 5 \end{vmatrix}$
c) $\begin{vmatrix} -x + 2y = 4 \\ 2x - 4y = 6 \end{vmatrix}$

b) $\begin{vmatrix} 2x - 4y = -2 \\ 3x + y = 11 \end{vmatrix}$
d) $\begin{vmatrix} 2x + y = -4 \\ -6x - 3y = 12 \end{vmatrix}$

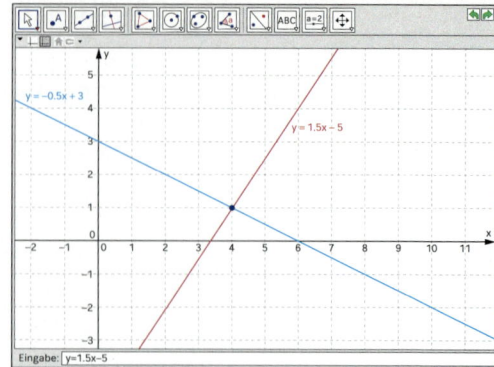

LINEARE GLEICHUNGSSYSTEME – RECHNERISCHES LÖSEN

Gleichsetzungsverfahren

EINSTIEG

Laura und Sarah haben sich jeweils ein Eis mit Sahne gekauft. Laura hat für 3 Kugeln mit Sahne 3,10 €, Sarah für 5 Kugeln mit Sahne 4,70 € bezahlt.

» Wie viel kostet eine Portion Sahne, wie viel eine Kugel Eis?
» Beschreibe, wie du die Preise bestimmt hast.

AUFGABE

1.
$$y = 4x - 1$$
$$y = -x + 1$$

a) Löse das Gleichungssystem grafisch. Prüfe. Welche Schwierigkeiten stellst du fest?

b) Löse das Gleichungssystem rechnerisch. Vergleiche dazu zunächst die rechten Seiten der beiden Gleichungen miteinander.

Lösung

a) Rechts findest du die zugehörigen Geraden im Koordinatensystem. Es ist hier schwierig, die Koordinaten des Schnittpunkts genau abzulesen.

Es könnte sein, dass der Schnittpunkt bei $S(0,5 \mid 0,5)$ liegt. Wir setzen $x = 0,5$ und $y = 0,5$ in beide Gleichungen ein:

1. Gleichung: $0,5 = 4 \cdot 0,5 - 1$ (falsch)
2. Gleichung: $0,5 = -0,5 + 1$ (wahr)

Da nicht beide Gleichungen *zugleich* erfüllt sind, kann $(0,5 \mid 0,5)$ keine Lösung des Gleichungssystems sein.

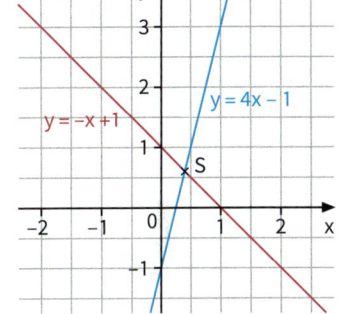

b) Die grafische Darstellung zeigt, dass die Geraden einen Schnittpunkt haben. Damit gibt es einen Wert für x, den man in beide Gleichungen einsetzen kann, so dass sich in beiden Gleichungen dann auch derselbe Wert für y ergibt. Es muss also gelten:

$$\underbrace{4x - 1}_{y} = \underbrace{-x + 1}_{y}$$

Durch *Gleichsetzen* kann man aus den beiden Ausgangsgleichungen eine Gleichung mit nur einer Variablen erhalten.

Löse das Gleichungssystem schrittweise:

1. Schritt: Setze die beiden rechten Seiten gleich und löse die Gleichung:

$$4x - 1 = -x + 1 \qquad | +x \quad | +1$$
$$5x = 2 \qquad\qquad\qquad | :5$$
$$x = 0,4$$

2. Schritt: Setze $x = 0,4$ in eine der Ausgangsgleichungen ein:

$$y = 4 \cdot 0,4 - 1$$
$$y = 0,6$$

3. Schritt: Mache die Probe:

1. Gleichung: $0,6 = 4 \cdot 0,4 - 1$ (wahr)
2. Gleichung: $0,6 = -0,4 + 1$ (wahr)

4. Schritt: Notiere die Lösung:

$$L = \{(0,4 \mid 0,6)\}$$

FESTIGEN UND
WEITERARBEITEN

2. Löse das Gleichungssystem. Stelle, falls nötig, die Gleichungen zunächst um.

a) $\begin{vmatrix} y = -3x + 16 \\ y = 2x - 4 \end{vmatrix}$
b) $\begin{vmatrix} x = 4y - 8 \\ x = -y + 12 \end{vmatrix}$
c) $\begin{vmatrix} 6x + 3y = 15 \\ y = 2x - 7 \end{vmatrix}$
d) $\begin{vmatrix} 6y - x = 2 \\ x - 2y = -1 \end{vmatrix}$

3. a) Löse das Gleichungssystem wie beschrieben. Welcher Weg ist günstiger?

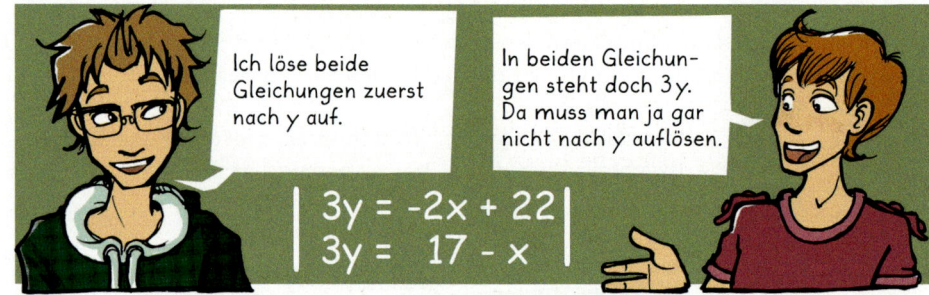

Ich löse beide Gleichungen zuerst nach y auf.

In beiden Gleichungen steht doch 3 y. Da muss man ja gar nicht nach y auflösen.

$3y = -2x + 22$
$3y = 17 - x$

b) Löse möglichst günstig. Führe auch die Probe durch.

(1) $\begin{vmatrix} 5y = 10x + 15 \\ 5y = 15x + 5 \end{vmatrix}$
(2) $\begin{vmatrix} 4y = x - 4 \\ 20 - x = 4y \end{vmatrix}$
(3) $\begin{vmatrix} 2x - y = 1 \\ 2x = 3y - 21 \end{vmatrix}$

INFORMATION

Gleichsetzungsverfahren
(1) Forme, falls nötig, beide Gleichungen so um, dass du gleichsetzen kannst.
(2) Nach dem Gleichsetzen erhältst du eine Gleichung mit nur einer Variablen.
   Berechne aus der Gleichung den Wert für diese Variable.
(3) Setze diesen Wert in eine der beiden Gleichungen ein und berechne den zweiten Wert.
(4) Führe zur Kontrolle die Probe durch und notiere die Lösungsmenge.

ÜBEN

4. Bestimme die Lösungsmenge. Verfahre zweckmäßig. Führe zuletzt die Probe durch.

a) $\begin{vmatrix} y = 2x + 2 \\ y = 3x - 2 \end{vmatrix}$
c) $\begin{vmatrix} x = y - 8 \\ x = 3y - 48 \end{vmatrix}$
e) $\begin{vmatrix} y + 3x = 18 \\ 2x + y = 11 \end{vmatrix}$
g) $\begin{vmatrix} 4x + y = 46 \\ y - x = 4 \end{vmatrix}$

b) $\begin{vmatrix} y - 2x = 5 \\ y = x + 10 \end{vmatrix}$
d) $\begin{vmatrix} y = x - 24 \\ 144 + y = 4x \end{vmatrix}$
f) $\begin{vmatrix} x + y = 16 \\ x = 2y + 10 \end{vmatrix}$
h) $\begin{vmatrix} x - 8y = 9 \\ 3y + x = 31 \end{vmatrix}$

5. Löse möglichst günstig.

a) $\begin{vmatrix} 2y = x + 2 \\ 2y = 5x - 22 \end{vmatrix}$
b) $\begin{vmatrix} 4p = 3q - 4 \\ 4p = 5q - 20 \end{vmatrix}$
c) $\begin{vmatrix} 79 - u = 6v \\ 6v = 51 + 3u \end{vmatrix}$
d) $\begin{vmatrix} y = 12 - x \\ 3y = 2x + 11 \end{vmatrix}$

6. Kontrolliere Maries Hausaufgaben. Beschreibe und korrigiere die Fehler.

a) $\begin{vmatrix} 2x + 3 = 4y \\ 2x = 5y - 1 \end{vmatrix}$

$4y + 3 = 5y - 1$
$-y = -4$
$y = 4$

$2x = 5 \cdot 4 - 1$
$x = 8,5$

$L = \{(8,5 \mid 4)\}$

b) $\begin{vmatrix} x = 0,2y - 2,1 \\ x = 0,5y - 3,45 \end{vmatrix}$

$0,2y - 2,1 = 0,5y - 3,45$
$-0,3y = -1,35$
$y = 4,5$

$x = 0,2 \cdot 4,5 - 2,1$
$x = -1,2$

$L = \{(4,5 \mid -1,2)\}$

c) $\begin{vmatrix} 26x - 75y = 29 \\ 50y = 154 - 26x \end{vmatrix}$

$29 + 75y = 154 - 50y$
$125y = 125$
$y = 1$

$26x - 75 \cdot 1 = 29$
$x = 4$

$L = \{(4 \mid 1)\}$

Einsetzungsverfahren

AUFGABE

1.

$$4x + 3y = 18$$
$$y = 2x - 4$$

Löse das Gleichungssystem rechnerisch. Suche ein Verfahren, mit dem du möglichst schnell zu einer Gleichung kommst, in der nur noch eine Variable auftaucht.

Lösung

Die zweite Gleichung besagt:
y ist so groß wie $2x - 4$.
Man kann daher in der ersten Gleichung anstelle von y den Term $2x - 4$ *einsetzen*.
Durch dieses *Einsetzen* erhält man eine Gleichung mit nur noch einer Variablen.
Löse das Gleichungssystem schrittweise:

1. Gleichung:	$4x + 3y = 18$
2. Gleichung:	$y = \boxed{2x - 4}$
Einsetzen:	$4x + 3 \cdot (2x - 4) = 18$

1. Schritt: Setze $2x - 4$ anstelle von y in die erste Gleichung ein und löse die Gleichung:

$$4x + 3 \cdot (2x - 4) = 18$$
$$4x + 6x - 12 = 18 \qquad |+12$$
$$10x = 30 \qquad |:10$$
$$x = 3$$

2. Schritt: Setze $x = 3$ in eine der Ausgangsgleichungen ein:

$$y = 2 \cdot 3 - 4$$
$$y = 2$$

3. Schritt: Mache die Probe: 1. Gleichung: $4 \cdot 3 + 3 \cdot 2 = 18$ (wahr)
2. Gleichung: $2 = 2 \cdot 3 - 4$ (wahr)

4. Schritt: Notiere die Lösung: $L = \{(3 \mid 2)\}$

FESTIGEN UND
WEITERARBEITEN

2. Löse das Gleichungssystem mit dem Einsetzungsverfahren.

> 1. Gleichung
> nach x auflösen

a) $\begin{vmatrix} 2x + 5y = 9 \\ y = 3x + 12 \end{vmatrix}$ **b)** $\begin{vmatrix} 4y + x = 39 \\ y = 3x \end{vmatrix}$ **c)** $\begin{vmatrix} 2y - 6 = x \\ -4x - 7y = 9 \end{vmatrix}$ **d)** $\begin{vmatrix} x + 3y = 25 \\ 2x + y = 20 \end{vmatrix}$

3. *Vielfache von y (oder von x) einsetzen – Vorteilhaft rechnen*
Bei einigen Gleichungssystemen ist eine vorteilhafte Anwendung des Einsetzungsverfahrens auch dann möglich, wenn keine der beiden Gleichungen in x- oder y-Form vorliegt.

> In 3 a) kannst du $2y$ in der ersten Gleichung durch $5x - 1$ ersetzen.

a) $\begin{vmatrix} 2y + 3 = 4x \\ 2y = 5x - 1 \end{vmatrix}$ **b)** $\begin{vmatrix} 7y - 3x = 9 \\ 3x = -6y + 30 \end{vmatrix}$ **c)** $\begin{vmatrix} 8x - 9y = 10 \\ 2x + 9y = 25 \end{vmatrix}$ **d)** $\begin{vmatrix} 3y + 2x = \frac{5}{3} \\ 2x = -4y - 3 \end{vmatrix}$

4. a) Welches Verfahren ist günstiger?

Ich löse die obere Glei-chung nach x auf.

$$3x - 6y = 39$$
$$6x - 3y = 33$$

Ich löse die obere Gleichung nach 3x auf.

b) Löse möglichst günstig. Führe auch die Probe durch.

(1) $\begin{vmatrix} 6y + 30x = 102 \\ 2x + 3y = 12 \end{vmatrix}$ **(2)** $\begin{vmatrix} 3x - 10y = 14 \\ 5y + x = 13 \end{vmatrix}$ **(3)** $\begin{vmatrix} 8y - 4x = 48 \\ 2x + 10y = 74 \end{vmatrix}$

Einsetzungsverfahren

(1) Forme eine der Gleichungen so um, dass du einsetzen kannst.

(2) Nach dem Einsetzen erhältst du eine Gleichung mit nur einer Variablen.
Berechne aus der Gleichung den Wert für diese Variable.

(3) Setze diesen Wert in eine der beiden Gleichungen des Gleichungssystems ein und berechne den Wert der zweiten Variablen.

(4) Führe zur Kontrolle die Probe durch und notiere die Lösungsmenge.

ÜBEN

5. Bestimme die Lösung mit dem Einsetzungsverfahren. Führe die Probe durch.

a) $\begin{vmatrix} 5x + 2y = 13 \\ y = 5 - x \end{vmatrix}$
   b) $\begin{vmatrix} 6x + 3y = 42 \\ y = 3x - 1 \end{vmatrix}$
   c) $\begin{vmatrix} 2x + 4y = 22 \\ y = x - 5 \end{vmatrix}$
   d) $\begin{vmatrix} a = b + 4 \\ 7b - a = 2 \end{vmatrix}$

6. Bilde drei Gleichungssysteme und löse sie.

a)
$$y = 2x \qquad y = x - 3$$
$$y = -2x + 5$$

b)
$$2x + y = 12 \qquad 3x - y = -1$$
$$-x - 7y = 4$$

7. Bestimme die Lösungsmenge.

a) $\begin{vmatrix} 9x - y = 41 \\ y = 3x - 11 \end{vmatrix}$
   c) $\begin{vmatrix} 5b - a = 38 \\ a = b + 2 \end{vmatrix}$
   e) $\begin{vmatrix} 11x - 3y = -7 \\ y = \frac{7}{2}x + 4 \end{vmatrix}$

b) $\begin{vmatrix} 3x - 5y = 20 \\ x = -5y \end{vmatrix}$
   d) $\begin{vmatrix} p = 2q - 2 \\ 6p + 2q = 11 \end{vmatrix}$
   f) $\begin{vmatrix} 3x - 4y = 49 \\ y = -5(x - 1) \end{vmatrix}$

8. Löse eine der beiden Gleichungen nach y oder x auf. Wende dann das Einsetzungsverfahren an.

a) $\begin{vmatrix} 4x - 4 = 2y \\ x + y = 7 \end{vmatrix}$
   b) $\begin{vmatrix} 4x + 5y = -1 \\ y - x = -11 \end{vmatrix}$
   c) $\begin{vmatrix} 8x + 4y = 64 \\ 6x + y = 40 \end{vmatrix}$
   d) $\begin{vmatrix} 9x - 2y = 19 \\ 3x + y = 2 \end{vmatrix}$

9. Bestimme die Lösung. Setze dazu sinnvoll ein. Führe die Probe durch.

a) $\begin{vmatrix} 6x + 11y = 34 \\ 6x = 5y + 2 \end{vmatrix}$
   b) $\begin{vmatrix} 45u - 17v = 73 \\ 45u - 25v = 65 \end{vmatrix}$
   c) $\begin{vmatrix} 10x - 7y = 44 \\ 7y = 3x - 23 \end{vmatrix}$

10. Kontrolliere Olegs Hausaufgaben. Berichtige, falls nötig.

a) $\begin{vmatrix} x + 4y = -3 \\ x - 5y = 24 \end{vmatrix}$

$(24 + 5y) + 4y = -3$

$9y = -27$

$y = -3$

$x + 4 \cdot (-3) = -3$

$x = 9$

$L = \{(9 \mid -3)\}$

b) $\begin{vmatrix} 10x - 7y = 44 \\ 7y = 3x - 19 \end{vmatrix}$

$10x - 3x - 19 = 44$

$7x = 63$

$x = 9$

$7y = 3 \cdot 9 - 19$

$7y = 8$

$y = \frac{8}{7}$

$L = \left\{ \left(9 \mid \frac{8}{7} \right) \right\}$

c) $\begin{vmatrix} 2y + 3 = 4x \\ 2y = 5x - 1 \end{vmatrix}$

$(5x - 1) + 3 = 4x$

$2 = -x$

$x = -2$

$2y = 5 \cdot 2 - 1$

$2y = 9$

$y = 4{,}5$

$L = \{(2 \mid 4{,}5)\}$

Additionsverfahren

Auf der Klassenfahrt hat Hanna Fotos mit ihrem Smartphone gemacht. Im Internet hat sie 41 Farbausdrucke bestellt. Sie hat einschließlich einer Bearbeitungspauschale 7,50 € bezahlt.
Ihr Freund Jonas hat bei demselben Anbieter für 36 Farbausdrucke 6,95 € bezahlt.

» Wie viel Euro kostet ein Farbausdruck, wie hoch ist die Bearbeitungspauschale?
» Beschreibe deinen Lösungsweg.

1.
$$7x + 2y = 40$$
$$4x - 2y = 4$$

Löse das Gleichungssystem rechnerisch. Achte zunächst auf Besonderheiten bei den beiden Gleichungen.

Lösung

Bei dem Gleichungssystem fällt auf, dass in einer Gleichung der Term $2y$ steht, in der zweiten Gleichung steht $-2y$.
Wenn man $2y$ und $-2y$ addiert, ergibt das 0 und die Variable y fällt weg.

Durch Addieren der beiden gelb markierten Terme auf der linken Seite und der beiden grün markierten Terme auf der rechten Seite erhalten wir eine Gleichung, die nur noch eine Variable enthält.

$$7x + 2y = 40$$
$$4x - 2y = 4$$
$$\overline{7x + 2y + 4x - 2y = 40 + 4}$$
$$11x = 44$$

Löse das Gleichungssystem schrittweise:

1. Schritt: Addiere die beiden linken und rechten Terme der Gleichung und löse die Gleichung:
$$7x + 2y + (4x - 2y) = 40 + 4$$
$$11x = 44 \qquad |:11$$
$$x = 4$$

2. Schritt: Setze $x = 4$ in eine der Ausgangsgleichungen ein:
$$4 \cdot 4 - 2y = 4$$
$$16 - 2y = 4 \qquad |+2y-4$$
$$12 = 2y \qquad |:2$$
$$y = 6$$

3. Schritt: Mache die Probe:
1. Gleichung: $7 \cdot 4 + 2 \cdot 6 = 40$ (wahr)
2. Gleichung: $4 \cdot 4 - 2 \cdot 6 = 4$ (wahr)

4. Schritt: Notiere die Lösung:
$$L = \{(4 \,|\, 6)\}$$

2. Löse das Gleichungssystem durch Addieren. Führe auch die Probe durch.

a)
$$-7x + 4y = 1$$
$$2x - 4y = 14$$

b)
$$2x + 5y = 11$$
$$-2x - 7y = 21$$

c)
$$6a - 8b = 3$$
$$12a + 8b = 42$$

d)
$$8x - 6y = 14$$
$$-4x + 6y = -4$$

3. In vielen Fällen muss man ein lineares Gleichungssystem zunächst umformen, um das Additionsverfahren anzuwenden.

$$\begin{vmatrix} 4x + 2y = 28 \\ 3x + 4y = 36 \end{vmatrix} \cdot (-2)$$
$$\begin{vmatrix} -8x - 4y = -56 \\ 3x + 4y = 36 \end{vmatrix}$$

a) Erkläre das Beispiel rechts. Löse das Gleichungssystem.

b) Verfahre entsprechend:

(1) $\begin{vmatrix} 2x - 3y = 11 \\ 5x + 6y = 68 \end{vmatrix}$

(2) $\begin{vmatrix} 7x + 2y = 48 \\ 6x + 3y = 63 \end{vmatrix} \begin{matrix} \cdot 3 \\ \cdot (-2) \end{matrix}$

4. Elisa behauptet: „Statt zu addieren kann ich auch subtrahieren."
Probiere das aus. Achte auf die Vorzeichen.

a) $\begin{vmatrix} 7x + 2y = 34 \\ x + 2y = 22 \end{vmatrix}$
b) $\begin{vmatrix} 5u + 10v = 60 \\ 5u + 2v = 20 \end{vmatrix}$
c) $\begin{vmatrix} 4x + y = 8 \\ -3x + y = -6 \end{vmatrix}$
d) $\begin{vmatrix} 3y + 3x = -36 \\ -y + 3x = -20 \end{vmatrix}$

INFORMATION

Additionsverfahren

(1) Forme das Gleichungssystem so um, dass beim Addieren der rechten und linken Seiten beider Gleichungen eine der Variablen wegfällt, und führe die Addition durch.

(2) Nach dem Addieren erhältst du *eine* Gleichung mit nur *einer* Variablen.
Berechne aus der Gleichung den Wert für diese Variable.

(3) Setze diesen Wert in eine der beiden Gleichungen des Gleichungssystems ein und berechne den Wert der zweiten Variablen.

(4) Führe zur Kontrolle die Probe durch und notiere die Lösungsmenge.

ÜBEN

5. Bestimme die Lösung. Führe die Probe durch.

a) $\begin{vmatrix} 2x + 5y = 23 \\ -2x + 3y = 1 \end{vmatrix}$
c) $\begin{vmatrix} -5x + 6y = 16 \\ 5x - y = 14 \end{vmatrix}$
e) $\begin{vmatrix} -4x - 5y = 37 \\ 4x + y = -7 \end{vmatrix}$

b) $\begin{vmatrix} 4x + 3y = 11 \\ -3x - 3y = -9 \end{vmatrix}$
d) $\begin{vmatrix} -5x + 8y = -21 \\ -9x + 8y = -25 \end{vmatrix}$
f) $\begin{vmatrix} 2,5x + 1,5y = 34 \\ 3,5x + 1,5y = 44 \end{vmatrix}$

6. Löse das Gleichungssystem. Forme zunächst geeignet um.

a) $\begin{vmatrix} 2r + 3s = 20 \\ 5r - s = 33 \end{vmatrix}$
c) $\begin{vmatrix} 3x + 5y = 11 \\ 4x - 2y = -4 \end{vmatrix}$
e) $\begin{vmatrix} 7x + 4y = 29 \\ 8x - 3y = 18 \end{vmatrix}$

b) $\begin{vmatrix} 4x + 2y = 46 \\ 5x + 4y = 74 \end{vmatrix}$
d) $\begin{vmatrix} 9x + 5y = 28 \\ 4x + 7y = 22 \end{vmatrix}$
f) $\begin{vmatrix} 10s + 7t = 26 \\ 4s + 3t = 26 \end{vmatrix}$

7. Kontrolliere Leas Hausaufgaben.

a) $\begin{vmatrix} 8e + 3f = 18 \\ 4e + 2f = 4 \end{vmatrix} \cdot (-2) \oplus$

b) $\begin{vmatrix} 8r - 11s = 26 \\ 8r - 5s = 38 \end{vmatrix} \cdot (-1) \oplus$

c) $\begin{vmatrix} 10x + 7y + 4 = 0 \\ 6x + 5y + 2 = 0 \end{vmatrix} \begin{matrix} \cdot (-3) \\ \cdot 5 \end{matrix}$

$f = 10$
$4e + 2 \cdot 10 = 4$
$4e = -16$
$e = -4$

$6s = 12$
$s = 2$
$8r - 11 = 26$
$8r = 48$
$r = 6$

$\begin{vmatrix} -30x - 21y - 12 = 0 \\ 30x + 25y + 10 = 0 \end{vmatrix} \oplus$

$4y - 2 = 0$
$y = 0,5$
$6x + 5 \cdot 0,5 + 2 = 0$
$6x = -4,5$
$x = -0,75$

$L = \{(-4 \mid 10)\}$

$L = \{(6 \mid 2)\}$

$L = \{(0,5 \mid 0,75)\}$

Sonderfälle beim rechnerischen Lösen

AUFGABE

1. Ermittle die Lösung des Gleichungssystems.

a) $\begin{vmatrix} x+y=5 \\ x+y=4 \end{vmatrix}$

b) $\begin{vmatrix} x+y=5 \\ 2x+2y=10 \end{vmatrix}$

Lösung

a) Man erkennt sofort, dass das Gleichungssystem keine Lösung haben kann: Die Summe zweier Zahlen x und y kann nicht gleichzeitig 5 und 4 sein. Im Koordinatensystem laufen die zugehörigen Geraden parallel zueinander.

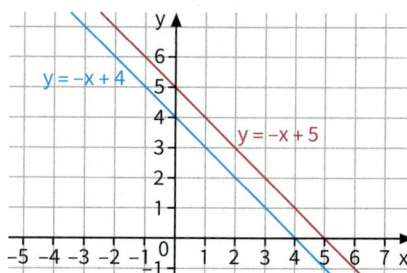

Durch Umformen und Addieren erhält man eine nicht erfüllbare Gleichung:

$$\begin{vmatrix} x+y=5 \\ x+y=4 \end{vmatrix} \;|\cdot(-1)$$

$$\begin{vmatrix} x+y=5 \\ -x-y=-4 \end{vmatrix} \oplus$$

$$0=1$$

Die Gleichung $0=1$ ist nie richtig. Das Gleichungssystem hat *keine Lösung*:
$L = \{\ \}$

b) Multipliziert man die erste Gleichung mit 2, so wird sie identisch mit der zweiten Gleichung.

Im Koordinatensystem sieht man, dass die zugehörigen Geraden identisch sind.

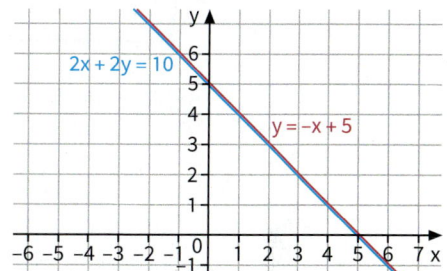

Durch Umformen und Addieren erhält man eine Gleichung, die immer richtig ist:

$$\begin{vmatrix} x+y=5 \\ 2x+2y=10 \end{vmatrix} \;|\cdot(-2)$$

$$\begin{vmatrix} -2x-2y=10 \\ 2x+2y=10 \end{vmatrix} \oplus$$

$$0=0$$

Die Gleichung $0=0$ ist immer richtig. Das Gleichungssystem hat *unendlich viele Lösungen*, nämlich alle Zahlenpaare $(x\,|\,y)$, die die Gleichung $2x+2y=10$ erfüllen:

$$L = \left\{ (x\,|\,y) \,\big|\, x+y=5 \right\}$$

ÜBEN

2. Bestimme die Lösung des Gleichungssystems. Zeichne zur Probe auch die zugehörigen Geraden.

a) $\begin{vmatrix} x-y=-1 \\ x+y=-4 \end{vmatrix}$

b) $\begin{vmatrix} 2y-3x=4 \\ -6y+9x=15 \end{vmatrix}$

c) $\begin{vmatrix} 2x-4y=6 \\ -3x+6y=-9 \end{vmatrix}$

3. Die Gleichungssysteme haben nicht genau eine Lösung. Löse mithilfe des Additionsverfahrens.

a) $\begin{vmatrix} 2x-4y=-1 \\ -4x+8y=2 \end{vmatrix}$

b) $\begin{vmatrix} 2x+3y=7 \\ -6x-9y=20 \end{vmatrix}$

c) $\begin{vmatrix} 4x-6y=5 \\ -3x+4{,}5y=2{,}5 \end{vmatrix}$

4. Bestimme die Lösungsmenge. Gib nach möglichst wenigen Umformungsschritten an, ob das System eine, keine oder unendlich viele Lösungen hat.

a) $\begin{vmatrix} 2x-3y=15 \\ 3x-2y=15 \end{vmatrix}$

b) $\begin{vmatrix} 2x+3y=5 \\ 6x+9y=17 \end{vmatrix}$

c) $\begin{vmatrix} u+2v=3 \\ 5u+10v=15 \end{vmatrix}$

d) $\begin{vmatrix} 7x+10y=25 \\ 2x+5y=5 \end{vmatrix}$

Vermischte Übungen zu den Lösungsverfahren

Denke an die Probe!

1.

$$\begin{vmatrix} 3x + 4y = 36 \\ -2x + 3y = 10 \end{vmatrix}$$

$$\begin{vmatrix} 3y = x + 3 \\ 3y = -2x + 12 \end{vmatrix}$$

$$\begin{vmatrix} y = \frac{3}{4}x + 1 \\ y = \frac{3}{4}x - 2 \end{vmatrix}$$

$$\begin{vmatrix} 12y - 8x = 24 \\ y = \frac{5}{6}x + \frac{3}{2} \end{vmatrix}$$

Welches Verfahren?

Grafisch   Einsetzen

Gleichsetzen   Addieren

Gib zu jedem Gleichungssystem ein günstiges Verfahren an und führe es aus.
Begründe jeweils, warum du das Verfahren ausgewählt hast.

2. Gib je ein Gleichungssystem an, das sich besonders geschickt mit dem Gleichsetzungsverfahren oder dem Einsetzungsverfahren lösen lässt.
Dein Partner löst die Gleichungssysteme.
Hat er das Verfahren gewählt, an das du gedacht hast?

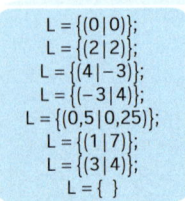

$L = \{(0\,|\,0)\};$
$L = \{(2\,|\,2)\};$
$L = \{(4\,|-3)\};$
$L = \{(-3\,|\,4)\};$
$L = \{(0,5\,|\,0,25)\};$
$L = \{(1\,|\,7)\};$
$L = \{(3\,|\,4)\};$
$L = \{\ \}$

zu 3.

3. Ermittle die Lösungsmenge mit einem möglichst günstigen Verfahren.

a) $\begin{vmatrix} 3x + 5y = 38 \\ y = 6x + 1 \end{vmatrix}$

b) $\begin{vmatrix} 2x + 5y = 14 \\ 2x - 6y = -30 \end{vmatrix}$

c) $\begin{vmatrix} x = 3y - 4 \\ 3x - 5y = -4 \end{vmatrix}$

d) $\begin{vmatrix} 5x - 10y = 20 \\ -3x + 6y = -10 \end{vmatrix}$

e) $\begin{vmatrix} y = 2x - 0,75 \\ y = 7x - 3,25 \end{vmatrix}$

f) $\begin{vmatrix} x + 7y = -17 \\ 4x + y = 13 \end{vmatrix}$

4. Löse günstig.

a) $\begin{vmatrix} 9x - y = 41 \\ y = 4x - 11 \end{vmatrix}$

b) $\begin{vmatrix} 3x + 2y = 2 \\ 2y = 3x + 2 \end{vmatrix}$

c) $\begin{vmatrix} 4x + 2y = 26 \\ 3x - y = 7 \end{vmatrix}$

d) $\begin{vmatrix} 2x - y = 2 \\ y - x = 14 \end{vmatrix}$

e) $\begin{vmatrix} x + 6y = 47 \\ x + 5y = 40 \end{vmatrix}$

f) $\begin{vmatrix} x + 6y = -16 \\ -4 - 2y = 2x \end{vmatrix}$

g) $\begin{vmatrix} y - 10x = 2 \\ 10x + y = 22 \end{vmatrix}$

h) $\begin{vmatrix} 13f + 12i = 28,7 \\ 12f + 13i = 28,8 \end{vmatrix}$

i) $\begin{vmatrix} 5u + 9v - 42 = 0 \\ 10u + 3v - 39 = 0 \end{vmatrix}$

5. Kontrolliere die Hausaufgaben.
Korrigiere gegebenenfalls.

a) $\begin{vmatrix} x + 3y = 1 \\ -x - 4y = -6 \end{vmatrix} \oplus$

$-y = -5$
$y = 5$
$x + 3 \cdot 5 = 1$
$x = -14$

$L = \{(-14\,|\,5)\}$

b) $\begin{vmatrix} 3x = 4 - 2y \\ 2y = 2x + 6 \end{vmatrix}$

$3x = 4 - 2x + 6$
$5x = 10$
$x = 2$
$2y = 2 \cdot 2 + 6$
$y = 5$

$L = \{(2\,|\,5)\}$

c) $\begin{vmatrix} x = 2y - 1 \\ 2x = 4y + 2 \end{vmatrix} : 2$

$\begin{vmatrix} x = 2y - 1 \\ x = 2y + 2 \end{vmatrix}$

$2y - 1 = 2y + 2$
$-1 = 2$

$L = \{\ \}$

6. Die drei Geraden im Bild rechts schneiden sich in drei Punkten außerhalb des Zeichenblattes.
Berechne die Koordinaten der drei Schnittpunkte.

7. Berechne die Koordinaten des Geradenschnittpunktes. Führe die Probe zeichnerisch durch.

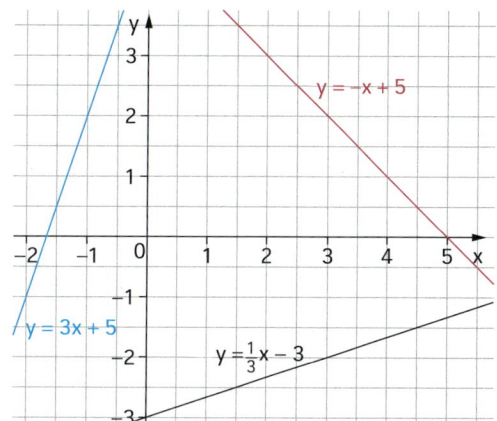

$$y = -x + 5$$
$$y = 3x + 5$$
$$y = \frac{1}{3}x - 3$$

a) $\begin{vmatrix} y = 2x - 10 \\ y = x + 5 \end{vmatrix}$ **c)** $\begin{vmatrix} 3x - y + 1 = 0 \\ y - 5x = -5 \end{vmatrix}$

b) $\begin{vmatrix} y = 2x + 5 \\ y + 5 = 3x \end{vmatrix}$ **d)** $\begin{vmatrix} 2x - y = 8 \\ x = y - 2 \end{vmatrix}$

$L = \{(7|2)\};$
$L = \{(2|-7)\};$
$L = \{(8|1)\};$
$L = \{(8|-4{,}5)\};$
$L = \{(1|4)\}$

zu 8.

8. a) $\begin{vmatrix} 0{,}6x + 3y = 10{,}2 \\ 3x - 10y = 1 \end{vmatrix}$ **b)** $\begin{vmatrix} 2x + 1{,}8y = 9{,}2 \\ 5x - 0{,}9y = 1{,}4 \end{vmatrix}$ **c)** $\begin{vmatrix} 2{,}5x - 2y = 29 \\ 4{,}5x + 8y = 0 \end{vmatrix}$

9. a) Löse grafisch: (1) $\begin{vmatrix} 2x - 4y = -2 \\ 3x + y = 11 \end{vmatrix}$ (2) $\begin{vmatrix} -x + 2y = 4 \\ 2x - 4y = 4 \end{vmatrix}$ (3) $\begin{vmatrix} 2x + y = -4 \\ -6x - 3y = 12 \end{vmatrix}$

b) Ändere in den Gleichungssystemen die Faktoren bei x und y so ab, dass es bei (2) nur ein Zahlenpaar als Lösung gibt, bei (3) keine Lösung gibt.

c) Ändere die Zahlen auf der rechten Seite bei den Gleichungen von (2) und (3) so ab, dass das System (2) unendlich viele Lösungen und das System (3) keine Lösungen hat.

10. Paul hat sich ein Zahlenrätsel ausgedacht.
Löse das Zahlenrätsel mithilfe eines linearen Gleichungssystems.

> Ich denke mir zwei Zahlen. Wenn ich das Doppelte der ersten Zahl zur zweiten Zahl addiere, so erhalte ich 17. Wenn ich das Dreifache der ersten Zahl zum Doppelten der zweiten Zahl addiere, so erhalte ich 29.

11. Löse das Zahlenrätsel. Stelle zunächst ein Gleichungssystem auf.

a) Die Summe zweier Zahlen ist 46. Addiert man zum Doppelten der ersten Zahl das Dreifache der zweiten Zahl, so erhält man 106.

b) Addiert man zum Fünffachen einer Zahl eine zweite Zahl, so erhält man 25. Addiert man zum Dreifachen der ersten Zahl das Doppelte der zweiten Zahl, so erhält man 29.

c) Das Dreifache einer Zahl und das Sechsfache einer zweiten Zahl ergeben zusammen 27. Subtrahiert man vom Vierfachen der ersten Zahl das Doppelte der zweiten Zahl, so erhält man 16.

12.

In einem Käfig befinden sich insgesamt 35 Hühner und Kaninchen. Zusammen haben sie 94 Beine.
Wie viele Kaninchen, wie viele Hühner sind im Käfig? Erkläre dein Vorgehen.

ANWENDEN VON LINEAREN GLEICHUNGSSYSTEMEN

EINSTIEG

Ein Erlebnisbad hat unterschiedliche Preise für Kinder und Erwachsene.
2 Erwachsene und 3 Kinder müssen insgesamt 31 € Eintritt zahlen.
Für einen Erwachsenen und 2 Kinder kostet der Eintritt insgesamt 18 €.

» Wie teuer sind die Einzelpreise für Erwachsene bzw. Kinder?

AUFGABE

1. Schlosser Weller hat den Auftrag, aus einem 180 cm langen Flachstahl einen rechteckigen Rahmen anzufertigen. Benachbarte Seiten des Rahmens sollen sich in der Länge um 20 cm unterscheiden.
Welche Seitenlängen für den Rahmen muss der Schlosser wählen?

Lösung

Lösungsstrategie:
(1) ...
(2) ...
(3) ...
(4) ...

(1) *Fertige eine Skizze an, lege die Variablen fest und stelle das Gleichungssystem auf:*
Länge der kürzeren Seite (in cm): x
Länge der anderen Seite (in cm): y
Der Flachstahl ist 180 cm lang: $2x + 2y = 180$
Die Längen benachbarter Seiten unterscheiden sich um 20 cm. $y - x = 20$

Gleichungssystem: $\left| \begin{array}{l} 2x + 2y = 180 \\ y - x = 20 \end{array} \right|$

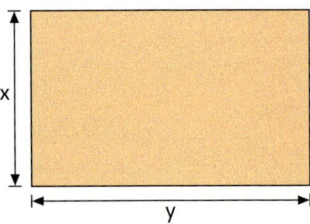

(2) *Löse das Gleichungssystem:*

$$y = x + 20$$
$$2x + 2(x + 20) = 180$$
$$2x + 2x + 40 = 180 \quad | -40$$
$$4x = 140 \quad | : 4 \qquad y = 35 + 20$$
$$x = 35 \qquad\qquad\quad y = 55$$

Einsetzungsverfahren

Das Gleichungssystem hat die Lösungsmenge $L = \{(35 \,|\, 55)\}$.

(3) *Führe die Probe am Aufgabentext durch:*
Die Gesamtlänge des Flachstahls beträgt $2 \cdot 55\,\text{cm} + 2 \cdot 35\,\text{cm} = 180\,\text{cm}$.
Die Längen benachbarter Seiten unterscheiden sich um $55\,\text{cm} - 35\,\text{cm} = 20\,\text{cm}$.

(4) *Formuliere ein Ergebnis:*
Der Rahmen hat die Seitenlängen 35 cm und 55 cm.

ÜBEN

2. Ein Rechteck hat den Umfang 75 cm. Eine Seite ist 13 cm länger als die benachbarte Seite.
   a) Berechne die Seitenlängen.
   b) Gib den Flächeninhalt des Rechtecks an.

3. Bei einem Rechteck beträgt der Umfang 60 cm. Eine Seite ist
   a) doppelt so lang,   **b)** dreimal so lang,   **c)** viermal so lang
   wie die benachbarte Seite. Berechne die Seitenlängen des Rechtecks.

Beachte die Winkelsumme im Dreieck.

4. a) In einem gleichschenkligen Dreieck ist der Basiswinkel α um 24° größer als der Winkel γ. Wie groß ist jeder Winkel in dem Dreieck?

b) Wie groß ist jeder Winkel in dem gleichschenkligen Dreieck, wenn der Winkel γ halb so groß ist wie α?

5. Ein gleichschenkliges Dreieck hat den Umfang 40 cm.

a) Jeder Schenkel ist 5 cm länger als die Basis.

b) Jeder Schenkel ist 6 cm kürzer als die Basis.

c) Jeder Schenkel ist doppelt so lang wie die Basis.

Berechne die Länge der Basis und die eines Schenkels.

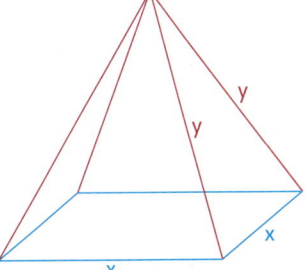

6. Murat baut einen Drachen. In der Anleitung steht:

Es ist günstig, die längere Diagonale $1\frac{1}{2}$-mal so groß wie die kürzere zu wählen.

a) Florian verbraucht 1,80 m Holzleiste für die beiden Diagonalen. Wie lang hat er die beiden Leisten gemacht?

b) Wie viel dm² Papier benötigt er für die Bespannung?

7. Carmen hat das Kantenmodell einer Pyramide mit quadratischer Grundfläche gebaut. Die Kantenlänge x ist 10 cm kürzer als die Kantenlänge y. Carmen hat 200 cm Bambusstab verbraucht.

8. Ein Rechteck hat den Umfang 28 cm. Verdoppelt man die beiden kürzeren Seiten, so hat das neue Rechteck den Umfang 40 cm.

9. Ein Tierpark hat unterschiedliche Preise für Kinder und Erwachsene. 1 Erwachsener und 3 Kinder müssen insgesamt 15 € Eintritt zahlen. Für 2 Erwachsene und 2 Kinder kostet der Eintritt insgesamt 18 €. Wie teuer sind die Einzelpreise für Erwachsene bzw. Kinder?

10. Stelle zu dem Rätsel zunächst ein Gleichungssystem auf. Löse dieses und prüfe deine Antwort am Aufgabentext.

Maureen ist 24 Jahre älter als Jasmin. Sie ist 2,5-mal so alt wie Jasmin.

Wie alt ist Maureen, wie alt ist Jasmin?

11. a) Ein Vater und ein Sohn sind zusammen 62 Jahre alt. Vor sechs Jahren war der Vater viermal so alt wie der Sohn.

Wie alt ist jeder?

b) Anne ist 4 Jahre jünger als Julia. In 9 Jahren werden beide zusammen 50 Jahre alt sein. Wie alt ist Anne, wie alt ist Julia?

12. Frau Sontheimer finanziert den Kauf einer Eigentumswohnung mit einem Bauspardarlehen und einem Bankdarlehen. Beide zusammen betragen 280 000 €. Das Bauspardarlehen ist mit 1,5 %, das Bankdarlehen mit 2 % zu verzinsen. Die Zinsen in einem Jahr betragen zusammen 5 200 €. Wie hoch ist das Bauspardarlehen? Wie hoch ist das Bankdarlehen?

13. Elias ist mit der Jugendgruppe Skilaufen. Er überlegt: Gebe ich jeden Tag 12 € aus, dann habe ich 5 € zu wenig dabei. Wenn ich jeden Tag 11 € ausgebe, habe ich am Ende 2 € übrig. Wie lange dauert der Skiurlaub von Elias? Wie viel Euro hat Elias dabei?

Löse die Gleichungssysteme.
Führe die Probe durch.

Wähle ein möglichst günstiges Verfahren.

★★

a) $\begin{vmatrix} y = -4x + 23 \\ y = 3x - 12 \end{vmatrix}$

b) $\begin{vmatrix} 3x - 5y = -14 \\ x + y = 6 \end{vmatrix}$

★★★

a) $\begin{vmatrix} 7r = 71 + 2s \\ 59 - s = 7r \end{vmatrix}$

b) $\begin{vmatrix} 6,9x = 9,9 - 1,5y \\ 4,5y = -2,1 + 6,9x \end{vmatrix}$

★★★★

a) $\begin{vmatrix} 0,2x + 2y - 2,2 = 0 \\ x + 0,7y + 7,6 = 0 \end{vmatrix}$

b) $\begin{vmatrix} 2(x+3) + 3(x-2y) = 12 \\ 6(2y-x) - 4(x+3) = 12 \end{vmatrix}$

Stelle zunächst ein Gleichungssystem auf und berechne dann.

★★

Leon verwaltet die Kasse seines Sportvereins. Er muss zwei Rechnungen bezahlen. Zusammen beträgt die Rechnungssumme 340 €. Eine Rechnung ist um 60 € höher als die andere Rechnung. Wie hoch sind beide Rechnungen?

★★★

Bei einer Sportveranstaltung hat Leon in seiner Kasse 20-€-Scheine und 50-€-Scheine im Wert von insgesamt 600 €.
Es sind doppelt so viele 50-€-Scheine wie 20-€-Scheine.

★★★★

Leon hat für den Verein zwei Sparkonten eingerichtet. Auf dem ersten hat er 5 400 €, auf dem zweiten Konto 3 000 €. Nach einem Jahr belaufen sich die Zinsen für beide Konten zusammen auf 78 €.
Der Zinssatz auf dem zweiten Konto ist um 0,5 % höher als der auf dem ersten Konto.

VERMISCHTE UND KOMPLEXE ÜBUNGEN

1. Ergänze die Koordinaten der Punkte $P_1(0\,|\,\blacksquare)$, $P_2(\blacksquare\,|\,0)$, $P_3(1\,|\,\blacksquare)$, $P_4(\blacksquare\,|\,6)$, $P_5(-0{,}2\,|\,\blacksquare)$ und $P_6(\blacksquare\,|\,-0{,}6)$ so, dass diese zum Graphen der angegebenen linearen Gleichung gehören.

    a) $x + y = 1$ **b)** $2x - 5y = 0$ **c)** $\dfrac{x}{2} + \dfrac{y}{3} = 2$ **d)** $-1{,}2x + 0{,}4y = 4{,}8$

2. Lies am Graphen drei Lösungen der zugehörigen Gleichung ab. Kontrolliere rechnerisch.

    a) 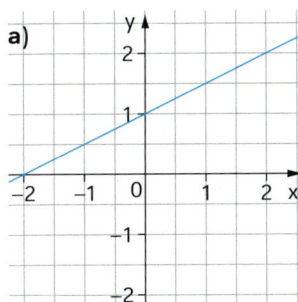   **b)** 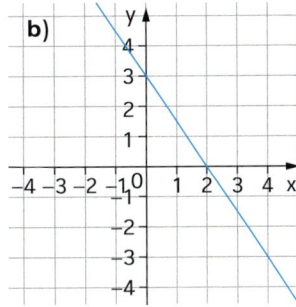   **c)**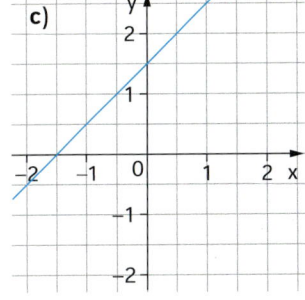

3. Gib jeweils das Gleichungssystem und seine Lösung an.

    a) 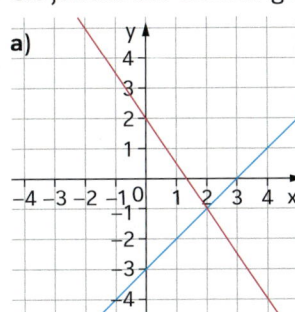   **b)** 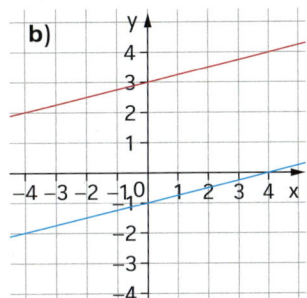   **c)**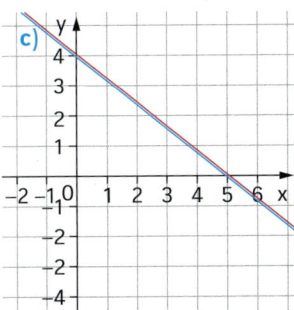

4. Eine Autoverleihfirma berechnet die Kosten für einen Leihwagen aus einer Grundgebühr pro Tag und den Kosten für die gefahrenen Kilometer.
Herr Albert hat bei derselben Firma für drei Tage mit 650 km insgesamt 338 € gezahlt, Frau Baumann für nur zwei Tage, aber 850 km, insgesamt 392 €.
Wie hoch sind die Tagesgebühren und die Kosten für 1 km?

Eine Dahlie kostet ... €, eine Sonnenblume ... €.

5. Maria und Leyla wollen ihre Blumenkästen neu bepflanzen. Maria kauft 6 Dahlien und 4 Sonnenblumen und zahlt dafür 31 €.
Leyla zahlt für 3 Dahlien und 5 Sonnenblumen in derselben Gärtnerei 28,40 €.
Wie teuer ist eine Dahlie?
Wie teuer ist eine Sonnenblume?

6. Johanna überlegt, ihren Freunden einen Fotomagnet mit einem Digitalfoto von ihrer Geburtstagsfeier zu schenken. Im Internet hat sie einen Anbieter gefunden. Für 6 Fotomagnete verlangt er einschließlich einer Bearbeitungsgebühr für Verpackung und Versand 31,93 €, für 8 Fotomagnete einschließlich Bearbeitungsgebühr 40,91 €. Wie viel kostet ein Fotomagnet, wie hoch ist die Bearbeitungsgebühr?

7. Ein Bauunternehmer stellt auf einer Baustelle drei Schutt-Container auf, den ersten 3 Tage, den zweiten 4 Tage und den dritten 6 Tage lang. Dafür zahlt er (Transportkosten sowie Tageskosten) insgesamt 270 €. Auf einer anderen Baustelle steht ein Container 6 Tage lang und verursacht Kosten von 115 €.
Wie hoch sind die Transportkosten, wie hoch die Tageskosten für jeweils einen Container?

> Ein Container kostet pro Tag ... €. Für den Transport sind ... zu zahlen.

8. **a)** Der Schnittpunkt zweier Geraden eines linearen Gleichungssystems hat die Koordinaten (0 | 3).
Denkt euch eine Aufgabe aus, die zu dieser Lösung passt.

b) Gebt euch gegenseitig Schnittpunkte vor und erfindet dazu passende Aufgaben. Prüft, ob die Aufgaben stimmen.

9. Notiere eine geeignete Sachaufgabe.

a) Welche Aufgabe passt zu der Abbildung rechts?

b) $\begin{vmatrix} 3x + y = 7,40\,€ \\ x + 2y = 5,80\,€ \end{vmatrix}$

c) $\begin{vmatrix} x + y = 46 \\ 2x + 3y = 108 \end{vmatrix}$

d) $\begin{vmatrix} 2a + 2b = 84\,\text{cm} \\ a = b + 6\,\text{cm} \end{vmatrix}$

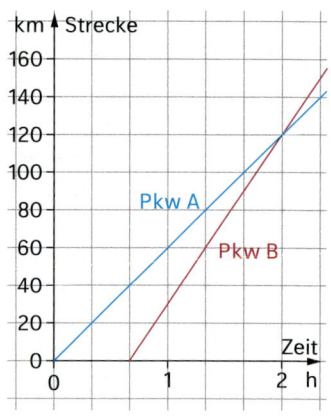

10. Ein Rechteck hat den Umfang 40 cm. Verdoppelt man die beiden längeren Seiten, so entsteht ein neues Rechteck mit dem Umfang 64 cm.
Berechne die Seitenlängen des alten Rechtecks. Du kannst eine Skizze anlegen.

11. Gina hat das Kantenmodell eines Quaders angefertigt. Dafür hat sie 300 cm Draht gebraucht. Der Quader ist 15 cm hoch, seine Länge beträgt das Dreifache der Breite. Berechne das Volumen des Quaders.

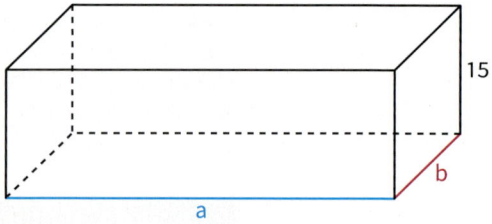

12.

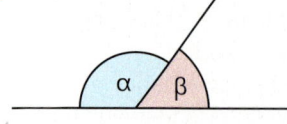

In der Zeichnung ist der Winkel α Nebenwinkel zu β. Wie groß ist α, wie groß ist β?

a) α ist um 15° größer als β.

b) α ist dreimal so groß wie β.

Berechne die Höhe einer Stufe und die Länge der Auftrittsbreite nach den beiden Regeln. Stelle zunächst ein lineares Gleichungssystem auf.

 Eine Treppe soll mit 20 Stufen eine Gesamthöhe von 3,40 m erreichen. Können beide Regeln eingehalten werden? Begründe.

 13. Ein Architekt plant Treppen, die angenehm begehbar sind, nach zwei Regeln:
Stufenmaßregel: Die doppelte Stufenhöhe und die Auftrittsbreite ergeben zusammen 63 cm.
Bequemlichkeitsregel: Die Auftrittsbreite ist 12 cm länger als eine Stufenhöhe.

 Prüfe, welche der Angaben nur eine der beiden Regeln und welche beide Regeln erfüllen.

h (in cm)	b (in cm)
12	24
20	23
15	33
17	29
21	21

 Untersucht drei verschiedene Treppen und messt jeweils die Stufenhöhe und die Auftrittsbreite und notiert die Messwerte in einer Tabelle. Werden die beiden Regeln immer eingehalten? Welche Gründe könnte es für Abweichungen geben?

14. Julia möchte für den Winter 6 kg Vogelfutter besorgen. Die Mitarbeiterin der Zoohandlung sagt: „Wenn wir 5 kg Körnermischung und 1 kg Sonnenblumenkerne mischen, musst du 16 € zahlen. Wenn wir von beiden 3 kg nehmen, macht das 12 €."
Was kostet jeweils 1 kg Körnermischung und 1 kg Sonnenblumenkerne?

15. Für verschiedene Zweitaktmotoren muss Öl mit Benzin in unterschiedlichen Verhältnissen gemischt werden. Für 0,2 ℓ Öl und 8 ℓ Benzin muss man 16,08 € bezahlen. 0,1 ℓ Öl und 5 ℓ Benzin kosten 9,75 €. Wie teuer ist 1 ℓ Öl, wie teuer 1 ℓ Benzin?

16. Griechisches Epigramm:

Schwer bepackt ein Eselchen ging und des Eseleins Mutter;
Und die Eselin seufzte sehr; da sagte das Söhnlein:
Mutter, was klagst du wie ein jammerndes Magdlein?
Gib ein Pfund mir ab, so trag ich doppelte Bürde;
Nimmst du es aber von mir, gleich viel dann haben wir beide.
Rechne mir aus, wenn du kannst, mein Bester, wie viel sie getragen.

17. Wie alt ist der Vater, wie alt ist der Sohn?

Vor 5 Jahren war ich dreimal so alt wie mein Sohn.

Heute sind mein Vater und ich zusammen 70 Jahre alt.

WAS DU GELERNT HAST

Grafisches Lösen eines linearen Gleichungssystems

Stelle beide Gleichungen nach y um und zeichne die Graphen in ein gemeinsames Koordinatensystem.

Die Koordinaten des Schnittpunktes sind die Lösung des linearen Gleichungssystems. Die Koordinaten $(x = -2)$ und $(y = 1)$ erfüllen beide Gleichungen.
$L = \{(-2\,|\,1)\}$

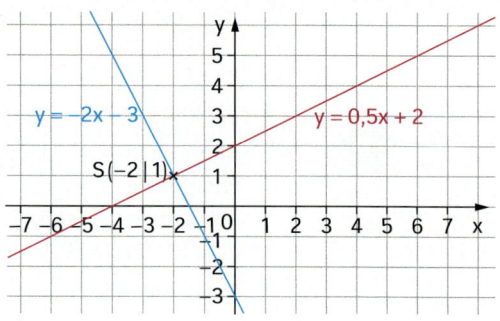

Rechnerische Lösungsverfahren

Bei allen Verfahren geht es zunächst darum, aus den beiden Gleichungen eine Gleichung zu erzeugen, bei der nur eine Variable vorkommt.

Gleichsetzungsverfahren

Sind beide Gleichungen in der Form y = ... oder z. B. in der Form 2x = ... gegeben oder lassen sie sich schnell in solch eine Form bringen, so entsteht die neue Gleichung durch Gleichsetzen.

$\left|\begin{array}{l} y = 4x - 9 \\ y = -x + 1 \end{array}\right.$

Gleichsetzen: $4x - 9 = -x + 1 \quad | + x$
$$5x - 9 = 1 \qquad | + 9$$
$$5x = 10 \qquad | : 5$$
$$x = 2$$
Berechnen von y: $\quad y = 4 \cdot 2 - 9$
$$y = -1$$
$$L = \{(2\,|\,-1)\}$$

Für die Probe setzt man die berechneten Zahlen in die Ausgangsgleichungen ein.

Probe: 1. Gleichung $-1 = 4 \cdot 2 - 9$ (wahr)
2. Gleichung $-1 = -2 + 1$ (wahr)

Einsetzungsverfahren

Ist eine der Gleichungen in der Form y = ... oder x = ... gegeben oder lässt sie sich schnell in solch eine Form bringen, so entsteht die neue Gleichung durch Einsetzen.

$\left|\begin{array}{l} 2y - 3x = 7 \\ \quad\;\; y = x + 1 \end{array}\right.$

Einsetzen:
$$2(x + 1) - 3x = 7$$
$$-x + 2 = 7 \qquad | -2$$
$$-x = 5 \qquad | : (-1)$$
$$x = -5$$
$$y = -5 + 1$$
$$y = -4$$
$$L = \{(-5\,|\,-4)\}$$

Additionsverfahren

Forme beide Gleichungen so um, dass beim Addieren eine Variable wegfällt.

$\left|\begin{array}{l} -3x + 2y = 1 \\ 12x + 9y = 30 \end{array}\right.\; \left|\begin{array}{l} | \cdot 4 \\ \end{array}\right.$

$\left|\begin{array}{l} -12x + 8y = 4 \\ 12x + 9y = 30 \end{array}\right\} \oplus$

$$17y = 34$$
$$y = 2$$

$$-3x + 2 \cdot 2 = 1$$
$$-3x = -3$$
$$x = 1$$
$$L = \{(1\,|\,2)\}$$

BIST DU FIT?

1. Bestimme zeichnerisch die Lösungsmenge des Gleichungssystems.

a) $\begin{vmatrix} y = -2x + 7 \\ y = 3x - 3 \end{vmatrix}$
b) $\begin{vmatrix} 4x + 2y = 5 \\ -2x - y = -2,5 \end{vmatrix}$
c) $\begin{vmatrix} x + \frac{1}{2}y = 3 \\ y = 8 - 2x \end{vmatrix}$

2. Bestimme die Lösungsmenge mit dem angegebenen Verfahren. Denke an die Probe.

a) *Gleichsetzungsverfahren*

(1) $\begin{vmatrix} y = -x + 8 \\ y = x - 2 \end{vmatrix}$ (2) $\begin{vmatrix} 2v + 2u = 11 \\ 2v - 3u = 0 \end{vmatrix}$

c) *Additionsverfahren*

(1) $\begin{vmatrix} 15x + 7y = 2 \\ 3x - 21y = 90 \end{vmatrix}$ (2) $\begin{vmatrix} 4a + 2b = 22 \\ 9a - 3b = 12 \end{vmatrix}$

b) *Einsetzungsverfahren*

(1) $\begin{vmatrix} 9x - y = 41 \\ y = 4x - 11 \end{vmatrix}$ (2) $\begin{vmatrix} 3x + 2y = 2 \\ 2y = 3x + 2 \end{vmatrix}$

d) *Additionsverfahren*

(1) $\begin{vmatrix} 4x + 3y = 10 \\ 5x + 2y = 2 \end{vmatrix}$ (2) $\begin{vmatrix} 6a + 5b = 37 \\ 3a + 9b = 12 \end{vmatrix}$

3. Löse rechnerisch mit einem möglichst günstigen Verfahren. Mache die Probe.

a) $\begin{vmatrix} 9x + 4y = 37 \\ y = 6x + 1 \end{vmatrix}$
d) $\begin{vmatrix} 3r + 2s = 2 \\ 6r - 8s = -2 \end{vmatrix}$
g) $\begin{vmatrix} 3x + 4,5y = 1,5 \\ -2x - 3y = -1 \end{vmatrix}$

b) $\begin{vmatrix} 6x + 4y = 9 \\ 6x - 5y = -18 \end{vmatrix}$
e) $\begin{vmatrix} y = 3x - 2 \\ 2y - 6x = -4 \end{vmatrix}$
h) $\begin{vmatrix} \frac{1}{2}m + 2n = -\frac{3}{2} \\ \frac{1}{3}m - \frac{5}{3}n = 8 \end{vmatrix}$

c) $\begin{vmatrix} x = 2y - 4 \\ 4x + 7y = -1 \end{vmatrix}$
f) $\begin{vmatrix} 2p = 2q - 4 \\ 3p - 3q = -5 \end{vmatrix}$
i) $\begin{vmatrix} 5(x - 1) + 4(y + 1) = 15 \\ 3(x + 3) + (y - 12) = 8 \end{vmatrix}$

4. Ein Energieversorger bietet seinen Kunden zwei Tarife für Gas an. Der Gaspreis setzt sich aus dem *Grundpreis* und dem *Verbrauchspreis* für das verbrauchte Gas zusammen. Vergleiche beide Tarife.

Tarif	basis	spezial
Monatlicher Grundpreis	5,50 €	11,00 €
Verbrauchspreis je m³	0,70 €	0,60 €

5. Sadik kauft vier Flaschen Limonade und drei Flaschen Orangensaft für zusammen 7,20 €. In demselben Geschäft zahlt Lena 5,10 € für drei Flaschen Limonade und zwei Flaschen Orangensaft.
Wie viel kostet eine Flasche Orangensaft, wie viel eine Flasche Limonade?

6. Nina ist 5 Jahre älter als Eva. Zusammen sind sie 39 Jahre alt.
Wie alt ist Nina, wie alt ist Eva?

7. Wenn man zum Doppelten der ersten Zahl die zweite addiert, dann erhält man 22.
Wenn man vom Vierfachen der ersten Zahl die zweite Zahl subtrahiert, so erhält man 14.
Wie heißen die beiden Zahlen?

8. Spediteur Seibold hat zur Finanzierung seiner Fahrzeuge zwei Darlehen aufgenommen. Sie betragen zusammen 150 000 €.
Das erste Darlehen ist mit 4 %, das zweite mit 3 % zu verzinsen. Die Zinsen belaufen sich in einem Jahr auf 5 500 €.
Wie hoch ist jedes Darlehen?

Verblüffend ähnlich

Die beiden Fahrzeuge sehen sich auf den ersten Blick verblüffend ähnlich. Bei genauerem Hinsehen kann man aber auch einige Unterschiede erkennen.

➤➤ Nenne Gemeinsamkeiten und Unterschiede der beiden Fahrzeuge, die man auf den ersten Blick erkennt.

➤➤ Dass die Fahrzeuge sich ähnlich sehen, drückt sich aber nicht nur in der Farbe oder dem Fahrzeugmodell aus, sondern auch darin, dass geeignete Längen zueinander passen. Erkläre, was man hiermit meint.

➤➤ Der Bagger ist im Original etwa 7,70 m lang und 2,50 m breit. Was bedeutet das für den Modellbagger?

Bilder abzeichnen

Um eine Figur abzuzeichnen, kann man sie mit einem Quadratgitter „überziehen".

» Übertrage den Skater mithilfe des Quadratgitters auf ein weißes Blatt Papier.

» Vergrößere die Figur mithilfe des Gitters, sodass der Skater doppelt so groß ist. Beschreibe dein Vorgehen.

» Wie geht man vor, wenn das Bild nur noch halb so hoch werden soll?

Bilder „richtig" bearbeiten

Sarah hält im Unterricht ein Referat über Zerlegungen eines Quadrates in Quadrate. Zu diesem Thema hat sie das Bild einer Briefmarke gefunden.

In ihrer Präsentation hat sie ein entsprechendes Bild eingefügt und die Größe verändert:

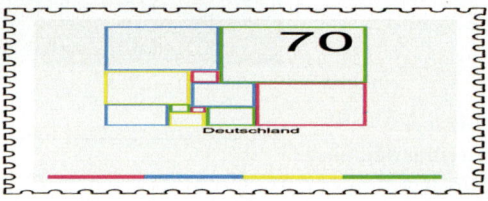

» Was hat Sarah beim Bearbeiten des Bildes falsch gemacht? Woran kann man dies erkennen?

» Worauf muss Sarah beim Verkleinern bzw. Vergrößern des Bildes achten?

» Probiere selbstständig in einem Textverarbeitungs- oder Präsentationsprogramm aus: Wie muss man vorgehen, wenn man ein „richtig" vergrößertes bzw. verkleinertes Bild erhalten will?

**IN DIESEM KAPITEL
LERNST DU ...**

... *was man in der Mathematik unter ähnlichen Figuren versteht.*

... *wie man zueinander ähnliche Figuren zeichnen kannst.*

... *welche Eigenschaften ähnliche Figuren haben.*

... *wie man Längen und Flächen in verkleinerten und vergrößerten Figuren berechnen kann.*

MASSTÄBLICHES VERGRÖSSERN UND VERKLEINERN

   Digitalkameras nehmen Bilder mithilfe von Sensoren auf. Ein häufig verwendetes Format ist das sogenannte Kleinbild. Dabei hat der Sensor eine Bildgröße von 36,0 mm × 24,0 mm eingestellt.

>> Emre bestellt Fotos im *10er-Format*. Dies bedeutet, dass die kürzere Seite der Bilder 10 cm lang ist. Wie lang ist die andere Seite?

>> In einem Buch soll ein Bild auf volle Textbreite (140 mm) unverzerrt abgebildet werden. Wie hoch wird das Bild?

>> Präsentiert eure Ergebnisse und begründet eure Überlegungen und Rechnungen.

1. Das Bild des Künstlers ist eingerahmt worden. Das Bild allein ist ein Rechteck, das 55 cm lang und 40 cm breit ist. Ebenso ist das Bild zusammen mit dem Rahmen ein Rechteck mit den Maßen 65 cm und 50 cm. Vergleiche beide Rechtecke.
Welche Bedingung muss erfüllt sein, damit das eine Rechteck eine maßstäbliche Vergrößerung des anderen Rechtecks ist?

Lösung

Wenn der Rahmen (Rechteck A′B′C′D′) eine maßstäbliche Vergrößerung des Bildes (Rechteck ABCD) sein soll, so muss sowohl die Seitenlänge $\overline{AB}$ als auch die Seitenlänge $\overline{BC}$ mit *demselben* Faktor vergrößert werden.
Es muss gelten:
$k \cdot \overline{AB} = \overline{A′B′}$ und $k \cdot \overline{BC} = \overline{B′C′}$, also:

$k = \dfrac{\overline{A′B′}}{\overline{AB}}$ *und* $k = \dfrac{\overline{B′C′}}{\overline{BC}}$

Für die beiden Rechtecke rechts gilt:
$\overline{A′B′} = 65$ cm; $\overline{B′C′} = 50$ cm;
$\overline{AB} = 55$ cm; $\overline{BC} = 40$ cm und prüfen:

$\dfrac{\overline{A′B′}}{\overline{AB}} = \dfrac{65\,cm}{55\,cm} = 1\frac{2}{11} \approx 1{,}18$ und

$\dfrac{\overline{B′C′}}{\overline{BC}} = \dfrac{50\,cm}{40\,cm} = 1\frac{1}{4} \approx 1{,}25$

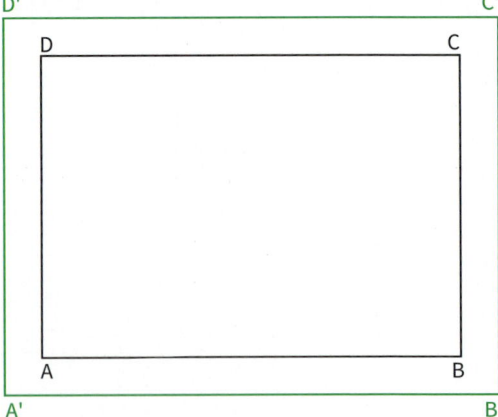

Die beiden Quotienten stimmen wegen $1\frac{2}{11} \neq 1\frac{1}{4}$ nicht überein.
Ergebnis: Das Rahmen-Rechteck ist nicht die maßstäbliche Vergrößerung des anderen.

INFORMATION

(1) Maßstäbliches Vergrößern und Verkleinern

Jede Länge wird mit demselben Faktor k multipliziert. Ist k größer als 1, wird die Figur vergrößert. Liegt k zwischen 0 und 1, wird die Figur verkleinert.

Die Größen entsprechender Winkel bleiben gleich.

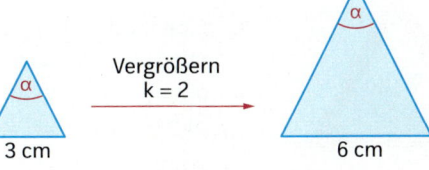

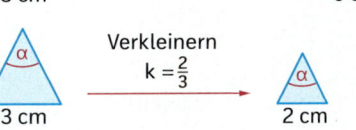

> Der Faktor k ist der Maßstab.
> $k = 0,01 = \frac{1}{100}$
> $= 1:100$
> $k = 3 = \frac{3}{1}$
> $= 3:1$

(2) Verhältnis zweier Längen

Sind a und b zwei Längen, so bezeichnet man den Bruch $\frac{a}{b}$ bzw. den Quotienten $a:b$ als **Längenverhältnis** oder kurz als **Verhältnis**.
Das Verhältnis liest man dann: „*a zu b*" bzw. „*a verhält sich zu b*".

Beispiel:

$\frac{a}{b} = \frac{0,9\,cm}{1,5\,cm} = \frac{9}{15} = \frac{3}{5} = 0,6$ bzw.

$a:b = 0,9\,cm : 1,5\,cm = 0,6$

Das bedeutet: a ist 0,6-mal so lang wie b.

Beachte: Das Verhältnis zweier Längen ist eine Zahl.

(3) Verhältnisgleichung

Eine Gleichung der Form $\frac{a}{b} = \frac{c}{d}$ bzw. $a : b = c : d$ heißt **Verhältnisgleichung**.

Beispiele:

(1) $\frac{16\,cm}{12\,cm} = \frac{4}{3}$ ◁ 16 cm verhält sich zu 12 cm wie 4 zu 3.

(2) $\frac{x}{7\,cm} = \frac{2}{3}$

FESTIGEN UND WEITERARBEITEN

2. Zeichne die Figur zunächst in dein Heft.
Vergrößere bzw. verkleinere sie dann maßstäblich mit dem Faktor
(1) k = 3; (2) k = 0,5; (3) k = 1,5; (4) $k = \frac{3}{4}$.

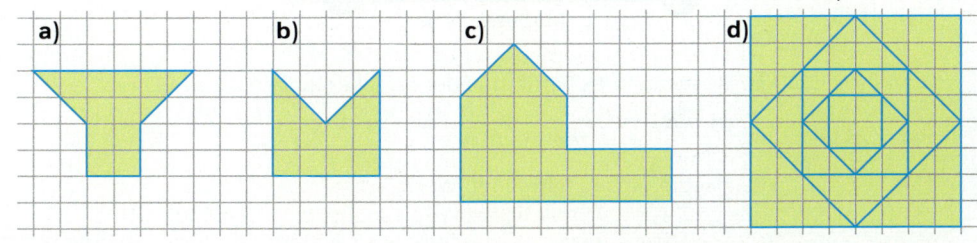

3. Bestimme das Längenverhältnis $\frac{\overline{AB}}{\overline{CD}}$. Kürze soweit wie möglich.

(1) $\overline{AB} = 35\,m$
   $\overline{CD} = 49\,m$

(2) $\overline{AB} = 48\,cm$
   $\overline{CD} = 4\,cm$

(3) $\overline{AB} = 2,8\,dm$
   $\overline{CD} = 7,0\,dm$

(4) $\overline{AB} = 1,25\,m$
   $\overline{CD} = 75\,cm$

4. In Merves Kamera ist ein Bildsensor des Formats *Four-Thirds* eingebaut; dieser ist 17,3 mm breit und 13 mm hoch.
Erkläre, warum dieses Bildformat *Four-Thirds* heißt.

5. Ergänze, sodass wahre Verhältnisgleichungen entstehen.

a) $\dfrac{\blacksquare}{25\,dm} = \dfrac{7}{5}$ **b)** $\dfrac{82\,km}{8\,km} = \dfrac{\blacksquare}{4}$ **c)** $\dfrac{12,06\,cm}{16,08\,cm} = \dfrac{3}{\blacksquare}$ **d)** $\dfrac{2,6\,m}{\blacksquare} = \dfrac{8}{5}$

6. Eine Straße steigt auf 75 m in der Horizontalen um 5,70 m an. An der Straße steht das abgebildete Schild. Stimmt die Angabe?

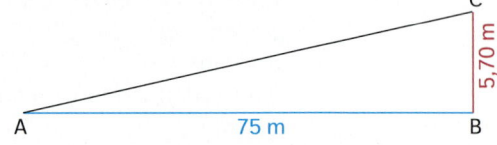

ÜBEN

7.

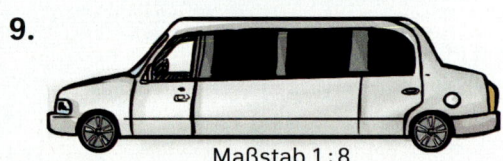

Zeichne die Figur zunächst in dein Heft. Vergrößere bzw. verkleinere dann die Figur maßstäblich mit dem angegebenen Faktor.

a) k = 2 **b)** k = 1,5 **c)** k = 0,5 **d)** k = 2,5

> Das Rechteck ist symmetrisch zu ...
> Dreht man ...
> um 180° um den Punkt ..., so ...
> Spiegelt man ...
> an ..., so ...

8. Konstruiere zunächst die Figur. Vergrößere bzw. verkleinere dann die Figur maßstäblich mit dem angegebenen Faktor.
Untersuche auch, ob die Symmetrie der Figur erhalten bleibt. Erkläre.

a) Rechteck ABCD mit den Seitenlängen a = 6 cm und b = 4 cm, k = $\dfrac{1}{4}$
b) Quadrat ABCD mit der Seitenlänge a = 4 cm, k = 1,5
c) Raute ABCD mit a = 4,4 cm und α = 30°, k = 2
d) Parallelogramm ABCD mit a = 6 cm, b = 4 cm und β = 125°, k = 0,8
e) Gleichseitiges Dreieck ABC mit der Seitenlänge a = 4,5 cm, k = 1,4
f) Gleichschenkliges Dreieck ABC mit der Basis $\overline{AB}$ = 5,4 cm und α = 65°, k = $\dfrac{2}{3}$

9. Gib den Verkleinerungsfaktor an.
Wie lang und wie hoch ist das Auto in Wirklichkeit?

Maßstab 1 : 8

10. Bestimme das Verhältnis der Streckenlängen $\overline{AB}$ zu $\overline{CD}$.

a) $\overline{AB} = \dfrac{5}{2} \cdot \overline{CD}$ **b)** $2 \cdot \overline{CD} = 5 \cdot \overline{AB}$ **c)** $\overline{AB} = \overline{CD}$ **d)** $10 \cdot \overline{AB} = 7 \cdot \overline{CD}$

11. Bestimme den fehlenden Wert.

a) $\dfrac{x}{7,5\,cm} = \dfrac{9,6\,cm}{18\,cm}$ **b)** $\dfrac{12\,dm}{72\,dm} = \dfrac{x}{43,2\,dm}$ **c)** $\dfrac{0,9\,m}{70\,cm} = \dfrac{x}{1,75\,dm}$ **d)** $\dfrac{15\,m}{x} = \dfrac{4,5\,m}{1,2\,m}$

12. Übertrage die Tabelle in dein Heft und fülle sie aus.

	(1)	(2)	(3)	(4)	(5)	(6)
Maßstab	1 : 5	5 : 1	1 : 40 000	1 : 40 000		
Länge in der Zeichnung	80 mm	80 mm	5 cm		17 cm	6 cm
Länge in der Wirklichkeit				12 km	4,25 km	12 km

13. Auf einer Landkarte beträgt die Entfernung zweier Orte 5 cm; in der Wirklichkeit liegen sie 12,5 km voneinander entfernt. Welchen Maßstab hat die Karte?

14. Der Kartenausschnitt ist im Maßstab 1 : 5 000 000 gezeichnet. Gib die Luftlinienentfernung der beiden Orte an.
a) Wiesbaden–Kassel
b) Darmstadt–Göttingen
c) Fulda–Marburg
d) Frankfurt–Köln
e) Paderborn–Wiesbaden

15. Kinofilme werden im Format 47 : 20 abgespielt. Wie breit muss die Leinwand mindestens sein, wenn das Projektionsbild 3,90 m hoch ist?

16. Hier siehst du verschiedene Figuren. Finde alle Figurenpaare, bei denen die eine Figur eine maßstäbliche Vergrößerung bzw. Verkleinerung der anderen ist. Notiere auch den Faktor. Zeichne die beiden Figuren ins Heft und markiere jeweils einander entsprechende Punkte, entsprechende Winkel und Seiten in derselben Farbe.

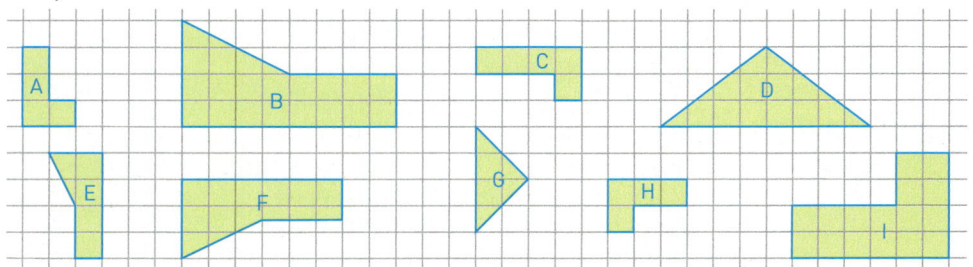

 17. Lauras Eltern wollen eine neue Wohnung beziehen. Dort erhält Laura ein Zimmer, das 4,50 m lang und 3,50 m breit ist. Um die Aufstellung der Möbel zu überlegen, erstellt Laura zuerst einen Plan. Dazu zeichnet sie für den Grundriss des Zimmers ein Rechteck. Für die Länge wählt sie 9 cm.
a) Bestimmt den Verkleinerungsfaktor. Erklärt, wie ihr den Wert gefunden habt.
b) Erstellt wie Laura einen Plan für den Grundriss des Zimmers. Gestaltet euer Wunschzimmer. Überlegt, wie groß das Bett, der Schreibtisch, Regale usw. im Plan sein müssen. Präsentiert eure Ergebnisse.

9 cm für 450 cm

4,50 m

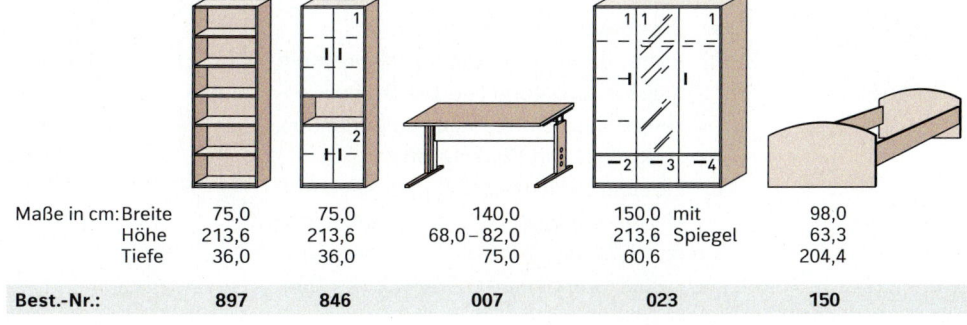

Maße in cm:					
Breite	75,0	75,0	140,0	150,0 mit	98,0
Höhe	213,6	213,6	68,0 – 82,0	213,6 Spiegel	63,3
Tiefe	36,0	36,0	75,0	60,6	204,4
Best.-Nr.:	**897**	**846**	**007**	**023**	**150**

VERGRÖßERN UND VERKLEINERN – MIT DYNAMISCHER GEOMETRIE-SOFTWARE

Mit dynamischen Geometrieprogrammen kannst du Figuren auch vergrößern und verkleinern. Im Unterschied zur Bleistiftzeichnung im Heft kann man Computerfiguren auch *nach* der Konstruktion noch verändern.

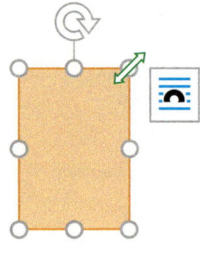

1. Mit einem Textverarbeitungsprogramm kannst du in einen Text Bilder und Formen einfügen, die sich anschließend auch noch richtig platzieren und in der Größe verändern lassen. Probiere das aus und beschreibe, wie du vorgehen musst, damit sich beim Vergrößern und Verkleinern das Seitenverhältnis des Bildes nicht ändert.

2. Erzeuge mit einer dynamischen Geometrie-Software ein Rechteck mit den Seitenlängen $a = 3\,cm$ und $b = 4\,cm$ und vergrößere dieses mit dem Faktor 1,5. Führe dazu folgende Einzelschritte aus.

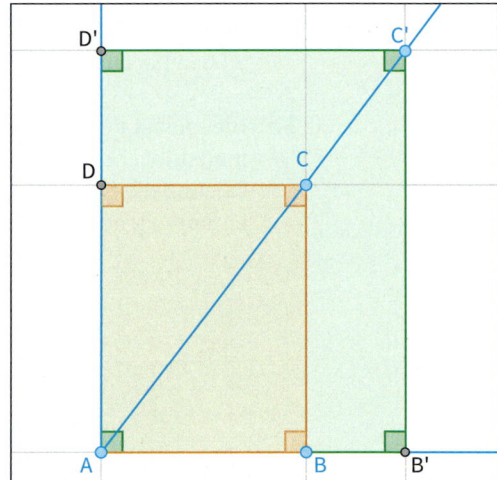

(1) Zeichne das Rechteck ABCD mit den angegebenen Seitenlängen. Nicht bei jeder Software kannst du ein Rechteck direkt als Figur erzeugen, sondern musst mit zueinander senkrechten Geraden arbeiten.

(2) Zeichne die Halbgeraden (Strahl) $\overrightarrow{AB}$, $\overrightarrow{AC}$ und $\overrightarrow{AD}$.

(3) Wähle einen beliebigen weiteren Punkt C' auf der Halbgeraden $\overrightarrow{AC}$ und konstruiere von C' aus Parallelen zu den Rechteckseiten BC und DC. Damit findest du die Punkte B' und D'.

(4) Prüfe durch geeignete Messungen, ob die Rechtecke ABCD und A'B'C'D' ähnlich zueinander sind. Beachte auch die Winkelmaße.

(5) Wähle C' auf der Halbgeraden $\overrightarrow{AC}$ so, dass die Vergrößerung mit dem Faktor $k = 1,5$ ausgeführt wird.

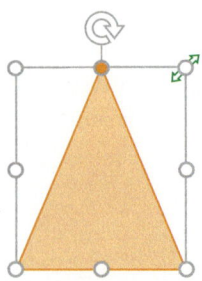

3. Die Abbildung rechts zeigt dir, wie du mit einem Verfahren ein Dreieck ABE maßstäblich vergrößern kannst. Dabei gehst du wie in der Aufgabe 2 von einem Rechteck ABCD aus, das das Dreieck ABE vollständig umschließt.

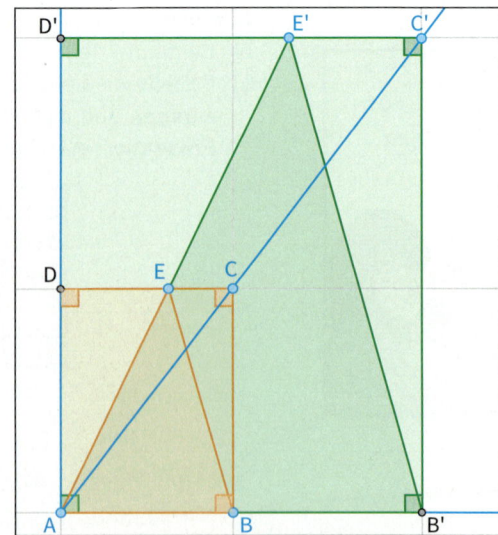

a) Beschreibe das Vorgehen.

b) Prüfe, ob sich mit dem Verfahren ein maßstäblich vergrößertes Dreieck erzeugen lässt. Miss dazu geeignete Seitenlängen und Winkelgrößen.

c) Erzeuge zu dem Ausgangsdreieck ABE ein maßstäblich vergrößertes Dreieck ($k = 1,7$) und anschließend ein maßstäblich verkleinertes Dreieck ($k = 0,6$).

4.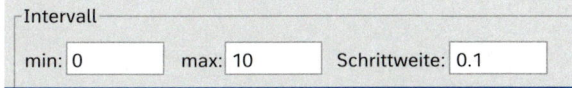

Zeichne ein Dreieck ABC mit den Seitenlängen
a = 3 cm, b = 4 cm und c = 5 cm.
Strecke nun das Dreieck von A aus mit einem
geeigneten Faktor k, sodass der Umfang des
entstandenen Dreiecks A′B′C′ 30 cm beträgt.
Wie groß muss k gewählt werden?

5. So erstellst du „dynamisch" vergrößerte oder verkleinerte Figuren.

(1) Zeichne ein beliebiges Viereck ABCD und einen beliebigen Punkt Z.

(2) Erstelle einen Schieberegler k mit folgenden Eigenschaften.

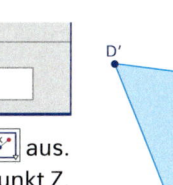

Intervall		
min: 0	max: 10	Schrittweite: 0.1

(3) Wähle das Symbol für die *zentrische Streckung* 🔳 aus.
Klicke zuerst auf das Viereck und dann auf den Punkt Z.
Gib beim Faktor den Schieberegler k an.

a) Bewege den Schieberegler k. Beschreibe deine Beob-
achtungen.

b) Miss entsprechende Streckenlängen und Winkelgrößen. Bewege den Schieberegler k
und vergleiche diese Werte.

c) Berechne das Verhältnis der Streckenlängen $\overline{A′B′}$ und $\overline{AB}$ mithilfe der Eingabezeile.
Welchen Wert erhältst du? Was ändert sich, wenn du den Schieberegler bewegst?

d) Beschreibe die Lage der Punkte Z, A, A′ bzw. Z, B und B′ usw.

6. (1) Zeichne ein rechtwinkliges Dreieck.
Bestimme die Seitenlängen und die Winkelgrößen.

(2) Vergrößere die Figur mit dem Streckfaktor k = 3.
Wie verändern sich die Winkelgrößen, wie der Umfang und wie der Flächeninhalt?
Stelle Vermutungen auf und prüfe sie.

(3) Verändere nun die Ausgangsfigur. Überprüfe deine Vermutungen aus Teilaufgabe a).

(4) Stimmen deine Vermutungen auch dann noch, wenn du einen anderen Streckfaktor
wählst? Zeichne.

7. a) Teile eine 10 cm lange Strecke in drei
gleich große Strecken. Führe dazu die
folgenden Schritte aus.

(1) Zeichne die 10 cm lange Strecke und
parallel dazu eine Strecke, die leicht
in drei gleich große Abschnitte un-
terteilt werden kann. Dies zeigt die
Abbildung rechts.

(2) Zeichne die Gerade AP und bestimme ihren Schnittpunkt Z mit der Geraden BS.

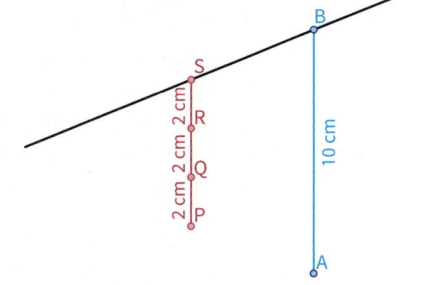

(3) Erstelle die Geraden ZR und ZQ sowie deren Schnittpunkte mit der Strecke $\overline{AB}$.

(4) Kontrolliere dein Verfahren durch Messung.

b) Teile ebenso eine 17 cm lange Strecke in 6 gleich große Teile.

ZENTRISCHE STRECKUNG

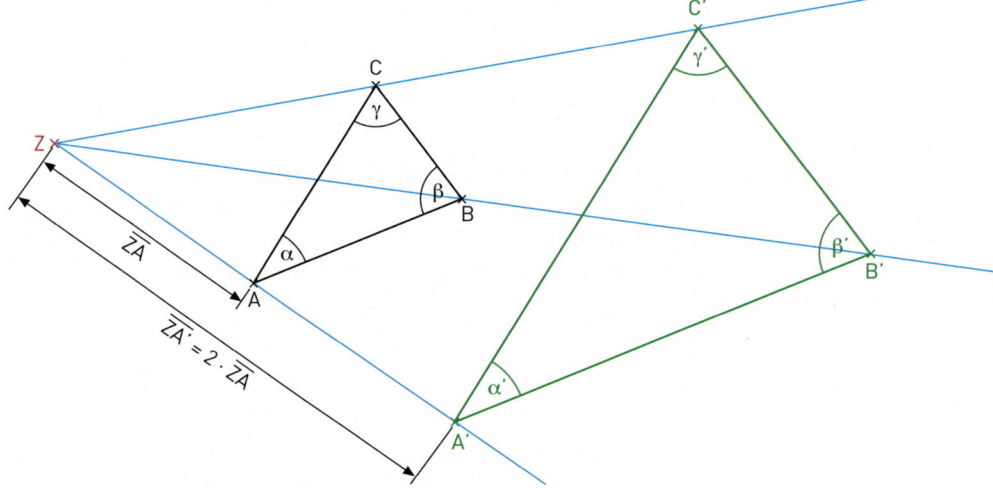

Das Dreieck ABC wurde von Z aus zentrisch mit dem Faktor 2 gestreckt. Dies bedeutet, dass die Strecken $\overline{ZA}$, $\overline{ZB}$ und $\overline{ZC}$ mit dem Faktor 2 vergrößert wurden. Es gilt also: $\overline{ZA'} = 2 \cdot \overline{ZA}$, $\overline{ZB'} = 2 \cdot \overline{ZB}$ und $\overline{ZC'} = 2 \cdot \overline{ZC}$.

» Übertrage das Dreieck ABC und den Punkt Z in dein Heft und strecke das Dreieck wie im Bild oben mit dem Faktor k = 3.

» Untersuche folgende Verhältnisse: $\frac{\overline{A'B'}}{\overline{AB}}$, $\frac{\overline{A'C'}}{\overline{AC}}$ und $\frac{\overline{B'C'}}{\overline{BC}}$

» Vergleiche die Größe der Winkel α, β, γ mit α', β', γ'.

» Wie verlaufen $\overline{AC}$ und $\overline{A'C'}$, $\overline{BC}$ und $\overline{B'C'}$ sowie $\overline{AB}$ und $\overline{A'B'}$ zueinander?

» Zeichne ein großes Dreieck, lege Z fest und strecke das Dreieck mit dem Faktor $k = \frac{1}{2}$.

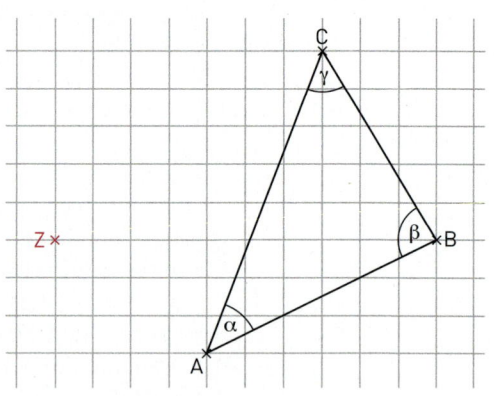

(1) Zentrische Streckung
Eine **zentrische Streckung** wird festgelegt durch das **Streckzentrum Z** und den positiven **Streckfaktor k**.
Dabei konstruiert man den Bildpunkt P' eines Punktes P so:
(1) Zeichne die Halbgerade $\overrightarrow{ZP}$.
(2) Zeichne P' auf der Halbgeraden so, dass gilt: $\overline{ZP'} = k \cdot \overline{ZP}$.
Fallen Z und P zusammen, so ist Z auch der Bildpunkt P'.
Für k > 1 erhalten wir ein vergrößertes, für 0 < k < 1 ein verkleinertes Bild.

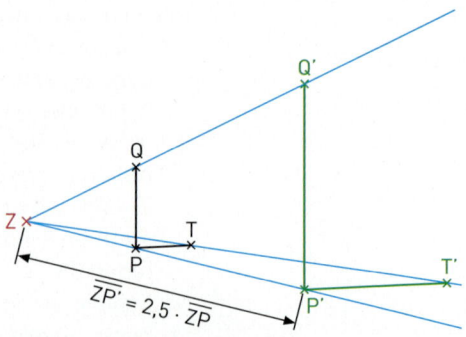

(2) Eigenschaften einer zentrischen Streckung

Eine zentrische Streckung erzeugt maßstäblich vergrößerte bzw. verkleinerte Bilder. Im Einzelnen gilt:

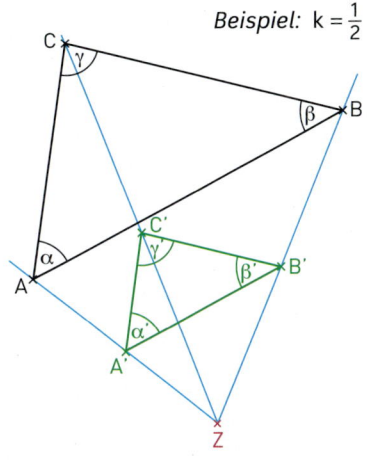

Beispiel: $k = \frac{1}{2}$

- Gerade und Bildgerade verlaufen zueinander parallel.
  AB ∥ A′B′, AC ∥ A′C′, BC ∥ B′C′
- Winkel und Bildwinkel sind gleich groß.
  α = α′, β = β′, γ = γ′
- Die Bildstrecke $\overline{A'B'}$ ist k-mal so lang wie die Strecke $\overline{AB}$.
  Für die Zeichnung rechts ist $k = \frac{1}{2}$.
  Es gilt:
  $\overline{A'B'} = \frac{1}{2} \cdot \overline{AB}$, $\overline{A'C'} = \frac{1}{2} \cdot \overline{AC}$, $\overline{B'C'} = \frac{1}{2} \cdot \overline{BC}$

FESTIGEN UND WEITERARBEITEN

2. Übertrage die Figur in dein Heft. Konstruiere die Bildfigur bei der zentrischen Streckung mit dem Streckzentrum Z und dem Streckfaktor k = 2. Beschreibe, wie du vorgehst.

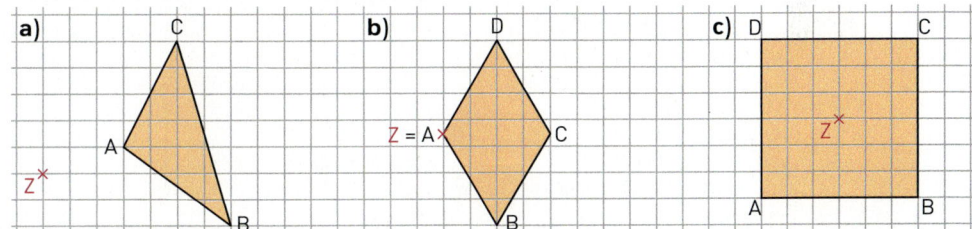

3. Konstruiere die Bildfigur bei der zentrischen Streckung mit dem Streckfaktor $k = \frac{1}{2}$.

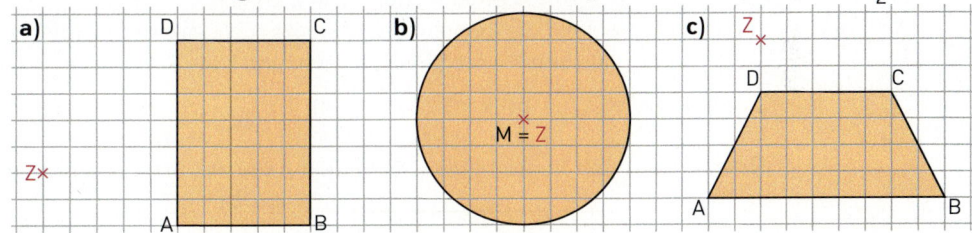

4. Bestimme den Streckfaktor durch Messen und Rechnen.

a)

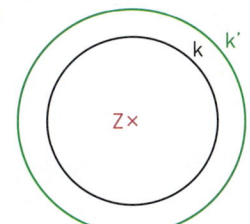

c)

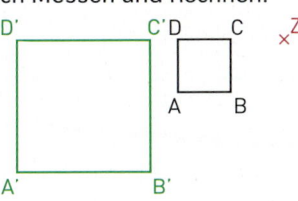

$\overline{ZP'} = k \cdot \overline{ZP}$

$k = \dfrac{\overline{ZP'}}{\overline{ZP}}$

$k = \dfrac{2{,}4\,\text{cm}}{0{,}8\,\text{cm}}$

$k = 3$

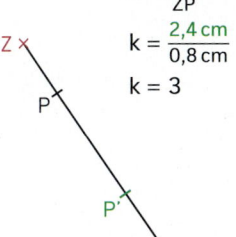

b)

d)

5. Übertrage die Figuren in dein Heft und bestimme Streckzentrum und Streckfaktor.

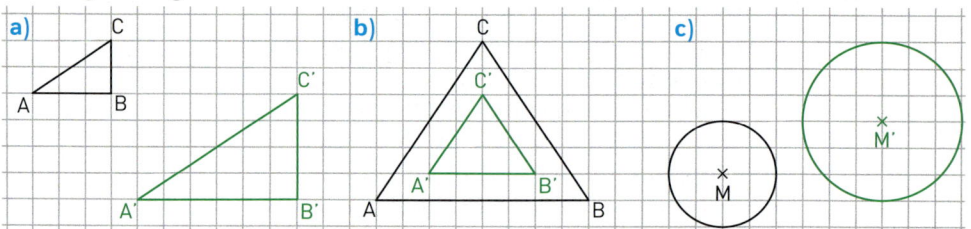

6. Übertrage die Figur in dein Heft und kons-
truiere, ohne zu messen, die Bildfigur
A′B′C′D′.
Beschreibe, wie du vorgegangen bist.

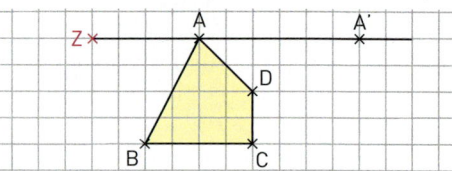

ÜBEN

7. Zeichne die Figur in dein Heft. Konstruiere die Bildfigur bei der zentrischen Streckung mit
dem Streckfaktor (1) k = 2, (2) k = $\frac{1}{2}$ und dem Streckzentrum Z.
Beschreibe die Konstruktion.

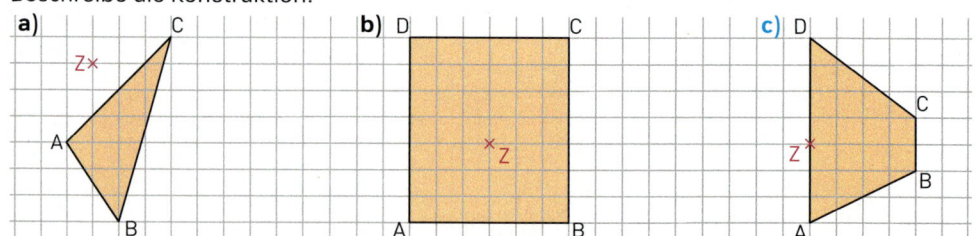

8. Zeichne in ein Koordinatensystem (Einheit 1 cm) das Viereck ABCD mit A(−2|0), B(4|0),
C(4|2) und D(0|4). Ferner ist der Punkt Z(0|−2).
Konstruiere dann die Bildfigur des Vierecks ABCD bei der zentrischen Streckung
(1) mit A, (2) mit Z   als Streckzentrum und k als Streckfaktor.

a) k = 2   **b)** k = 3   **c)** k = $\frac{1}{2}$ **d)** k = $\frac{3}{2}$ **e)** k = $\frac{5}{2}$

9. Bestimme den Streckfaktor k. Der Punkt Z soll das Streckzentrum sein.

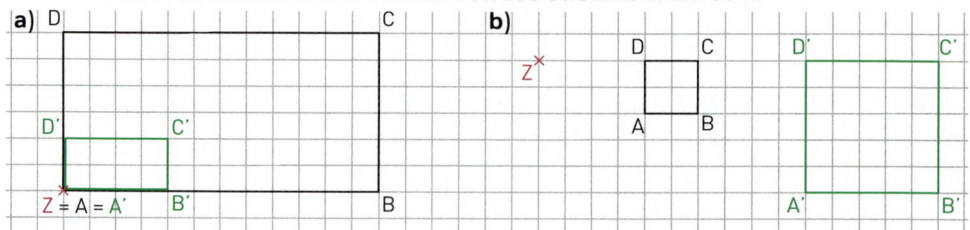

10. Q ist der Bildpunkt von P bei der zentrischen Streckung mit dem Streckzentrum Z.
     a) Bestimme jeweils den Streckfaktor k.

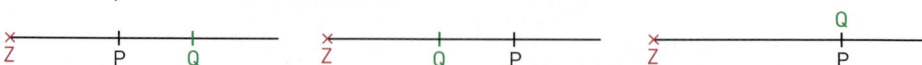

     b) Wie ändert sich der Streckfaktor k, wenn der Punkt Q auf P zuwandert?
     c) Wie ändert sich der Streckfaktor k, wenn der Punkt Q von P wegwandert?
     d) Welche zentrische Streckung mit dem Zentrum Z bildet umgekehrt Q auf P ab?

11. Konstruiere ein Dreieck ABC aus c = 4,4 cm, β = 55° und a = 3,2 cm.
Konstruiere die Bildfigur des Dreiecks ABC bei der zentrischen Streckung mit dem Streckfaktor (1) k = 1,5, (2) k = 0,5 möglichst einfach. Das Zentrum soll
a) der Eckpunkt A,
b) die Mitte der Seite $\overline{BC}$,
c) der Schnittpunkt der Mittelsenkrechten sein.
Konstruiere zunächst das Bild eines Eckpunktes des Dreiecks und benutze dann Eigenschaften der zentrischen Streckung. Beschreibe die Konstruktion.

12. Übertrage die Figur in dein Heft und strecke
sie mit dem Faktor k = 3.
Du kannst dabei auch Eigenschaften der
zentrischen Streckung ausnutzen.

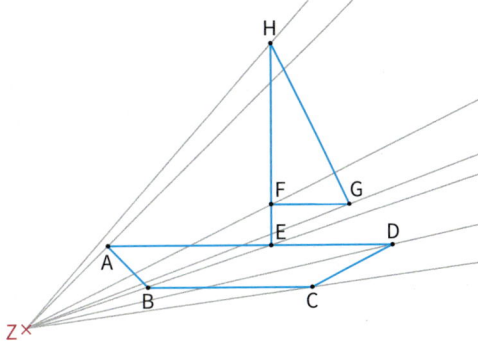

13. Gegeben ist in einem Koordinatensystem (Einheit 1 cm) das Dreieck ABC mit A(−3|−2),
B(2|−1) und C(−1|3).
Konstruiere das Bilddreieck bei der zentrischen Streckung (Zentrum Z) mit:

a) Z(−1,5|−1) **b)** Z(1|2) **c)** Z(−3|1,5) **d)** A′(−6|−4) **e)** B′(0|−2)
  A′(−6|−4)   B′(1,5|0,5)   C′(3|6)   B′(4|−2)   C′(−1,5|0)

14. Auf einer Halbgeraden mit dem Anfangspunkt Z sind zwei Punkte P und Q gegeben (wähle
z. B. $\overline{ZP}$ = 3 cm und $\overline{ZQ}$ = 7 cm). Zeichne ein beliebiges Viereck ABCD.
Konstruiere (ohne zu messen) das Bildviereck bei derjenigen zentrischen Streckung, die Z
als Streckzentrum hat und die P auf Q abbildet.

15. Es soll M der Mittelpunkt der Strecke $\overline{AB}$ sein. Was kann man über den Bildpunkt M′ von M
bezüglich der Bildstrecke $\overline{A'B'}$ bei einer zentrischen Streckung aussagen? Begründe.

16. Ein Dreieck ABC hat die Seitenlängen a = 9 cm, b = 12 cm und c = 5 cm.
Berechne die Seitenlängen des Bilddreiecks A′B′C′ bei einer zentrischen Streckung mit dem
Streckfaktor k.
Welche Eigenschaften der zentrischen Streckung verwendest du?

a) k = 3 **b)** k = $\frac{1}{2}$ **c)** k = $\frac{5}{3}$ **d)** k = $\frac{4}{5}$ **e)** k = $\frac{10}{9}$ **f)** k = $\frac{5}{12}$

17. *Der Storchschnabel als zentrischer Strecker – informiere dich und erkläre die Funktion*

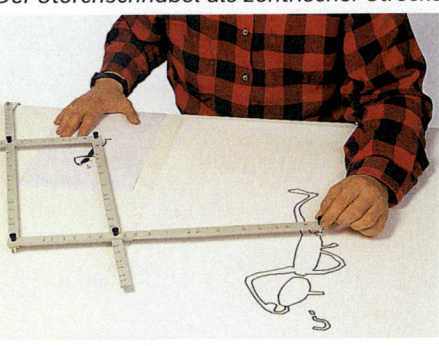

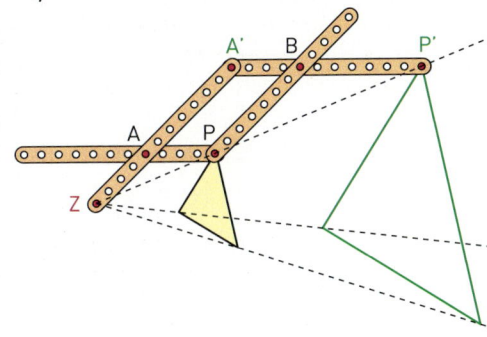

Verwende bei
Konstruktionen
die Eigenschaften
der zentrischen
Streckung.

Der Storchschnabel
ist ein Gerät, mit
dem man...
Er besteht aus ...
Um eine Original-
figur zu vergrö-
ßern, ...
Den Streckfaktor
kann man ver-
ändern, indem
man ...

ÄHNLICHE FIGUREN – EIGENSCHAFTEN

Ähnlichkeit von Figuren

EINSTIEG

Die Fische in der Illustration einer Künstlerin haben alle dieselbe Form, sind jedoch verschieden groß; sie sehen sich „ähnlich".

» Wie könnte man das hier prüfen?

Ihr könnt dazu auch verschieden große Fische mithilfe von Transparentpapier nachzeichnen und ausschneiden.

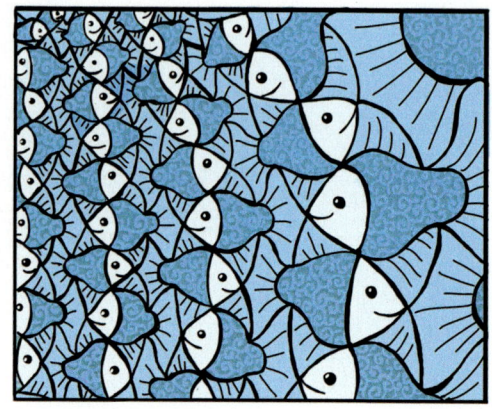

AUFGABE

1. Die Vierecke im Bild rechts haben offenbar die gleiche Form. Man sagt, sie sind „ähnlich" zueinander.

a) Zeige, dass A*B*C*D* eine maßstäbliche Vergrößerung von ABCD ist.

b) Konstruiere zum Viereck ABCD mithilfe einer zentrischen Streckung ein Bildviereck, das zum Viereck A*B*C*D* kongruent ist.

c) Was kannst du über die Größe der Winkel aussagen?

d) Vergleiche das Längenverhältnis zweier Seiten des Vierecks ABCD mit dem entsprechenden Längenverhältnis des Vierecks A*B*C*D*.

Lösung

a) Durch Abzählen der Kästchen bzw. Messen der Seitenlängen stellen wir fest, dass die Seitenlängen des Vierecks ABCD verdoppelt wurden.

Maßstab: $k = \dfrac{\overline{A^*B^*}}{\overline{AB}} = \dfrac{\overline{B^*C^*}}{\overline{BC}} = \dfrac{\overline{C^*D^*}}{\overline{CD}} = \dfrac{\overline{D^*A^*}}{\overline{DA}} = 2$

b) Eine mögliche zentrische Streckung ist mit dem Zentrum D im Bild rechts dargestellt.
Der Streckfaktor ist k = 2.
Die Vierecke A'B'C'D' und A*B*C*D* sind kongruent zueinander.

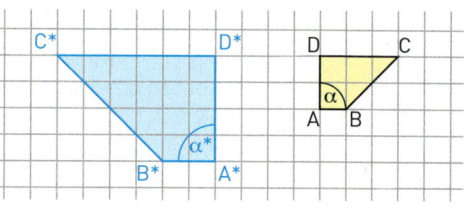

c) Aus den Eigenschaften der zentrischen Streckung folgt:
α = α*, β = β*, γ = γ* und δ = δ*

d) Wegen der maßstäblichen Vergrößerung gilt:

(1) $\dfrac{\overline{A^*B^*}}{\overline{AB}} = \dfrac{\overline{B^*C^*}}{\overline{BC}}$ $| \cdot \overline{AB} : \overline{B^*C^*}$

$\dfrac{\overline{A^*B^*}}{\overline{B^*C^*}} = \dfrac{\overline{AB}}{\overline{BC}}$

(2) $\dfrac{\overline{A^*B^*}}{\overline{AB}} = \dfrac{\overline{C^*D^*}}{\overline{CD}}$ $| \cdot \overline{AB} : \overline{C^*D^*}$

$\dfrac{\overline{A^*B^*}}{\overline{C^*D^*}} = \dfrac{\overline{AB}}{\overline{CD}}$

INFORMATION

(1) Ähnlichkeit von Figuren

Zwei Figuren F und G heißen **ähnlich** zuein-
ander, wenn die eine Figur eine maßstäbliche
Vergrößerung oder Verkleinerung der anderen
Figur ist.
Dies kann man z. B. durch eine zentrische Stre-
ckung zeigen.
Wir schreiben dann: F ~ G,
gelesen: F ist *ähnlich* zu G.

(2) Längenverhältnisse und Winkel bei zueinander ähnlichen Figuren

Zwei Vielecke F und G sind genau dann ähnlich
zueinander, wenn

(1) einander entsprechende Winkel gleich groß
sind und

> k ist der
> Maßstab bzw.
> der Streckfaktor.

(2) die Längenverhältnisse entsprechender Seiten übereinstimmen.

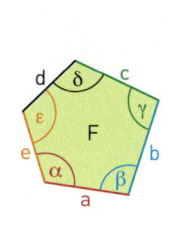
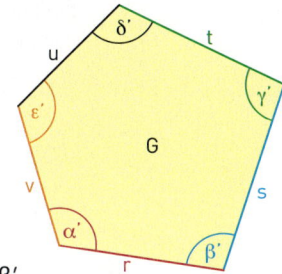

(1) $\alpha = \alpha'$, $\beta = \beta'$, …
(2) $k = \dfrac{r}{a} = \dfrac{s}{b} = \dfrac{t}{c} = \dfrac{u}{d} = \dfrac{v}{e}$

FESTIGEN UND WEITERARBEITEN

2.

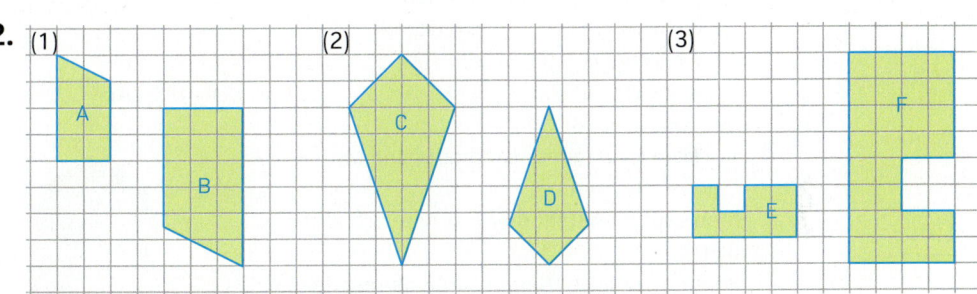

(1)   (2)   (3)

a) Sind die beiden Figuren ähnlich zueinander? Begründe deine Vermutung.
Gib gegebenenfalls den Streckfaktor (Maßstab) an.

b) Betrachte zwei zueinander ähnliche Figuren aus Teilaufgabe a).
Welche Punkte, welche Winkel, welche Strecken entsprechen sich?
Zeichne dazu die zueinander ähnlichen Figuren ab und färbe sich entsprechende Stücke
mit derselben Farbe.

3. a) Zeige, dass zwei Vierecke ABCD und A'B'C'D', bei denen die entsprechenden Winkel
übereinstimmen, nicht ähnlich zueinander sein müssen.

b) Sind zwei Vierecke, bei denen die Längenverhältnisse entsprechender Seiten übereinstimmen, immer ähnlich zueinander? Begründe.

4. Zeichne die Vierecke ABCD und A'B'C'D' in ein Koordinatensystem und vergleiche die angegebenen Längenverhältnisse:
A(1|1), B(7|3), C(5|5), D(1|5) und A'(2|0), B'(11|3), C'(8|6), D'(2|6).

(1) $\dfrac{\overline{AB}}{\overline{AD}}$ und $\dfrac{\overline{A'B'}}{\overline{A'D'}}$ (2) $\dfrac{\overline{BC}}{\overline{AB}}$ und $\dfrac{\overline{B'C'}}{\overline{A'B'}}$ (3) $\dfrac{\overline{DC}}{\overline{CB}}$ und $\dfrac{\overline{D'C'}}{\overline{C'B'}}$

INFORMATION

Für zwei zueinander ähnliche Vielecke F und
G gilt:
$\frac{a}{b} = \frac{a'}{b'}$; $\frac{a}{c} = \frac{a'}{c'}$; $\frac{b}{d} = \frac{b'}{d'}$ usw.

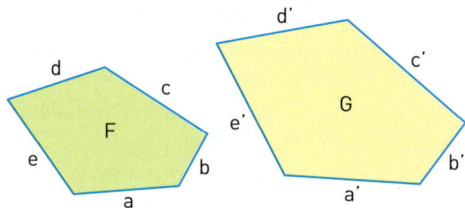

ÜBEN

5. Die beiden Dreiecke sind zueinander ähnlich. Schreibe gleiche Längenverhältnisse auf.

a) 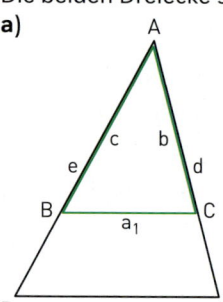 b) 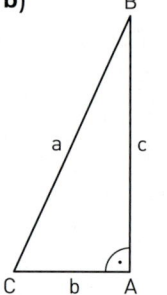 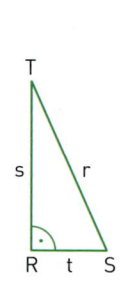 c)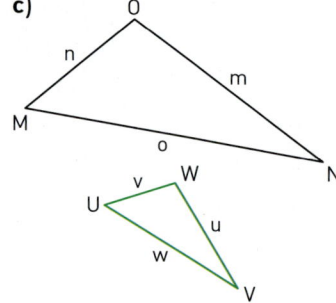

6. Berechne die fehlenden Seitenlängen der zueinander ähnlichen Dreiecke ABC und A′B′C′.

a) a = 3 cm
b = 4 cm
c = 6 cm
a′ = 9 cm

b) a = 4 cm
b = 6 cm
c = 8 cm
c′ = 2 cm

c) a = 5,0 cm
b = 7,0 cm
c = 9,0 cm
a′ = 7,5 cm

d) a = 60 mm
a′ = 45 mm
b′ = 90 mm
c′ = 90 mm

7. Auf dem Foto rechts siehst du eine Mutter
mit ihrer Tochter.
Man sagt im Alltag: Beide sehen sich ähnlich.
Vergleiche diesen Begriff „ähnlich" mit dem
aus der Mathematik.

8. Entscheide, ob die Aussage wahr oder
falsch ist.

(1) Alle Quadrate sind zueinander ähnlich.
(2) Alle Rechtecke sind zueinander ähnlich.
(3) Alle gleichseitigen Dreiecke sind zueinander ähnlich.
(4) Alle gleichschenkligen Dreiecke sind zueinander ähnlich.
(5) Alle Kreise sind zueinander ähnlich.

> Die Aussage ist
> wahr, weil ...
> Die Aussage ist
> falsch. Nimmt
> man ... und ver-
> gleicht es mit ...,
> so ...

9. ABC und A′B′C′ sind zueinander ähnliche Dreiecke, u und u′ sind die Umfänge. Berechne
die fehlenden Längen.

a) a = 5,2 cm
b = 3,6 cm
c = 6,4 cm
u = 15,2 cm
u′ = 22,8 cm

b) a = 5,0 cm
b = 4,0 cm
c = 3,5 cm
c′ = 2,8 cm
u′ = 10,0 cm

c) a = 13,0 cm
a′ = 9,1 cm
b′ = 7,0 cm
u′ = 19,6 cm

d) a′ = 10,8 cm
b = 7,0 cm
b′ = 12,6 cm
u = 23,0 cm

Flächeninhalt bei zueinander ähnlichen Vielecken

EINSTIEG

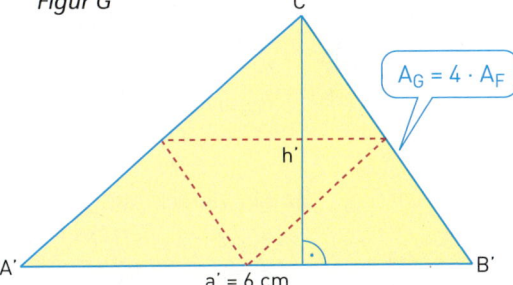

Das kann doch nicht wahr sein. Beim großen Poster sind die Seiten doch nur doppelt so lang.

Genau, es dürfte also höchstens 5,60 € kosten.

AUFGABE

1. **a)** Zeichne ein Dreieck ABC mit $\overline{AB} = 3\,\text{cm}$, $\overline{BC} = 2\,\text{cm}$ und $\overline{CA} = 2,5\,\text{cm}$. Zeichne ein weiteres Dreieck A'B'C' mit doppelt so langen Seiten.
Überlege, wie oft das kleine Dreieck in das große passt.

b) Ein Dreieck ABC wird mit dem Maßstab k abgebildet. Mit welchem Faktor verändert sich der Flächeninhalt von A'B'C'?

Lösung

a) *Figur F*   *Figur G*

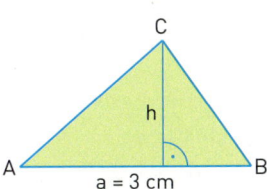

$G \sim F$

$A_G = 4 \cdot A_F$

Wir messen: $h = 1,7\,\text{cm}$ und $h' = 3,4\,\text{cm}$

Flächeninhalte: $A_F = \dfrac{3\,\text{cm} \cdot 1,7\,\text{cm}}{2}$ $A_G = \dfrac{6\,\text{cm} \cdot 3,4\,\text{cm}}{2}$

$= 2,55\,\text{cm}^2$ $= 10,20\,\text{cm}^2 = 4 \cdot A_F$

Das kleine Dreieck passt viermal in das große Dreieck. Dies kann man auch an dem rechten Dreieck direkt ablesen.

b) *Flächeninhalt A_F von ABC:* $A_F = \dfrac{g \cdot h}{2}$

Flächeninhalt A_G von A'B'C': $A_G = \dfrac{g' \cdot h'}{2}$

Aus der maßstäblichen Vergrößerung mit dem Faktor k folgt:

$g' = k \cdot g$ und $h' = k \cdot h$, also gilt: $A_G = \dfrac{k \cdot g \cdot k \cdot h}{2} = k^2 \cdot \dfrac{g \cdot h}{2} = k^2 \cdot A_F$

Der Flächeninhalt nimmt mit dem Faktor k^2 zu $(k > 1)$ oder ab $(k < 1)$.

Ist das Vieleck F ähnlich zum Vieleck G und entsteht G aus F durch Vergrößern oder Verkleinern mit dem Faktor k, so ist der Flächeninhalt A_G des Vielecks G: **$A_G = k^2 \cdot A_F$**

k = 3

A_F

$A_G = 9 \cdot A_F$

> Längenverhältnis k, jedoch Flächeninhaltsverhältnis k^2

FESTIGEN UND WEITERARBEITEN

2. Bei dem DIN-A-Papierformat sind die Seitenlängen wie in der Tabelle rechts genau festgelegt.

   a) Ein DIN-A5-Blatt lässt sich maßstabsgetreu auf ein DIN-A4-Blatt vergrößern. Mit welchem Faktor müssen die Seitenlängen des DIN-A5-Blattes vergrößert werden? Gilt dies auch für die Vergrößerung anderer DIN-A-Formate?

   b) Mit welchem Faktor wird der Flächeninhalt vergrößert? Überprüfe die Information oben.

Name	Format
DIN A2	594×420 mm
DIN A3	420×297 mm
DIN A4	297×210 mm
DIN A5	210×148 mm
DIN A6	148×105 mm

ÜBEN

3. Ein Fotogeschäft bietet nebenstehende Vergrößerungen von einem digitalen Bild zu den angegebenen Preisen an. Vergleiche die Aktionspreise.

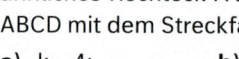

MeisterFOTO   Aktionswoche

Vergrößerung	Preis
9 x 13	0,07 €
10 x 15	0,08 €
13 x 18	0,14 €

4. Das Rechteck ABCD besitzt die Seitenlängen a = 6,6 cm und b = 3,9 cm. Ein dazu ähnliches Rechteck A'B'C'D' entsteht aus ABCD mit dem Streckfaktor

   a) k = 4;   **b)** $k = \frac{1}{2}$;   **c)** $k = \frac{2}{3}$;   **d)** $k = \frac{3}{2}$.

   Berechne auf zweierlei Weise
   (1) den Flächeninhalt,   (2) den Umfang   des Rechtecks A'B'C'D'.

5. Ein Viereck ABCD hat den Flächeninhalt 60 cm². Berechne den Flächeninhalt eines dazu ähnlichen Vierecks A'B'C'D' mit dem Streckfaktor k.

   a) k = 3   **b)** $k = \frac{3}{2}$ **c)** $k = \frac{4}{5}$ **d)** $k = \frac{9}{4}$ **e)** k = 0,5   **f)** k = 2,5

6. Ein Quadrat ABCD besitzt den Flächeninhalt 144 cm². Ein dazu ähnliches Quadrat hat den angegebenen Flächeninhalt. Berechne den Streckfaktor.

   a) 81 cm²   **b)** 64 cm²   **c)** 36 cm²   **d)** 576 cm²   **e)** 289 cm²   **f)** 49 cm²

7. Die Quadrate ABCD und A'B'C'D' sind ähnlich zueinander; der Streckfaktor beträgt k = 2. Das Quadrat A'B'C'D' besitzt den Flächeninhalt 484 cm². Welche Seitenlänge besitzt das Quadrat ABCD?

8. **a)** Die Seitenlängen eines Rechtecks werden um 20 % verlängert. Um wie viel Prozent vergrößert sich sein Flächeninhalt?

   b) Der Flächeninhalt eines Rechtecks soll halbiert werden. Welcher Streckfaktor ist zu wählen?

VOLUMEN BEI ÄHNLICHEN QUADERN

Nicht nur ebene Figuren, sondern auch Körper kann man maßstäblich vergrößern oder verkleinern. Wir wollen untersuchen, wie sich hierdurch Volumen und Oberfläche eines Quaders verändern.

1. a) Zeichne das Schrägbild des Quaders und bestimme das Volumen.

b) Verdopple nun die Kantenlängen des Quaders. Zeichne das Schrägbild.
Wievielmal lässt sich der Ausgangsquader in den vergrößerten Quader zeichnen?

c) Vergleiche das Volumen des Quaders, den du in Teilaufgabe a) dargestellt hast, mit dem Volumen in der Teilaufgabe b).

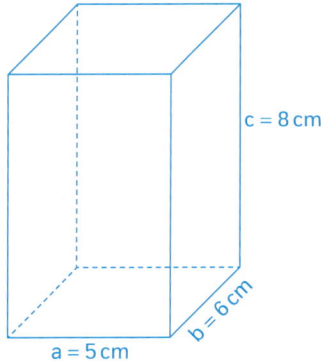

$c = 8\,cm$

$b = 6\,cm$

$a = 5\,cm$

2. Cem: „Wenn ich die Kantenlängen verdreifache, dann verdreifacht sich auch das Volumen des Quaders".
Lena: „Das stimmt nicht! Das Volumen wird neunmal so groß."
Nimm Stellung und begründe deine Antwort.

3. Wie ändert sich das Volumen eines Quaders beim maßstäblichen Vergrößern und Verkleinern mit dem Faktor k? Stelle eine Formel auf.

4.

a) Die Baufirma *Haus hoch* hat im Jahre 2015 den Bau von Häusern im Bungalowstil gegenüber dem Vorjahr verdoppelt. In der Zeitung einer Bausparkasse wird der Zuwachs wie im Bild links dargestellt.
Wird die Verdopplung der gebauten Häuser in der Abbildung richtig dargestellt?

b) Eine andere Baufirma erzielt beim Bau von Häusern eine Steigerung von 64 %. Erstellt eine Werbeprospektseite, die die Steigerung richtig wiedergibt.

c) Sucht nach grafischen Darstellungen in Zeitungen oder Prospekten, in denen Größenverhältnisse durch ähnliche Körper dargestellt werden.
Überprüft, ob die Größenverhältnisse tatsächlich stimmen.

5. Ein Getränkekarton der Firma *Glückskuh* fasst 1 Liter Milch. Das Unternehmen möchte eine Kleinpackung auf den Markt bringen. Die Kleinpackung soll 0,5 Liter Milch fassen und dem Literpack ähnlich sehen.
Wie könnten die Abmessungen von Literpack und Kleinpackung gewählt werden?
Diskutiert in der Gruppe über sinnvolle Maße.

ÄHNLICHKEITSSATZ FÜR DREIECKE – STRAHLENSÄTZE

Ähnlichkeitssatz für Dreiecke

Will man die Ähnlichkeit zweier Dreiecke ABC und A'B'C' nachweisen, so muss man 6 Bedingungen nachprüfen (s. S. 53):

(1) Entsprechende Winkel sind gleich groß:
$\alpha = \alpha'$, $\beta = \beta'$ und $\gamma = \gamma'$

(2) Die Längenverhältnisse einander entsprechender Seiten sind gleich:

$$\frac{\overline{A'B'}}{\overline{AB}} = \frac{\overline{A'C'}}{\overline{AC}} = \frac{\overline{B'C'}}{\overline{BC}}$$

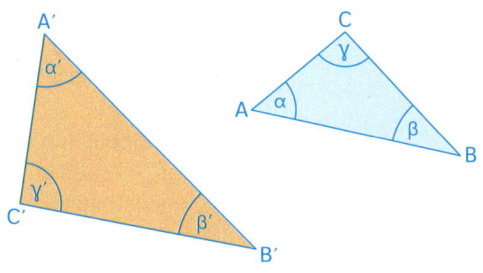

 Untersucht in Gruppen, ob man mit weniger Bedingungen auskommt.

» Jede Gruppe wählt sich zwei beliebige Winkel, deren Summe kleiner als 180° ist. Jeder in der Gruppe zeichnet ein Dreieck mit diesen zwei Winkeln. Prüft, ob eure Dreiecke schon ähnlich zueinander sind.

Ähnlichkeitssatz für Dreiecke

Wenn zwei Dreiecke in zwei Innenwinkeln übereinstimmen, dann sind sie ähnlich zueinander.

Beachte: Wenn die Dreiecke in zwei Winkeln übereinstimmen (z. B. $\alpha = \alpha'$, $\beta = \beta'$), stimmen sie nach dem Winkelsummensatz auch im dritten Winkel überein.

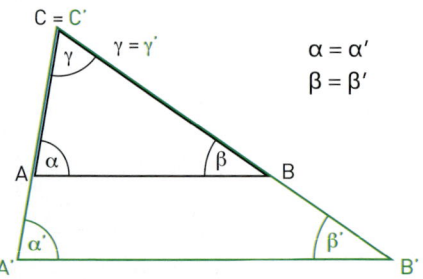

1. Gegeben sind zwei Dreiecke ABC und A'B'C'. Entscheide aufgrund der angegebenen Winkelgrößen, ob die Dreiecke zueinander ähnlich sind. Falls das zutrifft, stelle Gleichungen für die Längenverhältnisse entsprechender Seiten auf.

a) $\alpha = 48°$; $\beta = 35°$; $\alpha' = 48°$; $\gamma' = 97°$

b) $\alpha = 37°$; $\beta = 110°$; $\alpha' = 110°$; $\beta' = 33°$

c) $\alpha = 65°$; $\gamma = 39°$; $\beta' = 41°$; $\gamma' = 74°$

d) $\alpha = 19°$; $\beta = 107°$; $\beta' = 54°$; $\gamma' = 107°$

e) $\alpha = 91°$; $\gamma = 35°$; $\alpha' = 91°$; $\beta' = 46°$

f) $\beta = 103°$; $\gamma = 29°$; $\alpha' = 29°$; $\gamma' = 48°$

2.

Ein 1,80 m großer Mann wirft einen 1,35 m langen Schatten.
Zu gleicher Zeit wirft ein Baum einen 12,60 m langen Schatten.
Wie hoch ist der Baum?
Löse die Aufgabe zeichnerisch. Wähle dazu einen geeigneten Maßstab.

Strahlensätze

EINSTIEG

Leyla und Tim wollen auf unterschiedliche Weise die Höhe einer Tanne bestimmen. Die Tanne wirft einen Schatten von 12,50 m Länge. Tim ist 1,55 m groß, sein Schatten ist 2,50 m lang. Leyla ist 1,60 m groß, ihr Schatten ist 2,60 m lang.

>> Wie hoch ist der Baum?
>> Beschreibe, wie du vorgegangen bist.

AUFGABE

1. Zwischen zwei Balken auf einem Dachboden soll ein Ablagebrett im Abstand von 1,50 m von der Spitze Z angebracht werden. Es steht keine Wasserwaage zur Verfügung.
An welcher Stelle des schrägen Balkens muss das Brett befestigt werden?
Berechne die Länge, die du abmessen musst.
Stelle zunächst eine Gleichung auf.

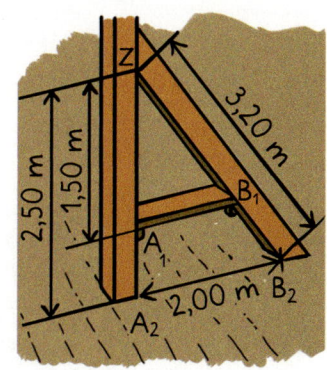

Lösung

Gesucht ist der Auflagepunkt B_1.
In der Figur rechts kannst du die Punkte A_1 und B_1 als Bildpunkte von A_2 bzw. B_2 bei einer zentrischen Streckung mit dem Streckzentrum Z auffassen, denn
(1) die Punkte A_1 und A_2 liegen auf einer Halbgeraden mit dem Anfangspunkt Z, ebenso B_1 und B_2;
(2) die Geraden A_1B_1 und A_2B_2 sollen parallel zueinander sein.
Der positive Streckfaktor ist hier kleiner als 1.
Zur Bestimmung des Auflagepunktes B_1 gibt es zwei Möglichkeiten.

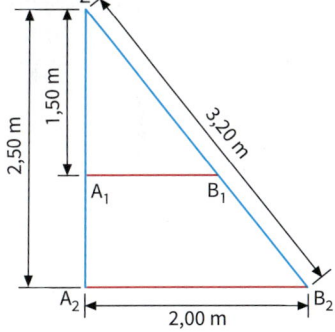

1. Möglichkeit: Wir bestimmen die Länge $\overline{ZB_1}$.
Da A_1 der Bildpunkt von A_2 und B_1 der Bildpunkt von B_2 ist, gilt:
$k = \dfrac{\overline{ZA_1}}{\overline{ZA_2}}$ und $k = \dfrac{\overline{ZB_1}}{\overline{ZB_2}}$.

Wir erhalten damit die Gleichung: $\dfrac{\overline{ZB_1}}{\overline{ZB_2}} = \dfrac{\overline{ZA_1}}{\overline{ZA_2}}$

Wir setzen ein: $\dfrac{\overline{ZB_1}}{3,20\,m} = \dfrac{1,50\,m}{2,50\,m} = 0,6$

Wir erhalten: $\overline{ZB_1} = 0,6 \cdot 3,20\,m = 1,92\,m$

Ergebnis: Der Auflagepunkt B_1 auf dem schrägen Balken ist 1,92 m von der Spitze Z entfernt.

2. Möglichkeit: Wir bestimmen die Länge B_1B_2.
Es gilt offenbar:

(1) $\overline{B_1B_2} = \overline{ZB_2} - \overline{ZB_1}$ und damit $\dfrac{\overline{B_1B_2}}{\overline{ZB_2}} = \dfrac{\overline{ZB_2}}{\overline{ZB_2}} - \dfrac{\overline{ZB_1}}{\overline{ZB_2}} = 1 - k$.

(2) $\overline{A_1A_2} = \overline{ZA_2} - \overline{ZA_1}$ und damit $\dfrac{\overline{A_1A_2}}{\overline{ZA_2}} = \dfrac{\overline{ZA_2}}{\overline{ZA_2}} - \dfrac{\overline{ZA_1}}{\overline{ZA_2}} = 1 - k$.

Wir erhalten damit die Gleichung: $\dfrac{\overline{B_1B_2}}{\overline{ZB_2}} = \dfrac{\overline{A_1A_2}}{\overline{ZA_2}}$,

eingesetzt: $\dfrac{\overline{B_1B_2}}{3,20\,\text{m}} = \dfrac{1,00\,\text{m}}{2,50\,\text{m}} = 0,4$, also: $\overline{B_1B_2} = 0,4 \cdot 3,20\,\text{m} = 1,28\,\text{m}$

Ergebnis: Der Auflagepunkt B_1 auf dem schrägen Balken ist 1,28 m von B_2 entfernt.

AUFGABE

2. Betrachte noch einmal das Bild der Ablage zwischen zwei Balken in der Aufgabe 1 auf Seite 59.
Berechne nun die Länge des Bretts; stelle dazu zunächst eine Gleichung auf.

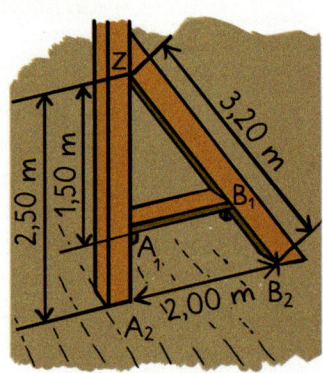

Lösung

Wir fassen die Strecke $\overline{A_1B_1}$ als Bild der Strecke $\overline{A_2B_2}$ bei einer zentrischen Streckung mit dem Streckzentrum Z auf. Für den Streckfaktor gilt:

$\overline{ZA_1} = k \cdot \overline{ZA_2}$, also: $k = \dfrac{\overline{ZA_1}}{\overline{ZA_2}}$

Nach der dritten Eigenschaft der zentrischen Streckung (Seite 49) gilt für die Längen von Strecke $\overline{A_2B_2}$ und Bildstrecke $\overline{A_1B_1}$:

$\overline{A_1B_1} = k \cdot \overline{A_2B_2}$, also: $k = \dfrac{\overline{A_1B_1}}{\overline{A_2B_2}}$

Folglich gilt: $\dfrac{\overline{A_1B_1}}{\overline{A_2B_2}} = \dfrac{\overline{ZA_1}}{\overline{ZA_2}}$

eingesetzt: $\dfrac{\overline{A_1B_1}}{2\,\text{m}} = \dfrac{1,50\,\text{m}}{2,50\,\text{m}} = 0,6$,

also: $\overline{A_1B_1} = 0,6 \cdot 2\,\text{m} = 1,20\,\text{m}$

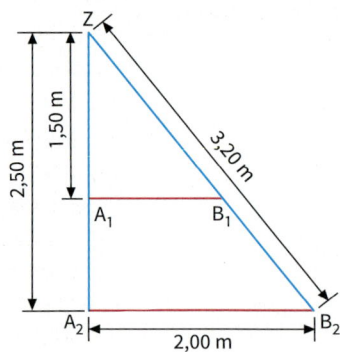

Ergebnis: Das Brett muss 1,20 m lang sein.

FESTIGEN UND WEITERARBEITEN

3. Lena, Tom und Mia haben die Länge y der roten Strecke (Maße in cm) unterschiedlich berechnet.
Beschreibe die Lösungswege und vergleiche sie.

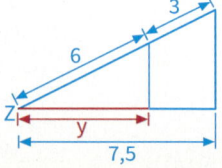

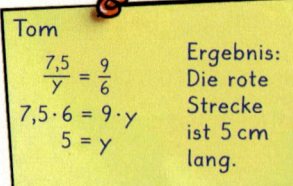

Lena

$\dfrac{y}{7,5} = \dfrac{6}{9}$

$y = \dfrac{2}{3} \cdot 7,5$

$y = 5$

Ergebnis:
Die rote
Strecke
ist 5 cm
lang.

Tom

$\dfrac{7,5}{y} = \dfrac{9}{6}$

$7,5 \cdot 6 = 9 \cdot y$

$5 = y$

Ergebnis:
Die rote
Strecke
ist 5 cm
lang.

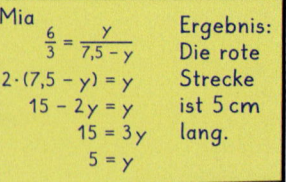

Mia

$\dfrac{6}{3} = \dfrac{y}{7,5 - y}$

$2 \cdot (7,5 - y) = y$

$15 - 2y = y$

$15 = 3y$

$5 = y$

Ergebnis:
Die rote
Strecke
ist 5 cm
lang.

4. Erstelle mit einem dynamischen Geometrie-System die Zeichnung rechts:
- Zeichne zwei Geraden, die sich im Punkt Z schneiden.
- Erzeuge auf der ersten Geraden zwei beliebige Punkte A und B, auf der zweiten Geraden einen Punkt C.
- Zeichne zuerst die Gerade AC, dann die Parallele zu AC durch den Punkt B.
- Du erhältst den Punkt D als Schnittpunkt der Parallelen mit der zweiten Gerade.

a) Bestimme mithilfe des Programms die Streckenverhältnisse $\frac{\overline{ZB}}{\overline{ZA}}$ und $\frac{\overline{ZD}}{\overline{ZC}}$.

   Verändere systematisch die Lage der Punkte A, B, C und Z. Was stellst du fest?

b) Vergleiche wie bei der ersten Teilaufgabe die Streckenverhältnisse $\frac{\overline{ZB}}{\overline{AB}}$ und $\frac{\overline{ZD}}{\overline{CD}}$.

c) Untersuche die Längenverhältnisse $\frac{\overline{ZA}}{\overline{ZB}}$ und $\frac{\overline{AC}}{\overline{BD}}$.

INFORMATION

Strahlensatzfigur

Werden zwei sich schneidende Geraden a und b von zwei parallelen Geraden g und h geschnitten, so bezeichnet man diese Figur als *Strahlensatzfigur*.

1. Strahlensatz

Das Längenverhältnis zweier Strecken auf der einen Geraden ist gleich dem Längenverhältnis der entsprechenden Strecken auf der anderen Geraden. Es gelten folgende Verhältnisgleichungen:

(1) $\dfrac{\overline{ZA}}{\overline{ZB}} = \dfrac{\overline{ZC}}{\overline{ZD}}$ (2) $\dfrac{\overline{ZA}}{\overline{AB}} = \dfrac{\overline{ZC}}{\overline{CD}}$ (3) $\dfrac{\overline{ZB}}{\overline{AB}} = \dfrac{\overline{ZD}}{\overline{CD}}$

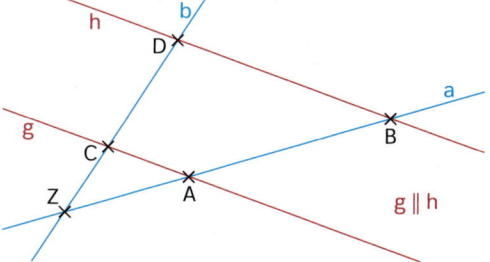

2. Strahlensatz

Das Längenverhältnis der beiden Strecken auf den parallelen Geraden ist gleich dem Längenverhältnis der von Z ausgehenden zugehörigen Strecken auf den Geraden. Es gelten folgende Verhältnisgleichungen:

(1) $\dfrac{\overline{AC}}{\overline{BD}} = \dfrac{\overline{ZC}}{\overline{ZD}}$ (2) $\dfrac{\overline{AC}}{\overline{BD}} = \dfrac{\overline{ZA}}{\overline{ZB}}$

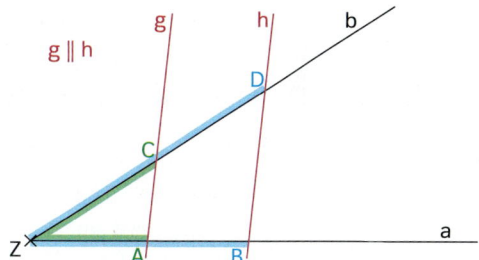

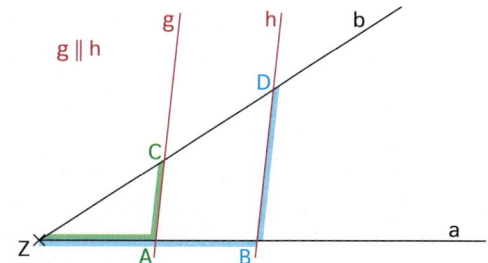

ÜBEN

5. Berechne die Länge d der roten Strecke (Maße in m).

(1) 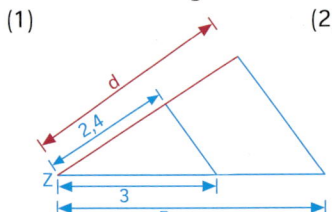　　(2) 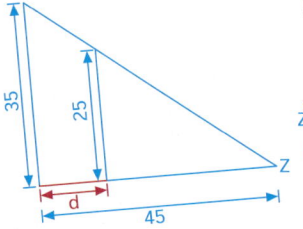　　(3)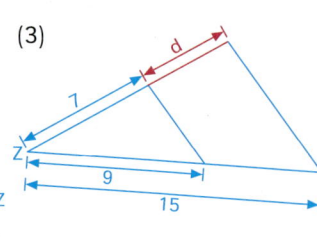

6. Ergänze folgende Verhältnisgleichungen.

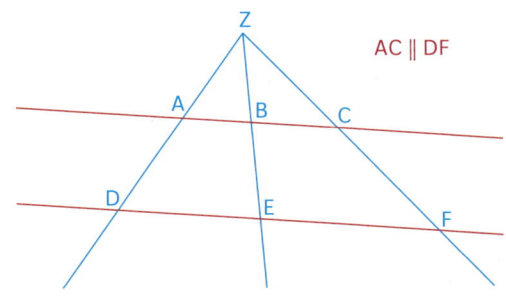

AC ∥ DF

a) $\dfrac{\overline{ZA}}{\overline{AD}} = \dfrac{\overline{ZB}}{\blacksquare}$　　**d)** $\dfrac{\overline{DF}}{\overline{AC}} = \dfrac{\blacksquare}{\overline{ZB}}$

b) $\dfrac{\overline{ZB}}{\overline{ZE}} = \dfrac{\blacksquare}{\overline{ZF}}$　　**e)** $\dfrac{\overline{AB}}{\blacksquare} = \dfrac{\overline{ZA}}{\blacksquare}$

c) $\dfrac{\overline{BC}}{\overline{EF}} = \dfrac{\overline{ZB}}{\blacksquare}$　　**f)** $\dfrac{\overline{ZF}}{\blacksquare} = \dfrac{\blacksquare}{\overline{AD}}$

Suche zuerst eine passende Strahlensatzfigur.

7. Kontrolliere Annas Hausaufgaben.

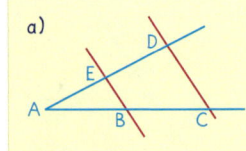

a)

$\dfrac{\overline{AB}}{\overline{AC}} = \dfrac{\overline{CD}}{\overline{EB}}$

$\dfrac{\overline{AE}}{\overline{AD}} = \dfrac{\overline{BA}}{\overline{BC}}$

b)

$\dfrac{a}{b} = \dfrac{d}{c}$

$\dfrac{e}{b} = \dfrac{c}{f}$

c)

$\dfrac{\overline{MN}}{\overline{LO}} = \dfrac{\overline{MK}}{\overline{ML}}$

$\dfrac{\overline{ML}}{\overline{MK}} = \dfrac{\overline{NO}}{\overline{OK}}$

8. Von den Längen s_1, s_2, t_1, t_2, p_1 und p_2 sind vier gegeben. Berechne die übrigen Längen.

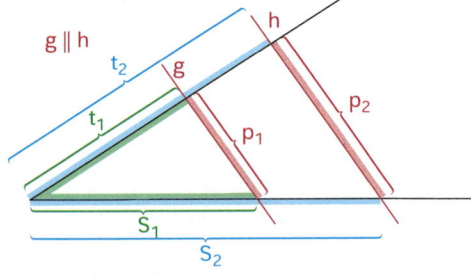

g ∥ h

a) $s_1 = 7{,}2\,\text{cm}$
$t_1 = 6{,}8\,\text{cm}$
$t_2 = 10{,}2\,\text{cm}$
$p_1 = 5{,}4\,\text{cm}$

b) $s_1 = 4{,}8\,\text{cm}$
$t_2 = 11{,}0\,\text{cm}$
$p_1 = 5{,}4\,\text{cm}$
$p_2 = 9{,}9\,\text{cm}$

c) $s_2 = 6{,}0\,\text{cm}$
$t_2 = 7{,}2\,\text{cm}$
$p_1 = 4{,}9\,\text{cm}$
$p_2 = 8{,}4\,\text{cm}$

d) $s_1 = 7{,}7\,\text{cm}$
$s_2 = 13{,}1\,\text{cm}$
$t_1 = 4{,}6\,\text{cm}$
$p_2 = 8{,}2\,\text{cm}$

9. Kontrolliere Lennarts Hausaufgabe.

a)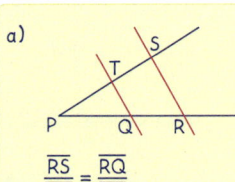

$\dfrac{\overline{RS}}{\overline{QT}} = \dfrac{\overline{RQ}}{\overline{PQ}}$

b)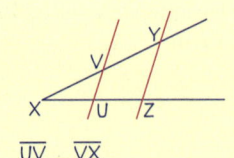

$\dfrac{\overline{UV}}{\overline{YZ}} = \dfrac{\overline{VX}}{\overline{XY}}$

c)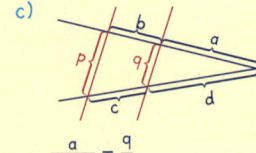

$\dfrac{a}{c+d} = \dfrac{q}{p}$

10. Stelle eine Gleichung auf und berechne x (Maße in cm).

a)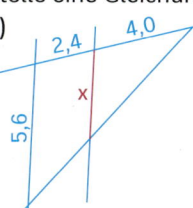

b)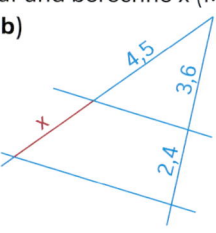

c)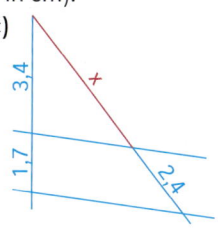

d)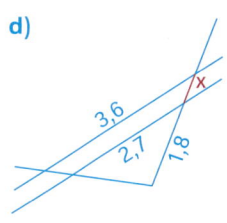

11. a) Bestätige für die Figur mithilfe der Strahlensätze.

(1) $\dfrac{\overline{ZP}}{\overline{QR}} = \dfrac{\overline{ZA}}{\overline{BC}}$ (2) $\dfrac{\overline{PQ}}{\overline{QR}} = \dfrac{\overline{AB}}{\overline{BC}}$

AP ∥ BQ ∥ CR

b) Es sollen

$\overline{ZP} = 2{,}7\,\text{cm}$, $\overline{QR} = 1{,}9\,\text{cm}$, $\overline{ZA} = 3{,}5\,\text{cm}$,

$\overline{PQ} = 2{,}3\,\text{cm}$, $\overline{AP} = 1{,}8\,\text{cm}$ sein.

Berechne die Längen $\overline{BC}$, $\overline{AB}$, $\overline{BQ}$, $\overline{RC}$.

12. Ermittle den ungefähren Holzbedarf. Dazu musst du weitere Annahmen machen. Beschreibe dein Vorgehen.

> Das Regal besteht aus …
> Parallel verlaufen …
> Vernachlässigen kann man …

a)

60 cm

b)

15 cm

40 cm

13. In der Figur rechts soll gelten:

(1) AD ∥ HE

(2) HB ∥ GC ∥ FD

(3) $m = \overline{AB} = 4{,}50\,\text{cm}$

$n = \overline{BC} = 2{,}75\,\text{cm}$

$r = \overline{BH} = 3{,}50\,\text{cm}$

Berechne die Länge der roten Strecke $\overline{FD}$.

Findest du verschiedene Wege?

Beschreibe sie.

Hinweis: Du kannst auch mit mehr als einer Gleichung arbeiten. Überlege dir dazu unterschiedliche Strahlensatzfiguren.

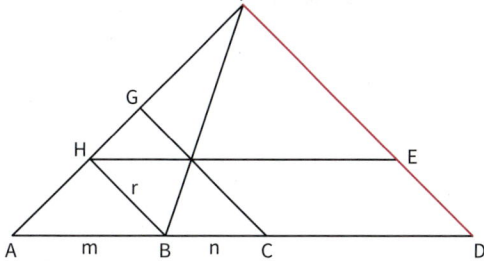

14. Suche in der Figur rechts verschiedene Strahlensatzfiguren. Stelle Gleichungen mithilfe der Strahlensätze auf.

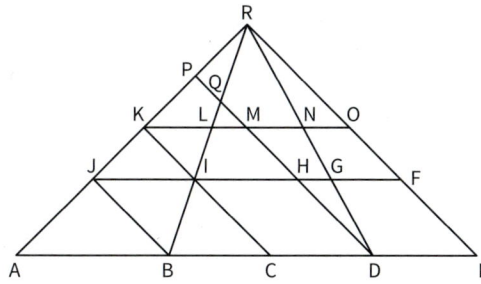

Strahlensätze für sich schneidende Geraden

 In einem Möbelhaus wird der rechts abgebildete moderne Sitzhocker verkauft.

» Beschreibt die Form des Hockers, bezieht auch das Sitzkissen mit ein.

» Überlegt euch eine Möglichkeit, wie man die Sitzhöhe bestimmen kann.
Bekannt sind:
Sitzfläche: 45 cm
Abstand der Füße des Hockers: 54 cm

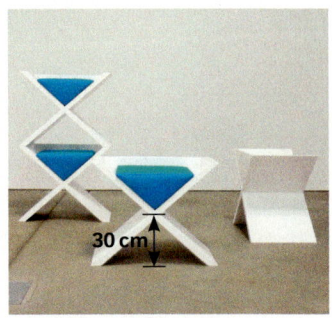

1.

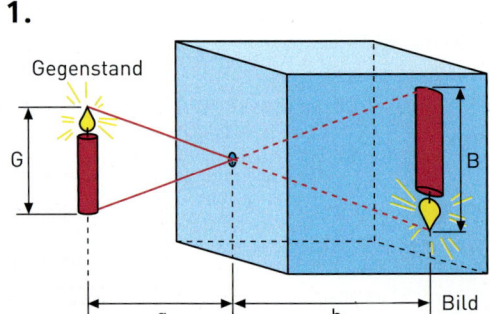

Die Lochkamera ist ein geschlossener Kasten mit einer kleinen Öffnung. Ein Gegenstand, hier eine Kerze, steht vor dem Kasten.
Von dem Gegenstand gehen Lichtstrahlen aus und fallen durch die kleine Öffnung in den Kasten. Auf der Rückwand des Kastens wird ein (umgekehrtes) Bild der Kerze erzeugt.
Die Kerze ist 8 cm groß und steht 20 cm vor der Kamera. Die Rückwand ist 30 cm von der gegenüberliegenden Öffnung entfernt.
Wie groß ist das Bild der Kerze?

Lösung

An der Figur erkennt man Folgendes:

(1)

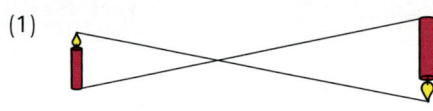

Die Kerze und ihr Bild liegen parallel zueinander. Die äußeren Lichtstrahlen schneiden sich in einem Punkt, der Öffnung in dem Kasten.

(2)

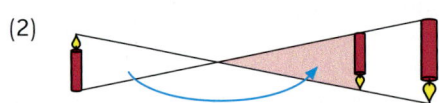

Durch eine Halbdrehung um den Schnittpunkt der Lichtstrahlen lässt sich der linke Teil der Figur in den rechten Teil drehen, sodass man rechts eine Strahlensatzfigur erkennen kann.

(3)

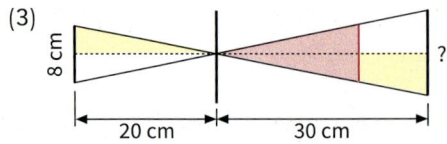

Mit den Maßen ergeben sich die Skizzen (3) und (4), wobei die Skizze (4) nur ein Teil der Skizze (3) ist.

(4)

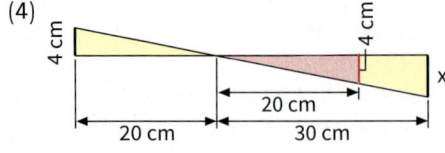

Mit x bezeichnen wir die halbe Höhe des Bildes der Kerze.
Nach dem 2. Strahlensatz gilt:
$\frac{x}{4\,cm} = \frac{30\,cm}{20\,cm}$, also
$x = \frac{30\,cm}{20\,cm} \cdot 4\,cm = 6\,cm$

Ergebnis: Das Bild der Kerze ist 12 cm hoch.

INFORMATION

Strahlensätze für sich schneidende Geraden

Die Geraden a und b schneiden sich im Punkt Z. Sie werden von den parallelen Geraden g und h auf verschiedenen Seiten von Z geschnitten. Dann gilt:

$\dfrac{\overline{ZA_1}}{\overline{ZA_2}} = \dfrac{\overline{ZB_1}}{\overline{ZB_2}}$ *(1. Strahlensatz)* $\dfrac{\overline{ZA_1}}{\overline{ZA_2}} = \dfrac{\overline{A_1B_1}}{\overline{A_2B_2}}$ *(2. Strahlensatz)*

1. Strahlensatz

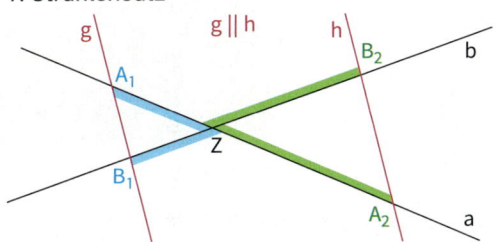

2. Strahlensatz

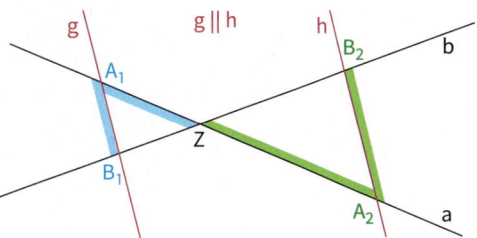

FESTIGEN UND WEITERARBEITEN

2. Berechne die gesuchte Größe (Maße in cm, g ∥ h).

a)

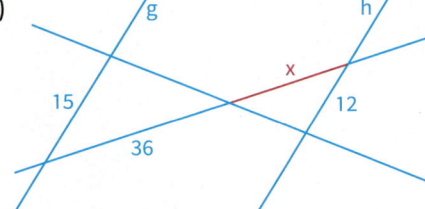

b)

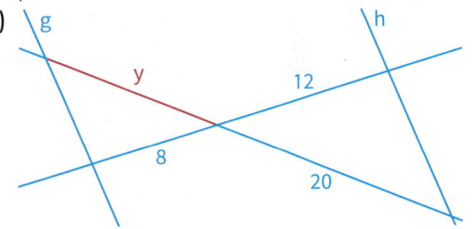

3.

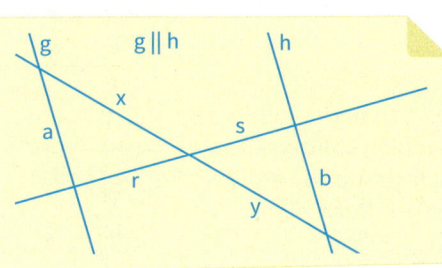

Maurice hat Gleichungen aufgestellt. Überprüfe sie und korrigiere sie bei Bedarf.

(1) $\dfrac{x}{r} = \dfrac{s}{y}$ (3) $\dfrac{a}{b} = \dfrac{s}{r}$

(2) $\dfrac{a}{x} = \dfrac{b}{s}$ (4) $\dfrac{r}{y} = \dfrac{x}{s}$

ÜBEN

4. Berechne x (Maße in cm). Zwei der Geraden verlaufen jeweils parallel zueinander.

a)

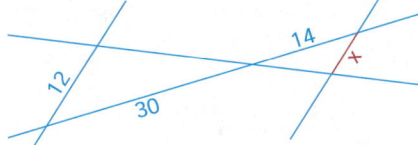

b)

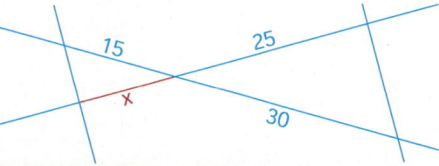

5. Zwischen A und B soll ein Tunnel gebaut werden. Um dessen Länge zu bestimmen, peilt man von den Stellen R und T aus über S die Eingänge A und B an.

a) Bestimme die Tunnellänge.

b) Was muss bei dem Verfahren beachtet werden?

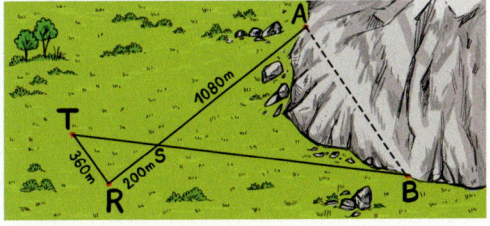

ANWENDEN DER STRAHLENSÄTZE IN EBENEN UND RÄUMLICHEN FIGUREN

EINSTIEG

Es soll der Abstand zwischen den beiden Punkten A und D bestimmt werden. Zwischen ihnen liegt jedoch ein See.
Dazu werden bei den Punkten A, B, C, D und E Fluchtstäbe so aufgestellt, dass $\overline{BC}$ parallel zu $\overline{DE}$ ist. Es wird gemessen:
$\overline{AC} = 63\,\text{m}$; $\overline{CE} = 14\,\text{m}$; $\overline{BD} = 10\,\text{m}$

>> Bestimme den Abstand zwischen A und D.

AUFGABE

1. Schon im Altertum hat man die Höhen von Pyramiden durch Messen der Schattenlänge eines Stabes bestimmt.

a) Erläutere die Zeichnung rechts und gib ein Verfahren zur Berechnung der Pyramidenhöhe h an.

b) Berechne die Pyramidenhöhe für folgende Angaben:
Länge der Grundseite: a = 230 m
Entfernung des Stabes von der Pyramide: d = 125 m
Höhe des Stabes: h* = 3 m
Schattenlänge des Stabes: s = 5 m

Lösung

a) Der Stab wird senkrecht so aufgestellt, dass das Ende seines Schattens mit dem Ende des Pyramidenschattens zusammenfällt. Die Längen a, d, h* und s werden gemessen. Nach dem 2. Strahlensatz gilt: $\dfrac{h}{h^*} = \dfrac{s + d + \frac{a}{2}}{s}$

Durch Multiplikation auf beiden Seiten mit h* ergibt sich: $h = h^* \cdot \dfrac{s + d + \frac{a}{2}}{s}$

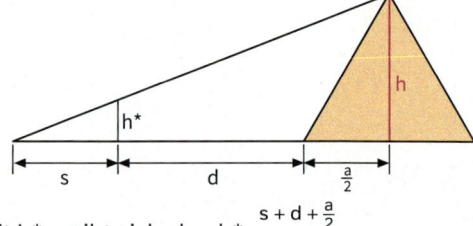

b) Wir setzen die gegebenen Werte in die Formel für die Höhe ein, die wir in Teilaufgabe a) aufgestellt haben:

$h = 3\,\text{m} \cdot \dfrac{5\,\text{m} + 125\,\text{m} + 115\,\text{m}}{5\,\text{m}} = 3\,\text{m} \cdot \dfrac{245\,\text{m}}{5\,\text{m}} = 3\,\text{m} \cdot 49 = 147\,\text{m}$

Ergebnis: Die Pyramide ist ungefähr 147 m hoch.

INFORMATION

Mithilfe der Strahlensätze kann man in ebenen und räumlichen Figuren die Länge von Strecken berechnen.
Strategie: Man muss eine Strahlensatzfigur finden bzw. einzeichnen.

FESTIGEN UND
WEITERARBEITEN

2. Erläutere, wie man bei Sonnenschein mithilfe eines Stabes und eines Maßbandes die Höhe eines freistehenden Turmes bestimmen kann.
Berechne die Turmhöhe für das Beispiel:
s = 2,0 m; b = 3,61 m; d = 28 m
Beschreibe, wie du vorgegangen bist.

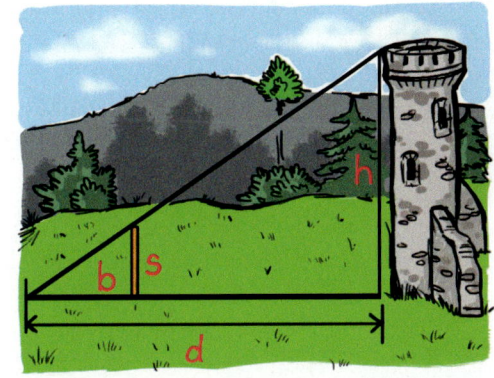

3.

AB ∥ DE

a) Um die Breite x eines Flusses zu bestimmen, werden bei A, B, C, D und E Fluchtstäbe gesteckt und folgende Strecken gemessen:
$\overline{BC}$ = 39 m; $\overline{AB}$ = 56 m; $\overline{CD}$ = 27 m.

b) Warum ist es günstig, die Fluchtstäbe so zu stecken, dass zum Beispiel $\overline{BC} : \overline{CD}$ = 1 : 1 gilt?

ÜBEN

4. Ein Waldarbeiter bestimmt mithilfe eines *Försterdreiecks* die Höhe eines Baumes.
a) Erläutere die Funktion des Försterdreiecks.
Warum wurde ein Winkel von 45° gewählt?
b) Die Entfernung zum Baum beträgt 21 m. Wie hoch ist der Baum ungefähr?

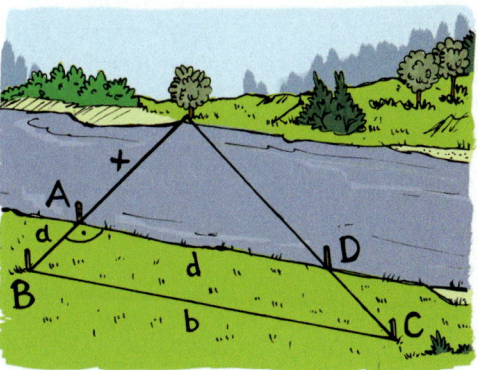

**Theodolit
Winkelmessgerät**

5. Eine Schülergruppe soll während eines Landschulheim-Aufenthaltes die Breite eines Flusses bestimmen. Sie haben weder ein Maßband noch einen Theodoliten zur Verfügung.
Die Schüler(innen) stellen bei den Punkten A, B, C und D Stäbe auf (siehe Zeichnung).
Dazu peilen sie einen Baum am Flussufer an; ferner visieren sie einen sehr weit entfernten, markanten Punkt im Gelände an, um $\overline{BC} \parallel \overline{AD}$ zu erreichen.
Die Entfernungen a, b und d ermitteln sie durch Abschreiten: a = d = 20 Schritte;
b = 28 Schritte
Bestimme die Breite des Flusses in Metern. Äußere dich zur Genauigkeit.

6. Der Mond ist 60 Erdradien (R = 6 370 km) von der Erde entfernt. Hält man einen Bleistift (Durchmesser 7 mm) im Abstand von etwa 78 cm vor das Auge, so ist der Mond gerade verdeckt.
Welchen Durchmesser hat der Mond etwa?
Lege zunächst eine Zeichnung an.

7. Zur Messung einer kleinen Öffnung (z. B. einer Flasche oder des inneren Durchmessers eines Ringes) und zur Messung z. B. einer dünnen Holzplatte verwendet man einen Messkeil bzw. einen *Keilausschnitt*.
Berechne jeweils die Länge x.
Erläutere auch die Wirkungsweise der Instrumente.

Versuche, eine Strahlensatzfigur zu entdecken.

(1)   Messkeil

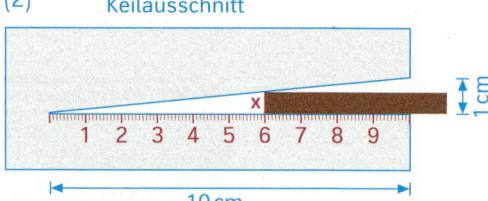

(2)   Keilausschnitt

8. Malik möchte die Höhe eines unzugänglichen Wasserschlosses bestimmen. Dazu stellt er einen 3,50 m langen Stab so auf, dass die Schattenspitzen des Turms und die des Stabes zusammenfallen (siehe Skizze). Er misst die einzige Strecke, die zugänglich ist und trägt sie in seiner Planfigur ein.
Beim Nachdenken über eine mögliche Lösung wandert der Schatten des Schlosses.
Plötzlich fällt er genau auf den Punkt, an dem der Stab im Boden steckt. Malik muss nun den Stab genau um 12,30 m versetzen, um die ursprüngliche Situation wiederzuerhalten. (Beide Schatten fallen aufeinander.)

a) Zeichne eine Planfigur, die diesen Sachverhalt beschreibt und trage alle bekannten Streckenlängen ein.

b) In welcher Tageshälfte hat Malik seine Messungen vorgenommen?
Wie musste Malik vorgehen, wenn er das Problem in der anderen Tageshälfte lösen wollte?

c) Berechne die Höhe des Wasserschlosses.

9. Die Abbildung zeigt einen Proportionalzirkel. Er wird zum Verkleinern oder Vergrößern einer Strecke verwendet.
Erläutere seine Wirkungsweise.

Der Proportionalzirkel ist ein Gerät, mit dem man... Er besteht aus ...

Um eine Originalfigur zu vergrößern, ...

Den Streckfaktor kann man verändern, indem man ...

10.

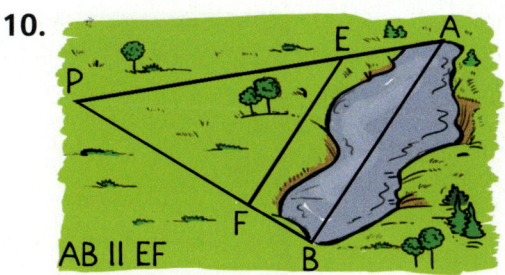

An den Stellen A und B eines Sees befinden sich Anlegestellen für Tretboote. Um die Entfernung von A und B zu bestimmen, wurden die Längen $\overline{PE}$ = 96 m, $\overline{EA}$ = 58 m und $\overline{EF}$ = 66 m gemessen.

Berechne die Entfernung der Anlegestellen A und B.

11. Ein senkrecht aufgestellter Stab von 2 m Länge wirft einen 95 cm langen Schatten. Zur gleichen Zeit wirft ein Turm einen Schatten von 10 m Länge.
Wie hoch ist der Turm?

12. In einem 1,20 m hohen Dachstuhl soll eine 80 cm hohe Stütze aufgestellt werden. In welchem Abstand vom Dachstuhlende E ist diese Stütze einzufügen?

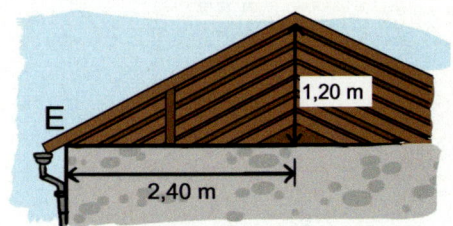

13. Von einem Gegenstand gehen Lichtstrahlen aus, die auf die Linse in unserem Auge treffen. Die Augenlinse bildet dann den Gegenstand auf die Netzhaut ab. Das dadurch erzeugte Bild „steht auf dem Kopf" und wird von entsprechenden Nervenzellen und -bahnen an das Gehirn weitergeleitet. Der Abstand der Linse zur Netzhaut beträgt bei einer erwachsenen Person durchschnittlich 2,1 cm.

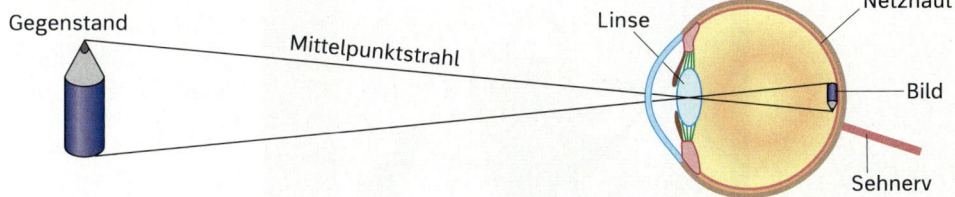

a) Kathi sitzt 6 m von der 1 m hohen Tafel entfernt. Wie hoch ist das Bild der Tafel auf der Netzhaut?

b) Charlotte betrachtet ein Denkmal, das 4,50 m hoch ist. Das auf der Netzhaut erzeugte Bild ist 0,2 mm hoch. Wie weit steht Charlotte vom Denkmal entfernt?

c) In einer Entfernung von 16 m steht eine Glasflasche auf einer Mauer. Auf Laras Netzhaut ist das Bild der Flasche 0,5 mm hoch. Berechne die Höhe der Glasflasche.

14. Ihr könnt die Höhe eines Flachbaus (eure Schule, Sporthalle, ...) selbst bestimmen. Baut euch dazu das rechts abgebildete Gerät (Instrument) oder benutzt ein Försterdreieck wie in Aufgabe 4 auf Seite 67.

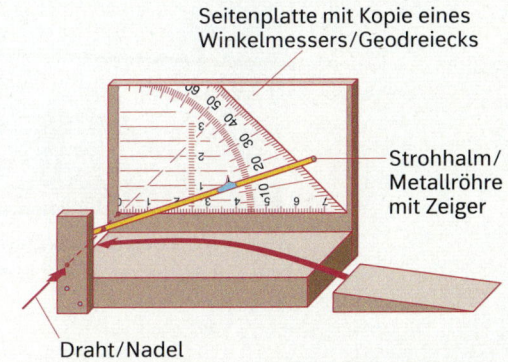

7 PUNKTE SAMMELN ✩✩✩✩✩✩✩

Man kann ein Kopiergerät auch dazu nutzen, um maßstäblich vergrößerte oder verkleinerte Kopien zu erstellen. Dafür verwendet man die Zoom-Funktion des Kopierers. Auf dem Bild rechts siehst du einige Einstellmöglichkeiten.

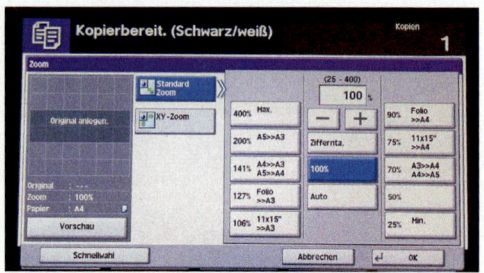

✶✶

Auf einem DIN-A3-Blatt ist ein 25 cm langes Snowboard abgebildet. Lucy verkleinert das DIN-A3-Blatt auf das Format DIN A4, indem sie die Voreinstellung *70 % A3 > A4* auswählt.
Wie lang ist das Snowboard auf der verkleinerten Kopie?

✶✶✶

Auf einer Landkarte beträgt die Entfernung des südlichsten zum nördlichsten Punkt Deutschlands 13,4 cm. Kamal kopiert diese Landkarte mit dem Zoomfaktor 160 % auf ein DIN-A4-Blatt. Reicht für die Kopie die Länge eines DIN-A4-Blattes, um die maximale Entfernung von Nord nach Süd vollständig darzustellen?

✶✶✶✶

Luis möchte aus einem Katalog ein Fahrrad kopieren. Dort nimmt die Abbildung eine Fläche von 7 cm × 4 cm ein.
Welchen Zoomfaktor muss Luis einstellen, damit auf der Kopie die Länge der Abbildung etwa 18 cm beträgt? Welchen Flächeninhalt hat die vergrößerte Abbildung?

Beim Schattentheater befinden sich die Akteure zwischen einem Scheinwerfer und einer großen Leinwand. Der Scheinwerfer ist am Boden befestigt und 12 m von der Leinwand entfernt.

✶✶

Schauspielerin Louisa ist 1,65 m groß. Sie steht 5 m vom Scheinwerfer entfernt. Wie hoch ist das Schattenbild, wenn sie aufrecht steht?

✶✶✶

Ein Kind ist 1,10 m groß. Es wirft einen Schatten auf der Leinwand von 2,10 m. Wie weit steht das Kind von der Leinwand entfernt?

✶✶✶✶

Das Schattenbild eines Schauspielers soll um 90 % größer sein als seine Originalgröße. Wie weit muss sich der Schauspieler vom Scheinwerfer entfernt positionieren?

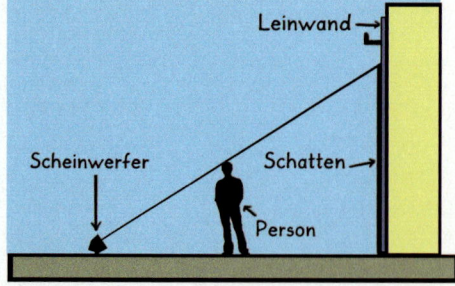

Bestimme auch das Längenverhältnis aus der Entfernung des Schauspielers zum Scheinwerfer und der Entfernung des Schauspielers zur Leinwand.

VERMISCHTE UND KOMPLEXE ÜBUNGEN

1. Zeichne zwei Strecken $\overline{AB}$ und $\overline{CD}$, für deren Längenverhältnis $\frac{\overline{AB}}{\overline{CD}}$ gilt:

   a) $\frac{\overline{AB}}{\overline{CD}} = 4 : 3$ **b)** $\overline{AB} : \overline{CD} = 3 : 5$

2. Gegeben ist ein Parallelogramm ABCD aus $a = 3{,}6\,\text{cm}$, $d = 2{,}4\,\text{cm}$, $\alpha = 55°$.
Konstruiere ein dazu ähnliches Parallelogramm, dessen längere Seite
(1) 7,2 cm; (2) 4,2 cm beträgt.

3. Gegeben ist ein Dreieck ABC mit $a = 4\,\text{cm}$, $b = 3\,\text{cm}$ und $c = 5{,}5\,\text{cm}$. Ein zu ABC ähnliches
Dreieck A'B'C' hat den Umfang $u' = 25\,\text{cm}$.
Wie lang sind die Seiten von A'B'C'?
Gib auch das Verhältnis der Flächeninhalte der Dreiecke ABC und A'B'C' an.

4. Die Flächeninhalte zweier zueinander ähnlicher Vielecke
verhalten sich wie
   a) $4 : 1$;   **b)** $16 : 9$;   **c)** $4 : 5$.
In welchem Verhältnis stehen die Seiten zueinander?

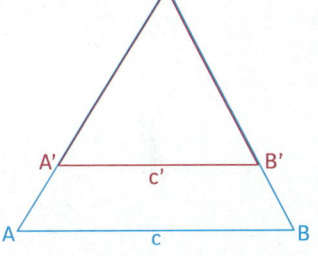

5. Die Seite $\overline{AB}$ des Dreiecks ABC ist 6 cm lang, die Seite $\overline{A'B'}$
von Dreieck A'B'C' 4 cm. Der Flächeninhalt des Dreiecks
A'B'C' beträgt $12\,\text{cm}^2$.
Wie groß ist der Flächeninhalt des Dreiecks ABC?

6. Je nach Verwendungszweck wählt man bei der Herstellung von Zeichnungen oder Karten
einen geeigneten Maßstab (siehe Tabelle).

Maßstab	Verwendung
1 : 10	Möbelzeichnung
1 : 100	Bauplan
1 : 2500	Flurkarte
1 : 10 000	Stadtplan
1 : 25 000	Wanderkarte
1 : 35 000	Wanderkarte
1 : 100 000	Fahrradkarte
1 : 200 000	Autokarte

a) Auf einer Autokarte beträgt die Entfernung zwischen Rheinberg und Kalkar 17 cm.
Wie groß ist diese Entfernung auf einer Fahrradkarte?

b) Der Grundriss eines Hauses ist auf einem Bauplan 17,4 cm lang und 10,5 cm breit.
Welche Maße hat das Haus auf einer Flurkarte?

c) Stelle selbst geeignete Aufgaben und löse sie.

7. Ein im Bau befindliches Haus ist von einem
5,50 m hohen Bretterzaun umgeben. Dieser ist 45,50 m vom Bauwerk entfernt. Alex
steht 10,50 m vor dem Zaun und sieht die
oberen vier Etagen. Wenn er 1,50 m näher
an den Zaun rückt, sieht er nur noch die
oberen drei Etagen des Hochhauses. Alex
Augenhöhe beträgt 1,70 m.
a) Wie hoch ist eine Etage?
b) Wie hoch ist das Haus?

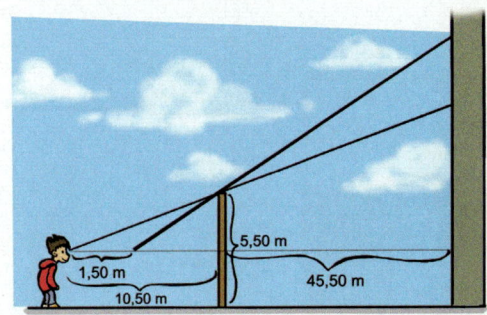

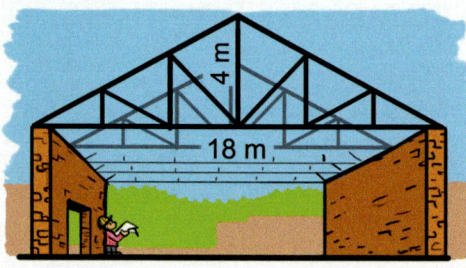

8. Beim Bau freispannender Hallen verwendet man für die Dachkonstruktion sogenannte Fachwerkträger. Die senkrechten Stützstäbe stehen im gleichen Abstand.
Stelle selbst geeignete Aufgaben und löse sie.

9. Auf einer Insel in einem See steht ein Turm T. Es soll die Entfernung des Turmes von einem Punkt C des Ufers bestimmt werden. Dazu werden die Längen $\overline{RS} = 36\,m$, $\overline{RC} = 40\,m$ und $\overline{CD} = 24\,m$ gemessen. Berechne die Entfernung von C und T.

 Bestimme Länge und Höhe des ICE-Wagens in Wirklichkeit.

 Eine Tür des ICE-Wagens ist 1,056 m breit und 3,15 m hoch. Welche Ausmaße hat die Tür im Modell für Spur N?

 10. Das Modell eines ICE-Wagens für die Spur H0 hat eine Länge von 285 mm und eine Höhe von 45 mm.

Spur	Maßstab
H0	1 : 87
N	1 : 160
Z	1 : 200

 Ist das Modell des ICE-Wagens bei Spur N oder bei Spur Z größer? Um wievielmal ist das eine Modell größer als das andere?

 Wie groß sind die Fensterflächen eines ICE-Wagens in Wirklichkeit und im Modell?

 Versuche, eine Strahlensatzfigur zu finden.

11. In dem Trapez ABCD ist $DC \parallel FE \parallel AB$, $\overline{AB} = 7\,cm$, $\overline{DC} = 4\,cm$, $\overline{BE} = 2\,cm$ und $\overline{EC} = 1\,cm$.
Wie lang ist die Strecke $\overline{EF}$?

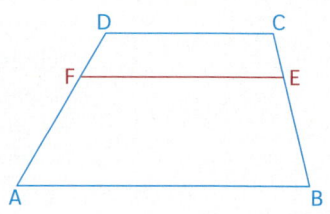

12. Ein Dreieck ABC hat den Umfang u = 32 cm. Das Dreieck A'B'C' ist ähnlich zum Dreieck ABC und hat die Seitenlängen a' = 12 cm, b' = 15 cm und c' = 21 cm.
Was kannst du über die Flächeninhalte der Dreiecke ABC und A'B'C' aussagen?
Begründe deine Antwort.

13. Um die Höhe eines Turmes zu bestimmen, werden ein 1,60 m langer Stab $\overline{AD}$ und ein 2,40 m langer Stab $\overline{BF}$ so aufgestellt, dass man über sie den oberen Rand G des Turmes anpeilen kann.
Man misst dann den Abstand $\overline{AB}$ der beiden Stäbe $\overline{AD}$ und $\overline{BF}$ und den Abstand des längeren Stabes $\overline{BF}$ vom Turm $\overline{CG}$ und erhält:
$\overline{AB}$ = 1,60 m und $\overline{BC}$ = 98 m.
Berechne die Höhe des Turmes.

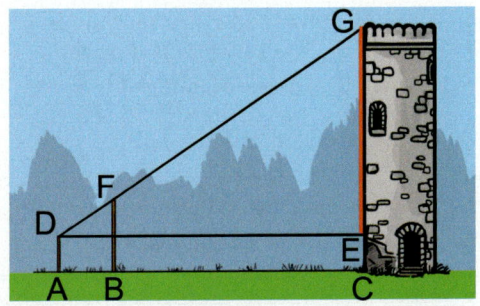

14. Strecke einen Arm aus und visiere den Daumen zunächst mit dem linken Auge, dann mit dem rechten Auge an. Du bemerkst, dass der Daumen einen „Sprung" macht. Diese Tatsache benutzt man, um Entfernungen in der Landschaft zu schätzen (*Daumensprungmethode*).
Verwende in den folgenden Aufgaben als Armlänge a = 64 cm und als Pupillenabstand p = 6 cm.

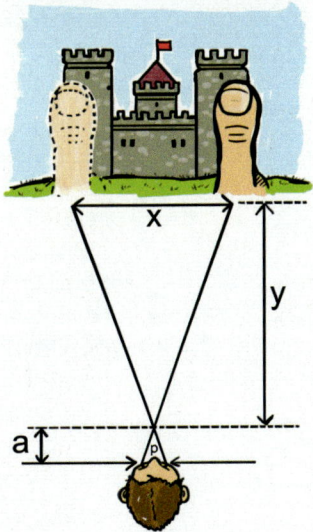

a) Ein Wanderer sieht ein Schloss. Er weiß, es ist 65 m breit. Der Daumen springt gerade von einer zur anderen Seite.
Wie weit ist er vom Schloss entfernt?

b) Eine Wanderin sieht in der Ferne zwei Burgen, die auf gleicher Höhe liegen. Sie ist von der einen Burg 15 km entfernt. Der Daumen springt gerade von der einen zur anderen Burg.
Wie weit liegen beide Burgen auseinander?

c) Sucht Gebäude o. Ä. in eurer Umgebung und bestimmt mit der Daumensprungmethode die Entfernungen.
Berichtet über eure Ergebnisse.

15. Tanjas Daumen ist 2 cm breit. Hält sie den Daumen 45 cm von einem Auge entfernt (das andere Auge geschlossen), so ist gerade ein Fußballtor (7,32 m breit) verdeckt.
a) Wie weit ist Tanja vom Tor entfernt?
Zeichne.
b) Spielt es eine Rolle, von welchem Blickwinkel Tanja auf das Tor schaut?
Begründe deine Antwort.

16. Berechne die Längen der rot markierten Strecken (Maße in cm).

a)   b)   c)

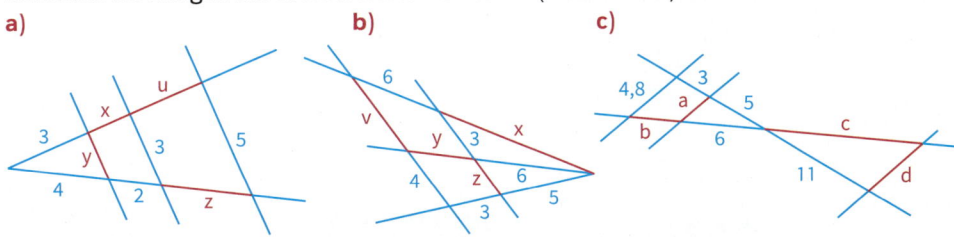

WAS DU GELERNT HAST

Maßstäbliches Vergrößern und Verkleinern

Man multipliziert jede Länge mit demselben Faktor k.

$k > 1$:   Vergrößern
$0 < k < 1$: Verkleinern

Der Faktor k gibt den Maßstab an.

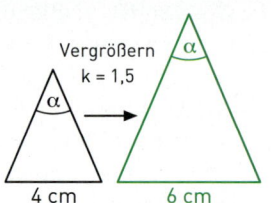
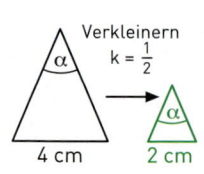

Maßstab 1,5 : 1   Maßstab 1 : 2

Zentrische Streckung

Z: Streckzentrum

k: Streckfaktor

Konstruktion des Bildpunktes P′.

(1) Zeichne die Halbgerade $\overline{ZP}$.

(2) Zeichne P′ auf der Halbgeraden so, dass gilt: $\overline{ZP'} = k \cdot \overline{ZP}$

$k = 1,5$

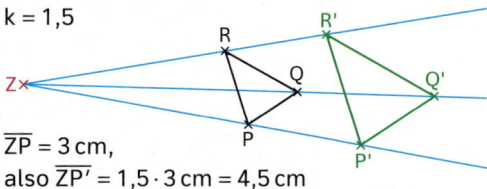

$\overline{ZP} = 3\,\text{cm}$,
also $\overline{ZP'} = 1,5 \cdot 3\,\text{cm} = 4,5\,\text{cm}$

Ähnlichkeit

Zwei Figuren F und G sind ähnlich zueinander, wenn die eine Figur eine maßstäbliche Abbildung der anderen Figur ist. Man schreibt: F ~ G, gelesen: F ist ähnlich zu G.

Ähnliche Figuren kann man durch zentrische Streckungen erzeugen. Für Vielecke gilt:

(1) Entsprechende Winkel sind gleich groß.

(2) Entsprechende Längenverhältnisse sind gleich groß.

Für den Flächeninhalt zueinander ähnlicher ebener Figuren gilt: $A_G = k^2 \cdot A_F$

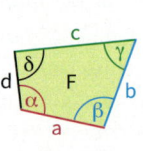
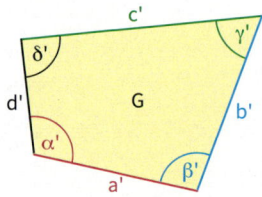

(1) $\alpha = \alpha'$; $\beta = \beta'$; $\gamma = \gamma'$ …

(2) $\dfrac{a'}{a} = \dfrac{b'}{b} = \dfrac{c'}{c} = \ldots = k$

$k = 1,5$; $A_F = 14\,\text{cm}^2$

$A_G = 1,5^2 \cdot 14\,\text{cm}^2 = 31,5\,\text{cm}^2$

Strahlensatzfigur – Strahlensätze

Werden zwei sich schneidende Geraden a und b von zwei parallelen Geraden g und h geschnitten, so bezeichnet man diese Figur als *Strahlensatzfigur*.

$g \parallel h$ $g \parallel h$

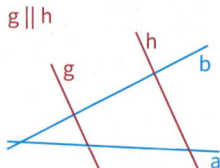
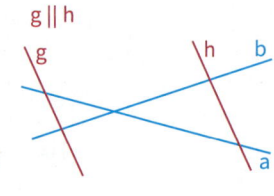

1. Strahlensatz

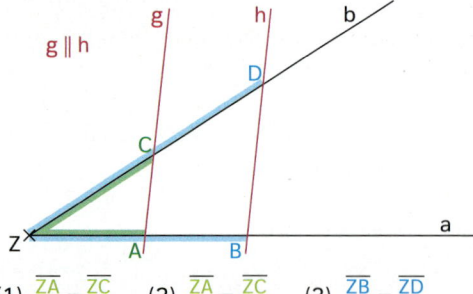

(1) $\dfrac{\overline{ZA}}{\overline{ZB}} = \dfrac{\overline{ZC}}{\overline{ZD}}$ (2) $\dfrac{\overline{ZA}}{\overline{AB}} = \dfrac{\overline{ZC}}{\overline{CD}}$ (3) $\dfrac{\overline{ZB}}{\overline{AB}} = \dfrac{\overline{ZD}}{\overline{CD}}$

2. Strahlensatz

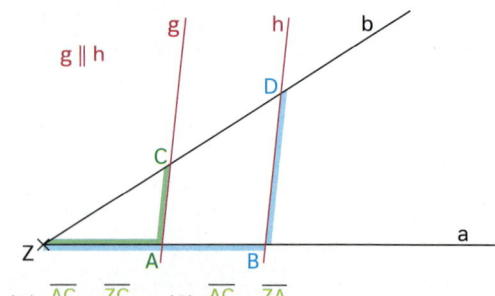

(1) $\dfrac{\overline{AC}}{\overline{BD}} = \dfrac{\overline{ZC}}{\overline{ZD}}$ (2) $\dfrac{\overline{AC}}{\overline{BD}} = \dfrac{\overline{ZA}}{\overline{ZB}}$

BIST DU FIT?

1. Gib die Luftlinienentfernung der beiden Orte an (Maßstab 1 : 15 000 000).

    a) Frankfurt am Main – Straßburg

    b) Bonn – Berlin

    c) Leipzig – Zürich

    d) Stuttgart – Dresden

    e) München – Prag

2. Zeichne in ein Koordinatensystem (Einheit 1 cm) ein Viereck ABCD mit A $(-2\,|-2)$, B $(4\,|-4)$, C $(7\,|\,0)$ und D $(2\,|\,6)$.

Konstruiere dann das Bildviereck A'B'C'D des Vierecks ABCD bei der zentrischen Streckung mit Z $(-2\,|\,2)$ als Streckzentrum und dem Streckfaktor $k = \frac{3}{2}$.

3. Berechne x und y (Maße in cm).

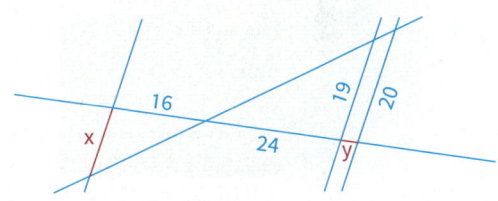

4. Von zwei zueinander ähnlichen Dreiecken ABC und A'B'C' sind die Seitenlängen c = 4 cm und c' = 6 cm bekannt. Der Flächeninhalt von Dreieck A'B'C' beträgt 36 cm². Wie groß ist der Flächeninhalt des Dreiecks ABC?

5. Um die Breite $\overline{DE}$ eines Flusses zu bestimmen, werden die Punkte D, C, A und B wie im Bild abgesteckt. Es wird gemessen: $\overline{DC} = 25$ m; $\overline{AB} = 35$ m und $\overline{AD} = 21$ m. Wie breit ist der Fluss?

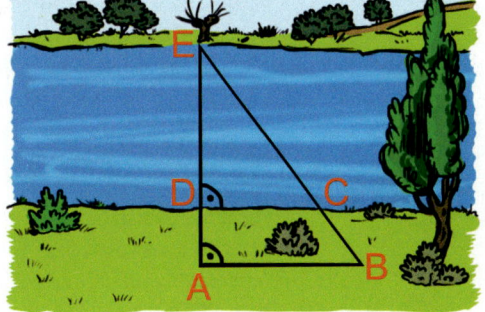

6. Der Schatten eines 1,30 m hohen senkrecht aufgestellten Stabes ist 1,56 m lang. Ein Baum wirft zu derselben Zeit einen 12,75 m langen Schatten. Wie hoch ist der Baum?

7. Das gleichschenklige Trapez ABCD hat die folgenden Maße:

$\overline{AB} = 4,5$ cm; $\overline{AM} = 2,8$ cm; $\overline{DM} = 1,6$ cm.

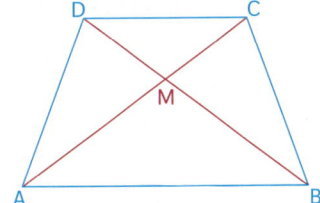

    a) Berechne die Seitenlänge $\overline{DC}$.

    b) Zeichne die Höhe des Trapezes durch den Punkt M ein. In welchem Verhältnis teilt M diese Höhe?

GEOMETRIE IM GELÄNDE – UNSER TRAUMSCHULHOF

 Im Mathematikunterricht habt ihr bereits viel über **Geometrie** gelernt. Ihr könnt z. B. verschiedene geometrische Körper und Figuren benennen und herstellen oder auch den Flächeninhalt ebener Figuren bestimmen bzw. berechnen. Aber wisst ihr eigentlich, was das Wort Geometrie heißt? Geometrie stammt aus dem Griechischen und bedeutet so viel wie **Landmessung**.

Ausgangspunkt der Geometrie waren ursprünglich praktische Fragestellungen, wie sie heutzutage immer noch bei Landschaftsgärtnern wichtig sind: *Was muss man beim Anlegen eines Gartens beachten? Wie kann man eine Parkanlage umgestalten?* usw.

Messmethode 1:
Höhenmessung mit einem Försterdreieck
Mit diesem leicht herzustellenden Gerät lassen sich schnell und einfach Gebäudehöhen oder die Höhe von Bäumen bestimmen.

Messmethode 2:
Vermessen mit der Winkelscheibe
Mit einer Winkelscheibe kann man Winkel im Gelände messen. Sie funktioniert ähnlich wie ein Geodreieck; allerdings kann man mit ihr Winkel von 0° bis 360° messen.

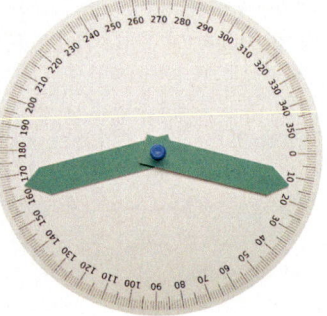

Messmethode 3:
Verwenden einer Wasserwaage
Mithilfe dieser Methode lassen sich vor allem Höhenunterschiede bestimmen.

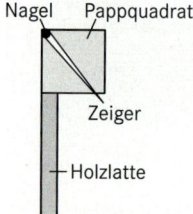

Nagel Pappquadrat

Zeiger

Holzlatte

Messmethode 4:
Längen messen mit einem Schattenquadrat
Dieses Messinstrument aus der Zeit zwischen dem 16. und 18. Jahrhundert lässt sich einfach nachbauen. Damit kann man Entfernungen zwischen zwei Punkten auf dem Boden bestimmen.

Messmethode 5:
Vermessen mit dem Winkelkreuz
Das Winkelkreuz ist ein einfaches Messgerät, mit dem ihr rechte Winkel im Gelände abstecken könnt. Das Bild zeigt euch den Aufbau eines Winkelkreuzes.

Bevor man jedoch so ein Projekt durchführen kann, braucht man einen Plan oder ein Modell. Dazu muss man die Landschaftsverhältnisse durch Messen von Längen oder Winkeln aufnehmen. Manchmal sollen auch Flächen mit besonderen Eigenschaften, z. B. mit rechten Winkeln, hergestellt werden. Dies lässt sich nur mit speziellen Messgeräten realisieren.
Auf der linken Seite erfahrt ihr, welche Messmethoden sich hierfür besonders eignen. Baut die benötigten Messgeräte nach und erkundigt euch, wie die Messmethoden funktionieren. Auf der rechten Seite findet ihr Vorschläge für die Planung eures Traumschulhofs. Viel Spaß beim Messen, Bauen und Gestalten!

Vorschlag A:
Bestandsaufnahme des Schulgeländes und Anlegen eines Plans

Wollt ihr euren Traumschulhof planen? Dann wäre es gut, wenn ihr zunächst euer Schulgelände vermesst. Hierzu ein Tipp: Krummlinige Flächen kann man durch ein Vieleck annähern, wie ihr in dem Bild sehen könnt.

Vorschlag B:
Anlegen spezieller Flächen auf dem Schulhof

Gibt es auf eurem Traumschulhof besondere Flächen? Vielleicht plant ihr ein quadratisches Streetball-Spielfeld, ein kreisrundes Beet oder eine rautenförmige Rasenfläche mit Sitzgelegenheiten. Messt diese Flächen auf eurem Schulgelände ein. Vielleicht dürft ihr auch ein Spielfeld dauerhaft anlegen.

Vorschlag C:
Erstellung eines Modells

Mit all den Daten, die ihr in der Klasse aufgenommen habt, könnt ihr ein tolles Modell von eurem Schulgelände und dem Traumschulhof anfertigen. Denkt vor allem auch an realistische Höhenunterschiede: Wie hoch sind vorhandene Bäume?
Wie hoch ist das Schulgebäude? usw.
Überlegt euch einen geeigneten Maßstab. Achtet auch auf eine naturgetreue Farbgebung. Hier hat eure Kunstlehrerin bzw. euer Kunstlehrer bestimmt gute Tipps.

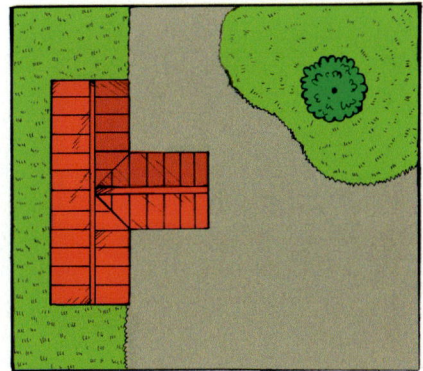

Bestandsaufnahme

Vorschlag D:
Artikel für die Schülerzeitung

Wollt ihr die Ideen und Vorschläge von eurem Traumschulhof auch den anderen Schülerinnen und Schülern zeigen? Dann verfasst einen Artikel für die Schülerzeitung. Vergesst dabei nicht, interessante Daten in den Bericht aufzunehmen, z. B.:

- Wünscht ihr euch mehr Grünflächen? Wie groß sind die Teerflächen, die ihr durch Rasen oder Beete ersetzen möchtet?
- Auf welcher Meereshöhe liegt eigentlich eure Schule?

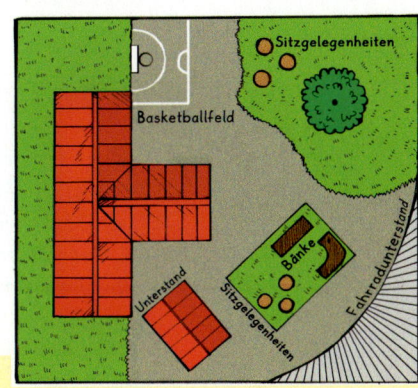

Plan des Traumschulhofs

KAPITEL 3

WURZELN – REELLE ZAHLEN

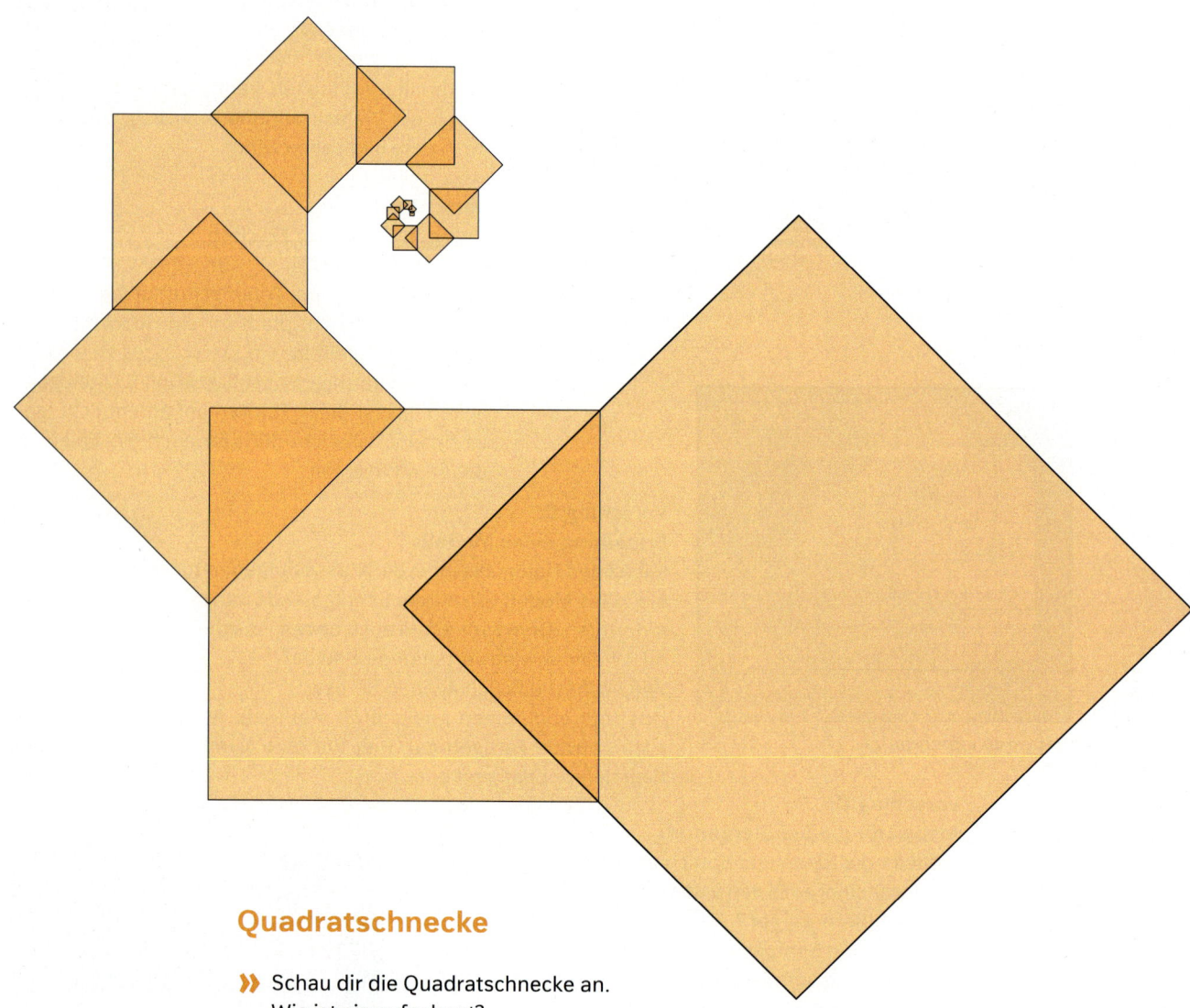

Quadratschnecke

» Schau dir die Quadratschnecke an.
  Wie ist sie aufgebaut?
» Der Flächeninhalt A_1 des großen Quadrates beträgt 64 cm². Wie groß ist der Flächeninhalt A_2 des zweiten Quadrates, A_3 des dritten Quadrates usw.?
» Wie groß ist die Seitenlänge des ersten Quadrates, des zweiten Quadrates und der weiteren Quadrate?
» Welche Seitenlängen lassen sich leicht berechnen, welche nicht?

Welches Berechnungsverfahren ist gerecht?

In manchen Gemeinden werden die Straßenreinigungsgebühren danach abgerechnet, wie
lang die Seite des Grundstücks ist, die an die
Straße grenzt. Dieses Berechnungsverfahren
heißt *Straßenfront-Maßstab*.

Viele Gemeinden verwenden ein anderes Verfahren: Man denkt sich jedes Grundstück in ein
Quadrat verwandelt, wobei der Flächeninhalt
unverändert bleiben soll. Die Straßenreinigungsgebühren werden dann nach der Seitenlänge
dieses Quadrates berechnet. Dieses Berechnungsverfahren heißt *Quadratwurzel-Maßstab*.

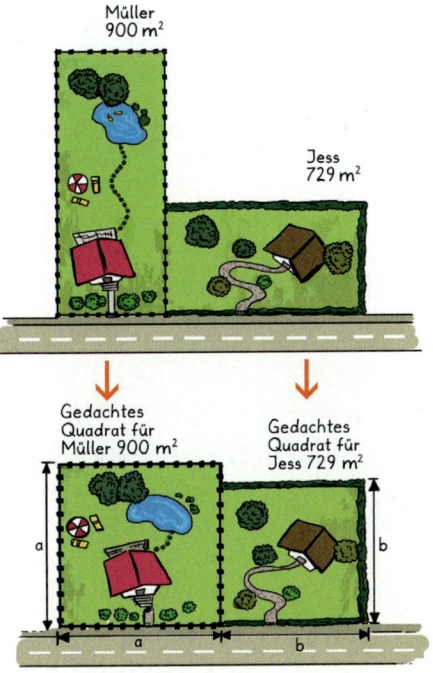

Müller
900 m²

Jess
729 m²

Gedachtes
Quadrat für
Müller 900 m²

Gedachtes
Quadrat für
Jess 729 m²

a

b

a

b

>> Welches Berechnungsverfahren ist für Fa-
milie Müller bzw. Familie Jess günstiger?
>> Welches der beiden Verfahren findest du
gerechter?

Wurzelziehen – Rückgängigmachen des Quadrierens

>> Bei welchen der Gleichungen rechts lässt
sich x leicht im Kopf bestimmen?
>> Bestimme in den anderen Fällen x mit dem
Taschenrechner.
Finde heraus, welche Taste oder Tasten-
folge du dazu an deinem Taschenrechner
drücken musst.
>> Vergleiche die Ergebnisse. Was fällt dir auf?

$x^2 = 36$ $x^2 = 360$

$x^2 = 3600$ $x^2 = 3,6$

$x^2 = 0,36$

$x^2 = 81$ $x^2 = 810$

$x^2 = 8100$ $x^2 = 8,1$

$x^2 = 0,81$

IN DIESEM KAPITEL
LERNST DU ...

*... was Quadratwurzeln und Kubikwurzeln sind und wie man sie
berechnen kann.*

*... neue Arten von Zahlen kennen, die irrationalen Zahlen und die
reellen Zahlen.*

QUADRIEREN

Im Mathematikunterricht wird häufig auf kleinkariertem Papier geschrieben.

» Zeichne die farbig markierten Quadrate in dein Heft. Welche Größe haben sie?
» Welche Größe haben die nächsten Quadrate, wenn man die Reihe fortsetzt?

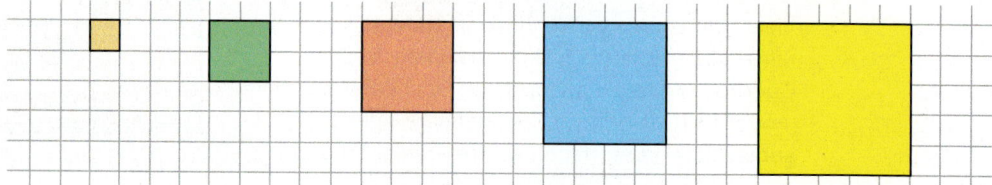

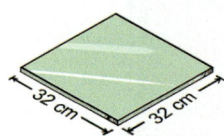

1. Ein Fußboden wurde mit Fliesen belegt. Die Fliesen haben eine quadratische Form mit einer Seitenlänge $a = 32\,cm$.

   a) Berechne den Flächeninhalt einer solchen quadratischen Fliese.

   b) Eine Packung Fliesen enthält 20 Fliesen. Wie viel m² Fußboden können damit belegt werden? Die Größe der Fuge soll hierbei nicht beachtet werden.

Lösung

   a) Jede Fliese hat die Form eines Quadrates. Für den Flächeninhalt der Fliese gilt also:
   Flächeninhalt A ist gleich dem Produkt aus Seitenlänge a und Seitenlänge a.
   Kurz geschrieben: $A = a \cdot a$
   Wir rechnen: $A = 32\,cm \cdot 32\,cm = 1\,024\,cm^2$
   Ergebnis: Die quadratische Fliese hat einen Flächeninhalt von $1\,024\,cm^2$.

   b) $20 \cdot 1\,024\,cm^2 = 20\,480\,cm^2 = 2{,}048\,m^2 \approx 2{,}05\,m^2$
   Ergebnis: Eine Packung reicht für $2{,}05\,m^2$.

INFORMATION

Das Produkt aus einer Zahl a mit sich selbst nennen wir das **Quadrat** der Zahl a.

$a \cdot a = a^2$

a^2 wird gelesen als *a hoch 2* oder auch *a Quadrat*.

2. Quadriere im Kopf.
   a) 7; 70; 700   **b)** 10; 20; 30; 40   **c)** 0,1; 0,3; 0,5   **d)** 1,2; 12; 120

3. Ermittle mit dem Rechner die Quadrate von 1,75; 17,5 und 175. Was fällt dir auf?

4. Quadriere im Kopf und präge dir diese Quadratzahlen ein: 1 bis 20.

5. Bestimme im Kopf das Quadrat.
   a) 4; 40; 400   **b)** 5; 10; 15; 20   **c)** 0,2; 0,4; 0,6   **d)** 1,5; 15; 150

6. Ermittle den Flächeninhalt einer quadratischen Fensterscheibe mit der Seitenlänge a.

    a) a = 50 cm   **b)** a = 100 cm   **c)** a = 12 dm   **d)** a = 140 cm   **e)** a = 19 dm

7. *Erkundet eure Umwelt.*

    Sucht zu Hause und in der Schule nach quadratischen Fliesen.

    Bestimmt den Verwendungszweck, die Seitenlänge und die Größe der Fliesen.

8. Berechne die Oberfläche des Würfels mit der Kantenlänge a.

    a) a = 5 cm   **b)** a = 12 cm   **c)** a = 40 cm   **d)** a = 1,1 m   **e)** a = 1,5 m

9. Die Klasse 9 a möchte im Schulgelände einen Steingarten einrichten und pflegen. Der Steingarten soll eine quadratische Form mit einer Seitenlänge von 8 m haben.

    a) Der Steingarten wird von den Schülern mit Rasenkantensteinen zu je 0,5 m Länge umrandet. Wie viele Rasenkantensteine werden benötigt?

    b) Ein Gärtner empfiehlt den Schülern je Quadratmeter drei Polsterstauden zu pflanzen. Wie viel Euro kosten die Pflanzen?

10. Emre hat sich im Quadrieren geübt. Finde die Fehler.

(1) $8 \cdot 8 = 88$	(3) $0,3 \cdot 0,3 = 0,9$	(5) $15 \cdot 15 = 125$	(7) $1,1 \cdot 1,1 = 1,11$
(2) $0,4 \cdot 0,4 = 1,6$	(4) $16 \cdot 16 = 256$	(6) $0,1 \cdot 0,1 = 0,1$	(8) $1,2 \cdot 1,2 = 14,4$

11. Überschlage das Ergebnis. Berechne dann die Summe bzw. Differenz mit dem Taschenrechner.

    a) $12,1^2 - 7,9^2$ **b)** $29^2 + 31^2$ **c)** $4,8^2 - 2,2^2$ **d)** $101^2 + 99^2$ **e)** $3,5^2 + 4,5^2$

12. Berechne den Wert des Terms für a = 27,5; b = 23,5 und c = 16,5.

    a) $a^2 - b^2$ **b)** $b^2 + c^2$ **c)** $a^2 + b^2$ **d)** $b^2 - c^2$ **e)** $c^2 + a^2$

13. Beim Quadrieren kannst du auch Kuriositäten erleben.

    a) Bestimme die Quadratzahlen von 7, 67 und 667 sowie von 6, 76 und 376.

    b) Berechne den Wert der Summe $12^2 + 33^2$ bzw. $88^2 + 33^2$.

    c) Bilde für folgende Zahlen die Quadrate: 1; 11; 111; 1 111; 11 111. Was fällt dir auf?

SPIELEN

14. Suche dir ein oder zwei Partner als Mitspieler für das Spiel „Fang die Quadratzahl".

    Hier sind die Spielregeln:

    (1) Ein Spieler nennt eine Zahl zwischen 1 und 20, z. B. die Zahl 7,4.

    (2) Jeder Spieler notiert nun zwei Zahlen, zwischen denen er das Quadrat von 7,4 vermutet. Die zwei Zahlen sollen dabei immer eine Differenz von 5 haben.

    (3) Nennt euch gegenseitig die zwei Zahlen und ändert sie jetzt nicht mehr.

    (4) Überprüft mit dem Taschenrechner, wer die Quadratzahl gefangen hat.

    (5) Für jede Quadratzahl gibt es einen Punkt. Wer zuerst 7 Punkte erzielt, gewinnt das Spiel.

    Es sollte sich jeder Spieler solch eine Tabelle anfertigen:

Zahl	Anna		Ben		Mattis		Quadratzahl
a	zwei Zahlen	Punkt	zwei Zahlen	Punkt	zwei Zahlen	Punkt	a^2
7,4	49 und 54	0	53 und 58	1	56 und 61	0	54,76

QUADRATWURZELN – REELLE ZAHLEN

Berechnen von Quadratwurzeln

EINSTIEG

Der USA-Staat New Mexico hat eine Größe von ca. 315 000 km². Seine Fläche kann näherungsweise als Quadrat betrachtet werden.

>> Versucht, die Länge der Grenze von New Mexico möglichst genau zu bestimmen.

>> Berichtet, wie ihr vorgegangen seid.

AUFGABE

1. Berechne die Seitenlänge a des gedachten quadratischen Grundstücks der Familie Müller aus dem Einführungsbeispiel auf Seite 79. Berechne anschließend auch die Seitenlänge b des entsprechenden quadratischen Grundstücks für Familie Jess.

Lösung

Wir rechnen nur mit Maßzahlen. Man erhält den Flächeninhalt eines Quadrates, indem man die Seitenlänge mit sich selbst multipliziert. Für die gedachten quadratischen Grundstücke der Familien Müller und Jess muss gelten:

Grundstück Familie Müller

$A_M = a \cdot a = 900$
Wir finden: $a = 30$, denn $30 \cdot 30 = 900$

Grundstück Familie Jess

$A_J = b \cdot b = 729$
Wir finden: $b = 27$, denn $27 \cdot 27 = 729$

Ergebnis: Das gedachte quadratische Grundstück von Familie Müller hat die Seitenlänge 30 m, das der Familie Jess 27 m.

INFORMATION

Radix (lat.)
Wurzel, Basis

(1) Quadratwurzel (2. Wurzel)

In Aufgabe 1 haben wir zu positiven Zahlen A positive Zahlen x gesucht, für die gilt:

$$x \cdot x = A \text{ bzw. } x^2 = A.$$

Bei $x^2 = 900$ war $x = 30$. Die Zahl 30 nennt man Quadratwurzel aus 900.
Bei $x^2 = 729$ war $x = 27$. Die Zahl 27 nennt man Quadratwurzel aus 729.

Die **Quadratwurzel** aus 25, geschrieben $\sqrt{25}$, ist die positive Zahl, die mit sich selbst multipliziert 25 ergibt; also: $\sqrt{25} = 5$, denn $5 \cdot 5 = 25$.

Allgemein gilt: Die Quadratwurzel aus a, geschrieben $\sqrt{a}$, ist die positive Zahl, die mit sich selbst multipliziert a ergibt:

$$\sqrt{a} \cdot \sqrt{a} = a$$

$\sqrt{a}$ wird gelesen: *Quadratwurzel aus a* oder kurz *Wurzel aus a*.
Für den Sonderfall 0 gilt: $\sqrt{0} = 0$, denn $0 \cdot 0 = 0$

Wurzelzeichen

$$\sqrt{25} = 5$$

Radikand   Wert der Wurzel

Das Bestimmen von Wurzeln nennt man **Wurzelziehen** oder **Radizieren**.

(2) Beispiele für Quadratwurzeln

$\sqrt{625} = 25$, denn $25^2 = 25 \cdot 25 = 625$; $\sqrt{0,64} = 0,8$,   denn $0,8^2 = 0,8 \cdot 0,8 = 0,64$;

$\sqrt{\frac{1}{100}} = \frac{1}{10}$, denn $\left(\frac{1}{10}\right)^2 = \frac{1}{10} \cdot \frac{1}{10} = \frac{1}{100}$; $\sqrt{\frac{49}{9}} = \frac{7}{3}$,   denn $\left(\frac{7}{3}\right)^2 = \frac{7}{3} \cdot \frac{7}{3} = \frac{49}{9}$

FESTIGEN UND WEITERARBEITEN

$\sqrt{289}$? Welche positive Zahl ergibt mit sich selbst multipliziert 289?

2. Quadriere: 7; 15; 25; 40; $\frac{1}{2}$; $\frac{2}{3}$; 0,5; 2,1.

3. Bestimme die Quadratwurzel im Kopf: $\sqrt{1}$; $\sqrt{25}$; $\sqrt{36}$; $\sqrt{121}$; $\sqrt{144}$; $\sqrt{400}$; $\sqrt{625}$.

4. a) Bestimme im Kopf:

(1) $\sqrt{3600}$ (2) $\sqrt{2,89}$ (3) $\sqrt{0,04}$ (4) $\sqrt{\frac{4}{25}}$ (5) $\sqrt{\frac{625}{441}}$

b) Schreibe als Quadratwurzel aus einer Zahl:

(1) 7   (2) 23   (3) 0,3   (4) 0,16   (5) $\frac{16}{9}$ $\boxed{9 = \sqrt{9 \cdot 9} = \sqrt{81}}$

5. Bestimme die Seitenlänge eines Quadrates mit dem Flächeninhalt

a) 576 m²;   **b)** 2,25 m².

ÜBEN

6. Quadriere.

a) 13   **b)** 21   **c)** 800   **d)** $\frac{1}{3}$ **e)** $\frac{9}{10}$ **f)** 0,1   **g)** 0,05   **h)** 1,5

7. Ziehe die Quadratwurzel im Kopf.

a) $\sqrt{225}$ **b)** $\sqrt{196}$ **c)** $\sqrt{169}$ **d)** $\sqrt{1600}$ **e)** $\sqrt{14400}$ **f)** $\sqrt{1000000}$

8. a) $\sqrt{\frac{1}{9}}$ **b)** $\sqrt{\frac{16}{100}}$ **c)** $\sqrt{\frac{25}{144}}$ **d)** $\sqrt{\frac{169}{196}}$ **e)** $\sqrt{\frac{361}{324}}$ **f)** $\sqrt{\frac{324}{121}}$ **g)** $\sqrt{\frac{484}{64}}$

9. a) $\sqrt{0,16}$ **b)** $\sqrt{0,01}$ **c)** $\sqrt{6,25}$ **d)** $\sqrt{3,24}$ **e)** $\sqrt{0,0049}$ **f)** $\sqrt{0,0289}$

10. a) $\sqrt{144}$; $\sqrt{14400}$; $\sqrt{1,44}$; $\sqrt{0,0144}$ **b)** $\sqrt{324}$; $\sqrt{3,24}$; $\sqrt{32400}$; $\sqrt{0,0324}$

11. Schreibe wie in Aufgabe 4 b) als Quadratwurzel aus einer Zahl.

a) 12   **b)** 17   **c)** 300   **d)** 0,7   **e)** 0,17   **f)** $\frac{5}{7}$ **g)** $\frac{1}{18}$ **h)** 3,5

12. Kontrolliere die Lösung der Hausaufgaben:

a) $\sqrt{256} = 16$ b) $\sqrt{196} = -14$ c) $\sqrt{1024} = 32$ d) $\sqrt{-36} = -6$ e) $\sqrt{0,04} = -0,02$

13. Ein quadratischer Bauplatz ist 961 m² groß. Er soll mit einem Bauzaun umgeben werden. Für die Einfahrt sollen 4 m frei bleiben. Wie viel Meter Zaun benötigt man?

14. Wie lang sind die Kanten eines Würfels mit der Oberfäche 294 cm²?

15. Berechne im Kopf.

a) $4 + \sqrt{25}$ **b)** $7 \cdot \sqrt{9}$ **c)** $\sqrt{25 - 9}$ **d)** $3 \cdot \sqrt{16} + \sqrt{36}$ **e)** $\sqrt{225} - 2 \cdot \sqrt{49}$

16. Berechne ohne Taschenrechner.

a) $\sqrt{\sqrt{16}}$ **b)** $\sqrt{\sqrt{1}}$ **c)** $\sqrt{\sqrt{256}}$ **d)** $\sqrt{\sqrt{0,0081}}$ **e)** $\sqrt{\sqrt{\frac{1}{16}}}$

Zusammenhang von Wurzelziehen und Quadrieren

EINSTIEG

Sofia hat einen längeren Term mit dem Taschenrechner berechnet. Nachdem das Ergebnis schon in der Anzeige erschienen war, ist sie versehentlich auf die x^2-Taste gekommen.

» Muss sie den ganzen Term noch einmal neu berechnen? Begründe.

AUFGABE

1. a) Führe mit positiven Zahlen, z. B. 9; 1,21; $\frac{1}{4}$ und mit 0 folgende Rechenanweisungen durch, sofern möglich.

(1) Ziehe zuerst die Wurzel aus der Zahl und quadriere dann das Ergebnis.

$$9 \xrightarrow{\sqrt{}} \blacksquare \xrightarrow{\text{hoch 2}} \blacksquare$$

(2) Quadriere zuerst die Zahl und ziehe dann die Wurzel aus dem Ergebnis.

$$9 \xrightarrow{\text{hoch 2}} \blacksquare \xrightarrow{\sqrt{}} \blacksquare$$

Notiere deine Ergebnisse jeweils in Form einer Tabelle. Was fällt auf?

b) Verfahre wie bei Teilaufgabe a) mit negativen Zahlen.

Nimm z. B. -1; -4 und $-\frac{25}{4}$ als Startzahl. Was fällt auf?

Lösung

a) (1)

a	$\sqrt{a}$	$(\sqrt{a})^2$
9	3	9
1,21	1,1	1,21
$\frac{1}{4}$	$\frac{1}{2}$	$\frac{1}{4}$
0	0	0

(2)

a	a^2	$\sqrt{a^2}$
9	81	9
1,21	1,4641	1,21
$\frac{1}{4}$	$\frac{1}{16}$	$\frac{1}{4}$
0	0	0

Die Rechenanweisungen sind für positive Zahlen und für die Zahl 0 durchführbar. Sie liefern als Endergebnis wieder die Ausgangszahl.

b) (1)

a	$\sqrt{a}$	$(\sqrt{a})^2$
-1	nicht möglich	–
-4	nicht möglich	–
$-\frac{25}{4}$	nicht möglich	–

(2)

a	a^2	$\sqrt{a^2}$
-1	1	1
-4	16	4
$-\frac{25}{4}$	$\frac{625}{16}$	$\frac{25}{4}$

Für negative Zahlen sind die Rechenanweisungen nicht möglich, da man aus negativen Zahlen keine Wurzeln ziehen kann.

Wenn wir eine negative Zahl quadrieren und dann die Wurzel ziehen, erhalten wir nicht die Ausgangszahl, sondern die Gegenzahl.

INFORMATION

> Für $a > 0$ oder $a = 0$ schreibt man kurz: $a \geq 0$

Zusammenhang zwischen Wurzelziehen und Quadrieren

Für alle Zahlen $a \geq 0$ gilt:

(1) Das Wurzelziehen wird durch das Quadrieren rückgängig gemacht.
$$\left(\sqrt{a}\right)^2 = a$$

Beispiel:

$16 \xrightarrow[\text{hoch 2}]{\sqrt{}} 4 \qquad a \xrightarrow[\text{hoch 2}]{\sqrt{}} \sqrt{a}$

(2) Das Quadrieren wird durch Wurzelziehen rückgängig gemacht.
$$\sqrt{a^2} = a$$

Beispiel:

$4 \xrightarrow[\sqrt{}]{\text{hoch 2}} 16 \qquad a \xrightarrow[\sqrt{}]{\text{hoch 2}} a^2$

FESTIGEN UND WEITERARBEITEN

2. Bestimme:

a) $\left(\sqrt{3}\right)^2$ **b)** $\left(\sqrt{121}\right)^2$ **c)** $\sqrt{5^2}$ **d)** $\sqrt{1{,}5^2}$ **e)** $\left(\sqrt{\frac{1}{81}}\right)^2$ **f)** $-\left(\sqrt{225}\right)^2$

3. Übertrage in dein Heft und fülle – falls möglich – die Lücke aus. Prüfe, ob es auch mehrere Möglichkeiten gibt. Rechne im Kopf.

a) $14 \xrightarrow{\text{hoch 2}} \blacksquare$ **c)** $\blacksquare \xrightarrow{\text{hoch 2}} 36$ **e)** $-0{,}2 \xrightarrow{\text{hoch 2}} \blacksquare$ **g)** $\blacksquare \xrightarrow{\text{hoch 2}} -196$

b) $25 \xrightarrow{\sqrt{}} \blacksquare$ **d)** $\blacksquare \xrightarrow{\sqrt{}} 10$ **f)** $-\frac{1}{4} \xrightarrow{\sqrt{}} \blacksquare$ **h)** $\blacksquare \xrightarrow{\sqrt{}} -5$

4. Bestimme ohne Taschenrechner.

a) $\left(\sqrt{125}\right)^2$ **d)** $\sqrt{325^2}$ **g)** $\left(\sqrt{2^2}\right)^2$ **j)** $-\sqrt{25^2}$ **m)** $\left(-3 \cdot \sqrt{5}\right)^2$

b) $\left(\sqrt{0{,}16}\right)^2$ **e)** $\sqrt{\left(\frac{4}{13}\right)^2}$ **h)** $\left(\sqrt{(-3)^2}\right)^2$ **k)** $\left(-\sqrt{30}\right)^2$ **n)** $\sqrt{\sqrt{81}}$

c) $\left(\sqrt{\frac{1}{81}}\right)^2$ **f)** $\sqrt{\left(-\frac{25}{144}\right)^2}$ **i)** $-\left(\sqrt{37}\right)^2$ **l)** $\left(2 \cdot \sqrt{5}\right)^2$ **o)** $\sqrt{\sqrt{\frac{16}{625}}}$

ÜBEN

5. Übertrage in dein Heft und fülle aus. Vergleiche jeweils die Zahl in der ersten Spalte mit der Zahl in der dritten Spalte. Ist eine Eintragung möglich? Wenn ja, gibt es mehrere Möglichkeiten? Rechne im Kopf.

a)

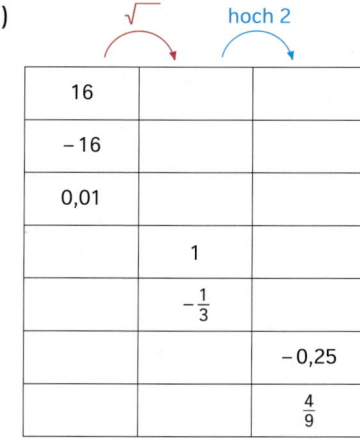

b)

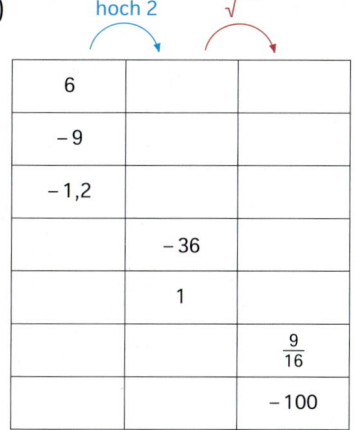

6. Luca meint: „Beim Quadrieren werden alle Zahlen vergrößert und beim Wurzelziehen werden die Zahlen verkleinert."
Michael behauptet: „Es gibt Zahlen, bei denen das nicht so ist!"
Was meinst du? Wer hat recht?

Näherungsweises Ermitteln von Quadratwurzeln – Reelle Zahlen

EINSTIEG

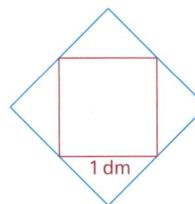

Samuel hat ein Quadrat mit der Seitenlänge 1 dm gezeichnet und um dieses Quadrat ein zweites Quadrat wie in der Abbildung links.

≫ Samuel behauptet, dass der Flächeninhalt des großen Quadrates doppelt so groß sei wie der Flächeninhalt des kleinen Quadrates.
≫ Was kann er dann über die Seitenlänge des großen Quadrates sagen?
≫ Wie kann Samuel diese Länge möglichst genau bestimmen?

AUFGABE

1. Die Straßenreinigungsgebühren eines 660 m² großen Grundstücks sollen nach dem Quadratwurzelmaßstab berechnet werden (vgl. Seite 79).
Welche Seitenlänge hat ein 660 m² großes Quadrat?

Lösung

Wir suchen die Zahl $a = \sqrt{660}$, es muss also gelten: $a \cdot a = 660$.
Durch Probieren finden wir: Die gesuchte Länge a muss zwischen 25 m und 26 m liegen, denn $25^2 = 625 < 660$ und $26^2 = 676 > 660$.
Wir probieren es nun mit den Maßzahlen 25,1; 25,2; 25,3; 25,4; 25,5; 25,6 usw..
Da $25,6^2 = 655,36$ und $25,7^2 = 660,49$, liegt die gesuchte Seitenlänge zwischen 25,6 m und 25,7 m.
Dies notieren wir in einer Tabelle und rechnen eine weitere Stelle aus.

Anzahl der Stellen nach dem Komma	untere Näherungs-zahl	hoch 2	Probe	hoch 2	obere Nähe-rungszahl
0	25		625 < 660 < 676		26
1	25,6		655,36 < 660 < 660,49		25,7
2	25,69		659,9761 < 660 < 660,4900		25,70

Die untere Näherungszahl wählen wir so groß wie möglich, die obere so klein wie möglich.

Ergebnis: Das quadratische Grundstück hat eine Seitenlänge von ca. 25,70 m.

FESTIGEN UND WEITERARBEITEN

2. Fülle die nächste Zeile der Tabelle von Aufgabe 1 aus (3 Stellen nach dem Komma). Überlege vorher: Womit beginnt man am besten beim Ausprobieren?
Beachte: 660 liegt näher an $25,69^2$ als an $25,70^2$.

3. Zwischen welchen natürlichen Zahlen liegt die Wurzel? Begründe.
a) $\sqrt{10}$ c) $\sqrt{60}$ e) $\sqrt{200}$
b) $\sqrt{40}$ d) $\sqrt{80}$ f) $\sqrt{1\,000}$

> Die Wurzel aus ... liegt zwischen ... und ..., denn ...

> $4 < \sqrt{20} < 5$, denn
> $4^2 < 20 < 5^2$

4. Bestimme wie in Aufgabe 1 durch Probieren auf zwei Stellen nach dem Komma.
a) $\sqrt{30}$ b) $\sqrt{5}$ c) $\sqrt{50}$ d) $\sqrt{500}$ e) $\sqrt{0,8}$

INFORMATION

(1) Wie genau kann man Wurzeln bestimmen?

Bei $\sqrt{729} = 27$ erhalten wir mit dem Taschenrechner ein genaues Ergebnis.

Bei $\sqrt{2}$ erhalten wir 1,414213562. Dies ist nur ein Näherungswert. Das kann man nachprüfen, indem man 1,414213562 mit sich selbst multipliziert und die letzte Stelle betrachtet:

Man erhält eine Dezimalzahl mit 18 Stellen nach dem Komma, die als letzte Stelle eine 4 hat.
Daher gilt: $1{,}414213562 \cdot 1{,}414213562 \neq 2$

Die Zahl 1,414213562 ist somit nur ein Näherungswert für $\sqrt{2}$.

Bisher haben wir die *rationalen Zahlen* kennengelernt, die man als endliche oder periodische Dezimalzahlen schreiben kann. $\sqrt{2}$ können wir nicht als endliche Dezimalzahl schreiben. Man kann zeigen, dass man $\sqrt{2}$ auch nicht als periodische Dezimalzahl schreiben kann.

(2) Irrationale Zahlen – Reelle Zahlen

Zahlen wie $\sqrt{2}$, die sich nicht als endliche oder periodische Dezimalzahl schreiben lassen, nennt man **irrationale Zahlen**. Weitere Beispiele für irrationale Zahlen sind $\sqrt{3}$, $-\sqrt{2}$, $\sqrt{5}$, $-\sqrt{7}$, $\sqrt{50}$.

Rationale Zahlen und irrationale Zahlen fasst man zusammen zu der Menge der **reellen Zahlen**, kurz $\mathbb{R}$.

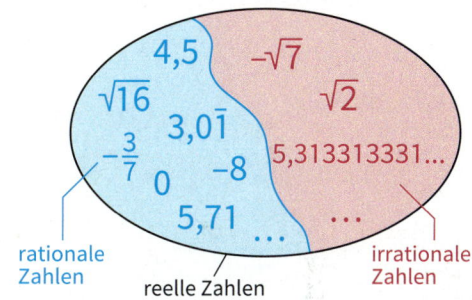

ÜBEN

5. Nenne vier Beispiele für
(1) rationale Zahlen;   (2) irrationale Zahlen;   (3) reelle Zahlen.

6. Welche der Wurzeln $\sqrt{100}$, $\sqrt{200}$, $\sqrt{300}$, … , $\sqrt{1\,200}$ kannst du sofort angeben?
Grenze die anderen Wurzeln wie im Beispiel ein.

> $\sqrt{100} = 10$
> $14 < \sqrt{200} < 15$

7. Bestimme durch Probieren auf Hundertstel genau.   (1) $\sqrt{6}$ (2) $\sqrt{11}$ (3) $\sqrt{17}$ (4) $\sqrt{71}$

8. Bestimme mit dem Taschenrechner und runde auf vier Stellen nach dem Komma.
   a) $\sqrt{3}$ b) $\sqrt{13}$ c) $\sqrt{30}$ d) $\sqrt{741}$ e) $\sqrt{0{,}176}$ f) $\sqrt{0{,}00153}$

9. Maik möchte Quadrate mit dem Flächeninhalt 1 cm², 2 cm², 3 cm² usw. bis 10 cm² zeichnen.
Bei welchen Quadraten lassen sich die Seitenlängen exakt angeben, bei welchen nicht?

Irrationale Zahlen auf der Zahlengeraden

EINSTIEG

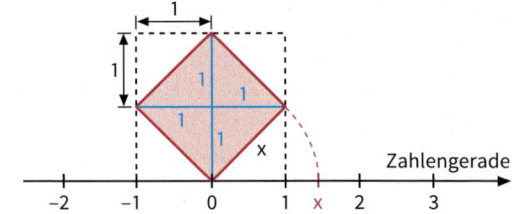

Die Zahlengerade ist doch schon voll mit rationalen Zahlen. Passen da eigentlich noch irrationale Zahlen drauf?

Na klar, die $\sqrt{2}$ müsste doch auch irgendwo liegen und die $\sqrt{5}$ auch, es muss also auch einige irrationale Zahlen auf der Zahlengeraden geben.

Ich glaube, es gibt sogar unendlich viele irrationale Zahlen ...

O.K., die Frage ist nur, wo genau Punkte für diese Zahlen liegen.

» Wer hat recht? Nehmt Stellung zu den Schüleräußerungen.

AUFGABE

1. a) Begründe, dass das Quadrat im Bild rechts den Flächeninhalt $2\,\text{cm}^2$ hat.
   b) Welche Zahl liegt auf der Zahlengeraden an der Stelle x?
   Ist es eine rationale Zahl?
   Begründe dein Ergebnis.

Lösung

a) Jedes der vier rechtwinkligen Dreiecke hat den Flächeninhalt
$\frac{1}{2} \cdot 1\,\text{cm} \cdot 1\,\text{cm} = \frac{1}{2}\,\text{cm}^2$.
Alle vier zusammen haben den Flächeninhalt $2\,\text{cm}^2$.

b) x ist die Maßzahl der Seitenlänge des Quadrates, also ist
$x^2 = 2$, d.h. $x = \sqrt{2}$.
Da $\sqrt{2}$ irrational ist, liegt an dieser Stelle keine rationale Zahl.

FESTIGEN UND
WEITERARBEITEN

2. Konstruiere auf der Zahlengeraden die Punkte. Beschreibe dein Vorgehen.

(1) $1 + \sqrt{2}$	(3) $1 - \sqrt{2}$	(5) $-\sqrt{2}$	(7) $-2 \cdot \sqrt{2}$
(2) $2 + \sqrt{2}$	(4) $2 - \sqrt{2}$	(6) $2 \cdot \sqrt{2}$	(8) $3 \cdot \sqrt{2}$

INFORMATION

Punkte auf der Zahlengeraden, die keine rationalen Zahlen darstellen
Durch Addieren, Subtrahieren oder Multiplizieren wie in Aufgabe 2 kann man beliebig viele Punkte finden, die nicht zu einer rationalen Zahl gehören.

Auf der Zahlengeraden gibt es unendlich viele Punkte, die keine rationale Zahl darstellen.

ÜBEN

3. Zeige, dass man mit der Figur rechts $\sqrt{50}$ konstruieren kann.
   Konstruiere ebenso: (1) $\sqrt{8}$ (2) $\sqrt{32}$ (3) $\sqrt{72}$

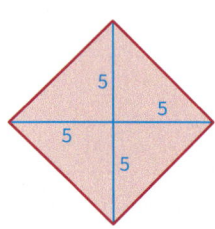

4. Konstruiere auf der Zahlengeraden die Punkte für:
   (1) $1 + \sqrt{8}$ (2) $2 - \sqrt{8}$ (3) $2 \cdot \sqrt{8}$ (4) $-3 + \sqrt{8}$

Z Die Zahlenbereiche ℕ, ℚ und ℝ

EINSTIEG

Du hast verschiedene Zahlenbereiche kennen-
gelernt:
Menge ℕ der natürlichen Zahlen (einschließ-
lich 0);
Menge ℚ der rationalen Zahlen;
Menge ℝ der reellen Zahlen.

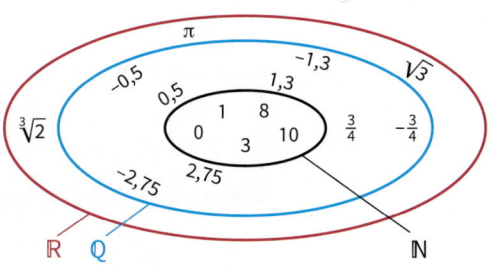

» Das Diagramm zeigt dir die Beziehung
zwischen diesen Zahlenmengen. Erkläre.

INFORMATION

Unterschiedliche Eigenschaften der Zahlenbereiche

- In der Menge ℕ erhält man beim *Subtrahieren* nicht immer ein Ergebnis:
  $7 - 3$ gehört zu ℕ, aber $3 - 7$ gehört nicht zu ℕ.
  Die Subtraktion ist in ℕ nicht immer ausführbar.
  Dagegen ist die Subtraktion in ℚ und ℝ stets ausführbar.

- In der Menge ℕ erhält man beim *Dividieren* nicht immer ein Ergebnis:
  $12 : 4$ gehört zu ℕ, aber $12 : 5$ gehört nicht zu ℕ.
  Die Division ist in ℕ *nicht immer* ausführbar.
  Dagegen ist in ℚ und ℝ die Division durch eine von 0 verschiedene Zahl stets ausführbar.

- Bei ℕ gibt es auf der *Zahlengeraden* links von 0 keine Zahl.
  Jede natürliche Zahl hat einen Nachfolger; z. B. hat 2 den
  Nachfolger 3. Zwischen diesen beiden Zahlen gibt es keine
  weitere natürliche Zahl.
  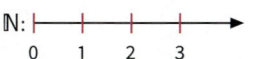
  Bei ℚ gibt es auf der Zahlengeraden auch Zahlen links von
  der Null. Zwischen zwei rationalen Zahlen liegen unendlich
  viele weitere rationale Zahlen. Einen direkten Nachfolger
  einer rationalen Zahl – also die nächstgrößere Zahl – gibt
  es nicht.
  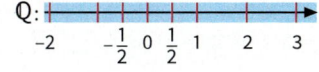
  Bei ℝ kann man jedem Punkt der Zahlengerade eine reelle
  Zahl zuordnen. Unendlich viele davon sind irrationale Zahlen.
  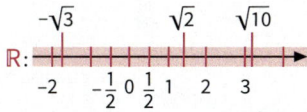

ÜBEN

Z 1. a) Gib zehn Brüche an, die zwischen $\frac{1}{4}$ und $\frac{1}{2}$ liegen.

   b) Gib zehn Dezimalzahlen an, die zwischen 0,72 und 0,73 liegen.

Z 2. a) Begründe, dass zwischen 1 und 2 noch unendlich viele weitere rationale Zahlen liegen.

   b) Wie viele rationale Zahlen liegen zwischen $\frac{1}{3}$ und $\frac{2}{3}$? Begründe.

Z 3. Woran kann man bei einer Dezimalzahl erkennen, ob es sich um eine rationale oder eine
   irrationale Zahl handelt?

Z 4. Kann man zu zwei irrationalen Zahlen immer eine Zahl finden, die dazwischen liegt? Begründe.

DIE GLEICHUNG $x^2 = a$ UND IHRE LÖSUNGSMENGE

Ich denke mir eine Zahl. Wenn ich sie zum Quadrat nehme, erhalte ich 81. Welche Zahl ist es? Tipp: Es ist nicht die Zahl, an die du gleich denkst.

1. Bestimme die Lösungen der Gleichung $x^2 = a$.

  (1) $x^2 = 9$ (2) $x^2 = 2$ (3) $x^2 = 0$ (4) $x^2 = -4$

Lösung

(1) Die Gleichung $x^2 = 9$ hat außer der Zahl 3 auch die Zahl -3 als Lösung, denn es gilt: $3^2 = 3 \cdot 3 = 9$ und $(-3)^2 = (-3) \cdot (-3) = 9$ Lösungsmenge: $L = \{-3; 3\}$

(2) Die Gleichung $x^2 = 2$ hat außer der Zahl $\sqrt{2}$ auch die Zahl $-\sqrt{2}$ als Lösung, denn es gilt: $\sqrt{2}^2 = \sqrt{2} \cdot \sqrt{2} = 2$ und $\left(-\sqrt{2}\right)^2 = \left(-\sqrt{2}\right) \cdot \left(-\sqrt{2}\right) = 2$ Lösungsmenge: $L = \left\{-\sqrt{2}; \sqrt{2}\right\}$

(3) Die Gleichung $x^2 = 0$ hat außer der Zahl 0 keine Lösung.   Lösungsmenge: $L = \{0\}$

(4) Die Gleichung $x^2 = -4$ hat keine Lösung, denn das Quadrat einer Zahl ist niemals negativ.
Man sagt: Die Lösungsmenge ist die leere Menge und schreibt $L = \{\ \}$ Lösungsmenge: $L = \{\ \}$

> Die Menge aller Lösungen nennt man Lösungsmenge.

Die Gleichung $x^2 = a$ und ihre Lösungsmenge

Für die Gleichung $x^2 = a$ gilt allgemein:
Ist a positiv $(a > 0)$, dann hat die Gleichung $x^2 = a$ genau zwei Lösungen, nämlich $\sqrt{a}$ und $-\sqrt{a}$. Jede Lösung ist Gegenzahl der anderen.

Beispiel:
$x^2 = 16$
Es gilt: $4 \cdot 4 = 16$ und $(-4) \cdot (-4) = 16$
Lösungsmenge: $L = \{-4; 4\}$

Ist a null $(a = 0)$, dann hat die Gleichung $x^2 = a$ genau eine Lösung, nämlich 0.

$x^2 = 0$
Es gilt: $0 \cdot 0 = 0$
Lösungsmenge: $L = \{0\}$

Ist a negativ $(a < 0)$, dann hat die Gleichung $x^2 = a$ keine Lösung.

$x^2 = -16$
Lösungsmenge: $L = \{\ \}$

Unterscheidung zwischen dem Lösen einer Gleichung und dem Wurzelziehen

Beim Lösen der Gleichung $x^2 = 36$ sucht man alle Zahlen, welche die Gleichung erfüllen. Man erhält: $L = \{-6; 6\}$.

Dagegen bezeichnet $\sqrt{36}$ nur eine Zahl, nämlich diejenige positive Zahl, die mit sich selbst multipliziert 36 ergibt. Es gilt: $\sqrt{36} = 6$.

Man muss also das Bestimmen der Lösungsmenge der Gleichung $x^2 = a$ und das Berechnen von $\sqrt{a}$ unterscheiden.

FESTIGEN UND
WEITERARBEITEN

2. Bestimme die Lösungsmenge von
(1) $x^2 = 16$;   (2) $x^2 = -16$;   (3) $x^2 = 2{,}56$;   (4) $x^2 = 30$.

3. Gegeben ist die Lösungsmenge.
Gib dazu eine Gleichung der Form $x^2 = a$ an.
a) $L = \{-6; 6\}$ **b)** $L = \left\{-\frac{1}{2}; \frac{1}{2}\right\}$ **c)** $L = \{-0{,}2; 0{,}2\}$ **d)** $L = \left\{-\sqrt{0{,}1}; \sqrt{0{,}1}\right\}$ **e)** $L = \{\ \}$

ÜBEN

4. Bestimme die Lösungsmenge (ohne Taschenrechner).
a) $x^2 = 1\,600$ **d)** $x^2 = 196$ **g)** $x^2 = 8\,100$ **j)** $x^2 = 4{,}84$ **m)** $x^2 = 20{,}25$

b) $x^2 = -256$ **e)** $x^2 = 289$ **h)** $x^2 = 10\,000$ **k)** $x^2 = -12{,}25$ **n)** $x^2 = \frac{9}{100}$

c) $x^2 = 729$ **f)** $x^2 = 625$ **i)** $x^2 = 6{,}25$ **l)** $x^2 = 2{,}89$ **o)** $x^2 = -\frac{16}{25}$

5. Kontrolliere folgende Hausaufgaben.

Robert
$x^2 = 2$
$x = 1{,}414$
$L = \{1{,}414\}$

Sarah
$x^2 = -6{,}25$
$x = -2{,}5$
$L = \{-2{,}5\}$

Urs
$x^2 = 7$
$x = \sqrt{7}$
$L = \{\sqrt{7}\}$

Valentina
$x^2 = 10$
$x = \sqrt{10}$ oder $x = -\sqrt{10}$
$L = \{\sqrt{10}; -\sqrt{10}\}$

Tom
$x^2 = 3$
$x = 1{,}73$ oder $x = -1{,}73$
$L = \{1{,}73; -1{,}73\}$

6. Gib die Lösungsmenge an.
a) $x^2 = 11$ **b)** $z^2 = -3$ **c)** $z^2 = 8$ **d)** $y^2 = 0{,}2$ **e)** $x^2 = -0{,}25$

7. Bestimme die Lösungsmenge.
a) $x^2 - 9 = 0$ **c)** $x^2 - 5 = 0$ **e)** $-3x^2 = -27$ **g)** $3x^2 + 12 = 0$
b) $z^2 + 4 = 0$ **d)** $2u^2 - 50 = 0$ **f)** $2x^2 - 13 = 0$ **h)** $3y^2 = 2y^2 + 4$

8. Bestimme die Lösungsmenge.
a) $x^2 = 3^2$ **b)** $x^2 = (-3)^2$ **c)** $x^2 = -3^2$ **d)** $x^2 = \left(\sqrt{3}\right)^2$

9. Gib eine Gleichung der Form $x^2 = a$ an, welche die folgende Lösungsmenge hat.
a) $L = \{-7; 7\}$ **c)** $L = \{\ \}$ **e)** $L = \{-1{,}2; 1{,}2\}$
b) $L = \left\{-\sqrt{5}; \sqrt{5}\right\}$ **d)** $L = \left\{-\frac{3}{4}, \frac{3}{4}\right\}$ **f)** $L = \{0\}$

10. Gibt es eine Gleichung $x^2 = a$, deren Lösungsmenge
a) aus einer positiven und einer negativen ganzen Zahl besteht;
b) aus zwei verschiedenen positiven Zahlen besteht;
c) aus einer negativen Zahl und der Zahl 0 besteht;
d) aus einer positiven Zahl und ihrer Gegenzahl besteht;
e) nur aus einer einzigen ungeraden ganzen Zahl besteht;
f) aus einer negativen Zahl und ihrem Betrag besteht?
Wenn ja, gib ein Beispiel an.
Wenn nein, begründe.

DAS HERON-VERFAHREN – WURZELBERECHNUNG MIT DEM COMPUTER

Um Näherungswerte für Quadratwurzeln zu bestimmen verwenden Taschenrechner und Computer spezielle Rechenverfahren. Ein solches Rechenverfahren lernen wir jetzt kennen: das *Heron-Verfahren*.

Es stammt aus der Zeit, als es noch keine Taschenrechner und Computer gab, und geht auf den griechischen Mathematiker *Heron von Alexandria* (ca. 60 n. Chr.) zurück.

Wir machen uns das Verfahren an einem Beispiel klar. Dabei rechnen wir nur mit Maßzahlen.

	rechnerisch	geometrisch	
Problem	Gesucht ist ein Näherungswert für $\sqrt{6}$, also eine Dezimalzahl x, für die gilt: $$x \cdot x = 6$$	Wir suchen ein Quadrat mit dem Flächeninhalt 6 und der Seitenlänge x.	A = 6, x, x
Idee	Wir nehmen zunächst zwei verschiedene Zahlen, deren Produkt 6 ergibt. Diese lassen sich leicht finden, z. B. $$3 \cdot 2 = 6.$$ Dann nähern wir die beiden Faktoren einander immer mehr an, bis sie fast gleich groß sind.	Wir nehmen zunächst ein Rechteck mit dem Flächeninhalt 6, z. B. mit den Seitenlängen 3 und 2. Wir verwandeln das Rechteck schrittweise immer mehr in ein Quadrat.	A = 6, 2, 3

Systematische Durchführung des Verfahrens:

Schritt für Schritt nähern sich die Faktoren immer mehr.

Schritt für Schritt nähern sich die Rechtecke einem Quadrat.

1. Schritt: (a) Wähle einen Startwert als ersten Faktor, z. B. $a_0 = 3$
(b) Berechne den zweiten Faktor:
$b_0 = \frac{6}{a_0} = \frac{6}{3} = 2$

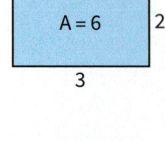

2. Schritt: (a) Wähle a_1 als Mittelwert von a_0 und b_0:
$a_1 = \frac{a_0 + b_0}{2} = \frac{3 + 2}{2} = 2,5$
(b) Bereche den zweiten Faktor:
$b_1 = \frac{6}{a_1} = \frac{6}{2,5} = 2,4$

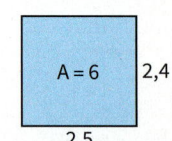

3. Schritt: (a) Wähle a_2 als Mittelwert von a_1 und b_1:
$a_2 = \frac{a_1 + b_1}{2}$
$= \frac{2,5 + 2,4}{2} = 2,45$
(b) Berechne den zweiten Faktor:
$b_2 = \frac{6}{a_2} = \frac{6}{2,45} \approx 2,449$

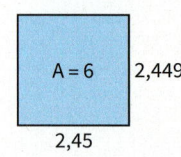

Mit jedem Schritt nähern sich die beiden Faktoren immer mehr einander an, ihre Differenz wird immer kleiner. Setzen wir das Verfahren fort, so erhalten wir immer bessere Näherungswerte für $\sqrt{6}$.

Die Ergebnisse unserer Rechnung fassen wir in einer Tabelle zusammen.

Faktor a	Faktor $b = \frac{6}{a}$	Mittelwert $m = \frac{a+b}{2}$	Kontrolle $(m^2 = 6?)$
3	2	2,5	6,2
2,5	2,4	2,45	6,0025
2,45	2,448 979 591...	2,449 489 795	6,000 000 26
2,449 489 795	2,449 489 689...	2,449 489 742...	6,000 000 00...

1. Führe die ersten drei Schritte des *Heron-Verfahrens* durch.
Prüfe den Näherungswert durch Quadrieren.

a) $\sqrt{30}$ (Startwert 5)   **b)** $\sqrt{13}$ (Startwert 3)

Das *Heron-Verfahren* lässt sich leicht in einem Kalkulationsprogramm umsetzen.
Die Abbildung zeigt ein solches Programm am Beispiel der Berechnung von $\sqrt{10}$.

	A	B	C	D
1	Heron-Verfahren zur Wurzelberechnung			
2				
3		Radikand	10	
4		Startwert	3	
5	Faktor a	Faktor b	Mittelwert m	Kontrolle m²
6	3,0000000	3,3333333	3,1666667	10,0277778
7	3,1666667	3,1578947	3,1622807	10,0000192
8	3,1622807	3,1622746	3,1622777	10,0000000
9	3,1622777	3,1622777	3,1622777	10,0000000
10	3,1622777	3,1622777	3,1622777	10,0000000
11	3,1622777	3,1622777	3,1622777	10,0000000

In wenigen Schritten liefert das Verfahren einen sehr guten Näherungswert für $\sqrt{10}$.

Die Abbildung unten zeigt die Formeln, die in das Tabellenblatt eingegeben wurden.
Vergleiche mit der Berechnung in der Abbildung links.

	A	B	C	D
1	Heron-Verfahren zur Wurzelberechnung			
2				
3		Radikand	10	
4		Startwert	3	
5	Faktor a	Faktor b	Mittelwert m	Kontrolle m²
6	=C4	=C3/A6	=(A6+B6)/2	=C6*C6
7	=C6	=C3/A7	=(A7+B7)/2	=C7*C7
8	=C7	=C3/A8	=(A8+B8)/2	=C8*C8
9	=C8	=C3/A9	=(A9+B9)/2	=C9*C9
10	=C9	=C3/A10	=(A10+B10)/2	=C10*C10
11	=C10	=C3/A11	=(A11+B11)/2	=C11*C11

Dividiere die Zahl aus Zelle C3 durch die Zahl aus Zelle A11

Berechne den Mittelwert der Zahlen aus den Zellen A11 und B11

2. a) Erstelle mit dem Kalkulationsprogramm ein Rechenblatt zur Berechnung von $\sqrt{10}$ mit dem Startwert 3.

b) Wähle weitere Startwerte (auch die Zahl 1 und die Zahl 2). Vergleiche.

3. Gib als Radikand 60 ein. Wähle als Startwert 6, dann 7, dann 8. Nach wie vielen Schritten stimmen die Faktoren a und b jeweils bis zur fünften Stelle nach dem Komma überein?

4. Gib verschiedene Radikanden ein. Untersuche, wie sich der Startwert auf die Schnelligkeit des Verfahrens auswirkt. Probiere verschiedene Startzahlen aus.
Wähle auch einen ganzzahligen Wert, der dicht am Wurzelwert liegt.

5. Vergleiche das *Heron-Verfahren* mit dem Näherungsverfahren auf Seite 86. Erstelle hierzu ein entsprechendes Tabellenblatt. Vergleiche beide Verfahren unter denselben Bedingungen.

WURZELGESETZE UND WURZELTERME

Wurzelgesetze

AUFGABE

1. Berechne und vergleiche.

(1) $\sqrt{16} + \sqrt{9}$ und $\sqrt{16 + 9}$

(2) $\sqrt{25} - \sqrt{9}$ und $\sqrt{25 - 9}$

(3) $\sqrt{16} \cdot \sqrt{9}$ und $\sqrt{16 \cdot 9}$

(4) $\frac{\sqrt{64}}{\sqrt{16}}$ und $\sqrt{\frac{64}{16}}$

Beachte die unterschiedlichen Rechenarten. Was fällt dir auf? Stelle Vermutungen auf.

Lösung

(1) $\sqrt{16} + \sqrt{9} = 4 + 3 = 7$ und $\sqrt{16 + 9} = \sqrt{25} = 5$

(2) $\sqrt{25} - \sqrt{9} = 5 - 3 = 2$ und $\sqrt{25 - 9} = \sqrt{16} = 4$

(3) $\sqrt{16} \cdot \sqrt{9} = 4 \cdot 3 = 12$ und $\sqrt{16 \cdot 9} = \sqrt{144} = 12$

(4) $\frac{\sqrt{64}}{\sqrt{16}} = \frac{8}{4} = 2$ und $\sqrt{\frac{64}{16}} = \sqrt{4} = 2$

Wir stellen fest:

Es ist nicht gleichgültig, ob wir zuerst die Wurzel ziehen und dann addieren bzw. subtrahieren oder ob wir zuerst addieren bzw. subtrahieren und dann die Wurzel ziehen.

Wir vermuten:

Es ist aber gleichgültig, ob wir zuerst die Wurzel ziehen und dann multiplizieren bzw. dividieren oder ob wir zuerst multiplizieren bzw. dividieren und dann die Wurzel ziehen.

INFORMATION

> Für Summen und Differenzen gibt es keine entsprechenden Wurzelgesetze.

Es gelten folgende **Wurzelgesetze für Produkte und Quotienten**:

(W1) Für alle $a \geq 0$, $b \geq 0$ gilt:

$$\sqrt{a} \cdot \sqrt{b} = \sqrt{a \cdot b}$$

Beispiel:

$$\sqrt{18} \cdot \sqrt{2} = \sqrt{18 \cdot 2} = \sqrt{36} = 6$$

(W2) Für alle $a \geq 0$, $b > 0$ gilt:

$$\sqrt{a} : \sqrt{b} = \frac{\sqrt{a}}{\sqrt{b}} = \sqrt{\frac{a}{b}}$$

Beispiel:

$$\sqrt{18} : \sqrt{2} = \frac{\sqrt{18}}{\sqrt{2}} = \sqrt{\frac{18}{2}} = \sqrt{9} = 3$$

FESTIGEN UND WEITERARBEITEN

2. Begründe die Wurzelgesetze (W1) und (W2) aus der Information oben.

Tipp: Quadriere zunächst beide Seiten.

3. Berechne möglichst einfach ohne Taschenrechner.

a) $\sqrt{2} \cdot \sqrt{8}$

b) $\sqrt{3} \cdot \sqrt{27}$

c) $\sqrt{72} \cdot \sqrt{0,5}$

d) $\frac{\sqrt{12}}{\sqrt{3}}$

e) $\sqrt{32} : \sqrt{0,5}$

f) $\frac{\sqrt{50}}{\sqrt{2}}$

> $\sqrt{3} \cdot \sqrt{12} = \sqrt{36} = 6$
>
> $\frac{\sqrt{8}}{\sqrt{2}} = \sqrt{4} = 2$

4. Vereinfache. Alle Variablen sind positive reelle Zahlen.

a) $\sqrt{2a} \cdot \sqrt{8a}$

b) $\frac{\sqrt{x^3}}{\sqrt{x}}$

c) $\sqrt{\frac{m}{2}} \cdot \sqrt{18m}$

d) $\sqrt{3r^3} : \sqrt{12r}$

e) $\sqrt{\frac{36nk^3}{16nk}}$

f) $\sqrt{r^4 s^2} : \sqrt{r^2 s^2}$

5. Berechne ohne Taschenrechner.

a) $\sqrt{2} \cdot \sqrt{32}$ **c)** $\sqrt{5} \cdot \sqrt{20}$ **e)** $\sqrt{40} : \sqrt{10}$ **g)** $\sqrt{4,5} : \sqrt{2}$

b) $\sqrt{0,5} \cdot \sqrt{50}$ **d)** $\sqrt{\frac{1}{2}} \cdot \sqrt{\frac{1}{8}}$ **f)** $\sqrt{48} : \sqrt{3}$ **h)** $\sqrt{\frac{5}{8}} : \sqrt{\frac{2}{5}}$

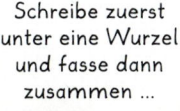

6. Schreibe ins Heft und fülle die Lücken aus.
Wie heißt das Lösungswort?

a) $\sqrt{12} \cdot \sqrt{\blacksquare} = 6$ **c)** $\sqrt{\blacksquare} \cdot \sqrt{25} = 15$ **e)** $\sqrt{45} \cdot \sqrt{\blacksquare} = 15$

b) $\sqrt{\blacksquare} \cdot \sqrt{54} = 18$ **d)** $\sqrt{36} \cdot \sqrt{\blacksquare} = 12$ **f)** $\sqrt{100} \cdot \sqrt{\blacksquare} = 50$

7. a) $\sqrt{25 \cdot 9}$ **d)** $\sqrt{0,16 \cdot 49}$ **g)** $\sqrt{1,44 \cdot 2,25}$

    b) $\sqrt{36 \cdot 16}$ **e)** $\sqrt{0,81 \cdot 121}$ **h)** $\sqrt{(-4) \cdot (-16)}$

    c) $\sqrt{169 \cdot 144}$ **f)** $\sqrt{0,09 \cdot 1,44}$ **i)** $\sqrt{(-36) \cdot (-81)}$

> $\sqrt{49 \cdot 81} = \sqrt{49} \cdot \sqrt{81}$
> $\qquad = 7 \cdot 9 = 63$

Schreibe zuerst unter eine Wurzel und fasse dann zusammen …

8. Vereinfache. Alle Variablen sind positive reelle Zahlen.

a) $\sqrt{3x} \cdot \sqrt{27x}$ **b)** $\frac{\sqrt{8x^3}}{\sqrt{2x}}$ **c)** $\sqrt{\frac{5x}{12}} \cdot \sqrt{\frac{x}{15}}$ **d)** $\sqrt{98xy^3} : \sqrt{2xy}$

9. Übertrage in dein Heft. Löse das Rechenpuzzle mit den Wurzelkärtchen.

10. Berechne ohne Taschenrechner mithilfe der Wurzelgesetze.

a) $\sqrt{20} : \sqrt{5}$ **c)** $\sqrt{147} : \sqrt{3}$ **e)** $\sqrt{0,8} : \sqrt{0,2}$

b) $\sqrt{75} : \sqrt{3}$ **d)** $\sqrt{30} : \sqrt{1,2}$ **f)** $\sqrt{7,2} : \sqrt{0,05}$

> $\sqrt{125} : \sqrt{5} = \sqrt{125 : 5}$
> $\qquad = \sqrt{25}$
> $\qquad = 25$

11. a) $\sqrt{\frac{49}{9}}$ **c)** $\sqrt{\frac{1,44}{25}}$ **e)** $\sqrt{\frac{25 \cdot 121}{144}}$ **g)** $\sqrt{\frac{0,81 \cdot 0,09}{0,04}}$

    b) $\sqrt{\frac{64}{225}}$ **d)** $\sqrt{\frac{0,0025}{0,0049}}$ **f)** $\sqrt{\frac{361}{529 \cdot 16}}$ **h)** $\sqrt{\frac{1600 \cdot 36}{625}}$

> $\sqrt{\frac{4}{25}} = \frac{\sqrt{4}}{\sqrt{25}} = \frac{2}{5} = 0,4$

12. Vereinfache. Alle Variablen sind positive reelle Zahlen.

a) $\sqrt{y} \cdot \sqrt{y}$ **c)** $\sqrt{x} \cdot \sqrt{xy^2}$ **e)** $\sqrt{3b} \cdot \sqrt{3a^2b}$ **g)** $\sqrt{0,2u} \cdot \sqrt{0,05u}$

b) $\sqrt{y} \cdot \sqrt{y^3}$ **d)** $\sqrt{5y} \cdot \sqrt{20y}$ **f)** $\sqrt{45z} \cdot \sqrt{\frac{16}{5}z}$ **h)** $\sqrt{\frac{2}{5}a} \cdot \sqrt{\frac{8}{5}a^3}$

13. Kontrolliere Julians Hausaufgaben.
Es gilt jeweils: $p \geq 0$ und $q \geq 0$.

> a) $\sqrt{p^2 + q^2}$ b) $\sqrt{p^2 \cdot q^2}$ c) $\sqrt{\frac{p^2}{16}}$ d) $\sqrt{p^2 - 1}$
>
> $= \sqrt{p^2} + \sqrt{q^2}$ $= \sqrt{p^2} \cdot \sqrt{q^2}$ $= \sqrt{\frac{p^2}{16}}$ $= \sqrt{p^2} - \sqrt{1}$
>
> $= p + q$ $= p \cdot q$ $= \frac{p}{4}$ $= p - 1$

Anwenden der Wurzelgesetze – Teilweises Wurzelziehen

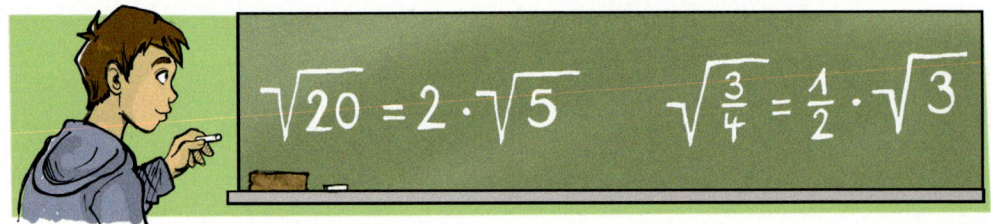

$$\sqrt{20} = 2 \cdot \sqrt{5} \qquad \sqrt{\frac{3}{4}} = \frac{1}{2} \cdot \sqrt{3}$$

» Sind die Umformungen richtig oder falsch? Begründe.

1. Du weißt: $\sqrt{2} \approx 1{,}41$. Berechne hieraus einen Näherungswert für

(1) $\sqrt{200}$;   (2) $\sqrt{8}$;   (3) $\sqrt{\frac{2}{9}}$.

Lösung

Wir wenden die Wurzelgesetze an.

(1) $\sqrt{200} = \sqrt{100 \cdot 2} = \sqrt{100} \cdot \sqrt{2} = 10 \cdot \sqrt{2} \approx 10 \cdot 1{,}41 = 14{,}1$

(2) $\sqrt{8} = \sqrt{4 \cdot 2} = \sqrt{4} \cdot \sqrt{2} = 2 \cdot \sqrt{2} \approx 2 \cdot 1{,}41 = 2{,}82$

(3) $\sqrt{\frac{2}{9}} = \frac{\sqrt{2}}{\sqrt{9}} = \frac{\sqrt{2}}{3} \approx \frac{1{,}41}{3} = 0{,}47$

INFORMATION

Regeln für teilweises Wurzelziehen

(1) $\sqrt{a^2 b} = a \cdot \sqrt{b}$ (für $a \geq 0$; $b \geq 0$)

Beispiel:
$\sqrt{45} = \sqrt{9 \cdot 5} = \sqrt{3^2 \cdot 5} = \sqrt{3^2} \cdot \sqrt{5} = 3\sqrt{5}$

Beispiel:

(2) $\sqrt{\dfrac{a}{b^2}} = \dfrac{\sqrt{a}}{b} = \dfrac{1}{b} \cdot \sqrt{a}$ (für $a \geq 0$; $b > 0$)

$\sqrt{0{,}23} = \sqrt{\dfrac{23}{100}} = \dfrac{\sqrt{23}}{\sqrt{10^2}} = \dfrac{\sqrt{23}}{10} = \dfrac{1}{10} \cdot \sqrt{23}$

---

2. Forme um durch teilweises Wurzelziehen.

a) $\sqrt{20}$ **b)** $\sqrt{40}$ **c)** $\sqrt{27}$ **d)** $\sqrt{72}$ **e)** $\sqrt{108}$ **f)** $\sqrt{75}$

3. Ziehe teilweise die Wurzel. Schreibe das Ergebnis als Produkt.

a) $\sqrt{\frac{3}{4}}$ **b)** $\sqrt{\frac{5}{9}}$ **c)** $\sqrt{\frac{7}{25}}$ **d)** $\sqrt{\frac{17}{100}}$ **e)** $\sqrt{0{,}37}$ **f)** $\sqrt{2{,}04}$

4. Gegeben ist $\sqrt{2} \approx 1{,}4$. Berechne näherungsweise.

a) $\sqrt{50}$ **b)** $\sqrt{32}$ **c)** $\sqrt{18}$ **d)** $\sqrt{\frac{2}{49}}$ **e)** $\sqrt{0{,}02}$ **f)** $\sqrt{\frac{8}{25}}$

5. Berechne:
$\sqrt{4\,000}$; $\sqrt{400\,000}$; $\sqrt{0{,}4}$; $\sqrt{0{,}004}$.
Benutze $\sqrt{10} \approx 3{,}16$.
Wende dazu die Regeln über teilweises Wurzelziehen an.

$$\sqrt{25\,000} = \sqrt{25 \cdot 100 \cdot 10}$$
$$= 5 \cdot 10 \cdot \sqrt{10}$$
$$\approx 50 \cdot 3{,}16 \approx 158$$

6. Vereinfache durch teilweises Wurzelziehen. Alle Variablen sind positive reelle Zahlen.

a) $\sqrt{64\,c}$ **b)** $\sqrt{5\,t^2}$ **c)** $\sqrt{8\,x^2}$ **d)** $\sqrt{4\,a^3}$ **e)** $\sqrt{\dfrac{x^2}{12}}$ **f)** $\sqrt{18\,b^2\,c}$

7. *Beseitigen von Wurzeln im Nenner.*
Rechne wie im Beispiel. Alle Variablen sind positive reelle Zahlen.

a) $\dfrac{10}{\sqrt{5}}$; **c)** $\dfrac{\sqrt{2}}{\sqrt{10}}$; **e)** $\dfrac{7}{\sqrt{30}}$; **g)** $\dfrac{a}{\sqrt{a}}$;

b) $\dfrac{1}{3\sqrt{6}}$; **d)** $\dfrac{a\,b}{\sqrt{b}}$; **f)** $\dfrac{17}{2\sqrt{33}}$; **h)** $\dfrac{x}{y\sqrt{x}}$

$$\frac{3}{\sqrt{2}} = \frac{3\cdot\sqrt{2}}{\sqrt{2}\cdot\sqrt{2}}$$
$$= \frac{3\cdot\sqrt{2}}{2} = \frac{3}{2}\sqrt{2}$$

ÜBEN

8. Forme um durch teilweises Wurzelziehen.

a) $\sqrt{12}$ **b)** $\sqrt{28}$ **c)** $\sqrt{125}$ **d)** $\sqrt{300}$ **e)** $\sqrt{640}$ **f)** $\sqrt{800}$

9. Ziehe teilweise die Wurzel.

a) $\sqrt{\dfrac{5}{4}}$ **b)** $\sqrt{\dfrac{7}{16}}$ **c)** $\sqrt{\dfrac{8}{25}}$ **d)** $\sqrt{\dfrac{29}{100}}$ **e)** $\sqrt{0{,}05}$ **f)** $\sqrt{0{,}99}$

10. Ein Näherungswert für $\sqrt{3}$ ist 1,7. Berechne damit näherungsweise.

a) $\sqrt{12}$ **b)** $\sqrt{300}$ **c)** $\sqrt{27}$ **d)** $\sqrt{1200}$ **e)** $\sqrt{\dfrac{3}{100}}$ **f)** $\sqrt{0{,}75}$

11. Jeweils zwei Terme gehören zusammen.
Ein Term bleibt übrig.

12. Ziehe teilweise die Wurzel.
Alle Variablen sind positive reelle Zahlen.

a) $\sqrt{7\,a^2}$ **b)** $\sqrt{36\,a}$ **c)** $\sqrt{x^2\,y}$ **d)** $\sqrt{3\,a^2\,b^4}$ **e)** $\sqrt{\dfrac{a}{49}}$ **f)** $\sqrt{0{,}81\,x\,z^3}$

13. Bringe den Vorfaktor unter das Wurzelzeichen und fasse zusammen.

a) $2\cdot\sqrt{5}$ **d)** $2\cdot\sqrt{1{,}25}$ **g)** $\dfrac{1}{5}\cdot\sqrt{75}$

b) $3\cdot\sqrt{3}$ **e)** $\dfrac{1}{2}\cdot\sqrt{12}$ **h)** $\dfrac{1}{3}\cdot\sqrt{0{,}45}$

c) $5\cdot\sqrt{0{,}2}$ **f)** $\dfrac{1}{3}\cdot\sqrt{18}$ **i)** $\dfrac{2}{3}\cdot\sqrt{2{,}7}$

$$2\cdot\sqrt{3} = \sqrt{4}\cdot\sqrt{3}$$
$$= \sqrt{12}$$

14. Beseitige die Wurzeln im Nenner. Alle Variablen sind positive reelle Zahlen.

a) $\dfrac{5}{\sqrt{6}}$ **c)** $\dfrac{18}{\sqrt{8}}$ **e)** $\dfrac{16}{3\sqrt{10}}$ **g)** $\dfrac{u}{\sqrt{u}}$

b) $\dfrac{4}{\sqrt{2}}$ **d)** $\dfrac{42}{5\sqrt{3}}$ **f)** $\dfrac{81}{\sqrt{5}\cdot\sqrt{6}}$ **h)** $\dfrac{y}{\sqrt{z}}$

$$\frac{18}{5\cdot\sqrt{3}} = \frac{18\cdot\sqrt{3}}{5\cdot\sqrt{3}\cdot\sqrt{3}}$$
$$= \frac{18\cdot\sqrt{3}}{5\cdot 3} = \frac{6}{5}\cdot\sqrt{3}$$

15. Forme so um, dass im Nenner keine Wurzel steht.

a) $\dfrac{7}{\sqrt{30}}$ **c)** $\dfrac{1}{3\sqrt{6}}$ **e)** $\dfrac{\sqrt{2}}{\sqrt{10}}$ **g)** $\dfrac{1+\sqrt{20}}{\sqrt{20}}$

b) $\dfrac{20}{\sqrt{30}}$ **d)** $\dfrac{3}{0{,}3\sqrt{20}}$ **f)** $\dfrac{\sqrt{20}+\sqrt{2}}{\sqrt{10}}$ **h)** $\dfrac{\sqrt{10}-\sqrt{20}}{\sqrt{2}}$

UMFORMEN VON WURZELTERMEN

EINSTIEG

Frau Lindemann verblüfft ihre Klasse mit einem Rechentrick. Sie ist in der Lage, aus dem Ergebnis sofort die gedachte Wurzel anzugeben.

»» Wie geht sie vor?
Begründe ihr Vorgehen.

Denke dir eine Zahl. Ziehe daraus die Wurzel. Subtrahiere davon den Kehrwert der Wurzel. Multipliziere das Ergebnis mit der Wurzel.

AUFGABE

1. a) Vereinfache den Term.
  (1) $7 \cdot \sqrt{2} + 3 \cdot \sqrt{2}$ (2) $\left(5 + \sqrt{2}\right) \cdot \sqrt{2}$ (3) $\left(\sqrt{8} + \sqrt{2}\right) \cdot \sqrt{2}$
  b) Forme den Term um. Gib auch die einschränkende Bedingung an.
  (1) $a \cdot \sqrt{c} + b \cdot \sqrt{c}$ (2) $\left(a + \sqrt{b}\right) \cdot \sqrt{b}$ (3) $\left(\sqrt{a} + \sqrt{b}\right) \cdot \sqrt{b}$

Lösung
  a) Wir klammern aus bzw. multiplizieren aus:
  (1) $7 \cdot \sqrt{2} + 3 \cdot \sqrt{2}$ (2) $\left(5 + \sqrt{2}\right) \cdot \sqrt{2}$ (3) $\left(\sqrt{8} + \sqrt{2}\right) \cdot \sqrt{2}$
  $= (7 + 3) \cdot \sqrt{2}$ $= 5 \cdot \sqrt{2} + \sqrt{2} \cdot \sqrt{2}$ $= \sqrt{8} \cdot \sqrt{2} + \sqrt{2} \cdot \sqrt{2}$
  $= 10\sqrt{2}$ $= 5 \cdot \sqrt{2} + 2$ $= \sqrt{16} + 2$
  $= 4 + 2 = 6$

  b) Wir klammern aus bzw. multiplizieren aus:
  (1) $a \cdot \sqrt{c} + b \cdot \sqrt{c} = (a + b) \cdot \sqrt{c}$ (für $c \geq 0$)
  (2) $\left(a + \sqrt{b}\right) \cdot \sqrt{b} = a \cdot \sqrt{b} + \sqrt{b} \cdot \sqrt{b} = a \cdot \sqrt{b} + b$ (für $b \geq 0$)
  (3) $\left(\sqrt{a} + \sqrt{b}\right) \cdot \sqrt{b} = \sqrt{a} \cdot \sqrt{b} + \sqrt{b} \cdot \sqrt{b} = \sqrt{ab} + b$ (für $a \geq 0$, $b \geq 0$)

FESTIGEN UND WEITERARBEITEN

2. Berechne möglichst einfach. Überschlage zunächst; verwende $\sqrt{3} \approx 1{,}7$.
  a) $13{,}75 \cdot \sqrt{3} - 11{,}75 \cdot \sqrt{3}$ **b)** $\sqrt{3} \cdot \left(10 + \sqrt{3}\right)$ **c)** $\sqrt{3} \cdot \left(\sqrt{27} - \sqrt{3}\right)$

3. Vereinfache.
  a) $\frac{2}{3} \cdot \sqrt{7} + \frac{3}{4} \cdot \sqrt{7} - \frac{1}{12} \cdot \sqrt{7}$ **b)** $\left(\sqrt{125} - 5\right) \cdot \sqrt{5}$ **c)** $\sqrt{2} \cdot \left(\sqrt{13} - 3 \cdot \sqrt{18}\right)$

4. Vereinfache den Term. Alle Variablen sind positive reelle Zahlen.
  a) $5 \cdot \sqrt{a} + 7 \cdot \sqrt{a}$ **d)** $3 \cdot \sqrt{z - 1} - 5 \cdot \sqrt{z - 1} + \sqrt{z - 1}$
  b) $\left(v + \sqrt{7}\right) \cdot \sqrt{7}$ **e)** $a^2 \cdot \sqrt{c} + a\,b \cdot \sqrt{c} + a\,c \cdot \sqrt{c}$
  c) $a^2 \cdot \sqrt{b} - \sqrt{b}$ **f)** $\left(\sqrt{3} + \sqrt{2q}\right) \cdot \sqrt{2q}$

ÜBEN

5. Vereinfache durch Zusammenfassen gleichartiger Glieder und – falls möglich – durch teilweises Wurzelziehen.
  a) $3 \cdot \sqrt{5} + 8 \cdot \sqrt{5}$ **e)** $-4 \cdot \sqrt{10} + 7 \cdot \sqrt{10}$ **i)** $\frac{3}{4} \cdot \sqrt{7} + \frac{1}{2} \cdot \sqrt{7}$
  b) $8 \cdot \sqrt{3} + 2 \cdot \sqrt{3}$ **f)** $6 \cdot \sqrt{5} - \sqrt{5}$ **j)** $\frac{5}{6} \cdot \sqrt{2} - \frac{7}{8} \cdot \sqrt{2}$
  c) $7 \cdot \sqrt{2} - 5 \cdot \sqrt{2}$ **g)** $3{,}5 \cdot \sqrt{6} - 1{,}4 \cdot \sqrt{6}$ **k)** $3 \cdot \sqrt{8} + 2 \cdot \sqrt{8}$
  d) $5 \cdot \sqrt{7} - 9 \cdot \sqrt{7}$ **h)** $7{,}3 \cdot \sqrt{11} - 9{,}8 \cdot \sqrt{11}$ **l)** $6 \cdot \sqrt{12} - \sqrt{12}$

6. Schreibe möglichst einfach.

a) $3 \cdot \sqrt{3} - 6 \cdot \sqrt{3} + \sqrt{3} + 9 \cdot \sqrt{3}$

b) $\sqrt{18} - 6 \cdot \sqrt{18} + 10 \cdot \sqrt{18}$

c) $4 \cdot \sqrt{5} - 6 \cdot \sqrt{5} + 5 \cdot \sqrt{6} - 3 \cdot \sqrt{5}$

d) $7 \cdot \sqrt{2} - 9 \cdot \sqrt{3} + 4 \cdot \sqrt{2} - 4 \cdot \sqrt{3}$

e) $4 \cdot \sqrt{7} + 5 \cdot \sqrt{11} - 4 \cdot \sqrt{11} - \sqrt{7}$

f) $3{,}4 \cdot \sqrt{24} - 2{,}1 \cdot \sqrt{24} - 5{,}3 \cdot \sqrt{24} + 1{,}9 \cdot \sqrt{24}$

7. Vereinfache zuerst und berechne dann mit dem Taschenrechner. Berechne auch den nicht vereinfachten Term und vergleiche den Arbeitsaufwand.

a) $3 \cdot \sqrt{7} - 10 \cdot \sqrt{7}$

b) $1{,}33 \cdot \sqrt{17} + 0{,}37 \cdot \sqrt{17}$

c) $2{,}5 \cdot \sqrt{20} - 3{,}5 \cdot \sqrt{20}$

d) $\sqrt{20} + \sqrt{80}$

e) $\sqrt{28} - \sqrt{63}$

f) $\sqrt{96} + \sqrt{150} - \sqrt{294}$

g) $\sqrt{11} + 4 \cdot \sqrt{44} + 9 \cdot \sqrt{99}$

h) $\sqrt{5} + \sqrt{25} + \sqrt{125} + \sqrt{625}$

i) $\sqrt{6} + \sqrt{36} + \sqrt{216} + \sqrt{1\,296}$

8. Vereinfache. Alle Variablen sind positive reelle Zahlen.

a) $7\sqrt{x} + 4\sqrt{x}$

b) $5\sqrt{a} - 7\sqrt{a}$

c) $-\sqrt{b} + 3\sqrt{b}$

d) $3{,}5\sqrt{z} - 1{,}3\sqrt{z}$

e) $\sqrt{25a} + \sqrt{a}$

f) $\sqrt{36x} - \sqrt{49x}$

g) $\sqrt{81c} + \sqrt{36c}$

h) $7\sqrt{4y} - 5\sqrt{9y}$

i) $5\sqrt{r} - 7\sqrt{s} + 4\sqrt{r} + 4\sqrt{s}$

j) $10\sqrt{x} + 7\sqrt{z} - 11\sqrt{x} - 9\sqrt{z}$

k) $\sqrt{121a} - \sqrt{9b} + \sqrt{49b} - \sqrt{25a}$

l) $3\sqrt{169x} - 4\sqrt{225y} + 9\sqrt{196x} - 7\sqrt{400y}$

9. Vereinfache durch Ausmultiplizieren bzw. Dividieren.

a) $\sqrt{7} \cdot (1 + \sqrt{7})$

b) $3 \cdot \sqrt{5} \cdot (3 + \sqrt{20})$

c) $\sqrt{6} \cdot (6 \cdot \sqrt{6} - 5 \cdot \sqrt{6})$

d) $(2 \cdot \sqrt{6} + 0{,}5) \cdot \sqrt{6}$

e) $(0{,}5 \cdot \sqrt{44} - 1{,}5) \cdot 2 \cdot \sqrt{11}$

f) $(\sqrt{5} + \sqrt{7}) \cdot (-\sqrt{7})$

g) $(\sqrt{50} + \sqrt{20}) : \sqrt{2}$

h) $(3 \cdot \sqrt{75} - \sqrt{30}) : (-\sqrt{3})$

i) $(5 \cdot \sqrt{55} + 7 \cdot \sqrt{77}) : \sqrt{11}$

10. Klammere aus. Alle Variablen sind positive reelle Zahlen.

a) $a\sqrt{5} - b\sqrt{5}$

b) $x\sqrt{7} + y\sqrt{7}$

c) $a\sqrt{b} + 2\sqrt{b}$

d) $x\sqrt{z} - y\sqrt{z}$

e) $5\sqrt{a} - a^2\sqrt{a}$

f) $3\sqrt{x^3} - a\sqrt{x^3}$

g) $\sqrt{7x^3} - \sqrt{28x^5}$

h) $\sqrt{ab^3} - \sqrt{a^3b}$

i) $\sqrt{7a} + \sqrt{4a}$

j) $\sqrt{r} + \sqrt{rs}$

k) $\sqrt{ab^2} - \sqrt{ac^2}$

l) $\sqrt{ab} + \sqrt{ac}$

11. Vereinfache. Alle Variablen sind positive reelle Zahlen.

a) $x\sqrt{5} - 5\sqrt{x} + 3x\sqrt{5} - 7\sqrt{x}$

b) $a\sqrt{b} - 4\,a\sqrt{b} + b\sqrt{a} + 2\,a\sqrt{b}$

c) $w\sqrt{uv^3} - v\sqrt{u^3v} + u\sqrt{uv}$

d) $(x + 1)\sqrt{y} - (x - 1)\sqrt{y}$

e) $\sqrt{u^3vw} - \sqrt{uv^3w} - \sqrt{uvw^3}$

f) $a\sqrt{c^5} + bc\sqrt{c^3} + c^2\sqrt{c}$

12. Vereinfache durch Ausmultiplizieren. Alle Variablen sind positive reelle Zahlen.

a) $(\sqrt{4c} + \sqrt{81c}) \cdot \sqrt{c}$

b) $(\sqrt{9a} + 3) \cdot \sqrt{9a}$

c) $\sqrt{x} \cdot (\sqrt{x} + \sqrt{x^3} + \sqrt{x^5})$

d) $\sqrt{4b} \cdot (\sqrt{a} + \sqrt{b})$

e) $(\sqrt{uv} - v) \cdot \sqrt{u}$

f) $(\sqrt{xy} - \sqrt{yz}) \cdot \sqrt{y}$

13. Wo steckt der Fehler?

(1) $\sqrt{20} - \sqrt{11} = \sqrt{9} = 3$

(2) $\left(\sqrt{3} + \sqrt{5}\right)^2 = \sqrt{3}^2 + \sqrt{5}^2 = 3 + 5 = 8$

(3) $6 \cdot \sqrt{7} - \sqrt{7} = 6$

(4) $\dfrac{x \cdot \sqrt{xy^4}}{xy} = \dfrac{\sqrt{x^2y^4}}{xy} = \dfrac{xy^2}{xy} = y$

(5) $\dfrac{\sqrt{x} - 3}{4 + \sqrt{y}} = \dfrac{(\sqrt{x} - 3)(\sqrt{x} + 3)}{(4 + \sqrt{y})(4 - \sqrt{y})} = \dfrac{x^2 - 9}{16 - y^2}$

(6) $\dfrac{\sqrt{x^2 + 25}}{\sqrt{4x^2}} = \dfrac{\sqrt{x^2} + \sqrt{25}}{\sqrt{4} \cdot \sqrt{x^2}} = \dfrac{x + 5}{2x}$

KUBIKWURZELN

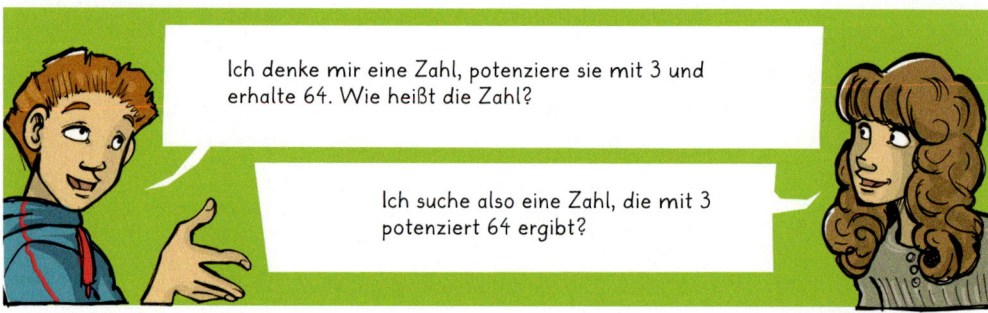

1. Eine würfelförmige Kerze soll aus 125 mℓ Wachs gegossen werden.
Welche Kantenlänge muss die Form haben, wenn sie bis zum Rand mit Wachs gefüllt werden soll?

Zahlen wie
$1^3 = 1$
$2^3 = 8$
$3^3 = 27$
...
nennt man Kubikzahlen.

Lösung

Die würfelförmige Kerze hat ein Volumen von 125 cm³ (1 mℓ = 1 cm³). Man erhält das Volumen V eines Würfels, indem man die Kantenlänge a mit 3 potenziert: $V = a^3$.
Hier ist das Volumen gegeben, gesucht ist die Kantenlänge.
Wir suchen also eine Maßzahl x, für die gilt:
$x^3 = x \cdot x \cdot x = 125$
Wir finden 5, denn $5^3 = 5 \cdot 5 \cdot 5 = 125$.

Ergebnis: Die gesuchte Kantenlänge beträgt 5 cm.

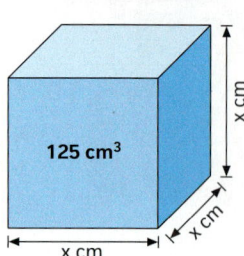

---

(1) Kubikwurzel (3. Wurzel)

In Aufgabe 1 haben wir eine positive Zahl x gesucht, die mit 3 potenziert 125 ergibt: $x^3 = 125$.
Diese Zahl x nennt man die *Kubikwurzel* oder *dritte Wurzel* aus 125.
Die **3. Wurzel** aus 125, geschrieben $\sqrt[3]{125}$, ist die positive Zahl, die mit 3 potenziert 125 ergibt:

$\sqrt[3]{125} = 5$, denn $5^3 = 5 \cdot 5 \cdot 5 = 125$

Allgemein gilt: Die 3. Wurzel aus a, geschrieben $\sqrt[3]{a}$,
ist die positive Zahl, die mit 3 potenziert a ergibt:

$\sqrt[3]{a} \cdot \sqrt[3]{a} \cdot \sqrt[3]{a} = (\sqrt[3]{a})^3 = a$

Für den Sonderfall 0 gilt: $\sqrt[3]{0} = 0$, denn $0^3 = 0 \cdot 0 \cdot 0 = 0$

Wurzelzeichen

$$\sqrt[3]{125} = 5$$

Radikand   Wert der Wurzel

(2) Beispiele für Kubikwurzeln

$\sqrt[3]{1\,000} = 10$, denn $10^3 = 10 \cdot 10 \cdot 10 = 1\,000$ $\sqrt[3]{1} = 1$,   denn $1^3 = 1 \cdot 1 \cdot 1 = 1$

$\sqrt[3]{\frac{8}{27}} = \frac{2}{3}$,   denn $\left(\frac{2}{3}\right)^3 = \frac{2}{3} \cdot \frac{2}{3} \cdot \frac{2}{3} = \frac{8}{27}$ $\sqrt[3]{0{,}008} = 0{,}2$, denn $(0{,}2)^3 = 0{,}2 \cdot 0{,}2 \cdot 0{,}2 = 0{,}008$

Beachte:

Wie bei den Quadratwurzeln sind auch Kubikwurzeln immer positiv. Dies bedeutet:
Die 3. Wurzel aus einer negativen Zahl, z. B. $\sqrt[3]{-8}$, ist nicht definiert, obwohl $(-2)^3 = -8$ ergibt.

FESTIGEN UND WEITERARBEITEN

2. Berechne im Kopf.   (1) $\sqrt[3]{8}$ (2) $\sqrt[3]{27}$ (3) $\sqrt[3]{1\,000}$ (4) $\sqrt[3]{27\,000}$ (5) $\sqrt[3]{0{,}001}$

3. Berechne mit dem Taschenrechner; runde auf 4 Stellen nach dem Komma.
  a) $\sqrt[3]{20}$ **b)** $\sqrt[3]{64}$ **c)** $\sqrt[3]{520}$ **d)** $\sqrt[3]{0{,}74}$ **e)** $\sqrt[3]{17{,}4}$ **f)** $\sqrt[3]{\frac{5}{8}}$

4. Vervollständige die Tabelle. Vergleiche die erste mit der letzten Spalte. Was fällt dir auf?

a)   3. Wurzel   hoch 3

64	4	64
125		
216		
512		

b)   hoch 3   3. Wurzel

5	125	5
6		
7		
11		

c) Vereinfache: $\left(\sqrt[3]{12}\right)^3$; $\left(\sqrt[3]{49}\right)^3$; $\left(\sqrt[3]{7}\right)^3$; $\sqrt[3]{2^3}$; $\sqrt[3]{19^3}$; $\sqrt[3]{0{,}7^3}$.

INFORMATION

(1) Das *Ziehen der dritten Wurzel* wird durch das *Potenzieren mit 3* rückgängig gemacht.
Für alle $a \geq 0$ gilt: $\left(\sqrt[3]{a}\right)^3 = a$.
Beispiel: $\left(\sqrt[3]{125}\right)^3 = 125$

$125 \xleftarrow{\text{3. Wurzel aus}} 5$
$125 \xrightarrow{\text{hoch 3}} 5$

(2) Das *Potenzieren mit 3* wird durch das *Ziehen der dritten Wurzel* rückgängig gemacht.
Für alle $a \geq 0$ gilt: $\sqrt[3]{a^3} = a$.
Beispiel: $\sqrt[3]{5^3} = 5$

$5 \xrightarrow{\text{hoch 3}} 125$
$5 \xleftarrow{\text{3. Wurzel aus}} 125$

ÜBEN

5. Bestimme das Volumen eines Würfels mit der angegebenen Kantenlänge.
  a) 11 cm   **b)** 15 cm   **c)** 20 cm   **d)** 4,2 cm   **e)** 42 cm   **f)** 420 cm

6. Bestimme die Kantenlänge eines Würfels mit dem angegebenen Volumen.
  a) 8 cm³   **b)** 27 cm³   **c)** 343 cm³   **d)** 3 375 cm³   **e)** 8 000 cm³   **f)** 74 088 cm³

7. Gib den Wert der dritten Wurzel an.
  a) $\sqrt[3]{1\,000}$ **b)** $\sqrt[3]{1\,000\,000}$ **c)** $\sqrt[3]{0{,}027}$ **d)** $\sqrt[3]{\frac{1}{8}}$ **e)** $\sqrt[3]{\frac{64}{125}}$

8. Korrigiere die Fehler.

  a) $\sqrt[3]{64} = 8$ **b)** $\sqrt[3]{-8} = -2$ **c)** $\sqrt[3]{(-3)^3} = -3$ **d)** $\left(-\sqrt[3]{125}\right)^2 = 125$

9. Prüfe mit dem Taschenrechner durch Potenzieren, ob die Aussage wahr ist.
  a) $\sqrt[3]{2\,744} = 14$ **b)** $\sqrt[3]{27{,}44} = 1{,}4$ **c)** $\sqrt[3]{8\,000\,000} = 200$ **d)** $\sqrt[3]{\frac{16}{54}} = \frac{2}{3}$

10. Berechne ohne Taschenrechner.
  a) $2 \cdot \sqrt[3]{64}$ **b)** $5 + \sqrt[3]{729}$ **c)** $\sqrt[3]{100 - 36}$ **d)** $5 \cdot \sqrt[3]{8} + 4 \cdot \sqrt[3]{27}$

11. Berechne ohne Taschenrechner.
  a) $\left(\sqrt[3]{1\,000}\right)^3$ **b)** $\sqrt[3]{14^3}$ **c)** $\sqrt[3]{0{,}2^3}$ **d)** $\sqrt{64^3}$ **e)** $\sqrt[3]{8^2}$ **f)** $\sqrt[3]{(-8)^2}$

7 PUNKTE SAMMELN

★★

Ein quadratisches Grundstück ist 1089 m²
groß. Es soll eingezäunt werden. Dabei soll
Platz für ein 4,20 m breites Tor bleiben.
Wie viel Meter Zaun werden benötigt?

★★★

Ein Würfel hat eine Oberfläche von 1734 cm².
Wie groß ist sein Volumen?

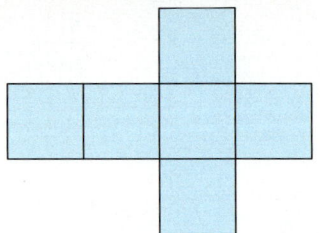

★★★★

Die quadratische Grundfläche einer Säule hat
die Seitenlänge a. Die Höhe h der Säule beträgt
das Zehnfache der Seitenlänge a. Die Säule hat
ein Volumen von 1250 cm³.
Bestimme die Seitenlänge a und die Höhe h.

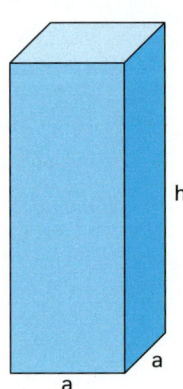

★★

Berechne ohne Taschenrechner.

a) $\sqrt{121}$ **c)** $\sqrt{2,25}$ **e)** $\sqrt[3]{1}$ **g)** $\sqrt[3]{\frac{64}{125}}$

b) $\sqrt{2500}$ **d)** $\sqrt{\frac{1}{9}}$ **f)** $\sqrt[3]{8000}$ **h)** $\sqrt[3]{0,027}$

★★★

Zwischen welchen aufeinanderfolgenden *natürlichen Zahlen* liegt die Wurzel?

a) $\sqrt{10}$ **c)** $\sqrt{0,09}$ **e)** $\sqrt[3]{100}$ **g)** $\sqrt[3]{0,001}$

b) $\sqrt{200}$ **d)** $\sqrt[3]{10}$ **f)** $\sqrt[3]{200}$ **h)** $\sqrt[3]{0,1}$

★★★★

Gibt es Zahlen, für die
(1) die Quadratwurzel größer als die Kubikwurzel ist?
(2) die Kubikwurzel größer als die Quadratwurzel ist?
(3) die Quadratwurzel genau so groß wie die Kubikwurzel ist?
Nenne Beispiele falls möglich.

VERMISCHTE UND KOMPLEXE ÜBUNGEN

1. Bestimme ohne Taschenrechner die Quadratwurzel.

a) $\sqrt{196}$ **b)** $\sqrt{324}$ **c)** $\sqrt{\frac{81}{225}}$ **d)** $\sqrt{0,25}$ **e)** $\sqrt{0,0004}$

2. Gib den Wert der dritten Wurzel an.

a) $\sqrt[3]{512}$ **b)** $\sqrt[3]{64\,000\,000}$ **c)** $\sqrt[3]{0,000001}$ **d)** $\sqrt[3]{0,003375}$ **e)** $\sqrt[3]{\frac{1\,000}{4\,096}}$

3. Welche Zahlen sind gleich?

a)

| 16 | 2^2 | $\sqrt{4}$ | 2 | $\sqrt[3]{8}$ | $\sqrt{16}$ | 4^2 | $\sqrt[3]{64}$ | $(\sqrt{16})^2$ |

b)

| $0,1$ | $\frac{1}{100}$ | $\frac{1}{10}$ | $0,01$ | $\sqrt{\frac{1}{100}}$ | $\left(\frac{1}{10}\right)^2$ | $\sqrt{0,01}$ | $\sqrt[3]{0,001}$ | $\sqrt[3]{\left(\frac{1}{100}\right)^3}$ |

4. Bestimme die Lösungsmenge.

a) $x^2 = 289$ **b)** $x^2 = -121$ **c)** $y^2 = 6,25$ **d)** $z^2 = 30$

5. Berechne ohne Taschenrechner.

a) $\sqrt{2} \cdot \sqrt{8}$ **b)** $\sqrt{32} \cdot \sqrt{2}$ **c)** $\sqrt{3} \cdot \sqrt{75}$ **d)** $\sqrt{36 \cdot 49}$ **e)** $\sqrt{\frac{4}{9} \cdot \frac{25}{49}}$

6. Ziehe teilweise die Wurzel.

a) $\sqrt{18}$ **b)** $\sqrt{27}$ **c)** $\sqrt{48}$ **d)** $\sqrt{98}$ **e)** $\sqrt{\frac{8}{25}}$

7. Vereinfache. Alle Variablen sind positive reelle Zahlen.

a) $\sqrt{9a}$ **c)** $\sqrt{2t^2 s^2}$ **e)** $\sqrt{0,25d^3 e}$ **g)** $\sqrt{\frac{8c}{n^4}}$

b) $\sqrt{xy^2}$ **d)** $\sqrt{10u^3 v^2}$ **f)** $\sqrt{\frac{17}{m^2}}$ **h)** $\sqrt{\frac{a}{16b^2}}$

8. Beseitige die Wurzel im Nenner.

a) $\frac{12}{\sqrt{3}}$ **b)** $\frac{2}{\sqrt{6}}$ **c)** $\frac{3}{2\sqrt{6}}$ **d)** $\frac{4}{3\sqrt{8}}$ **e)** $\frac{13}{5\sqrt{13}}$ **f)** $\frac{117}{\sqrt{117}}$

9. a) Gegeben ist ein Quadrat mit der Seitenlänge 7,4 cm. Wie lang sind die Seiten eines Quadrates, dessen Flächeninhalt

(1) doppelt; (2) halb

so groß ist?

b) Bestimme allgemein: Wie verändert sich die Seitenlänge eines Quadrates, wenn der Flächeninhalt

(1) verdoppelt; (2) halbiert wird?

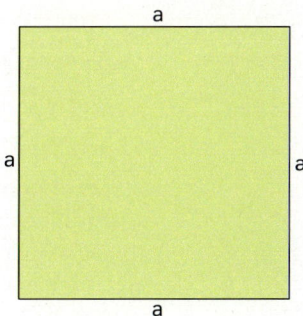

10. a) Die Oberfläche eines Würfels ist 337,50 cm^2 groß. Berechne das Volumen des Würfels.

b) Das Volumen eines Würfels ist mit 343 cm^3 angegeben. Berechne die Oberfläche des Würfels.

11. Vereinfache den Term. Alle Variablen sind positive reelle Zahlen.

a) $3 \cdot \sqrt{8} - 5 \cdot \sqrt{8}$ **b)** $xy \cdot \sqrt{z} + x^2 \cdot \sqrt{z}$ **c)** $\sqrt{c} \cdot \left(\sqrt{9c} - \sqrt{49c}\right)$

WAS DU GELERNT HAST

Quadratwurzel

Die Quadratwurzel $\sqrt{a}$ ist die positive Zahl, die mit sich selbst multipliziert a ergibt:
$\sqrt{a} \cdot \sqrt{a} = a$

Für den Sonderfall 0 gilt: $\sqrt{0} = 0$

Wurzelzeichen

$$\sqrt{25} = 5$$

5 ist die Wurzel aus 25

Radikand   Wert der Wurzel

$\sqrt{81} = 9$; denn $9 \cdot 9 = 81$

$\sqrt{0,64} = 0,8$; denn $0,8 \cdot 0,8 = 0,64$

$\sqrt{\frac{4}{9}} = \frac{2}{3}$; denn $\frac{2}{3} \cdot \frac{2}{3} = \frac{4}{9}$

Kubikwurzel

Die Kubikwurzel $\sqrt[3]{a}$ ist die positive Zahl, die mit 3 potenziert a ergibt.
$(\sqrt[3]{a})^3 = \sqrt[3]{a} \cdot \sqrt[3]{a} \cdot \sqrt[3]{a} = a$

Für den Sonderfall 0 gilt: $\sqrt[3]{0} = 0$

Wurzelzeichen

$$\sqrt[3]{125} = 5$$

Radikand   Wert der Wurzel

$\sqrt[3]{64} = 4$; denn $4 \cdot 4 \cdot 4 = 64$

$\sqrt[3]{0,008} = 0,2$; denn $0,2 \cdot 0,2 \cdot 0,2 = 0,008$

$\sqrt[3]{\frac{8}{27}} = \frac{2}{3}$; denn $\frac{2}{3} \cdot \frac{2}{3} \cdot \frac{2}{3} = \frac{8}{27}$

Zusammenhang zwischen Wurzelziehen und Quadrieren

(1) Das Wurzelziehen wird durch das Quadrieren rückgängig gemacht.

Für $a \geq 0$ gilt: $(\sqrt{a})^2 = a$

(2) Das Quadrieren wird durch das Wurzelziehen wieder rückgängig gemacht.

Für $a \geq 0$ gilt: $\sqrt{a^2} = a$

$16 \underset{\text{hoch 2}}{\overset{\sqrt{}}{\rightleftarrows}} 4 \qquad a \underset{\text{hoch 2}}{\overset{\sqrt{}}{\rightleftarrows}} \sqrt{a}$

$4 \overset{\text{hoch 2}}{\underset{\sqrt{}}{\rightleftarrows}} 16 \qquad a \overset{\text{hoch 2}}{\underset{\sqrt{}}{\rightleftarrows}} a^2$

Wurzelgesetze für Produkte und Quotienten

Für alle $a \geq 0$, $b \geq 0$ gilt: $\sqrt{a} \cdot \sqrt{b} = \sqrt{a \cdot b}$

Für alle $a \geq 0$, $b > 0$ gilt: $\sqrt{a} : \sqrt{b} = \frac{\sqrt{a}}{\sqrt{b}} = \sqrt{\frac{a}{b}}$

Beispiel:

$\sqrt{18} \cdot \sqrt{2} = \sqrt{18 \cdot 2} = \sqrt{36} = 6$

$\sqrt{18} : \sqrt{2} = \frac{\sqrt{18}}{\sqrt{2}} = \sqrt{\frac{18}{2}} = \sqrt{9} = 3$

Irrationale Zahlen – Reelle Zahlen

Irrationale Zahlen sind Zahlen, die man nicht als endliche oder periodische Dezimalzahlen schreiben kann, z. B. $\sqrt{2}$; $-\sqrt{10}$.

Rationale Zahlen $\left(\text{z. B. } 2; \frac{2}{3}; -\frac{1}{10}; 205{,}75 \text{ oder } -1{,}0\overline{6}\right)$ und irrationale Zahlen bilden zusammen die Menge der reellen Zahlen $\mathbb{R}$.

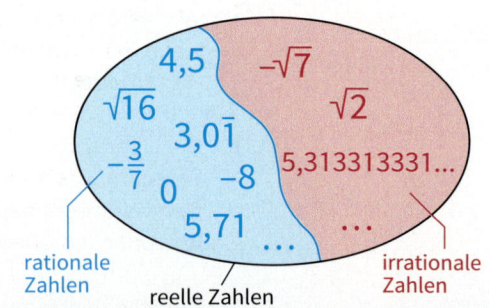

rationale Zahlen   reelle Zahlen   irrationale Zahlen

BIST DU FIT?

1. Bestimme die Quadratwurzel im Kopf.

    a) $\sqrt{81}$ **b)** $\sqrt{625}$ **c)** $\sqrt{2\,500}$ **d)** $\sqrt{0,16}$ **e)** $\sqrt{0,01}$ **f)** $\sqrt{\frac{49}{81}}$

2. Bestimme die Kubikwurzel im Kopf.

    a) $\sqrt[3]{27}$ **b)** $\sqrt[3]{125}$ **c)** $\sqrt[3]{1\,000}$ **d)** $\sqrt[3]{\frac{1}{64}}$ **e)** $\sqrt[3]{0,001}$ **f)** $\sqrt[3]{0,125}$

3. Schreibe als Quadratwurzel aus einer Zahl.

    a) 8   **b)** 21   **c)** 100   **d)** 0,2   **e)** 2,5   **f)** $\frac{3}{4}$

4. Berechne möglichst im Kopf.

    a) $\sqrt{4\,900}$ **b)** $\sqrt[3]{27\,000}$ **c)** $\sqrt{0,25}$ **d)** $\sqrt{\frac{121}{169}}$

5. Ein quadratisches Grundstück ist 841 m² groß. Es soll eingezäunt werden. Dabei soll Platz für ein 3,50 m breites Tor gelassen werden.
Wie viel Meter Zaun werden benötigt?

6. Berechne mit dem Taschenrechner und runde auf Tausendstel.

    a) $\sqrt{5}$ **b)** $\sqrt{751}$ **c)** $\sqrt{1,21}$ **d)** $\sqrt[3]{0,135}$ **e)** $\sqrt[3]{84}$

7. Bestimme die Lösungsmenge.

    a) $x^2 = 361$ **b)** $x^2 = -144$ **c)** $z^2 = 5,29$ **d)** $y^2 = 20$

8. Ziehe teilweise die Wurzel. Alle Variablen sind positive reelle Zahlen.

    a) $\sqrt{45}$ **b)** $\sqrt{5a^2}$ **c)** $\sqrt{\frac{3}{25}}$ **d)** $\sqrt{\frac{30}{a^2}}$ **e)** $\sqrt{12a^2}$ **f)** $\sqrt{\frac{2a^2}{b^2}}$

9. Beseitige die Wurzel im Nenner. Alle Variablen sind positive reelle Zahlen.

    a) $\frac{5}{\sqrt{3}}$ **b)** $\frac{3}{2\sqrt{6}}$ **c)** $\frac{11}{3\sqrt{11}}$ **d)** $\frac{x}{\sqrt{x}}$ **e)** $\frac{a}{\sqrt{z}}$

10. Ein rechteckiges Grundstück ist 22,5 m lang und 36,0 m breit. Es soll gegen ein gleich großes quadratisches Grundstück getauscht werden.
Berechne die Seitenlänge a des quadratischen Grundstücks.
Runde das Ergebnis geeignet.

11. Berechne die Kantenlänge des Würfels.

    a) Alle Kanten sind zusammen 42 cm lang.
    b) Das Volumen ist 324 cm³ groß.
    c) Die Oberfläche beträgt 672 cm².

12. a) Berechne das Volumen eines Würfels mit der angegebenen Kantenlänge.

    (1) 2,3 cm   (2) 3,5 dm   (3) 2,25 cm   (4) 0,12 m

    b) Berechne die Kantenlänge eines Würfels mit dem angegebenen Volumen.

    (1) 100 cm³   (2) 1 000 cm³   (3) 375 dm³   (4) 2 m³

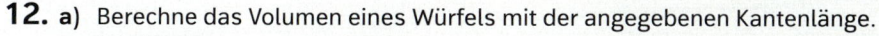

13. Zwischen welchen aufeinanderfolgenden natürlichen Zahlen liegt die Wurzel?

    (1) $\sqrt{50}$ (2) $\sqrt{128}$ (3) $\sqrt[3]{25}$ (4) $\sqrt[3]{200}$

KAPITEL **4**

SATZ DES PYTHAGORAS

Auswinkeln

Beim Neubau eines Gebäudes müssen die Seiten der Bodenplatten und die Wände meistens im rechten Winkel zueinander stehen. Die Bauarbeiter sagen, dass sie einen *rechten Winkel schlagen* oder die Bodenplatte *auswinkeln* müssen.

Erkundigt euch,
» wie beim Hausbau rechte Winkel geschlagen werden.
» wie Fliesenleger, Schreiner und andere Handwerker Flächen auswinkeln.

Zwölf-Knoten-Seil

Schon im alten Ägypten sollen mit einem so
genannten Zwölf-Knoten-Seil rechtwinklige
Dreiecke aufgespannt worden sein. Dieses
Verfahren wurde vor allem beim Ausrichten
von Altären und Bauwerken genutzt.

» Ihr könnt diese Methode überprüfen.
  Markiert dazu auf einem langen Seil zwölf
  gleich große Abschnitte. Eine Schülerin
  oder ein Schüler hält Anfang und Ende
  zusammen, zwei andere versuchen, die
  Markierungen zu finden, mit denen sich ein
  rechtwinkliges Dreieck aufspannen lässt.
» Im Kleinen lässt sich dies auch mit Streich-
  hölzern nachvollziehen.

Gleichschenkliges, rechtwinkliges Dreieck

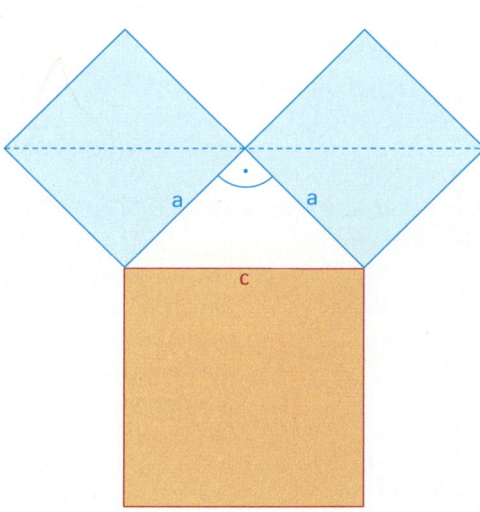

» Zeichne auf ein Blatt Papier ein gleichschenkliges, rechtwinkliges Dreieck und
  die Seitenquadrate wie in der Abbildung.
» Schneide die Quadrate aus und zerschneide die kleinen Quadrate längs der einge-
  zeichneten Diagonalen.
» Vergleiche die Flächeninhalte der Quadrate.

IN DIESEM KAPITEL LERNST DU ...

... *was der Satz des Pythagoras aussagt.*
... *wie man überprüfen kann, ob ein Dreieck rechtwinklig ist.*
... *wie man in rechtwinkligen, aber auch anderen Dreiecken Seitenlängen berechnen kann.*

SATZ DES PYTHAGORAS

EINSTIEG

≫ Zeichne auf einem leeren Blatt ein großes rechtwinkliges Dreieck und die drei Seitenquadrate, wie in der Abbildung dargestellt.

≫ Schneide die Seitenquadrate aus.

≫ Lege die kleinen Seitenquadrate so wie abgebildet nebeneinander und das große Quadrat darauf.

≫ Zeichne die Linien r und s auf die kleinen Quadrate und zerschneide sie längs dieser Linien.

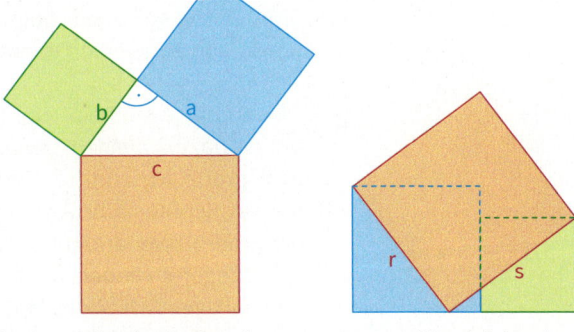

≫ Du erhältst nun ein fünfteiliges Puzzle. Lege damit ein Quadrat zusammen. Vergleiche den Flächeninhalt dieses Quadrates mit dem Flächeninhalt des großen Quadrates.

AUFGABE

1. Das rechtwinklige Dreieck ABC wird durch die Höhe h_c in zwei Teildreiecke ADC und DBC zerlegt.

    a) Vergleiche die Dreiecke ABC, ADC und DBC.

    b) Zeige, dass für das Dreieck ABC gilt: $c^2 = a^2 + b^2$

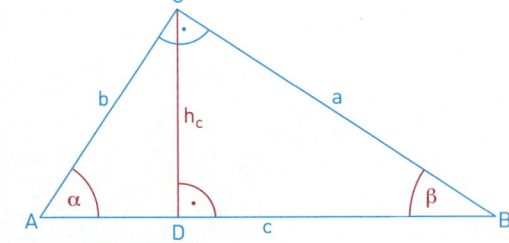

Lösung

a) Nach dem Ähnlichkeitssatz sind die Dreiecke ABC, ADC und DBC ähnlich zueinander, da sie in zwei Winkeln übereinstimmen.

    (1) ABC ist ähnlich zu ADC
        Beide Dreiecke sind rechtwinklig.
        α ist ein gemeinsamer Winkel.

    (2) ABC ist ähnlich zu DBC
        Genauso kann man zeigen, dass die Dreiecke ABC und DBC ähnlich sind.
        Die Ähnlichkeit sieht man auch, wenn man das Dreieck DBC, wie in der Abbildung, auf das Dreieck ABC legt.

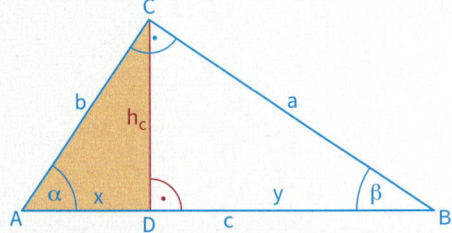

b) Aus der Ähnlichkeit folgt:

(1) $\dfrac{x}{b} = \dfrac{b}{c}$ $|\cdot b$, also $\boxed{x = \dfrac{b^2}{c}}$ (2) $\dfrac{y}{a} = \dfrac{a}{c}$ $|\cdot a$, also $\boxed{y = \dfrac{a^2}{c}}$

Somit erhalten wir: $c = x + y = \dfrac{b^2}{c} + \dfrac{a^2}{c} = \dfrac{a^2 + b^2}{c}$ $|\cdot c$, also $\boxed{c^2 = a^2 + b^2}$

INFORMATION

Pythagoras von Samos
griechischer Philosoph
(ca. 570 bis 510 v. Chr.)

(1) Bezeichnungen im rechtwinkligen Dreieck
In einem *rechtwinkligen Dreieck* nennt man die dem rechten Winkel gegenüberliegende Seite die **Hypotenuse**. Die dem rechten Winkel anliegenden Seiten heißen die **Katheten** des rechtwinkligen Dreiecks.

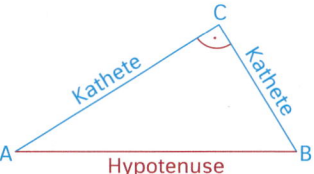

(2) Satz des Pythagoras
In jedem *rechtwinkligen* Dreieck ist der Flächeninhalt des Hypotenusenquadrates gleich der Summe der Flächeninhalte der beiden Kathetenquadrate.
$c^2 = a^2 + b^2$ für $\gamma = 90\,°$

> Das Hypotenusenquadrat ist genauso groß wie die beiden Kathetenquadrate zusammen.

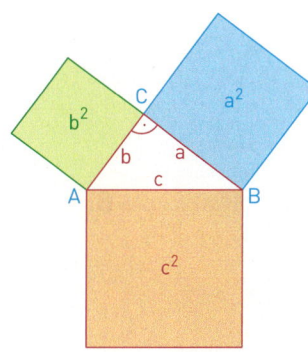

AUFGABE

2. *Berechnen von Seitenlängen in rechtwinkligen Dreiecken mit dem Satz des Pythagoras*

a)

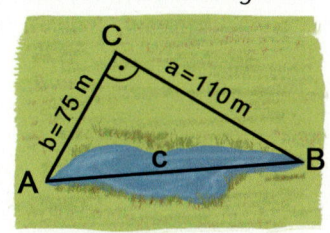

Wie lang ist der See?

b)

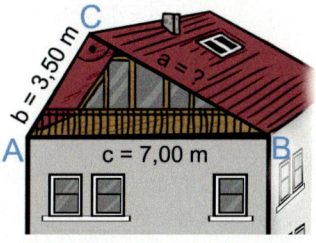

Wie lang sind die rechten Dachsparren?

Lösung

a) Nach dem Satz des Pythagoras gilt:
$c^2 = a^2 + b^2$
$c = \sqrt{a^2 + b^2}$

Einsetzen ergibt:
$c = \sqrt{(110\,\text{m})^2 + (75\,\text{m})^2}$
$c \approx 133\,\text{m}$
Der See ist ca. 133 m lang.

b) Nach dem Satz des Pythagoras gilt:
$a^2 + b^2 = c^2 \qquad |-b^2$
$a^2 = c^2 - b^2$
$a = \sqrt{c^2 - b^2}$

Einsetzen ergibt:
$a = \sqrt{(7,00\,\text{m})^2 - (3,50\,\text{m})^2}$
$a \approx 6,06\,\text{m}$
Die rechten Dachsparren sind 6,06 m lang.

FESTIGEN UND WEITERARBEITEN

3. In der Figur findest du mehrere rechtwinklige Dreiecke.
Notiere sie und gib jeweils eine Gleichung nach dem Satz des Pythagoras an.

a)

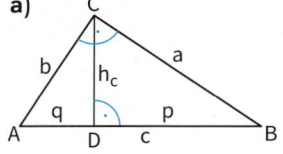

b)

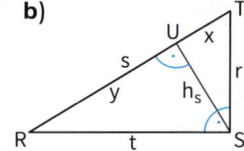

c)

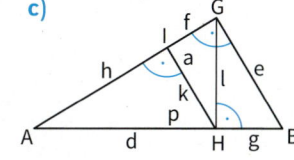

4. Berechne die Länge x (Maße in cm).

a)

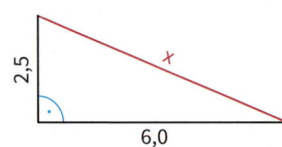

b)

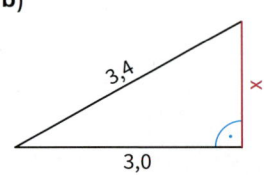

c)

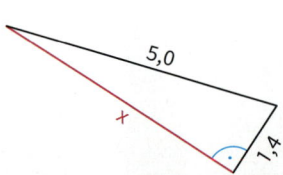

5. Berechne den Umfang des dreieckigen Grundstücks.

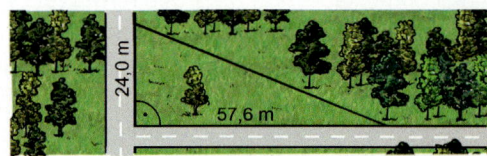

Die Hypotenuse ist nicht immer die Seite c.

6. Gegeben ist ein rechtwinkliges Dreieck ABC. Skizziere zunächst eine Planfigur und markiere die Strecke farbig, deren Länge gesucht ist. Stelle dann mithilfe des Satzes des Pythagoras eine Gleichung für die gesuchte Länge auf.
Berechne nun die Länge der dritten Seite.

a) $a = 3{,}0$ cm; $b = 8{,}0$ cm; $\gamma = 90°$ **d)** $a = 6{,}0$ cm; $c = 7{,}0$ cm; $\gamma = 90°$
b) $a = 3{,}0$ cm; $b = 8{,}0$ cm; $\beta = 90°$ **e)** $b = 6{,}0$ cm; $c = 8{,}0$ cm; $\alpha = 90°$
c) $a = 6{,}0$ cm; $c = 7{,}0$ cm; $\beta = 90°$ **f)** $b = 6{,}0$ cm; $c = 8{,}0$ cm; $\gamma = 90°$

ÜBEN

7. a) Skizziere die rechtwinkligen Dreiecke, färbe die Katheten blau, die Hypotenusen rot. Gib für die Dreiecke jeweils die Gleichung nach dem Satz des Pythagoras an.

(1)
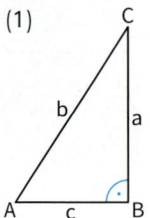

(2)
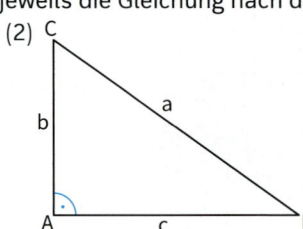

(3)
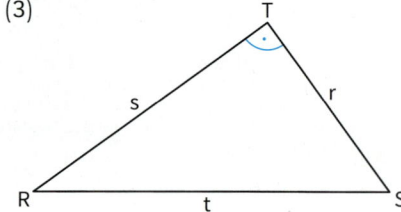

b) Stelle die Gleichungen aus Teilaufgabe a) jeweils nach den anderen Variablen um.

8. Berechne die Länge x der roten Strecke (Maße in cm).

a)

b)
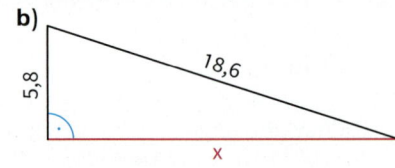

c)
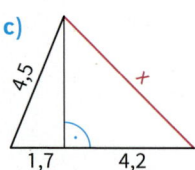

9. Kontrolliere die angegebenen Gleichungen.
Berichtige gegebenenfalls.

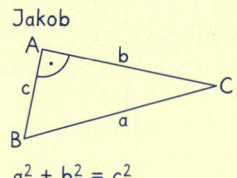

Jakob

$a^2 + b^2 = c^2$

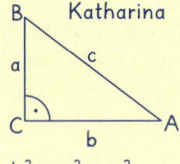
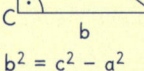

Katharina

$b^2 = c^2 - a^2$

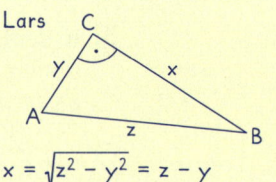

Lars

$x = \sqrt{z^2 - y^2} = z - y$

10. Wie lang sind die Diagonalen?
  a) Die Seitenlänge eines Quadrats beträgt 4,5 cm.
  b) Ein Rechteck ist 4,8 cm lang und 3,6 cm breit.

11. a) Die Diagonale eines Quadrats ist 9,4 cm lang.
    Berechne die Seitenlänge des Quadrats.
  b) Ein Rechteck ist doppelt so lang wie breit. Seine Diagonale ist 8,5 cm lang.
    Wie lang sind die Seiten des Rechtecks?

Planfigur

12. In einem rechtwinkligen Dreieck ABC mit $\gamma = 90°$ sind gegeben:
  a) $a = 8$ cm   **b)** $a = 12$ cm   **c)** $c = 17$ cm   **d)** $b = 12$ cm   **e)** $a = 16$ cm
    $b = 6$ cm $b = 5$ cm $a = 8$ cm $c = 15$ cm $c = 20$ cm
  Berechne im Kopf die Länge der dritten Dreiecksseite.

13. In einem rechtwinkligen Dreieck ABC sind gegeben:
  a) $a = 7,0$ cm   **b)** $a = 10,0$ dm   **c)** $b = 4,1$ km   **d)** $a = 8$ mm   **e)** $a = 3,4$ cm
    $b = 3,0$ cm $c = 6,0$ dm $c = 3,5$ km $b = 12$ mm $c = 5,1$ cm
    $\gamma = 90°$ $\alpha = 90°$ $\alpha = 90°$ $\beta = 90°$ $\beta = 90°$
  Berechne die Länge der dritten Dreiecksseite. Ermittle auch den Umfang und den Flächeninhalt des Dreiecks.

14. Von A nach B führt eine schmale, meist stark befahrene Straße.
  Um wie viel Prozent ist der Umweg von A nach B über C länger als die Abkürzung $\overline{AB}$?

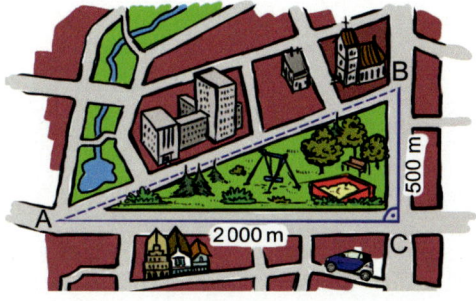

15. Durch einen Sturm ist eine 40 m hohe Fichte in 8,75 m Höhe abgeknickt.
  Wie weit liegt die Spitze etwa vom Stamm entfernt?

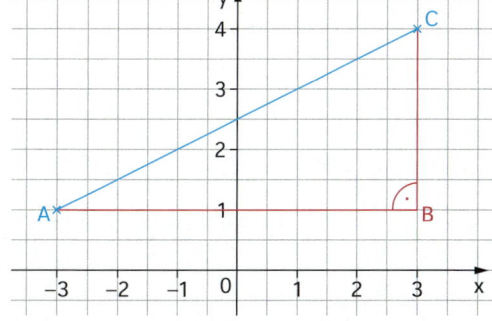

16. a) Markiere jeweils in einem Koordinatensystem (Einheit 1 cm) die beiden Punkte A und C.
    Berechne die Entfernung dieser Punkte. Benutze hierzu ein geeignetes Hilfsdreieck.
    (1) A(−3|1)   (4) A(−4|−6)
      C(3|4)   C(7|4)
    (2) A(2|7)   (5) A(−7|−3)
      C(7|4)   C(−2|−1)
    (3) A(1,3|7,8)   (6) A(−4,1|−2,3)
      C(8,6|2,4)   C(5,4|−1,8)

  b) Welchen Abstand haben die Punkte A(3|4), B(7|9), C(−1|5), D(2|−4), E(−3|−1) jeweils vom Koordinatenursprung (Einheit 1 cm)?

17. Im Koordinatensystem (Einheit 1 cm) sind die Punkte A, B und C gegeben. Berechne den Umfang und den Flächeninhalt des Dreiecks ABC.
  a) A(1|2); B(6|4); C(4|7)
  b) A(−4|−2); B(5|−4); C(0|3)

UMKEHRUNG DES SATZES DES PYTHAGORAS

EINSTIEG

Beim Bau eines Hauses sollen die Grundmauern senkrecht aufeinander treffen. Dazu stecken zwei Auszubildende ein Dreieck mit 3 m, 4 m und 5 m langen Seilen ab. Für das Dreieck gilt: $(3\,m)^2 + (4\,m)^2 = (5\,m)^2$
Sie behaupten: Das abgesteckte Dreieck ist rechtwinklig.

» Stimmt das?

AUFGABE

1. Begründe, dass der Satz des Pythagoras nur für rechtwinklige Dreiecke gilt.

Lösung

Zur Begründung gehen wir von einem rechtwinkligen Dreieck ABC aus (Bild (1)).

(1)   (2)   (3)

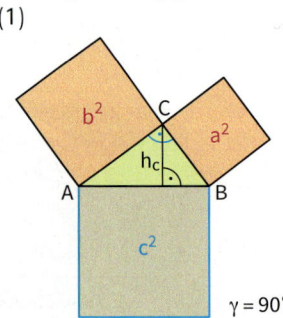

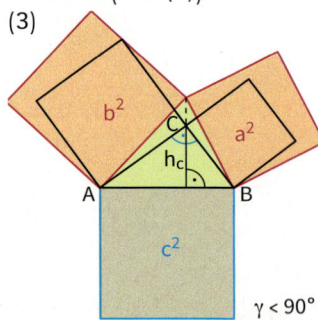

Nach dem Satz des Pythagoras gilt:
$a^2 + b^2 = c^2$

Wir verschieben den Punkt C längs der Höhe h_c nach unten. Es entsteht ein stumpfwinkliges Dreieck $(\gamma > 90°)$. Durch die Verschiebung werden die Seiten a und b kürzer, also gilt: $a^2 + b^2 < c^2$

Wir verschieben den Punkt C längs der Verlängerung der Höhe h_c nach oben. Es entsteht ein spitzwinkliges Dreieck $(\gamma < 90°)$. Durch die Verschiebung werden die Seiten a und b länger, also gilt:
$a^2 + b^2 > c^2$

Wir sehen: Die Gleichung $a^2 + b^2 = c^2$ gilt nur für rechtwinklige Dreiecke, sonst nicht.

INFORMATION

Umkehrung des Satzes des Pythagoras
Wenn für die Seitenlängen eines Dreiecks ABC gilt:
$a^2 + b^2 = c^2$, dann ist das Dreieck bei C rechtwinklig $(\gamma = 90°)$.
Hiermit kann man überprüfen, ob ein Dreieck rechtwinklig ist.

FESTIGEN UND WEITERARBEITEN

2. Von einem Dreieck ABC sind die drei Seiten a, b und c gegeben. Entscheide mit einer Rechnung, ob das Dreieck rechtwinklig ist.
  a) a = 5,1 cm, b = 8,5 cm, c = 6,8 cm   **b)** a = 6,5 cm, b = 2,8 cm, c = 6,0 cm

ÜBEN

3. Ein Parallelogramm hat die Seitenlängen 4,5 cm und 6,0 cm. Eine Diagonale ist 7,5 cm lang. Entscheide mit einer Rechnung, ob das Parallelogramm ein Rechteck ist.

4. Entscheide, ob das Dreieck ABC rechtwinklig, stumpfwinklig oder spitzwinklig ist.

a)	b)	c)	d)	e)
a = 8 cm	a = 7 m	a = 5 cm	a = 13 dm	a = 23 mm
b = 6 cm	b = 9 m	b = 4 cm	b = 5 dm	b = 17 mm
c = 10 cm	c = 11 m	c = 3 cm	c = 12 dm	c = 29 mm

5.

> Der Pfahl ... steht falsch. Er muss auf einem Kreisbogen um ... mit dem Radius ...

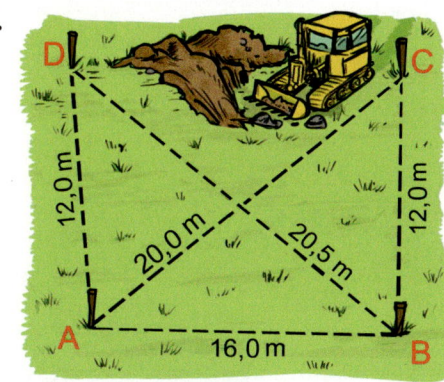

Auf einem Grundstück sind vier Pfähle A, B, C und D gesetzt worden, um die Ecken des zu bauenden Hauses abzustecken. Das Haus soll einen rechteckigen Grundriss mit den Seitenlängen 16 m und 12 m haben. Die Pfähle haben die in der Zeichnung angegebenen Abstände.
a) Welcher der Winkel bei A bzw. B ist ein rechter Winkel, welcher nicht?
b) Welcher Pfahl steht falsch? Wie muss sein Standort verändert werden?

> Die längste Seite eines rechtwinkligen Dreiecks ist die Hypotenuse.

6. a) Konstruiere ein Dreieck ABC mit a = 6 cm, b = 8 cm und c = 10 cm. Prüfe, ob es rechtwinklig ist. Begründe.
b) Man nennt das Zahlentripel (6; 8; 10) aus natürlichen Zahlen **pythagoreisches Zahlentripel.** Ebenso ist (3; 4; 5) ein solches Zahlentripel.
Entscheide, ob pythagoreische Zahlentripel vorliegen.
(1) (9; 12; 15)   (2) (15; 20; 25)   (3) (5; 12; 13)   (4) (7; 18; 19)
c) Finde weitere pythagoreische Zahlentripel. Findest du eine Gesetzmäßigkeit?

7. Zeichne mit einer dynamischen Geometrie-Software ein Dreieck ABC. Konstruiere dann über den Seiten Quadrate; lass den Winkel bei C und die Flächeninhalte der Quadrate berechnen. Verändere die Form des Dreiecks und untersuche, für welche Dreiecke $a^2 + b^2 = c^2$ gilt.

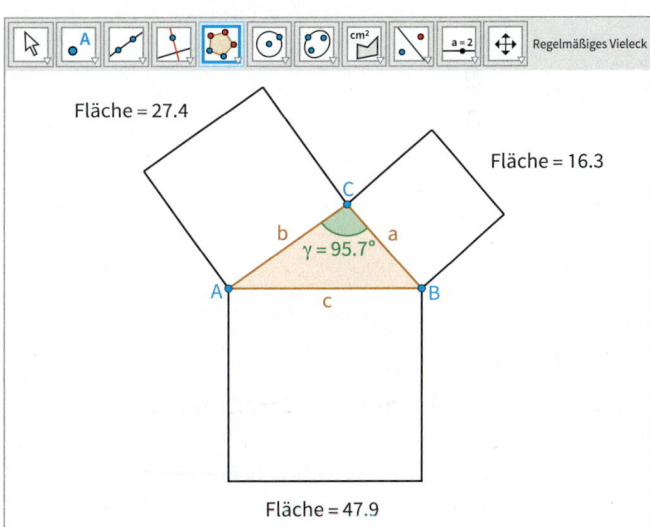

8. a) Auf dem Bild auf Seite 107 wird mithilfe eines „12-Knotenseils" ein Dreieck abgesteckt. Erkläre, warum es rechtwinklig ist.
b) Kann man auch mit einem „30-Knotenseil" ein rechtwinkliges Dreieck abstecken? Begründe.

ANWENDUNGEN DES SATZES DES PYTHAGORAS

Berechnen von Längen in ebenen Figuren

EINSTIEG

Eine Stehleiter ist zusammengeklappt 2,10 m lang. Wenn sie aufgestellt ist, sind die Fußenden 1,40 m weit voneinander entfernt.

» Wie hoch reicht die Leiter?
» Berichtet, wie ihr vorgegangen seid.

AUFGABE

1. In den Giebel eines Hauses soll eine große Glasfront, die die Form eines gleichschenkligen Trapezes hat, eingebaut werden.
Berechne den Flächeninhalt der Glasfront.

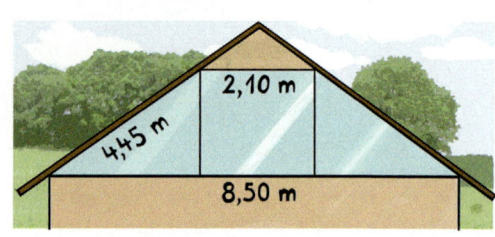

Lösung

Das Trapez wird durch die zwei Höhen so zerlegt, dass rechts und links jeweils ein rechtwinkliges Dreieck entsteht.
Da das Trapez gleichschenklig ist, sind die unteren Katheten der Dreiecke jeweils 3,20 m lang.
Die Trapezhöhe h berechnen wir nun mit dem Satz des Pythagoras:

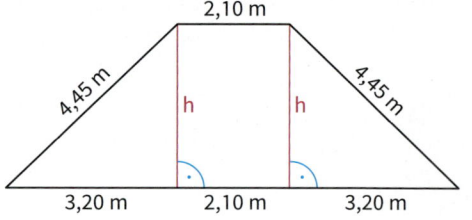

$h^2 = (4{,}45\,m)^2 - (3{,}20\,m)^2$

$h = \sqrt{(4{,}45\,m)^2 - (3{,}20\,m)^2}$

$h \approx 3{,}09\,m$

Damit erhalten wir: $A = \dfrac{a+c}{2} \cdot h$

$$A = \frac{8{,}50\,m + 2{,}10\,m}{2} \cdot 3{,}09\,m$$

$$A \approx 16{,}38\,m^2$$

Ergebnis: Die Glasfront ist 16,38 m² groß.

FESTIGEN UND
WEITERARBEITEN

2. a) Von den drei Größen a, b und e eines Rechtecks ABCD sind zwei gegeben. Berechne die dritte.
  (1) a = 8,0 cm; b = 5,0 cm
  (2) a = 1,4 m; e = 3,8 m
  (3) e = 8,9 dm; b = 4,7 dm
  (4) a = 1,2 cm; b = 2,0 cm
b) Gib eine Gleichung für die Länge e der Diagonale eines Rechtecks an.

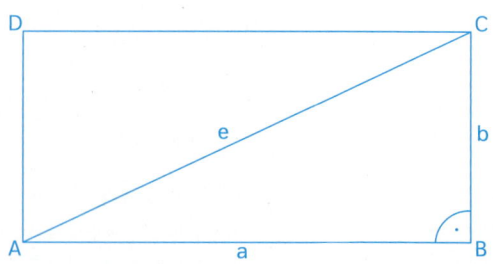

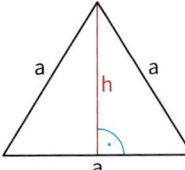

3. a) Gegeben ist ein gleichseitiges Dreieck mit der Seitenlänge $a = 4{,}5\,\text{cm}$.
Berechne die Höhe h und den Flächeninhalt A des Dreiecks.

b) Gegeben ist ein gleichseitiges Dreieck, dessen Höhe 4 cm beträgt.
Berechne die Seitenlänge a, den Flächeninhalt A und den Umfang u des Dreiecks.

4. a) Von einem gleichschenkligen Trapez ABCD sind gegeben:
$b = d = 5\,\text{cm}$; $c = 4\,\text{cm}$; $h = 4\,\text{cm}$
Berechne die Seitenlänge a.

b) Von einem (nicht gleichschenkligen) Trapez ABCD sind gegeben:
$b = 3{,}6\,\text{cm}$; $d = 2{,}2\,\text{cm}$; $c = 3{,}1\,\text{cm}$; $h = 2\,\text{cm}$
Berechne die Seitenlänge a.

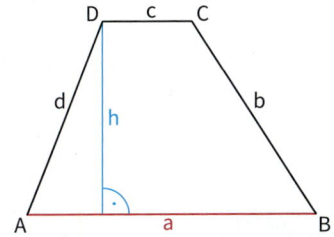

INFORMATION

Strategie zum Berechnen von Längen in ebenen Figuren
Man kann mithilfe des Satzes des Pythagoras auch Seitenlängen in ebenen Figuren, z. B. im gleichseitigen Dreieck, im Rechteck oder im Trapez, berechnen.
Dazu muss man in der Figur rechtwinklige Dreiecke suchen oder durch eine geeignete Hilfslinie ein rechtwinkliges Dreieck in die Figur einzeichnen.

Beispiel:
Von einem Trapez sind die Seiten a, b, d und die Höhe h bekannt.
Wie lang ist die Seite c?

- Wir zeichnen die Höhen so ein, dass zwei rechtwinklige Dreiecke entstehen.
- x berechnen wir aus $d^2 = x^2 + h^2$
- y berechnen wir aus $b^2 = y^2 + h^2$
- Für c gilt dann: $c = a - x - y$

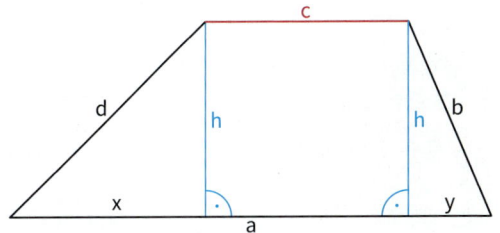

ÜBEN

5. Von den drei Größen Basislänge g, Schenkellänge s und Höhe h zur Basis eines gleichschenkligen Dreiecks sind zwei gegeben. Berechne die dritte Größe, den Flächeninhalt A und den Umfang u.

a) $g = 6{,}0\,\text{cm}$ **c)** $h = 24\,\text{mm}$
$\quad\ s = 4{,}0\,\text{cm}$ $\qquad g = 45\,\text{mm}$

b) $s = 5{,}5\,\text{dm}$ **d)** $g = 8{,}3\,\text{m}$
$\quad\ h = 3{,}5\,\text{dm}$ $\qquad s = 6{,}7\,\text{m}$

6. Ein gleichschenkliges Dreieck ist durch die Basislänge g und die Schenkellänge s gegeben. Leite eine Formel für die Höhe h und den Flächeninhalt A her.

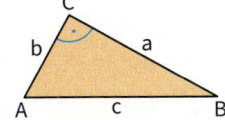

7. Von einem rechtwinkligen Dreieck sind der Flächeninhalt $A = 12{,}0\,\text{cm}^2$ und eine Kathete $b = 4{,}0\,\text{cm}$ gegeben.
Berechne den Umfang des Dreiecks.

8.

In einer Feriensiedlung werden Dachhäuser wie im Bild errichtet.

a) Wie hoch sind die Dachhäuser?

b) Die Giebelflächen sollen mit Holz verkleidet werden.
Wie viel m² Holz werden für eine Seite mindestens benötigt?

Die Diagonalen e und f einer Raute halbieren sich.

9. Von den drei Größen a, e und f einer Raute sind zwei gegeben. Berechne die dritte Größe, den Flächeninhalt A und den Umfang u.

a) e = 5,0 cm; f = 7,0 cm   **c)** a = 4,9 km; f = 3,1 km

b) a = 6,0 dm; e = 9,0 dm   **d)** e = 4,7 m; f = 3,3 m

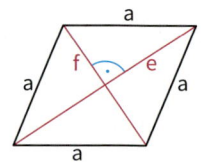

10. Berechne die Länge a der Grundseite des nebenstehenden gleichschenkligen Trapezes sowie den Flächeninhalt und den Umfang (Maße in cm).

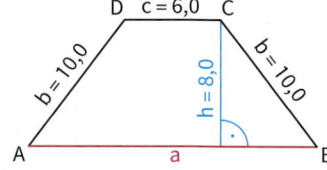

11. Ein gleichschenkliges Trapez ABCD mit AB ∥ CD hat die Seitenlängen a = 6,0 cm, c = 4,0 cm, b = 2,5 cm.
Berechne den Flächeninhalt und den Umfang.

Eine Sehne ist eine Verbindungsstrecke von zwei Punkten auf dem Kreis.

12. Von einem Kreis sind gegeben:

a) Radius r = 6,0 cm und Sehnenlänge s = 8,3 cm. Berechne den Abstand h des Mittelpunktes von der Sehne.

b) r = 5,0 cm und h = 3,4 cm.
Berechne die Länge s der Sehne.

c) s = 8,0 cm und h = 3,0 cm. Berechne den Radius r.

d) Leite jeweils eine Formel für die gesuchte Größe her.

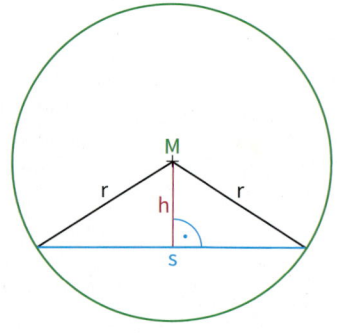

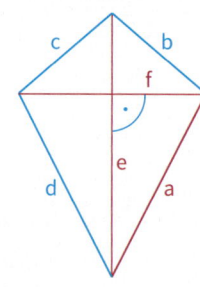

13. Von einem Drachen sind a = 6,0 cm, e = 8,0 cm und f = 5,0 cm gegeben. Berechne den Umfang.

14. a) Ein Schenkel eines rechtwinklig-gleichschenkligen Dreiecks ist 7,5 cm lang.
Berechne Umfang und Flächeninhalt des Dreiecks.

b) Die Höhe h auf der Basis g eines gleichschenklig-rechtwinkligen Dreiecks beträgt 6,2 cm.
Berechne die Länge der Schenkel und der Basis.

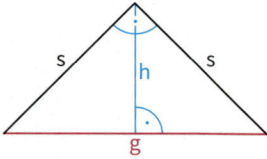

15. a) Gegeben ist ein Quadrat durch die Seite a.

(1) Leite die Formel $e = a \cdot \sqrt{2}$ für die Länge e der Diagonalen eines Quadrates her.

(2) Berechne die Länge der Diagonalen für a = 7,0 cm.

b) Gegeben ist ein Quadrat durch die Diagonalenlänge e.

(1) Berechne die Seitenlänge a und den Flächeninhalt A für e = 12,0 cm.

(2) Leite eine Formel her, mit der man den Flächeninhalt A mithilfe von e berechnen kann.

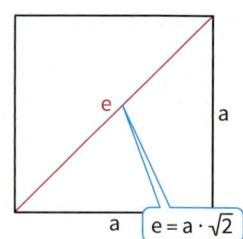

Berechnen von Längen in Körpern

EINSTIEG

Der Louvre in Paris, bis zur französischen Revolution königliche Residenz, ist heute ein weltberühmtes Kunstmuseum.
Als Haupteingang dient seit einigen Jahren eine gläserne Pyramide mit quadratischer Grundfläche, deren Seite 35,4 m lang ist. Die schrägen Kanten sind 33,1 m lang.

>> Wie lang ist die Diagonale der quadratischen Grundfläche?
>> Wie hoch ist die Pyramide?

AUFGABE

1. Ein Quader ist $a = 8{,}0$ cm lang, $b = 5{,}0$ cm breit und $c = 3{,}5$ cm hoch. Wie lang ist die Raumdiagonale?

Lösung

Im Schrägbild erkennen wir, dass das Dreieck ACG rechtwinklig ist. Die Raumdiagonale d ist die Hypotenuse, c und x sind die Katheten. Somit gilt:
$$d^2 = x^2 + c^2$$

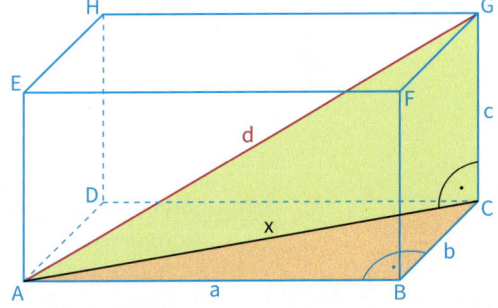

Die Grundfläche ABCD ist ein Rechteck. Das Dreieck ABC ist somit rechtwinklig mit x als Hypotenuse.
Hier gilt:
$$x^2 = a^2 + b^2$$

$a^2 + b^2$ können wir für x^2 in die erste Gleichung einsetzen.
Wir erhalten:
$$d^2 = a^2 + b^2 + c^2$$

In diese Gleichung setzen wir die gegebenen Längen ein:
$$d^2 = (8{,}0 \text{ cm})^2 + (5{,}0 \text{ cm})^2 + (3{,}5 \text{ cm})^2$$
$$d = \sqrt{(8{,}0 \text{ cm})^2 + (5{,}0 \text{ cm})^2 + (3{,}5 \text{ cm})^2}$$
$$d \approx 10{,}1 \text{ cm}$$

Ergebnis: Die Raumdiagonale ist 10,1 cm lang.

INFORMATION

Raumdiagonale eines Quaders
Für die Länge d der **Raumdiagonalen eines Quaders** gilt:
$$\mathbf{d^2 = a^2 + b^2 + c^2} \text{ bzw. } \mathbf{d = \sqrt{a^2 + b^2 + c^2}}$$

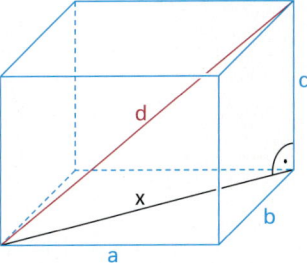

Für den Spezialfall des Würfels gilt dann:
$$d^2 = a^2 + a^2 + a^2$$
$$d^2 = 3\,a^2$$
$$\mathbf{d = a \cdot \sqrt{3}}$$

INFORMATION

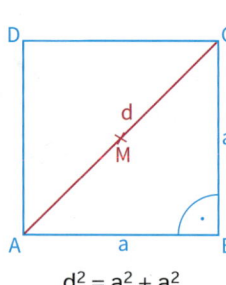

$$d^2 = a^2 + a^2$$

Strategie zum Berechnen von Längen in Körpern

Zur Berechnung von Längen in Körpern muss man geeignete rechtwinklige Dreiecke suchen oder einzeichnen.

Beispiel:

Bei der quadratischen Pyramide ist das Dreieck MCS rechtwinklig. Die Seitenkante s ist die Hypotenuse.

Es gilt: $s^2 = h^2 + x^2$

x ist die halbe Diagonale d der quadratischen Grundfläche.

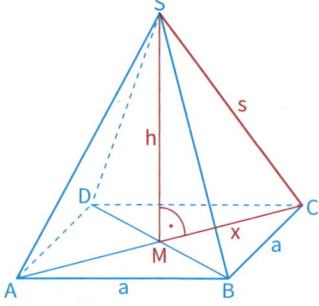

ÜBEN

2. a) Berechne aus den Kantenlängen a, b und c eines Quaders die Längen der Diagonalen, der Seitenflächen sowie die Länge d der Raumdiagonalen.

(1) a = 7,0 cm; b = 5,0 cm; c = 4,0 cm

(2) a = 6,4 cm; b = 8,9 cm; c = 1,9 cm

b) Von den vier Größen a, b, c, und d eines Quaders sind drei gegeben. Berechne die fehlende Größe.

(1) a = 2,0 cm   (2) a = 2,4 cm   (3) b = 4,9 cm
    b = 4,0 cm   c = 1,8 cm   c = 3,7 cm
    c = 6,0 cm   d = 4,6 cm   d = 9,5 cm

3. a) Berechne die Länge einer Flächendiagonale und die Länge einer Raumdiagonale eines Würfels mit der Kantenlänge   (1) a = 5,0 cm;   (2) a = 3,5 m.

b) Berechne die Kantenlänge und die Länge einer Flächendiagonale eines Würfels, dessen Raumdiagonale   (1) 8,0 cm; (2) 5,3 m   lang ist.

4. a) Bei einer Pyramide mit quadratischer Grundfläche ist die Grundkante a = 14 cm und die Seitenkante s = 20 cm lang.

(1) Wie lang ist die Diagonale d der Grundfläche?

(2) Wie hoch ist die Pyramide?

b) Eine quadratische Pyramide ist 7,5 cm hoch. Die vier Seitenkanten sind jeweils 9,2 cm lang. Berechne die Länge der Grundkanten.

5. Das Bild zeigt eine Kirche mit einem quadratischen Turm und einem pyramidenförmigen Dach. Die Länge der Grundkante des Daches beträgt 9,0 m, die Höhe des Daches 6,0 m.

a) Die schrägen Kanten des Dachs sollen neu mit Firstziegeln gedeckt werden. Für 1 m braucht man vier Firstziegel.

b) Es wird überlegt, das gesamte Turmdach neu mit Biberschwanz-Ziegeln einzudecken. Für 1 m² werden 36 Ziegel benötigt.

6. Die Raumdiagonale eines Würfels ist 6,06 dm lang. Berechne sein Volumen.

In den Abbildungen siehst du verschiedene Flurstücke.
Berechne jeweils ihren Umfang und den Flächeninhalt.

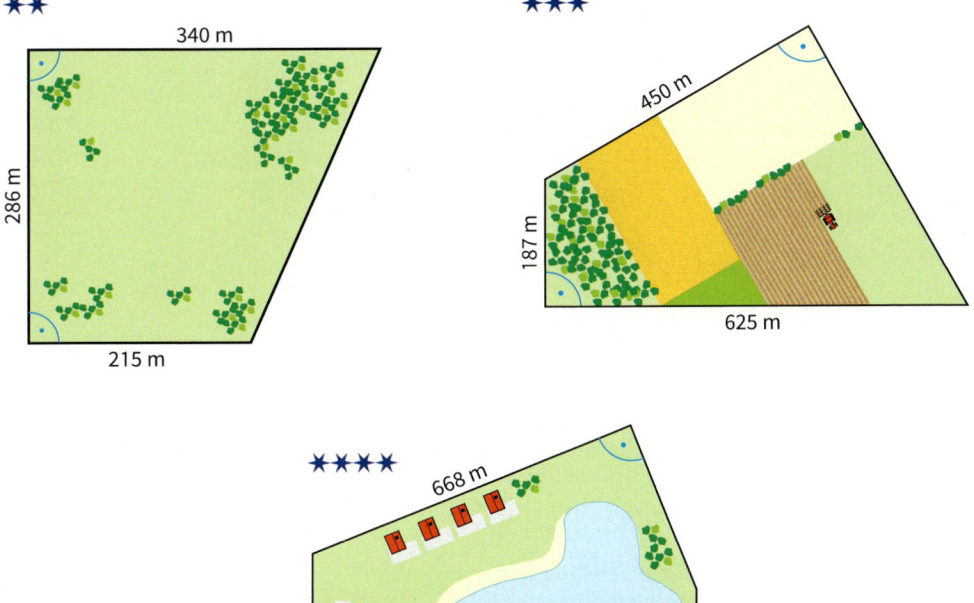

Mit der *Ettelsberg-Kabinenseilbahn* erreichen Skibegeisterte in der Wintersaison mehrere Abfahrtspisten im Skigebiet Willingen. Die Seilbahnstrecke ist 1400 m lang und überwindet einen Höhenunterschied von 240 m.

✶✶
Zeichne in einem geeigneten Maßstab den Querschnitt und miss den durchschnittlichen Steigungswinkel.

✶✶✶
Die Fahrgeschwindigkeit der Gondeln beträgt durchschnittlich 5,8 $\frac{m}{s}$.
Wie lange dauert eine Fahrt?
Im Internet findet man die Angabe 8 bis 10 Minuten. Vergleiche und erkläre.

✶✶✶✶
Wie lang erscheint die Seilbahnstrecke auf einer Wanderkarte (Maßstab 1 : 50 000)?

VERMISCHTE UND KOMPLEXE ÜBUNGEN

1. Berechne Umfang und Flächeninhalt des Dreiecks ABC.

a)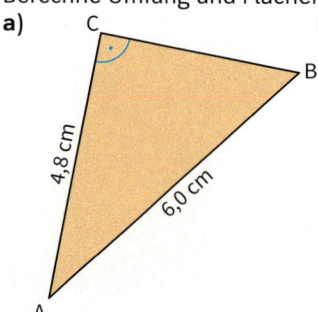

b)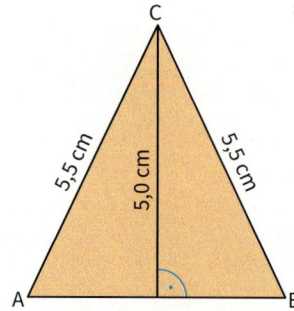

c)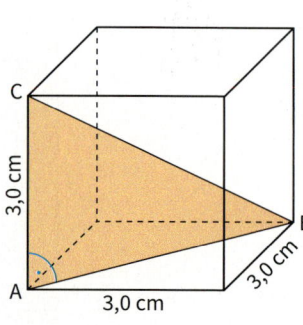

2. Jonas lässt im Herbstwind seinen Drachen steigen. Die 35 m lange Schnur hat er dabei vollständig ausgerollt. So kann der Drachen weit nach oben steigen.
Josi steht 25 m von Jonas entfernt genau unter dem Drachen. Sie schätzt, dass der Drachen eine Höhe von 20 m erreicht hat.
Hat sie recht?
Erstelle zunächst eine Planskizze.

3. Eine Tür ist 0,82 m breit und 1,97 m hoch. Eine 2,10 m breite und 3,40 m lange Holzplatte soll durch die Tür getragen werden. Ist das möglich?
Begründe.

Die Diagonale der Türöffnung muss so groß sein, dass ...

4.

An einer Straße wird ein 60 m langer Lärmschutzwall geplant, dessen Querschnittsfläche ein gleichschenkliges Trapez sein soll.
a) Wie viel m³ Erde müssen aufgeschüttet werden?
b) Beide Böschungen sollen bepflanzt werden. Das Bepflanzen kostet 36 € pro m². Berechne die Kosten.

5. Berechne den Flächeninhalt des dreieckigen Grundstücks.

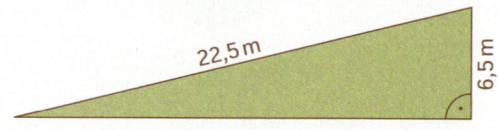

Ein Fernsehapparat hat das Format 21 : 9. Seine Bildschirmbreite beträgt 147 cm. Wie lang ist die Bildschirmdiagonale?

 Ein Hersteller macht folgende Angaben:
• Bildschirmbreite: 105 cm
• Bildschirmhöhe: 45 cm
• Bildschirmgröße: 114 cm
Überprüfe die Angaben. Welches Format hat das Fernsehgerät?

6. Die Hersteller von Fernsehapparaten bieten ihre Geräte an
• mit unterschiedlichen Bildschirmgrößen, das sind die Längen der Diagonalen;
• mit zwei Formaten, nämlich 21 : 9 und 16 : 9, das ist das Verhältnis von Breite zu Höhe eines Bildschirms.

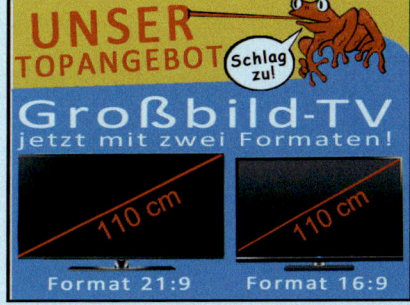

 Der Sehabstand sollte bei einem Fernsehgerät im Format 16 : 9 etwa die fünffache Bildschirmhöhe betragen. Diese Vorgabe wird bei einem Sehabstand von 3,15 m gerade erfüllt. Was kannst du über die Bildschirmgröße sagen?

 Welche Bildschirmbreite und -höhe hat der abgebildete Fernsehapparat mit dem Format 16 : 9?

7. a) Ein 120 m hoher Sendemast soll durch vier Stahlseile abgesichert werden, die in $\frac{3}{4}$ der Höhe befestigt sind. Die Seile sollen 60 m vom Mast entfernt im Boden verankert werden.
Wie viel m Seil werden benötigt?
(Das Durchhängen der Seile soll unberücksichtigt bleiben.)

b) In der Mitte zwischen zwei gegenüberliegenden Masten einer Straße ist eine Straßenlaterne befestigt. Der Abstand der Masten beträgt 12 m. Das Seil ist 12,10 m lang.
Wie viel cm hängt das Seil in der Mitte durch?

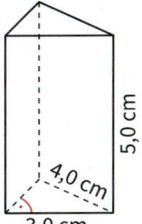

8. a) Berechne das Volumen und die Oberfläche des Prismas links.
b) Ein 6,5 cm hohes Prisma hat ein gleichseitiges Dreieck als Grundfläche; das Dreieck hat eine Seitenlänge von 3,8 cm.
Berechne Oberfläche und Volumen des Prismas.

5,0 cm

4,0 cm

3,0 cm

WAS DU GELERNT HAST

Der Satz des Pythagoras

In jedem rechtwinkligen Dreieck gilt:
Das Hypotenusenquadrat ist genauso groß wie
die beiden Kathetenquadrate zusammen.
$c^2 = a^2 + b^2$

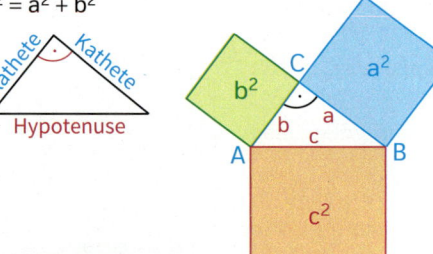

Wie lang ist die Seite x?

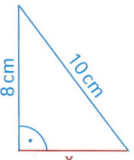

$$(8\,\text{cm})^2 + x^2 = (10\,\text{cm})^2 \qquad |-(8\,\text{cm})^2$$
$$x^2 = (10\,\text{cm})^2 - (8\,\text{cm})^2$$
$$x = \sqrt{(10\,\text{cm})^2 - (8\,\text{cm})^2} \qquad |\sqrt{}$$
$$x = 6\,\text{cm}$$

Umkehrung des Satzes des Pythagoras

Gilt für ein Dreieck ABC $a^2 + b^2 = c^2$, dann ist
das Dreieck bei C rechtwinklig ($\gamma = 90°$).
Bei der Überprüfung kann man ohne Einheiten
rechnen.

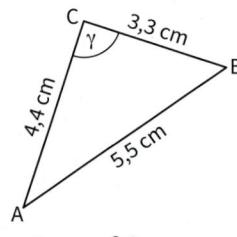

$$4{,}4^2 + 3{,}3^2 = 5{,}5^2$$
$$30{,}25 = 30{,}25$$
(wahr)
also $\gamma = 90°$

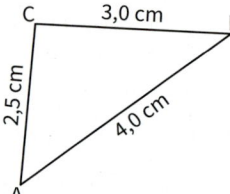

$$2{,}5^2 + 3{,}0^2 = 4{,}0^2$$
$$15{,}25 = 16{,}00$$
(falsch)
also $\gamma \neq 90°$

Strategie zur Berechnung von Längen

Um mit dem Satz des Pythagoras Seitenlängen zu berechnen, sucht man in der Figur nach rechtwinkligen Dreiecken und zeichnet sie ein.

Wie lang sind die Schenkel s?
$h = 4\,\text{cm}$; $g = 6\,\text{cm}$
Rechnung:
$$s^2 = h^2 + \left(\frac{g}{2}\right)^2$$

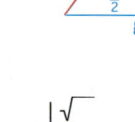

$$s^2 = (4\,\text{cm})^2 + (3\,\text{cm})^2$$
$$s = \sqrt{(4\,\text{cm})^2 + (3\,\text{cm})^2} \qquad |\sqrt{}$$
$$s = 5\,\text{cm}$$

Raumdiagonale eines Quaders

Für die Länge d der Raumdiagonalen
eines Quaders gilt:
$$d^2 = a^2 + b^2 + c^2$$
$$d = \sqrt{a^2 + b^2 + c^2}$$

Für den Spezialfall des Würfels gilt dann:
$$d^2 = a^2 + a^2 + a^2$$
$$d^2 = 3\,a^2$$
$$d = a \cdot \sqrt{3}$$

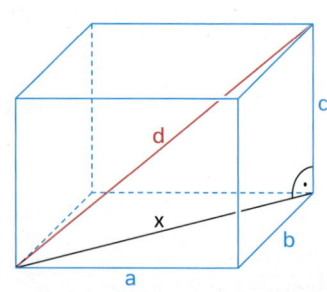

BIST DU FIT?

1. Berechne die Länge der roten Seite.

a)   **b)**   **c)**   **d)**

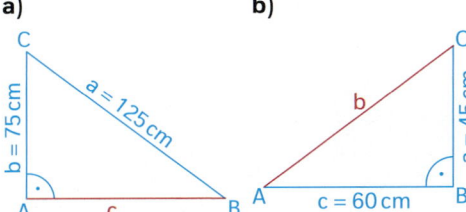

2.

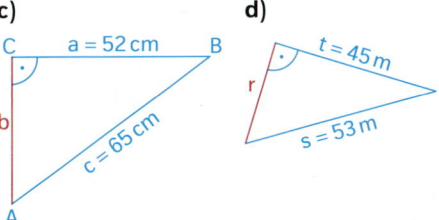

a) Ein Carport hat die in der Zeichnung angegebenen Maße. Die Dachsparren des Pultdaches stehen links und rechts je 30 cm über.
Wie lang sind die Dachsparren?

b) Die Maße eines Satteldaches sind im Bild gegeben.
Berechne die Länge der Dachsparren.

3. Ein Quader ist 8 cm lang, 5 cm hoch und 3,5 cm breit.
Wie lang ist die Raumdiagonale?

4. Die Querschnittsfläche der Skateboard-rampe hat die Form eines gleichschenkligen Trapezes.
a) Berechne die Höhe der Rampe.
b) Wie groß ist das Volumen der Rampe?

5. Ein Wanderer befindet sich an der Stelle A. Von A aus führt ein fast gerader Weg zur Hütte. Auf der Karte mit dem Maßstab 1 : 25 000 ist der Weg (Luftlinie) 2,3 cm lang. Die Höhen sind in m über dem Meeresspiegel angegeben.
Wie lang ist der Weg in der Wirklichkeit?
Hinweis: Beachte die Höhenlinien.

6. Überprüfe rechnerisch, ob das Dreieck ABC mit a = 7,5 cm, b = 19,5 cm und c = 18 cm rechtwinklig ist.

KAPITEL 5

KREIS UND ZYLINDER

Maare in der Eifel

Maare sind spezielle Seen, die aus Vulkan-
kratern entstanden sind. Die Wasserflächen
sind daher oft fast kreisförmig. Das abgebildete Pulvermaar liegt bei Gillenfeld in
Rheinland-Pfalz und ist das schönste und
größte Maar in der Eifel.

>> Wie lang ist das Seeufer ungefähr?
>> Wie kann man die Wasserfläche nähe-
rungsweise bestimmen?

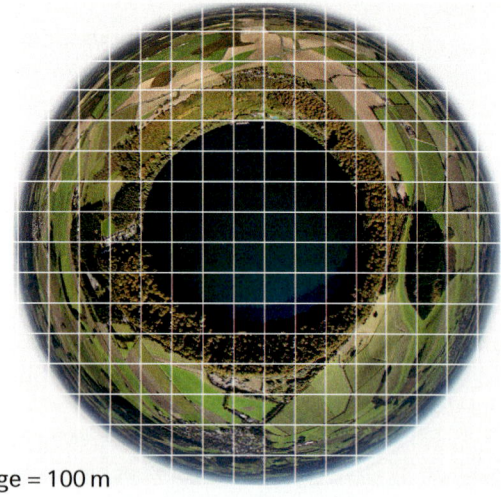

1 Kästchenlänge = 100 m

Baumstämme

Baumstämme haben ungefähr die Form eines Zylinders.

» Wie kann man bestimmen, wie viel Kubikmeter Holz ein Stamm ungefähr hat?

Zylinderförmige Verpackungen

Die Verpackungen rechts haben die Form eines Zylinders.

» Was haben sie gemeinsam, was unterscheidet sie?
» Kennst du weitere Beispiele für Kreise und Zylinder aus Natur, Umwelt oder Technik?

IN DIESEM KAPITEL LERNST DU …

… *wie man den Umfang und den Flächeninhalt von Kreisen bestimmt.*
… *wie man Kreisteile und zusammengesetzte Flächen berechnet.*
… *was ein Zylinder ist und wie man die Oberfläche und das Volumen von Zylindern bestimmen kann.*
… *wie man zusammengesetzte Körper berechnet.*

UMFANG UND FLÄCHENINHALT EINES KREISES

Der Kreisumfang

EINSTIEG

Bei Kreisen kann man den Durchmesser d leicht messen. Der Kreisumfang u, also die Länge der Kreislinie, lässt sich schwieriger messen. Kann man aus dem Durchmesser den Umfang bestimmen?

>> Besorgt euch verschiedene kreisrunde Gegenstände, z.B. Münzen, eine CD, Trinkbecher, Dosen, Töpfe...
>> Welchen Zusammenhang gibt es zwischen Durchmesser d und Kreisumfang u? Schätzt zunächst.
>> Messt bei verschiedenen kreisförmigen Gegenständen den Durchmesser d und den Umfang u möglichst genau.
>> Tragt die Ergebnisse in eine Tabelle ein und zeichnet einen Graphen der Zuordnung *Durchmesser d → Umfang u*. Was fällt auf?
>> Berechnet den Quotienten $\frac{u}{d}$. Das Wievielfache des Durchmessers d ist der Umfang u? Wie kann man den Umfang u aus dem Durchmesser d bestimmen?
>> Präsentiert eure Ergebnisse.

AUFGABE

1. a) Für eine Modelleisenbahn werden unterschiedliche kreisrunde Fahrstrecken angeboten. Es gibt Geschenkpakete mit folgenden Fahrstrecken:
$s_1 = 1,20\,m$; $s_2 = 140\,cm$; $s_3 = 2,5\,m$; $s_4 = 270\,cm$.
Im Katalog sind die Kreisradien angegeben mit
$r_1 = 192\,mm$; $r_2 = 225,6\,mm$; $r_3 = 396,4\,mm$; $r_4 = 430\,mm$.
Untersuche, wie die Länge s der Fahrstrecke vom Kurvenradius r abhängt.
Berechne jeweils auch den Quotienten $\frac{s}{d}$ aus Länge s der Fahrstrecke und Durchmesser d.

b) Entwickle eine Formel für die Berechnung des Kreisumfangs u aus dem Durchmesser d bzw. dem Radius r.

c) (1)   (2)

Ein kreisrunder Holzbottich mit dem äußeren Durchmesser d = 85 cm soll mit Metallbändern verstärkt werden. Wie lang ist jedes Metallband?

Ein Satellit umkreist die Erde auf einer Kreisbahn mit dem Radius r = 42 157 km. Wie viel km legt er bei einer Erdumrundung zurück?

Lösung

a) Wir berechnen:

$$\frac{s_1}{r_1} = \frac{1\,200\,mm}{192\,mm} \approx 6{,}25 \qquad \frac{s_1}{d_1} = \frac{1\,200\,mm}{384\,mm} \approx 3{,}125$$

$$\frac{s_2}{r_2} = \frac{1\,400\,mm}{225{,}6\,mm} \approx 6{,}206 \qquad \frac{s_2}{d_2} = \frac{1\,400\,mm}{451{,}2\,mm} \approx 3{,}103$$

$$\frac{s_3}{r_3} = \frac{2\,500\,mm}{396{,}4\,mm} \approx 6{,}307 \qquad \frac{s_3}{d_3} = \frac{2\,500\,mm}{792{,}8\,mm} \approx 3{,}153$$

$$\frac{s_4}{r_4} = \frac{2\,700\,mm}{430\,mm} \approx 6{,}279 \qquad \frac{s_4}{d_4} = \frac{2\,700\,mm}{860\,mm} \approx 3{,}139$$

Wir stellen fest: Die Quotienten aus Länge s der Fahrstrecke und Radius r bzw. aus Länge s der Fahrstrecke und Durchmesser d sind jeweils ungefähr gleich.

Wir fassen die Fahrstrecke als Umfang des Kreises auf und gehen davon aus, dass der Quotient $\frac{\text{Kreisumfang u}}{\text{Durchmesser d}}$ konstant ist.

Diese Konstante bezeichnet man mit π, gelesen: *pi*. Ein Näherungswert für π ist 3,14.

konstant
fest; unveränderlich

b) Als Formel für die Berechnung des Kreisumfangs erhalten wir:
$\frac{u}{d} = \pi$, also $\boxed{u = \pi \cdot d}$ bzw. $\boxed{u = \pi \cdot 2\,r}$

c) Wir berechnen den Umfang mit dem Näherungswert 3,14 für π.
   (1) Holzbottich: $u \approx 3{,}14 \cdot d \approx 3{,}14 \cdot 85\,cm = 266{,}9\,cm \approx 2{,}67\,m$
   (2) Satellitenbahn: $u \approx 3{,}14 \cdot 2 \cdot r \approx 3{,}14 \cdot 84\,314\,km \approx 264\,746\,km$

INFORMATION

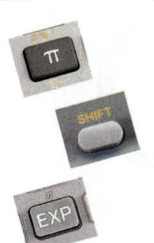

(1) Die Kreiszahl π

Drückt man auf dem Taschenrechner die Taste für π, so erhält man z. B. 3,141592654.
Dies ist auch nur ein Näherungswert für π. Eine noch genauere Näherung ist z. B.:
$\pi \approx 3{,}14159265358979323846264338327950288419716939937510582097494459 2307$

Man kann zeigen, dass π eine *irrationale Zahl* ist, d. h. die Ziffernfolge nach dem Komma bricht niemals ab und wird auch nicht periodisch. Daher kann man nur mit Näherungswerten rechnen. Wir verwenden
* bei schriftlichen Rechnungen: $\pi \approx 3{,}14$
* beim Abschätzen oder Überschlagen: $\pi \approx 3$
* beim Rechnen mit dem Taschenrechner: *immer* die Taste π

(2) Umfang des Kreises

Für den **Umfang u** eines Kreises mit dem **Durchmesser d** bzw. dem **Radius r** gilt:
$u = \pi \cdot d$ bzw. $u = 2\,\pi \cdot r$

Der Kreisumfang ist etwa das Dreifache des Durchmessers.

Beispiele:
Gegeben: $d = 4{,}5\,cm$ *Gegeben:* $r = 5{,}0\,cm$
Überschlag: *Überschlag:*
$u \approx 3 \cdot 4{,}5\,cm = 13{,}5\,cm$ $u \approx 2 \cdot 3 \cdot 5\,cm = 30\,cm$
Rechnung: *Rechnung:*
$u = \pi \cdot 4{,}5\,cm$ $u = 2\,\pi \cdot 5{,}0\,cm$
$u \approx 14{,}1\,cm$ $u \approx 31{,}4\,cm$

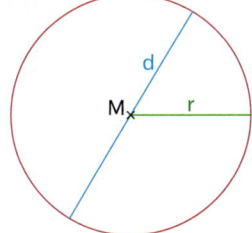

FESTIGEN UND WEITERARBEITEN

2. Überschlage zunächst den Umfang des Kreises. Berechne dann den Umfang mit der π-Taste deines Taschenrechners. Runde sinnvoll. Vergleiche.
   a) $d = 4\,cm$ **b)** $d = 15{,}4\,cm$ **c)** $r = 2{,}35\,m$ **d)** $r = 350\,km$

3. *Berechnen des Radius bei vorgegebenem Umfang*

Wie groß ist

(1) der Radius r,

(2) der Durchmesser d eines Kreises mit dem angegebenen Umfang u?

Überschlage zunächst.

a) u = 45 dm   **b)** u = 12 km   **c)** u = 261 m   **d)** u = 69 cm

4. a) Der Radius eines Kreises wird vergrößert

(1) auf das Doppelte;   (2) auf das Fünffache;   (3) um 15 %.

Untersuche, wie sich dann der Umfang des Kreises verändert.

b) Der Umfang eines Kreises wird verkleinert

(1) auf die Hälfte;   (2) auf ein Fünftel;   (3) um 23 %.

Untersuche, wie sich dann der Radius des Kreises verändert.

> Wenn der Radius verdoppelt wird, ... sich auch der Umfang.
> Wenn ...

ÜBEN

5. Berechne den Umfang des Kreises.

a) r = 3 cm   **c)** r = 4,5 km   **e)** d = 8 cm   **g)** d = 13,5 m
b) r = 8 dm   **d)** r = 7,4 m   **f)** d = 17 dm   **h)** d = 31,4 cm

6. Berechne jeweils den Umfang des Gegenstandes. Überschlage zunächst.

d = 12 cm   d = 17 mm   d = 62 cm

7.

In der nachfolgenden Tabelle ist der äußere Durchmesser eines Rades für verschiedene Fahrräder angegeben.

Typ	Außendurchmesser
BMX-Rad	500 mm
Mountainbike	650 mm
Trekkingbike	716 mm

a) Wie lang ist der Weg, den man mit einer Radumdrehung zurücklegt?

b) Wie oft dreht sich das Rad auf einer 1 km langen Strecke?

8. Ein Messrad dient zum Messen von Entfernungen, z. B. bei Verkehrsunfällen.

a) Beschreibe das Messverfahren.

b) Der Durchmesser des Messrades beträgt 32 cm.

(1) Wie lang ist die Strecke bei 17 Umdrehungen? Überschlage zunächst.

(2) Wie viele Umdrehungen macht das Rad bei einer Weglänge von 25 m?

> Bei einer vollen Umdrehung legt das Rad ... zurück.
> Bei 17 Umdrehungen ...

9. Beim Basteln werden aus 12 cm langen Silberdrähten kreisförmige Ringe hergestellt. Welchen Durchmesser haben die Ringe?

Hier lohnt es sich die Formel umzustellen.

10. Berechne Radius und Durchmesser aus dem angegebenen Kreisumfang.
- **a)** u = 7 cm
- **b)** u = 89 mm
- **c)** u = 2,5 km
- **d)** u = 1 m
- **e)** u = 95 km
- **f)** u = 31,42 m

11. Die Baumsatzung einer Stadt schreibt vor:
Bäume (außer Obstbäume) mit einem Durchmesser von mehr als 19 cm (in 1 m Höhe) dürfen nur mit Genehmigung der Unteren Naturschutzbehörde oder des Bauaufsichtsamtes gefällt werden.

- **a)** Auf einem Grundstück stehen verschiedene Bäume. Ihr Umfang wurde mit einem Meterband gemessen.
  - (1) Eiche: u = 151 cm
  - (2) Buche: u = 65 cm
  - (3) Birke: u = 56 cm
  - (4) Pappel: u = 61 cm
  Welche dieser Bäume dürfen nur mit Genehmigung gefällt werden?
- **b)** *Erkundigt euch:* Gibt es für euren Wohnort auch eine entsprechende Satzung? Berichtet.

12. Eine Firma produziert kreisrunde Tischdecken mit dem Durchmesser
- **a)** 150 cm;
- **b)** 170 cm;
- **c)** 185 cm;
- **d)** 210 cm.

Jede Tischdecke wird mit Spitzbändern umsäumt.
Berechne die Länge der Bänder.

13. Das Rad eines Förderturms hat einen Radius von 2,80 m. Bei einer Radumdrehung wird der Förderkorb um eine Strecke angehoben, die dem Umfang des Rades entspricht.

- **a)** Wie viele Umdrehungen muss das Rad machen, damit der Förderkorb 500 m gehoben wird?
- **b)** Das Rad macht pro Minute 4 Umdrehungen.
  Welchen Höhenunterschied kann der Förderkorb in 5 Minuten überwinden?

14. Das *London Eye* an der Themse in London wurde 1999 errichtet und ist das größte Riesenrad Europas. Es hat einen Außendurchmesser von 122 m.

- **a)** Wie viel m legt ein Tourist in einer Gondel bei einer Umdrehung des Riesenrades zurück? Überschlage zunächst.
- **b)** Angabe in einem Prospekt:

  Das Riesenrad dreht sich mit einer Geschwindigkeit von 0,26 m pro Sekunde.

  Wie lange braucht das Riesenrad für eine Umdrehung?

Der Flächeninhalt eines Kreises

» Vergleicht in den Abbildungen (1) und (2) rechts die Größe A der Kreisfläche mit der Größe eines Radiusquadrates.
Welchen Zusammenhang vermutet ihr zwischen A und r^2?

» Bestimmt den Flächeninhalt des Kreises möglichst genau. Beschreibt eure Vorgehensweise.

» Versucht, eine Formel für die Berechnung des Flächeninhaltes eines Kreises in Abhängigkeit von r oder d aufzustellen.

» Berichtet über eure Ergebnisse.

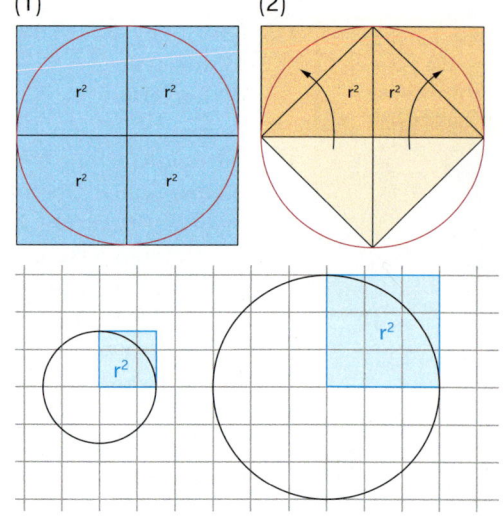

AUFGABE

1. a) Kann man eine Kreisfläche A so aufteilen und neu zusammensetzen, dass man ungefähr ein Rechteck erhält? Versuche es zunächst mit 8, dann mit 16 „Tortenstücken".
Was kann man über die Genauigkeit dieses Verfahrens sagen?
Wie kann man mit diesem Verfahren den Flächeninhalt des Kreises berechnen?
Finde eine Formel.

b) In einer Empfangshalle eines Hotels soll eine kreisrunde Fläche (r = 4,5 m) mit Mosaiksteinen ausgelegt werden.
Wie viel m^2 Mosaiksteine werden benötigt?
Löse diese Aufgabe mithilfe der Formel aus Teilaufgabe a).

Lösung

a) Wenn man die Stücke versetzt in eine Reihe legt, erhält man ungefähr die Form eines Rechtecks. Dieses Rechteck hat ungefähr die Breite r.
Die Länge des Rechtecks ist etwa halb so groß wie der Umfang, nämlich $\frac{u}{2}$.
Die Genauigkeit wird umso besser, je feiner wir die Torte unterteilen. Bei sehr vielen Stücken erhalten wir fast ein Rechteck.
Für den Flächeninhalt A gilt dann:
$$A = \frac{u}{2} \cdot r = \frac{2\pi r}{2} \cdot r = \pi r^2$$
Wir erhalten also die Formel:
$A = \pi r^2$

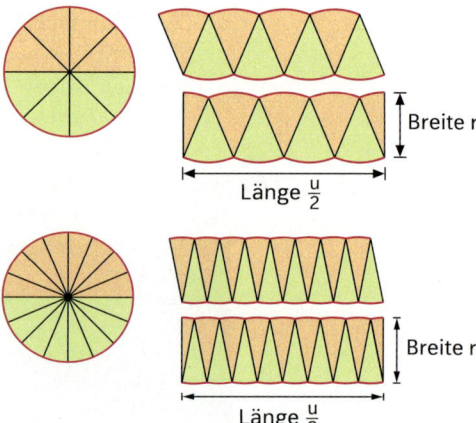

b) Wir berechnen den Flächeninhalt mit dem Näherungswert 3,14 für π.
$$A = \pi \cdot r^2$$
$$A \approx 3,14 \cdot (4,5\,m)^2 = 63,585\,m^2 \approx 64\,m^2$$

Ergebnis: Man braucht ungefähr 64 m^2 Mosaiksteine.

INFORMATION

Die Kreisfläche ist ungefähr dreimal so groß wie das Radiusquadrat.

Für den **Flächeninhalt A eines Kreises** mit dem Radius r gilt:

$A = \pi \cdot r^2$

Beispiel: r = 5,0 cm
Überschlag: $A \approx 3 \cdot (5\,cm)^2 = 75\,cm^2$
Rechnung: $A = \pi \cdot (5,0\,cm)^2 = \pi \cdot 25\,cm^2 \approx 78,5\,cm^2$

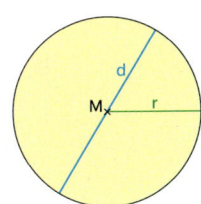

FESTIGEN UND WEITERARBEITEN

2. Überschlage zunächst den Flächeninhalt der Kreisfläche. Berechne ihn dann mit dem Taschenrechner. Runde das Ergebnis sinnvoll. Vergleiche.

a) r = 4 cm   **b)** r = 7,9 cm   **c)** d = 1,3 m   **d)** d = 10,4 m   **e)** d = 15 km

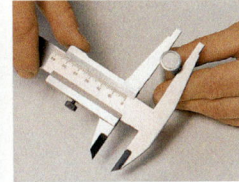

3. Der Durchmesser eines Bolzens wurde mit einer Schieblehre gemessen: d = 8,2 mm. Wie groß ist die Querschnittsfläche des Bolzens? Überschlage zunächst.

4. Gegeben ist der Flächeninhalt A eines Kreises. Berechne den Radius. Entwickle zunächst eine Formel für die Berechnung von r. Rechne dann mit der Formel. Runde sinnvoll.

a) $A = 40,7\,cm^2$ **b)** $A = 25\,m^2$ **c)** $A = 58\,km^2$ **d)** $A = 25\,mm^2$

Wenn der Radius verdoppelt wird, ... sich der Flächeninhalt. Wenn ...

5. a) Der Radius eines Kreises wird vergrößert
   (1) auf das Doppelte;   (2) auf das Dreifache;   (3) um 20 %.
   Wie verändert sich dann der Flächeninhalt des Kreises?
b) Der Flächeninhalt eines Kreises wird verkleinert
   (1) auf die Hälfte;   (2) auf ein Drittel;   (3) um 10 %.
   Wie ändert sich dann der Radius?
c) Zu jedem Radius r gehört genau ein Flächeninhalt A.
   Stelle die Funktion *Radius r → Flächeninhalt A* grafisch dar.

6. *Flächeninhalt eines Kreisrings*
Die gelbe Fläche ist ein **Kreisring**; sie wird begrenzt durch zwei *konzentrische* Kreise; das sind Kreise mit demselben Mittelpunkt.
Gegeben sind zwei konzentrische Kreise mit den Radien $r_a = 5,3\,cm$ und $r_i = 2,8\,cm$.
a) Berechne den Flächeninhalt des Kreisrings.
b) Stelle eine Formel für den Flächeninhalt eines Kreisrings mit den Radien r_a und r_i auf.
   Beschreibe dein Vorgehen.

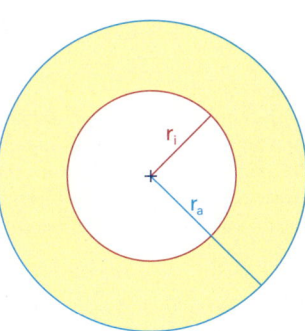

INFORMATION

Flächeninhalt des Kreisrings	=	Flächeninhalt des Außenkreises	−	Flächeninhalt des Innenkreises
A	=	$\pi \cdot r_a^2$	−	$\pi \cdot r_i^2$
	=	$\pi \cdot \left(r_a^2 - r_i^2\right)$		

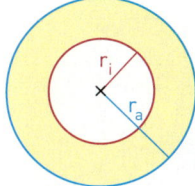

ÜBEN

7. Berechne den Flächeninhalt der Kreisfläche aus dem Radius r bzw. dem Durchmesser d.
    a) r = 5,3 cm   **b)** r = 1,18 km   **c)** r = 2,06 m   **d)** d = 28,5 cm   **e)** d = 10,35 m

8. a) Ein kreisrunder Tisch hat den Durchmesser 1,40 m. Wie groß ist die Tischfläche?
    b) Der kreisförmige Querschnitt eines Kupferdrahtes beträgt
        (1) 1,13 mm²;   (2) 9,62 mm²;   (3) 0,5 mm².
        Bestimme den Durchmesser.

Formel umstellen
lohnt sich.

9. Berechne Radius und Durchmesser aus dem gegebenen Kreisflächeninhalt A.
    a) 56,8 cm²   **b)** 4,06 km²   **c)** 0,84 mm²   **d)** 3,88 cm²   **e)** 0,053 m²

10. Der Einsatzradius eines Rettungshubschraubers beträgt 70 km.
    a) Wie groß ist das Gebiet, in dem der Hubschrauber eingesetzt werden kann? Schätze zunächst.
    b) Drei verschiedene Standorte von Rettungshubschraubern liegen auf den Eckpunkten eines gleichseitigen Dreiecks mit der Seitenlänge 140 km.
        (1) Lege eine maßstabsgetreue Zeichnung an. Färbe das Gebiet in der Mitte, das von keinem der drei Hubschrauber erreicht werden kann.
        (2) Wie groß darf die Entfernung zwischen den Standorten höchstens gewählt werden, damit keine Lücke entsteht?

11. Berechne den Radius eines Kreises, der denselben Flächeninhalt hat wie ein Quadrat mit der Seitenlänge 5,7 cm.

12. a) Gegeben ist der Umfang u eines Kreises. Berechne seinen Flächeninhalt A.
        (1) u = 1 m   (2) u = 3 m   (3) u = 4,25 km   (4) u = 9,4 cm
    b) Gegeben ist der Flächeninhalt A eines Kreises. Berechne seinen Umfang u.
        (1) A = 1 m²   (2) A = 4 m²   (3) A = 56 cm²   (4) A = 26,4 cm²
    c) Stelle eine Formel auf, mit der man
        (1) aus dem Umfang den Flächeninhalt;
        (2) aus dem Flächeninhalt den Umfang
        des Kreises berechnen kann.

[...] Bei einem Tankerunfall hatte sich nach allen Seiten schnell ein Ölteppich ausgebreitet. Der Ölteppich hatte am ersten Tag die Größe von 4 km², am zweiten Tag war er bereits auf 6 km² angewachsen.

13. Lies den nebenstehenden Ausschnitt aus einem Zeitungsbericht über einen Tankerunfall.
Angenommen, die Ölfläche ist kreisförmig. Wie groß ist dann der Durchmesser des Ölteppichs am ersten Tag, am zweiten Tag?

Eine Skizze
hilft dir.

14. Ein Dichtungsring ist 7 mm breit und hat einen äußeren Durchmesser von 27 mm. Berechne den Flächeninhalt des Rings.

15. Ein Kreis hat den Radius 3,5 cm. Zeichne dazu einen konzentrischen Kreis derart, dass der entstehende Kreisring denselben Flächeninhalt wie der gegebene Kreis hat.

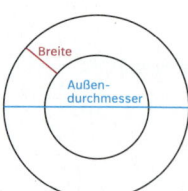

Breite

Außen-
durchmesser

16. In ein Quadrat mit der Seitenlänge a wird der größtmögliche Kreis gezeichnet. Gib
(1) den Flächeninhalt;   (2) den Umfang
des Kreises in Abhängigkeit von a an.

BERECHNUNGEN AN ZUSAMMENGESETZTEN FLÄCHEN

EINSTIEG

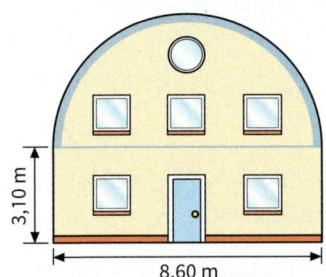

Die Giebelfront des Hauses soll neu gestrichen werden.
Pro Quadratmeter muss mit einem Preis von 15,35 € gerechnet werden.
Die Fenster und die Tür bleiben unberücksichtigt.

≫ Wie teuer ist der Anstrich?

AUFGABE

1. Lauras Eltern haben einen runden Esstisch, den man durch Einlegen einer rechteckigen Platte erweitern kann.
  a) Wie groß ist dann die Tischfläche?
  b) Gib auch den Umfang des Tisches an.

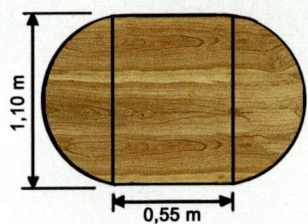

Lösung

a) Die Tischfläche besteht aus einem Rechteck und zwei Halbkreisen.
Das Rechteck hat die Maße $a = 0,55\,m$ und $b = 1,10\,m$.
Die zwei Halbkreisflächen bilden zusammen eine Kreisfläche mit dem Durchmesser $d = 110\,cm$.

Flächeninhalt A_R des Rechtecks:
$A_R = a \cdot b$
$A_R = 0,55\,m \cdot 1,10\,m$
$A_R = 0,605\,m^2$

Flächeninhalt A_K des Kreises:
$A_K = \pi \cdot r^2$
$A_K = \pi \cdot (0,55\,m)^2$
$A_K \approx 0,950\,m^2$

Der Gesamtflächeninhalt ergibt sich aus der Summe der beiden Teilflächeninhalte:
$A = A_R + A_K$
$A = 0,605\,m^2 + 0,950\,m^2$
$A \approx 1,56\,m^2$

Ergebnis: Die Tischfläche ist ungefähr $1,56\,m^2$ groß.

b) Der Rand des Tisches setzt sich aus den beiden kürzeren Seiten des Rechtecks und dem Kreis zusammen:
$u = 2 \cdot a + u_K$
$u = 2 \cdot 0,55\,m + 2\,\pi \cdot 0,55\,m$
$u \approx 4,56\,m$

Ergebnis: Der Umfang des Tisches beträgt ungefähr $4,56\,m$.

FESTIGEN UND WEITERARBEITEN

2. a) Berechne den Flächeninhalt des Blechstücks.
Beschreibe dein Vorgehen.
  b) Gib auch den Umfang des Blechstücks an.

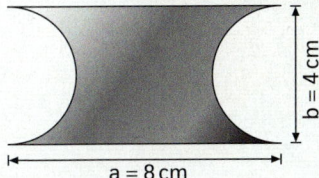

INFORMATION

Strategie zur Berechnung von zusammengesetzten Flächen

Um den Flächeninhalt von zusammengesetzten Flächen zu berechnen, zerlegt man die Fläche in geeignete Teilflächen, wie z. B. Rechtecke, Dreiecke oder Kreise.

Manchmal kann man die Figur auch geeignet ergänzen.

ÜBEN

3. Bei der Anlage von Blumenbeeten werden oft Kreise und Halbkreise verwendet. Berechne Flächeninhalt und Umfang der Flächen (Maße in m).

a)

b)

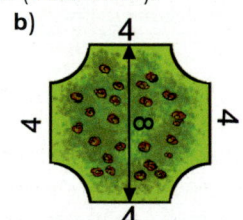

c)

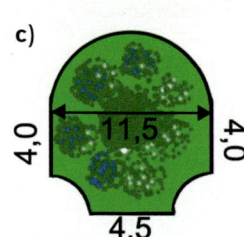

4. Berechne den Flächeninhalt und den Umfang der grünen Fläche.

a)

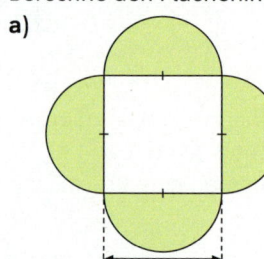

b)

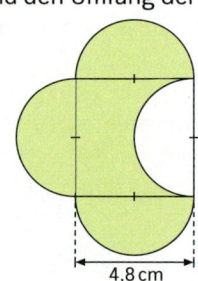

c)

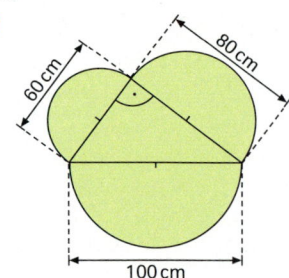

5. Berechne den Flächeninhalt und den Umfang der orangen Figur.

a)

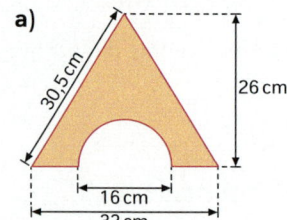

b)

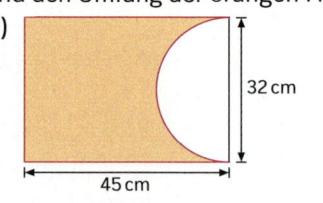

c)

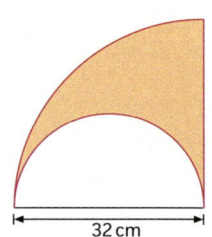

6. Die herzförmige Figur soll aus Silberdraht hergestellt werden. Die Dreiecke bei B und C sind gleichseitig.

Wie viel Draht braucht man für die Figur?

Suche einen geeigneten Mittelpunkt und den passenden Radius.

a)

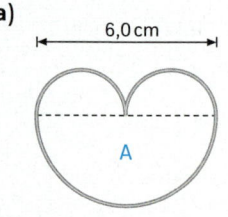

b)

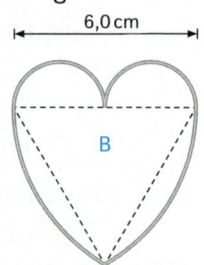

c)

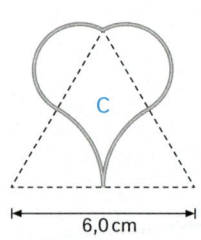

KREISAUSSCHNITT UND KREISBOGEN

EINSTIEG

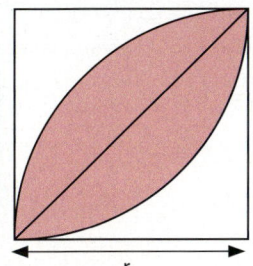 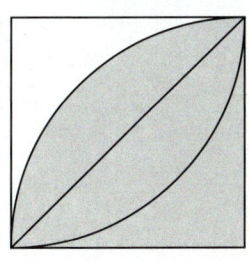 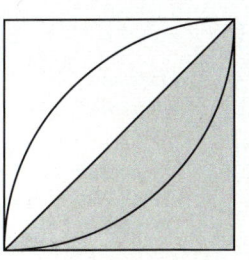 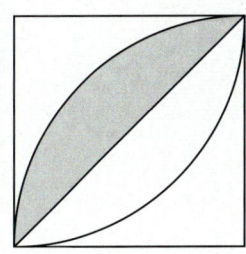

r

>> Beschreibe die Form der roten Figur.
Aus welchen Teilen ist sie zusammengesetzt?

>> Welchen Flächeninhalt hat die rote Figur für $r = 1$?
Tipp: Die grau gefärbten Figuren können dir bei der Berechnung helfen.

>> Berechne den Flächeninhalt allgemein für den Radius r.

AUFGABE

1. a) Welchen Anteil am Gesamtkreis hat der Kreisausschnitt rechts?
Wie groß ist der Flächeninhalt dieses Kreisausschnitts?

b) Wie kann man die Fläche eines Kreisausschnitts berechnen, wenn der Mittelpunktswinkel 90°, 45°, 1°, 128°, 270° beträgt?
Finde eine Formel, mit der man den Flächeninhalt von Kreisausschnitten für beliebige Winkel berechnen kann.

c) Berechne für einen Kreisausschnitt mit $r = 3,5\,cm$ und $\alpha = 60°$ den Flächeninhalt.
Verwende die Formel aus Aufgabenteil b).

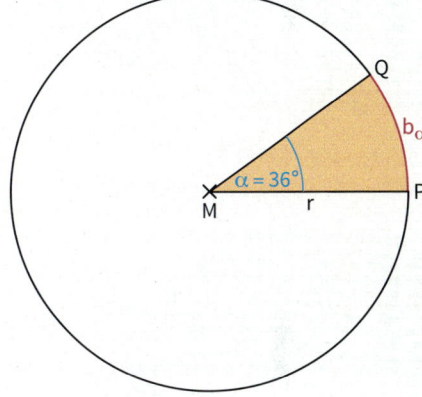

Lösung

a) Der ganze Kreis hat 360°. Seine Fläche beträgt $A = \pi r^2$.
Der Kreisausschnitt hat einen Mittelpunktswinkel von 36°, also nur den zehnten Teil davon.
Seine Fläche beträgt daher: $\pi r^2 \cdot \frac{1}{10}$

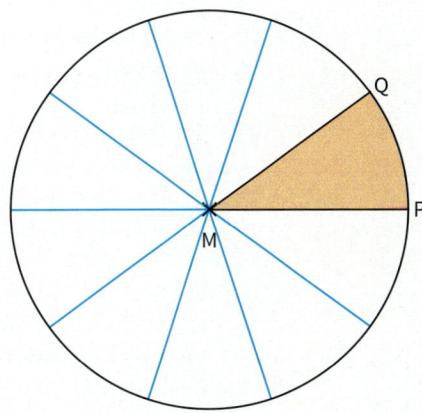

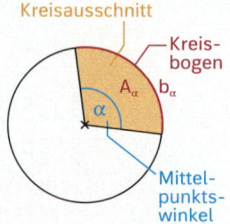

Kreisausschnitt
Kreisbogen
A_α b_α
α
Mittelpunktswinkel

b) Kreisausschnitte sind Bruchteile des Gesamtkreises. Jedem Mittelpunktswinkel kann man die entsprechende Fläche des Kreisausschnitts zuordnen:

Mittelpunktswinkel α	90°	45°	1°	128°	270°	α
Anteil am Gesamtkreis	$\frac{1}{4}$	$\frac{1}{8}$	$\frac{1}{360}$	$\frac{128}{360}$	$\frac{270}{360}$	$\frac{\alpha}{360°}$
Fläche des Kreisausschnitts A_α	$\pi\, r^2 \cdot \frac{1}{4}$	$\pi\, r^2 \cdot \frac{1}{8}$	$\pi\, r^2 \cdot \frac{1}{360}$	$\pi\, r^2 \cdot \frac{128}{360}$	$\pi\, r^2 \cdot \frac{270}{360}$	$\pi\, r^2 \cdot \frac{\alpha}{360°}$
						A_α α

Aus der letzten Spalte ergibt sich die Formel:

$$A_\alpha = \pi\, r^2 \cdot \frac{\alpha}{360°}$$

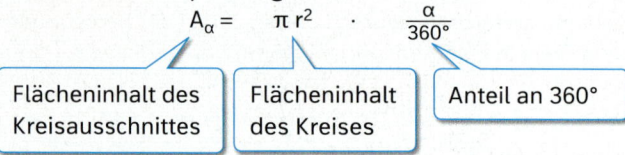

Flächeninhalt des Kreisausschnittes

Flächeninhalt des Kreises

Anteil an 360°

c) Gegeben: $\alpha = 60°$; $r = 3{,}5\,\text{cm}$
Berechnen des Flächeninhalts des Kreisausschnitts:
$A_\alpha = \pi\, r^2 \cdot \frac{\alpha}{360°}$
$A_\alpha = \pi \cdot (3{,}5\,\text{cm})^2 \cdot \frac{60°}{360°}$
$A_\alpha \approx 6{,}4\,\text{cm}^2$

FESTIGEN UND WEITERARBEITEN

2. a) Wie kann man die Länge des Kreisbogens b_α der Kreisausschnitte aus Aufgabe 1 berechnen?

b) Finde eine Formel zur Berechnung der Länge des Kreisbogens für einen beliebigen Winkel α. Beschreibe, wie du vorgegangen bist.

c) Berechne für einen Kreisausschnitt mit $r = 4{,}8\,\text{cm}$ und $\alpha = 60°$ die Länge des Kreisbogens mit der Formel aus Teilaufgabe b).

d) Begründe, dass man die Fläche des Kreisausschnitts A_α mithilfe der Formel für die Länge des Kreisbogens b_α mit folgender Gleichung ausdrücken kann: $A_\alpha = \pi r^2 \cdot \frac{\alpha}{360°} = \frac{r \cdot b_\alpha}{2}$.

3. Berechne zu dem Mittelpunktswinkel α den Flächeninhalt A_α des Kreisausschnitts sowie die Länge b_α des Kreisbogens ($r = 3{,}5\,\text{cm}$).

a) $\alpha = 70°$ **b)** $\alpha = 90°$ **c)** $\alpha = 265°$ **d)** $\alpha = 317°$

4. Ein Kreisausschnitt mit dem Mittelpunktswinkel $\alpha = 42°$ hat den Flächeninhalt $A_\alpha \approx 9{,}16\,\text{cm}^2$ und einen Kreisbogen mit der Länge $b_\alpha \approx 3{,}6\,\text{cm}$.
Berechne den Flächeninhalt und die Länge des Kreisbogens für die Kreisausschnitte desselben Kreises mit den Mittelpunktswinkeln: 7°; 56°; 154°; 36°; 186°; 93°.

5. Die Rechtskurve einer 25 m breiten mehrspurigen Autostraße entspricht angenähert einem Kreisbogen mit dem Mittelpunktswinkel $\alpha = 135°$ und dem äußeren Radius 1 km.
Wie unterscheidet sich die Fahrtstrecke eines Linksfahrers von der Fahrtstrecke eines Rechtsfahrers? Beachte die Breite des Autos.

INFORMATION

Länge des Kreisbogens:	$b_\alpha = 2\,\pi\,r \cdot \dfrac{\alpha}{360°}$
Flächeninhalt des Kreisausschnitts:	$A_\alpha = \pi\,r^2 \cdot \dfrac{\alpha}{360°} = \dfrac{r \cdot b_\alpha}{2}$

Beispiel: $r = 2,7\,\text{cm};\ \alpha = 45°$

$b_\alpha = 2\,\pi \cdot 2,7\,\text{cm} \cdot \dfrac{45°}{360°} \approx 2,1\,\text{cm}$

$A_\alpha = \pi \cdot (2,7\,\text{cm})^2 \cdot \dfrac{45°}{360°} \approx 2,86\,\text{cm}^2$

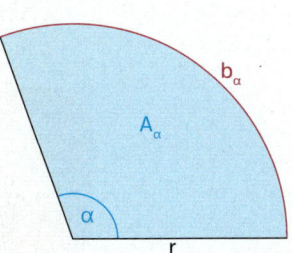

ÜBEN

6. Berechne jeweils A_α und b_α.

r	3 cm	3 cm	9 m	36 mm	1 km	45 mm	2 km	4,9 m
α	30°	45°	2°	132°	200°	100°	150°	295°

7. Von den Größen r, α, A_α und b_α eines Kreisbogens bzw. Kreisausschnitts sind zwei gegeben. Berechne die übrigen Größen.

a) $r = 5\,\text{cm}$
$b_\alpha = 20\,\text{cm}$

b) $r = 9\,\text{cm}$
$b_\alpha = 12,5\,\text{m}$

c) $r = 6\,\text{m}$
$A_\alpha = 64\,\text{cm}^2$

d) $\alpha = 149°$
$b_\alpha = 52\,\text{cm}$

e) $A_\alpha = 45\,\text{cm}^2$
$b_\alpha = 15\,\text{cm}$

8. Die Räder eines Autos haben einen Abstand von 1,40 m. Die Skizze stellt die möglichen Spuren des Autos in einer Kurve dar. Man erkennt: Das äußere Rad muss einen weiteren Weg zurücklegen als das innere. Wie viel m legt in unserem Beispiel das äußere Rad mehr zurück als das innere?

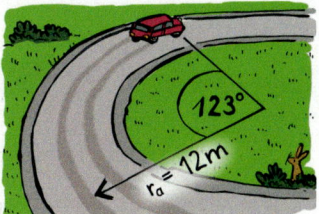

9. Berechne den Flächeninhalt der blauen Fläche.

a) $r_i = 4,0\,\text{cm}$
$r_a = 5,5\,\text{cm}$

b) $s = 5\,\text{cm}$

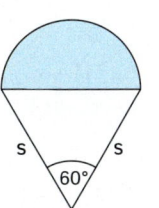

c) $s = 2,1\,\text{dm}$

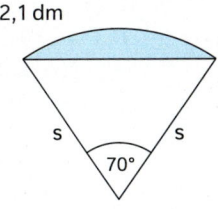

10. Welcher Mittelpunktswinkel gehört zu einem Bogen,

a) der genauso groß wie der Radius ist; **c)** der halb so groß wie der Radius ist;

b) der doppelt so groß wie der Radius ist; **d)** der π-mal so groß wie der Radius ist?

11. Die Schienen einer Straßenbahn und einer ICE-Strecke haben den gleichen Abstand (1 435 mm). Die Kurvenradien sind sehr verschieden:
ICE: r = 3 000 m; Straßenbahn: r = 50 m.
Der ICE und die Straßenbahn durchfahren einen Kurvenbogen mit dem Mittelpunktswinkel α = 20°. Berechne für jedes Verkehrsmittel den Längenunterschied zwischen der äußeren und der inneren Schiene.

★★
Berechne die Fläche des Landeswappens.

8,0 cm

9,3 cm

★★★
Wie groß sind die drei weißen Monde?

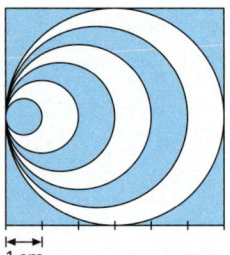

1 cm

★★★★
Berechne die Fläche der Figur.

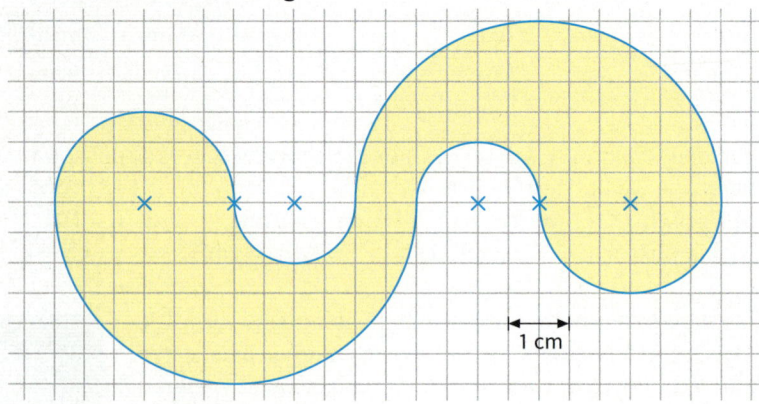

1 cm

Eine Firma für Gartengeräte bietet verschiedene Rasensprenger an.

★★
Der Sprühregner besprüht eine kreisförmige Fläche mit dem Durchmesser d = 12,0 m. Wie groß ist die Fläche?

★★★
Für einen Kreisregner gibt die Firma eine Fläche von 230 m² an. Wie groß ist der Radius?

★★★★
Die Firma bietet auch einen variablen Kreisregner an.
In Normalstellung ist die beregnete Fläche 150 m² groß. Der Radius kann bis zu 3,5 m größer oder kleiner eingestellt werden. Berechne, wie groß die Flächen sein können.

VERMISCHTE UND KOMPLEXE ÜBUNGEN

Rosenpflanze
8,25 €

1.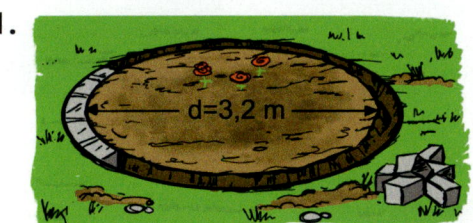

d=3,2 m

a) Der Rand des kreisrunden Beetes soll mit Steinen eingefasst werden. Man rechnet 8 Steine auf 1 m.
Wie viele Steine werden benötigt?

b) Das Beet soll mit Rosen bepflanzt werden. Man rechnet 4 Rosen auf 1 m^2.
Berechne die Kosten.

2. Das kreisförmige Turmzimmer eines Schlosshotels hat einen Durchmesser von 6,75 m. Der Fußboden soll neu gefliest werden. Es muss mit 15 % Verschnitt gerechnet werden.
Runde das Ergebnis sinnvoll.

3. Von den Größen r, α, b_α und A_α eines Kreisbogens bzw. Kreisauschnittes sind zwei gegeben. Berechne die übrigen.

	a)	b)	c)	d)	e)
Radius r	3,5 cm	6,2 cm	9,0 cm		
Mittelpunktswinkel α	130°			245°	
Kreisbogen b_α		17,0 cm			17,4 cm
Kreisausschnitt A_α			110,5 cm^2	166,0 cm^2	58,0 cm^2

 Philip will für sich und drei Freunde Pizzas mitnehmen. Er will nicht mehr als 20 € ausgeben und möchte dafür möglichst viel Pizza haben.

 Maria meint: Bei doppeltem Durchmesser bekommt man etwa 2- bis 3-mal soviel Pizza. Hat sie recht? Begründe.

4.

Jubiläumsangebot:
Alle Sorten zum gleichen Preis

Medium-Pizza
Durchmesser 15 cm
4,50 €

Maxi-Pizza
Durchmesser 30 cm
9,90 €

Mini-Pizza
Durchmesser 10 cm
2,90 €

XXL-Pizza
Durchmesser 50 cm
25,90 €

 Eine andere Pizzeria hat eine Mega-Pizza im Angebot, die $\frac{1}{4}$ m^2 groß ist. Welchen Durchmesser hat diese Pizza?

 Kaya möchte sich eine Pizza kaufen und überlegt: Wie viel cm^2 groß sind die Pizzas im Angebot?

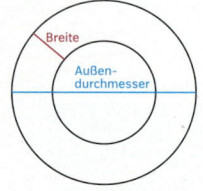

5. Der Schlauch hat einen Durchmesser von einem Zoll. Er wurde in nicht ganz vier Schichten aufgerollt.
Bestimme näherungsweise die Länge des Schlauchs.
Beschreibe deine Überlegungen.

1 Zoll ≈ 2,5 cm

6.

Zielscheiben beim Bogenschießen bestehen aus 10 konzentrischen Ringen, je zwei in einer Farbe. Der innere gelbe Kreis hat einen Durchmesser von 6 cm. Die nächsten Kreisringe sind alle 3 cm breit.

a) Tarik und Sahra wollen sich eine Zielscheibe auf einer quadratischen Holzauflage bauen. Wie groß muss die Holzauflage mindestens sein?

b) Wie groß ist
(1) die gelbe Fläche;
(2) die weiße Fläche?

c) Wie viel Prozent der Gesamtfläche macht
(1) die gelbe Fläche;
(2) die weiße Fläche aus?
Schätze zunächst.

Ilylas behauptet: „Verwendet man einen Kochtopf mit 9 cm Durchmesser auf einem Kochfeld mit einem Durchmesser von 18 cm verschwendet man 50 % Energie."

Fabian und Jule haben für das Kochfeld (1) eine Fläche von rund 360 cm² ermittelt.
Prüfe ihr Ergebnis.

7.

(1)
$d = 16$ cm
$a = 10$ cm

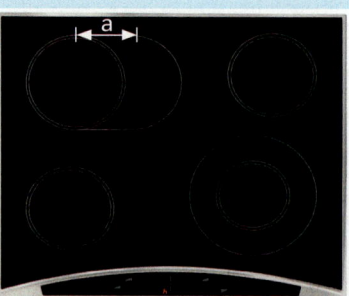

(2)

(3)

(4)
$d_i = 14$ cm
$d_a = 21$ cm

Im Kochfeld (4) kann man den Kreisring zuschalten, sodass sich das Kochfeld vergrößert. Verdoppelt sich dadurch die Kochfläche? Berechne.

Die Kochfelder (2) und (3) haben zusammen eine Fläche von rund 3,53 dm². Berechne ihren Durchmesser.
Runde das Ergebnis auf volle cm.

8. Aus einem quadratischen Blech mit der Seitenlänge 30 cm werden kreisrunde Scheiben für die Herstellung von Blechdosen ausgestanzt.

a) Berechne den Flächeninhalt und den Umfang jeder Scheibe.

b) Wie groß ist der Abfall in Prozent? Was fällt auf? Erkläre.

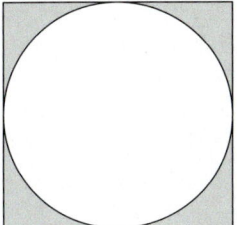 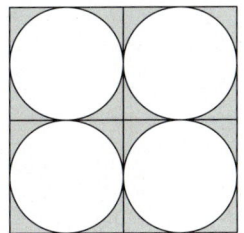 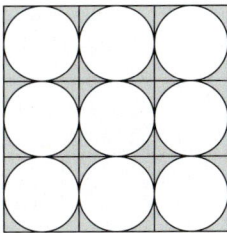

9. Vier kongruente Kreise $(r = 5\,\text{cm})$ berühren einander jeweils in einem Punkt.

a) Wie groß ist der Umfang der roten Fläche?

b) Wie groß ist die rote Fläche?

10. Der historische kreisrunde Marktplatz einer Stadt soll neu gestaltet werden.

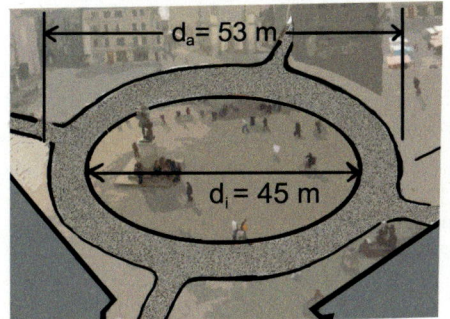

- Der Asphalt im inneren Kreis soll durch ein dekoratives Verbundsteinpflaster ersetzt werden.
- Der innere Kreis soll mit einer Sandsteinmauer umgeben werden. Für die Zugänge werden jeweils 4 m ausgespart.
- Die Straße, die den Platz umgibt, soll als verkehrsberuhigte Straße keine Bürgersteige erhalten. Ihr Pflaster soll sich aber deutlich abheben.

Stelle selbst Fragen und beantworte sie rechnerisch.

?

11. a) Die mit Daten beschreibbare Fläche einer DVD ist ein Kreisring mit $r_1 = 2,2\,\text{cm}$ und $r_2 = 5,8\,\text{cm}$. Sie hat eine Speicherkapazität von 4,7 GB.

1 GB
≈ 1 000 MB

(1) Wie groß ist die Fläche, die für 1 MB zur Verfügung steht?

(2) Welche Speicherkapazität hat eine 1 mm² große Fläche?

b) Eine CD hat eine Speicherkapazität von 700 MB, eine Blu-Ray-Disc kann 25 GB speichern. Vergleiche.

12. Ein Ball hat einen Umfang von 1 m. Passt er durch einen Ring mit 35 cm Innendurchmesser?

13. Ein Satellit bewegt sich auf einer Kreisbahn um die Erde mit einer Geschwindigkeit von 8 km pro Sekunde. Für eine Erdumkreisung benötigt er 1 h 28 min.
In welcher Höhe fliegt der Satellit (angenommener Erdradius: 6 371 km)?

WAS DU GELERNT HAST

Kreis – Umfang

Für den Umfang u eines Kreis gilt:

$u = 2\,\pi \cdot r$ bzw. $u = \pi \cdot d$

r ist der Radius,
d ist der Durchmesser,
$\pi \approx 3{,}14$.

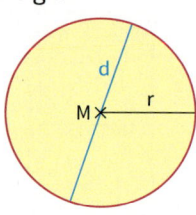

Gegeben: $d = 8\,cm$, dann gilt: $r = 4\,cm$
Überschlag: $u \approx 2 \cdot 3 \cdot 4\,cm = 24\,cm$
Rechnung: $u = 2 \cdot \pi \cdot 4\,cm = 24{,}13\,cm$
Der Umfang beträgt $24{,}13\,cm$.

Kreis – Flächeninhalt

Für den Flächeninhalt A eines Kreises gilt:

$A = \pi \cdot r^2$

Gegeben: $r = 4\,cm$
Überschlag: $A \approx 3 \cdot (4\,cm)^2 = 3 \cdot 16\,cm^2 = 48\,cm^2$
Rechnung: $A = \pi \cdot r^2 = \pi \cdot (4\,cm)^2 = 50{,}27\,cm^2$
Der Flächeninhalt beträgt $50{,}27\,cm^2$.

Kreisring – Flächeninhalt

Für den Flächeninhalt A eines Kreisrings gilt:

$A = \pi \cdot r_a^2 - \pi \cdot r_i^2 = \pi \cdot \left(r_a^2 - r_i^2 \right)$

r_a ist der Radius des
äußeren Kreises,
r_i ist der Radius des
inneren Kreises.

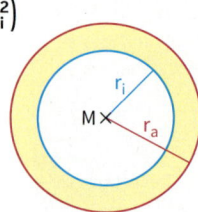

Gegeben: $r_a = 5\,cm$, $r_i = 3\,cm$
Überschlag: $A = 3 \cdot (5\,cm)^2 - 3 \cdot (3\,cm^2) = 48\,cm^2$
Rechnung:
$A = \pi \cdot (5\,cm)^2 - \pi \cdot (3\,cm^2) \approx 50{,}27\,cm^2$
Der Flächeninhalt des Kreisrings beträgt
$50{,}27\,cm^2$.

Kreisbogen – Länge

Für die Länge des Kreisbogens b_α gilt:

$b_\alpha = 2\,\pi\,r \cdot \dfrac{\alpha}{360°}$

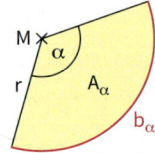

Gegeben: $r = 4\,cm$, $\alpha = 140°$
Rechnung: $b_\alpha = 2\,\pi \cdot 4\,cm \cdot \dfrac{140°}{360°} \approx 9{,}8\,cm$
Der Kreisbogen ist $9{,}8\,cm$ lang.

Kreisausschnitt – Flächeninhalt

Für den Flächeninhalt A_α eines Kreisausschnitts gilt: $A_\alpha = \pi\,r^2 \cdot \dfrac{\alpha}{360°}$

Gegeben: $r = 4\,cm$, $\alpha = 140°$
Rechnung: $A_\alpha = \pi \cdot (4\,cm)^2 \cdot \dfrac{140°}{360°} \approx 19{,}55\,cm^2$
Der Kreisausschnitt ist $19{,}55\,cm^2$ groß.

Zusammengesetzte Flächen

Um den Flächeninhalt von zusammengesetzten Flächen zu berechnen, zerlegt man die Fläche in geeignete Teilflächen.

Bei der Berechnung des Umfangs der Fläche zerlegt man die Randlinien der Fläche in geeignete Teillinien.

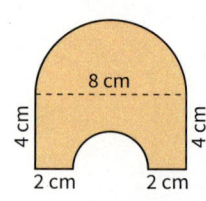

$A = \dfrac{1}{2}\pi(4\,cm)^2 + 8\,cm \cdot 4\,cm$
$\quad - \dfrac{1}{2}\pi(2\,cm)^2$
$A \approx 50{,}85\,cm^2$

$u = \pi \cdot 4\,cm + 4\,cm + 2\,cm$
$\quad + \pi \cdot 2\,cm + 2\,cm + 4\,cm$
$u = 30{,}8\,cm$

BIST DU FIT?

1. Berechne den Umfang und den Flächeninhalt des Kreises.
   a) $r = 4{,}7\,cm$ **b)** $r = 435\,mm$ **c)** $d = 15\,m$ **d)** $d = 428\,dm$

2. Aus 10 cm langen Drahtstücken werden kreisförmige Ringe hergestellt.
Welchen Durchmesser haben die Ringe?

3. Eine kreisförmige Tischdecke hat einen Durchmesser von 2,30 m. Auf einem runden Tisch hängt sie überall 25 cm über den Tischrand.
Wie groß ist die Fläche des kreisförmigen Tischs?

4. Berechne den Radius des Kreises.
   a) $u = 15\,cm$ **b)** $A = 625\,m^2$ **c)** $u = 1\,m$ **d)** $A = 4560\,cm^2$

5. Berechne den Flächeninhalt des Kreisrings sowie den inneren und äußeren Umfang.
   a) $r_i = 4{,}5\,cm$ **b)** $r_i = 4{,}27\,m$ **c)** $r_i = 65\,mm$ **d)** $d_i = 124{,}8\,m$
       $r_a = 5{,}8\,cm$ $r_a = 6{,}75\,m$ $r_a = 98\,mm$ $d_a = 135{,}9\,m$

6. Von den Größen r, α, A_α und b_α eines Kreisbogens bzw. Kreisausschnitts sind zwei gegeben.
Berechne die übrigen.
   a) $r = 5\,cm$ **c)** $r = 6\,cm$ **e)** $\alpha = 149°$
       $\alpha = 35°$ $A_\alpha = 64\,cm^2$ $b_\alpha = 52\,cm$
   b) $r = 86\,cm$ **d)** $r = 9\,m$ **f)** $A_\alpha = 45\,cm^2$
       $\alpha = 249°$ $b_\alpha = 12{,}5\,m$ $b_\alpha = 15\,cm$

7. Berechne Flächeninhalt und Umfang der gelben Fläche.

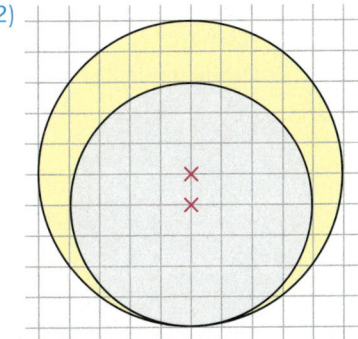

(1)   (2)

1 cm

8. Ein Kreisverkehr hat innen einen Durchmesser von 32 m. Die Straße ist 7,2 m breit.
Sie soll neu asphaltiert werden.
   a) Wie viel Quadratmeter müssen asphaltiert werden?
   b) Wie viel Meter Mittelstreifen sind zu markieren?

EIGENSCHAFTEN UND DARSTELLUNGEN EINES ZYLINDERS

EINSTIEG

Die abgebildeten Verpackungen stellen ein Prisma und einen Kreiszylinder (kurz: Zylinder) dar.

» Wie viele Ecken, Kanten, Flächen haben diese Körper?
» Welche Gemeinsamkeiten findest du?
» Skizziere die Körpernetze.

INFORMATION

Vergleich von Prisma und Zylinder

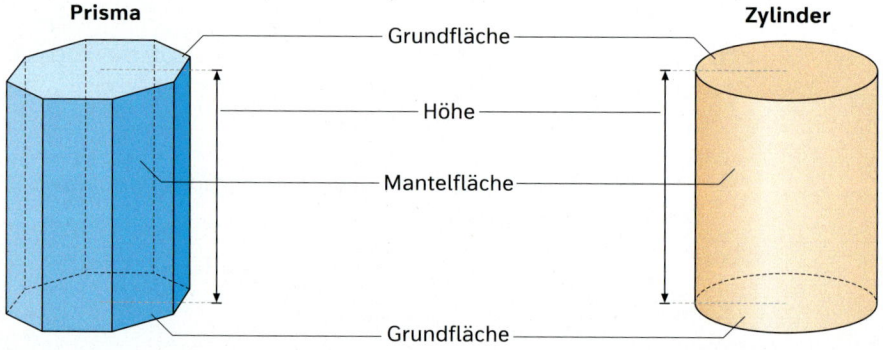

Prisma   Grundfläche   Zylinder

Höhe

Mantelfläche

Grundfläche

> „kongruent"
> heißt
> „deckungsgleich"

Jedes Prisma besitzt zwei zueinander parallele und kongruente *Vielecke* als **Grundflächen.**
Die Seitenflächen sind Rechtecke und bilden zusammen die **Mantelfläche.**

Der Abstand der beiden Grundflächen ist die **Höhe.**

Jeder Zylinder besitzt zwei zueinander parallele und kongruente *Kreisflächen* als **Grundflächen.**
Die gekrümmte Seitenfläche heißt **Mantelfläche.**

Beachte: Prismen und Zylinder können auf einer Grundfläche „stehen" oder auf einer Seitenfläche bzw. der Mantelfläche „liegen".

AUFGABE

1. Dosen für Chips oder Plätzchen haben häufig die Form eines **Zylinders.**
Zeichne ein Netz des abgebildeten Zylinders und beschreibe, wie du vorgehst.

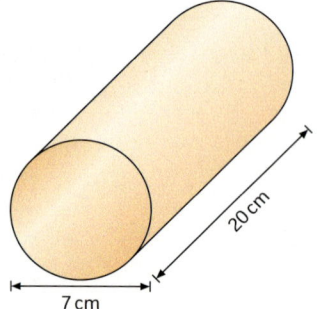

20 cm

7 cm

Lösung

Einen Teil des Netzes bilden die beiden gleich großen Grundflächen. Es sind Kreisflächen mit dem Durchmesser 7 cm.
Um den anderen Teil des Netzes zu erhalten, schneiden wir die Seitenfläche auf und breiten sie aus wie im Bild auf der folgenden Seite. Wir erhalten ein Rechteck.

Eine Seitenlänge des Rechtecks ist gleich der Höhe des Zylinders, also 20 cm.
Die andere Seitenlänge ist gleich dem Umfang einer Grundfläche, also
$u = 2 \cdot \pi \cdot r$; $u = 2 \cdot \pi \cdot 3{,}5\,cm$; $u \approx 22\,cm$.
Zeichne nun das Netz.

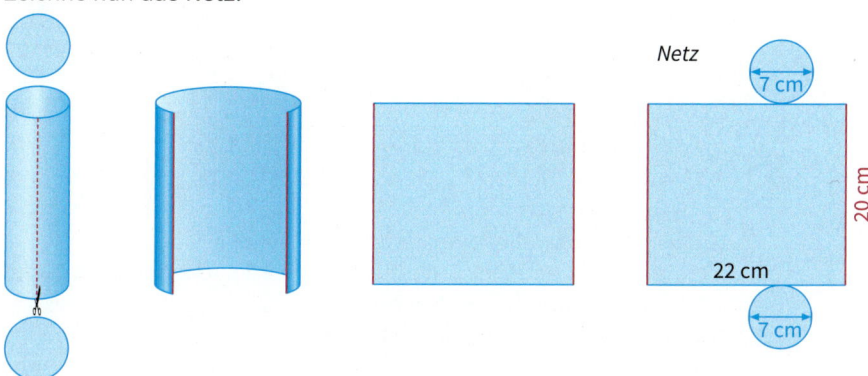

Netz
7 cm
20 cm
22 cm
7 cm

FESTIGEN UND
WEITERARBEITEN

2. Entscheide, ob ein Zylinder vorliegt oder nicht. Begründe.

(1)   (2)   (3)   (4)   (5)   (6)   (7)

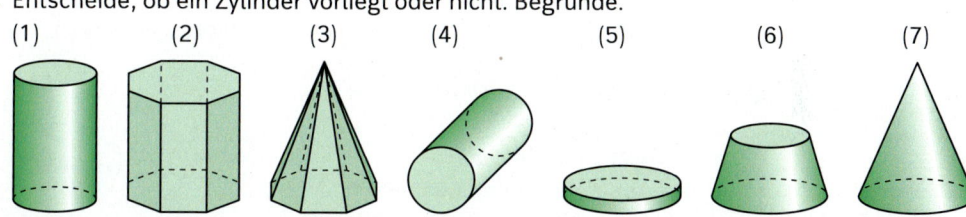

3. *Erkundet eure Umwelt:* Nennt Gegenstände aus dem Alltag, die die Form eines Zylinders haben. Ihr könnt sie fotografieren und ein Poster erstellen.

4. *Schrägbilder eines Zylinders*
Hier siehst du drei verschiedene Skizzen desselben Zylinders.

(1) stehend   (2) liegend mit der   (3) liegend mit der
                                        Grundfläche   Mantelfläche
                                          als Vorderansicht   als Vorderansicht

Radius r auf die Hälfte verkürzt, Winkel 90°

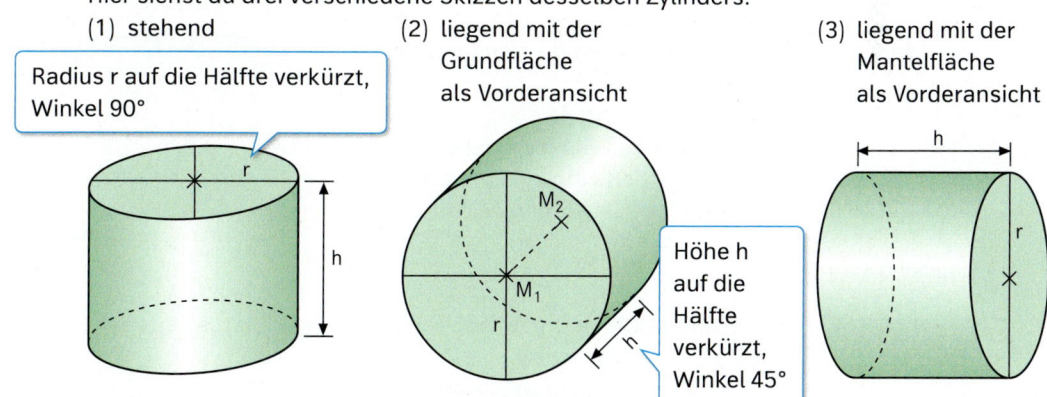

Höhe h auf die Hälfte verkürzt, Winkel 45°

Ein Zylinder hat den Radius $r = 4\,cm$ und ist $h = 6\,cm$ hoch.
Skizziere drei verschiedene Schrägbilder.

5. Von einem Zylinder sind gegeben: Radius $r = 2{,}4\,cm$ und Höhe $h = 5{,}7\,cm$.
    a) Skizziere den stehenden Zylinder
        (1) von oben (Draufsicht),   (2) von vorne (Vorderansicht).
    b) Zeichne ein Netz des Zylinders.

6. Welche der Figuren kann kein Netz eines Zylinders sein? Begründe.

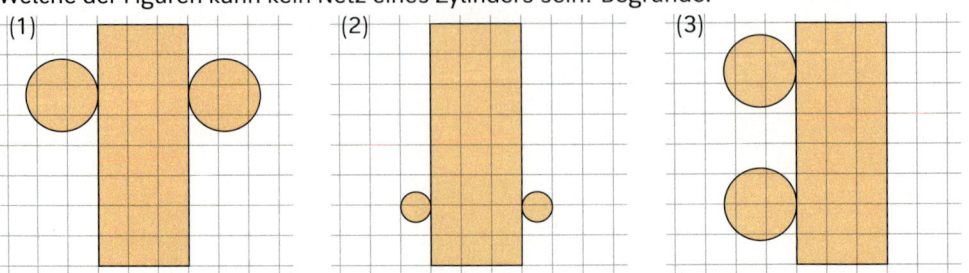

(1)   (2)   (3)

7. Gegeben ist ein Zylinder mit folgenden Maßen:
Der Durchmesser einer Grundfläche ist 3,4 cm, die Höhe des Zylinders beträgt 5,1 cm.
- **a)** Zeichne ein Netz des Zylinders.
- **b)** Der Zylinder soll auf einer Grundfläche stehen.
  Skizziere den Zylinder
  (1) von oben (Draufsicht),   (2) von vorne (Vorderansicht).
- **c)** Der Zylinder soll auf der Seitenfläche liegen.
  Skizziere den Zylinder
  (1) von oben (Draufsicht),   (2) von vorne (Vorderansicht).

8. Im Bild rechts ist ein *Hohlzylinder* abgebildet.
- **a)** *Erkundet eure Umwelt:*
  Wo könnt ihr Hohlzylinder erkennen?
- **b)** Skizziert die Ansicht des Hohlzylinders mit $r_a = 2{,}5\,\text{cm}$, $r_i = 1{,}8\,\text{cm}$ und $h = 1{,}5\,\text{cm}$ von oben und von vorn.
- **c)** Skizziert ein Schrägbild des Hohlzylinders aus Teilaufgabe b).

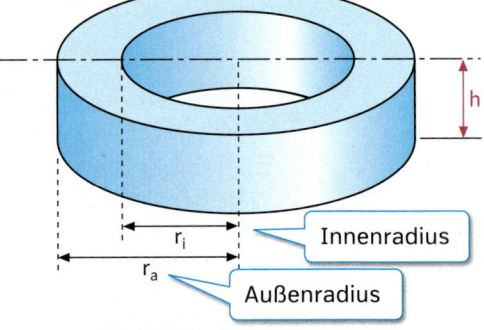

r_i Innenradius

r_a Außenradius

h

9. Rechts im Bild siehst du einen liegenden *Hohlzylinder*.
Skizziere ein Schrägbild
(1) des stehenden Hohlzylinders,
(2) des liegenden Hohlzylinders mit der Grundfläche als Vorderansicht.

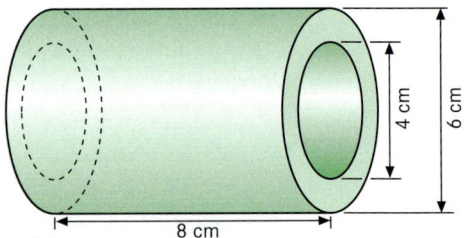

4 cm   6 cm

8 cm

10. Im Bild siehst du eine Grundfläche eines Werkstückes, das aus einem Zylinder mit der Höhe $h = 8\,\text{cm}$ hergestellt wurde.
Skizziere ein Schrägbild des liegenden Körpers.

a)

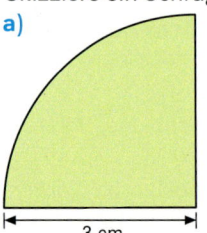

3 cm

b)

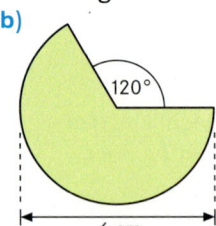

120°

6 cm

c)

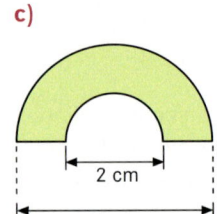

2 cm

4 cm

d)

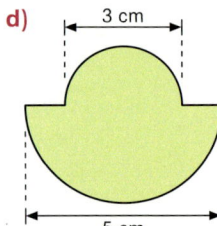

3 cm

5 cm

OBERFLÄCHE EINES ZYLINDERS

EINSTIEG

Aus einem DIN-A4-Blatt kann man auf zwei verschiedene Arten einen Zylinder bilden.

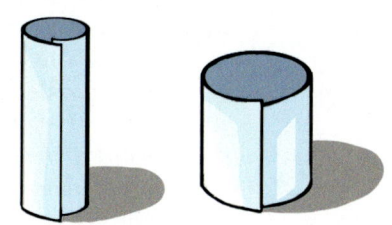

» Vergleiche die beiden Zylinder.
» Bestimme jeweils den Radius der Grundfläche.
» Zeichne ein Netz jedes Zylinders mit Grundflächen im Maßstab 1 : 4 und berechne die Oberfläche.

AUFGABE

1.

Poster werden zum Versand oder zum Verschenken in zylinderförmige Verpackungen gesteckt.
Der Radius r einer Grundfläche soll 3,2 cm, die Höhe h soll 28,5 cm sein.
Berechne den Bedarf an Pappe (Verschnitt nicht mitgerechnet).

Lösung

Zur Berechnung des Pappbedarfs bestimmen wir die Oberfläche O des Zylinders.
Wir nennen die Mantelfläche M und jede Grundfläche G. Dann gilt:

$O = 2 \cdot G + M$
$O = 2 \cdot \pi\, r^2 + 2\,\pi\, r\, h$

Einsetzen der gegebenen Größen:

$O = 2\,\pi \cdot (3,2\,\text{cm})^2 + 2\,\pi \cdot 3,2\,\text{cm} \cdot 28,5\,\text{cm}$
$O \approx 637,37\,\text{cm}^2$

Ergebnis: Für eine Verpackung braucht man ungefähr 638 cm² Pappe.

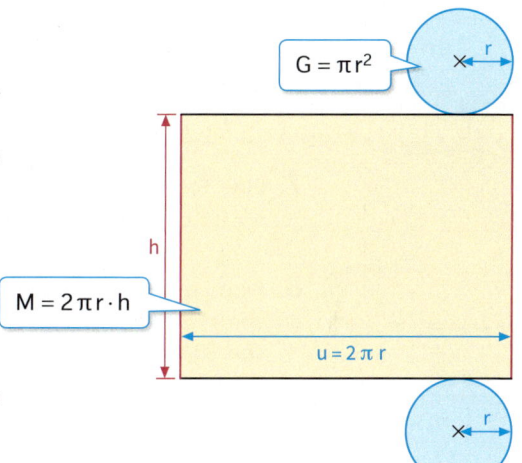

$G = \pi r^2$

$M = 2\pi r \cdot h$

$u = 2\,\pi\, r$

INFORMATION

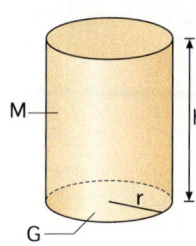

Für die **Oberfläche O eines Zylinders** mit der Grundfläche G und der Mantelfläche M gilt:

$O = 2 \cdot G + M$

Mit $G = \pi\, r^2$ und $M = 2\,\pi\, r\, h$ gilt:

$$O = 2\,\pi\, r^2 + 2\,\pi\, r\, h$$

Beispiel:
r = 2,0 cm; h = 3,0 cm
M = 2 π · 2,0 cm · 3,0 cm
M ≈ 37,7 cm²

$O = 2\,\pi \cdot (2,0\,\text{cm})^2 + 2\,\pi \cdot 2,0\,\text{cm} \cdot 3,0\,\text{cm}$
O ≈ 62,8 cm²

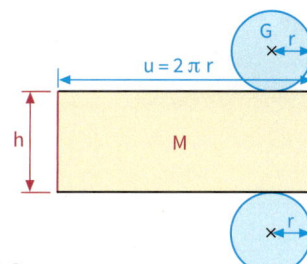

$u = 2\,\pi\, r$

G r
M
h

FESTIGEN UND
WEITERARBEITEN

2. Berechne den Blechbedarf für die zylinderförmige Blechdose. Runde sinnvoll.

a) $r = 4\,cm$ b) $r = 7,0\,cm$ c) $d = 16\,cm$ d) $d = 120\,mm$ e) $u = 50,2\,cm$
$h = 12\,cm$ $h = 15,5\,cm$ $h = 23\,cm$ $h = 17\,cm$ $h = 23,4\,cm$

3. In einer Formelsammlung findet Jannek für die Oberfläche O eines Zylinders:
$O = 2\,\pi\,r\,(r + h)$ und $O = 2\,G + u \cdot h$.
Begründe beide Formeln.

4. *Berechnen von Radius bzw. Höhe eines Zylinders*
a) Ein Zylinder hat den Radius 5 cm und die Oberfläche 377 cm².
Wie hoch ist der Zylinder? Runde sinnvoll.
b) Leite aus der Formel für die Oberfläche des Zylinders durch Umformen eine Formel her
zur Berechnung von h bei gegebenem O und r.

5. Untersucht, wie sich Mantelfläche und Grundfläche eines Zylinders verändern, wenn man
a) die Höhe (1) verdoppelt; (2) verdreifacht;
b) den Radius (1) verdoppelt; (2) verdreifacht;
c) den Radius und die Höhe (1) verdoppelt; (2) verdreifacht?

ÜBEN

6. Berechne den Blechbedarf für den zylinderförmigen Behälter.
Runde die Ergebnisse sinnvoll.

a) $r = 12,5\,cm$ c) $r = 2\frac{3}{4}\,cm$ e) $d = 12,5\,cm$ g) $d = 5,4\,cm$ i) $u = 123\,mm$
$h = 28\,cm$ $h = 3,8\,cm$ $h = d$ $h = \frac{1}{2}d$ $h = 74\,mm$

b) $r = 0,74\,cm$ d) $d = 15\,cm$ f) $r = 4\,cm$ h) $d = 0,45\,m$ j) $u = 16,8\,m$
$h = 27\,cm$ $h = 14\,cm$ $h = d$ $h = 10 \cdot d$ $h = 4 \cdot u$

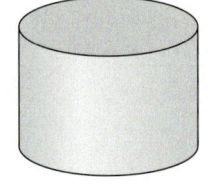

7. Eine Blechdose ist 12,5 cm hoch. Die kreisförmige Grundfläche hat den Durchmesser
$d = 9,6\,cm$. Die Dose soll mit einer Banderole beklebt werden.

8. Eine Litfaßsäule hat einen Durchmesser
von 1,16 m. Sie ist 3,80 m hoch. Ein Sockel
von 30 cm Höhe und der obere Rand von
15 cm Höhe sollen nicht beklebt werden.
1 m² Werbefläche kostet 99 € zuzüglich
Mehrwertsteuer.
Stelle selbst Aufgaben und löse sie.

9. Die Walze einer Straßenbaumaschine hat
einen Durchmesser von 1,20 m und eine
Breite von 2,20 m.
Welche Größe hat die Fläche, die die Walze
mit einer Umdrehung überfährt?

10. Die Mantelfläche eines Zylinders ist 100 cm²
groß.
Berechne die Höhe h bzw. den Radius r,
wenn gilt:
a) $r = 5\,cm$
b) $h = 7,5\,cm$
c) $r = h$

VOLUMEN EINES ZYLINDERS

EINSTIEG

Der Quader (1) und der Zylinder (2) haben gleich große Grundflächen und die gleiche Höhe. Der Zylinder (3) ist halb so hoch wie der Zylinder (2), hat aber einen doppelt so großen Durchmesser.

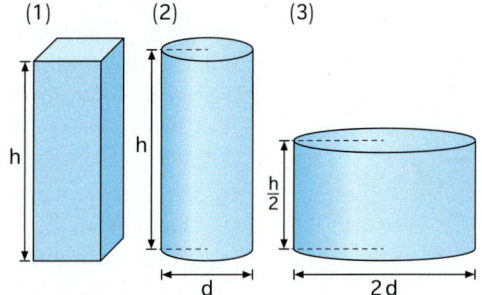

>> Passt in alle drei Behälter die gleiche Menge Wasser? Begründe.

AUFGABE

1. a) Für das Volumen des Zylinders gilt die Formel:
$V = G \cdot h = \pi r^2 \cdot h$
Begründe dies mithilfe der Zeichnung rechts.

b) Ein Metallzylinder hat den Radius $r = 5{,}0$ cm und die Höhe $h = 11{,}5$ cm.
Berechne das Volumen des Zylinders.

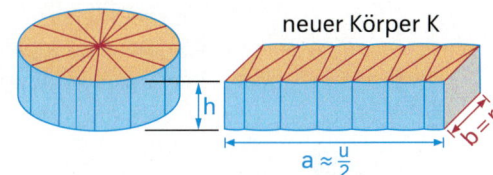

Lösung

a) Wir zerlegen den Zylinder wie im Bild und setzen die Teile zu einem neuen Körper K zusammen.
Wir stellen uns vor, der Zylinder wird immer feiner zerlegt (d. h. in immer mehr Teilstücke). Dann nähert sich der neue Körper immer genauer der Form eines Quaders an. Schließlich können wir sagen:
Die Grundfläche des Quaders hat die Länge $a = \frac{u}{2}$ und die Breite $b = r$ (u = Umfang des Zylinders; r = Radius des Zylinders).
Die Höhe des Quaders entspricht der Höhe des Zylinders.
Für das Volumen des Quaders gilt: $V_Q = G \cdot h \approx \frac{u}{2} \cdot r \cdot h$
Für $u = 2\pi r$ gilt: $V_Q = \frac{u}{2} \cdot r \cdot h = \pi r^2 h$
Somit gilt auch für den Zylinder: $V_Z = G \cdot h = \pi r^2 \cdot h$

b) $V = \pi r^2 \cdot h = \pi \cdot (5{,}0 \text{ cm})^2 \cdot 11{,}5 \text{ cm} = \pi \cdot 287{,}5 \text{ cm}^3 \approx 903 \text{ cm}^3$

$1 \text{ cm}^3 = 1 \text{ m}\ell$

Ergebnis: Der Metallzylinder hat ein Volumen von ungefähr 903 mℓ.

INFORMATION

Für das **Volumen V eines Zylinders** mit dem Radius r und der Höhe h gilt:
$$\mathbf{V = G \cdot h}$$
$$\mathbf{= \pi r^2 \cdot h}$$

Beispiel: $r = 2{,}0$ cm, $h = 3{,}0$ cm
$V = \pi \cdot (2{,}0 \text{ cm})^2 \cdot 3{,}0 \text{ cm}$
$\quad = \pi \cdot 12{,}0 \text{ cm}^3$
$\quad \approx 37{,}7 \text{ cm}^3$

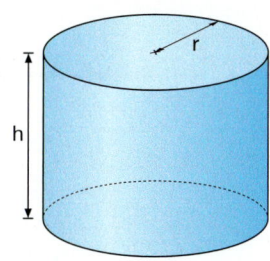

FESTIGEN UND WEITERARBEITEN

2. Berechne das Volumen des Zylinders.

  a) $r = 7\,cm$ **b)** $r = 7{,}5\,cm$ **c)** $d = 12{,}4\,cm$ **d)** $r = \frac{3}{4}\,dm$ **e)** $d = 5\,cm$

     $h = 8\,cm$ $h = 13{,}4\,cm$ $h = 13{,}5\,m$ $h = 3{,}5\,cm$ $h = 3\,r$

$1\,cm^3 = 1\,m\ell$

3. Stelle für die gesuchte Größe zunächst eine Formel auf. Verwende dabei die Formeln für das Volumen des Zylinders. Berechne dann mithilfe der Formel.

  a) Verschiedene zylinderförmige Dosen sollen alle das Volumen $0{,}7\,\ell$ haben.

    Der Radius ist   (1) $5\,cm$;   (2) $4{,}5\,cm$;   (3) $4\,cm$.

    Wie hoch sind die Dosen?

  b) Verschiedene zylinderförmige Dosen sollen alle das Volumen $750\,m\ell$ haben.

    Die Höhe ist   (1) $10\,cm$;   (2) $12\,cm$;   (3) $8\,cm$.

    Welchen Radius haben die Grundflächen der Dosen?

  c) Eine zylinderförmige Dose soll ein Volumen von $1\,000\,m\ell$ haben.

    Wie können Radius r und Höhe h gewählt werden? Gib drei Möglichkeiten an.

4. Untersuche, wie sich das Volumen eines Zylinders verändert, wenn man

  (1) die Höhe verdoppelt; verdreifacht; ...; um 10 % vergrößert;

  (2) den Radius verdoppelt; verdreifacht; ...; um 10 % vergrößert;

  (3) zugleich die Höhe und den Radius verdoppelt; verdreifacht; ...; um 10 % vergrößert?

  Begründe.

ÜBEN

5. Berechne das Volumen des Zylinders. Runde die Ergebnisse sinnvoll.

  a) $r = 12\,cm$ **b)** $r = 12{,}3\,cm$ **c)** $r = 28{,}4\,cm$ **d)** $d = 27\,mm$

     $h = 7\,cm$ $h = 7{,}8\,cm$ $h = 3{,}75\,m$ $h = 3{,}6\,cm$

6. Bei Kanalbauarbeiten wird unter einer Straße ein kreisrundes Bohrloch gebohrt. Wie viel m³ Erdaushub fallen an?

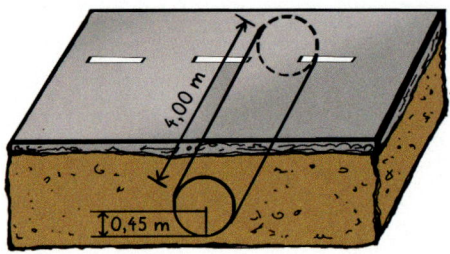

$1\,dm^3 = 1\,\ell$

Die Wanne ist ...,
weil ihr Volumen ...

7.

Der Durchmesser eines 80 cm langen Fasses für Altöl beträgt 60 cm (Innenmaße). Das Fass hat ungefähr die Form eines Zylinders.

(1) Berechne das Fassungsvermögen in Liter. Schätze zunächst.

(2) Das leere Fass wiegt 28 kg.

    $1\,\ell$ Öl wiegt $0{,}94\,kg$.

    Wie viel wiegt das Ölfass, wenn es gefüllt ist?

(3) Die Auffangwanne ist 1,20 m lang, 80 cm breit und 40 cm hoch.

    Ist sie ausreichend bemessen?

8. Ein Würfel aus Blei mit der Kantenlänge 10,0 cm wird zu einem gleich hohen Zylinder umgeschmolzen. Welchen Radius hat der Zylinder?

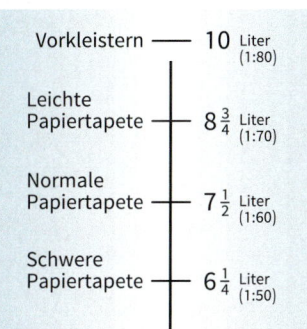

> Stelle die Formel passend um.

9. Im Baumarkt werden zylinderförmige Eimer angeboten, deren Markierungen helfen, die erforderliche Kleistermischung anzurühren.

a) Der Eimer hat einen Innendurchmesser von 30 cm. In welcher Höhe befinden sich die Markierungen?

b) Die Angaben in Klammern geben das Mischungsverhältnis zwischen Pulver und Wasser an. Wie viel g Pulver enthält eine Kleisterpackung?

Vorkleistern	10 Liter (1:80)
Leichte Papiertapete	$8\frac{3}{4}$ Liter (1:70)
Normale Papiertapete	$7\frac{1}{2}$ Liter (1:60)
Schwere Papiertapete	$6\frac{1}{4}$ Liter (1:50)

> Vergleicht man Inhalt und Volumen ...

10. Kosmetikartikel werden oft aufwändig verpackt. Welche Verpackung ist am aufwändigsten? Begründe.

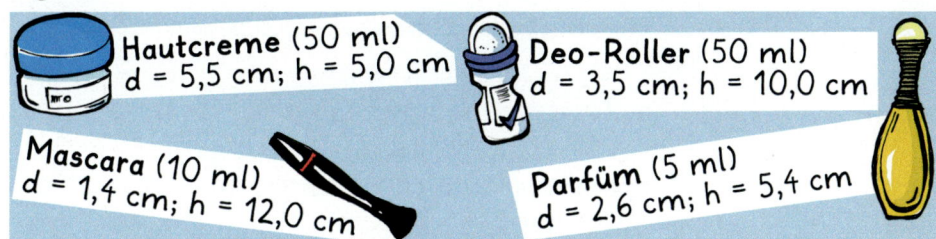

Hautcreme (50 ml) d = 5,5 cm; h = 5,0 cm

Deo-Roller (50 ml) d = 3,5 cm; h = 10,0 cm

Mascara (10 ml) d = 1,4 cm; h = 12,0 cm

Parfüm (5 ml) d = 2,6 cm; h = 5,4 cm

11. Janice hat Formeln zum Zylinder umgeformt. Kontrolliere.

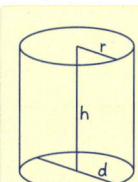

$$V = \pi r^2 h$$
$$= \pi \frac{d}{2} h$$
$$= \frac{\pi d h}{2}$$

$$V = \pi r^2 h$$
$$\sqrt{V} = \pi r h$$
$$r = \frac{\sqrt{V}}{\pi h}$$

$$O = 2\pi r^2 + 2\pi r h$$
$$= 4\pi r^3 h$$

12. Ein Messzylinder hat den inneren Durchmesser 8,0 cm.
In welcher Höhe müssen die Markierungen für

a) $\frac{1}{2}\ell$; $\frac{1}{4}\ell$; $\frac{1}{8}\ell$; $\frac{3}{8}\ell$

b) 100 mℓ; 200 mℓ; 500 mℓ

angebracht werden?

13. Überladen oder nicht?
Fahrer und Ladung des chinesischen Motorrads dürfen 120 kg nicht überschreiten. Der Schaumstoff wiegt 35 kg pro m³. Was meinst du? Begründe.

14.

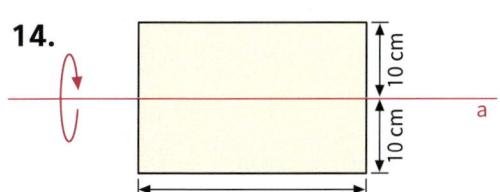

10 cm
10 cm
10 cm
a
30 cm

Das rechteckige Papierblatt wird um die Achse a gedreht. So entsteht ein *Rotationskörper*. Wie groß ist sein Volumen?

BERECHNUNGEN AN ZUSAMMENGESETZTEN KÖRPERN

EINSTIEG

Der abgebildete Körper stellt einen Rohling dar, aus dem Schrauben hergestellt werden.

» Beschreibe den Körper möglichst genau (Maße in mm).
» Wie viele Rohlinge sind in einer 1-kg-Packung?
  1 cm³ Eisen wiegt 7,86 g.

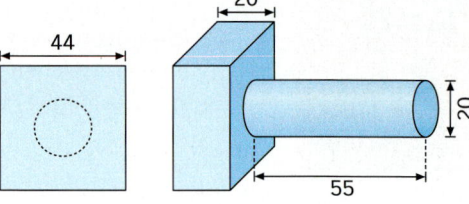

AUFGABE

1. Beschreibe den abgebildeten Körper. Berechne sein Volumen.

Lösung

Der Körper ist aus zwei Zylindern zusammengesetzt. Wir berechnen das Volumen für jeden Einzelkörper und addieren die Ergebnisse.

Volumen des Zylinders (1)
$V_1 = \pi \cdot (7\,\text{mm})^2 \cdot 25\,\text{mm}$
$V_1 \approx 3\,848{,}5\,\text{mm}^3$

Volumen des Zylinders (2)
$V_2 = \pi \cdot (20\,\text{mm})^2 \cdot 10\,\text{mm}$
$V_2 \approx 12\,566{,}4\,\text{mm}^3$

Gesamtvolumen: $V = 3\,848{,}5\,\text{mm}^3 + 12\,566{,}4\,\text{mm}^3$
$V = 16\,414{,}9\,\text{mm}^3$
$V \approx 16{,}4\,\text{cm}^3$

Ergebnis: Der abgebildete Körper hat ein Volumen von ungefähr 16,4 cm³.

AUFGABE

2. Aus einem Würfel wurde ein Zylinder ausgefräst. Den dabei entstandenen Körper nennen wir *Restkörper*.
Berechne die Oberfläche des Restkörpers.
Beschreibe dein Vorgehen.

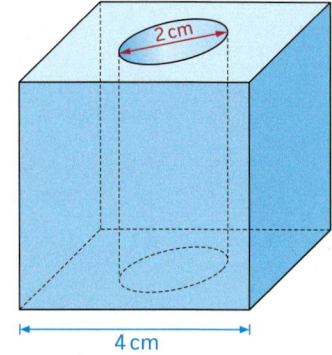

Lösung

Die Oberfläche des Körpers setzt sich zusammen aus:
• sechs quadratischen Seitenflächen des Würfels vermindert um die beiden Grundflächen des ausgefrästen Zylinders
• Mantelfläche des Zylinders

Oberfläche des Würfels: $O_W = 6 \cdot (4\,\text{cm})^2 = 96\,\text{cm}^2$

Mantelfläche des Zylinders: $M = 2\,\pi \cdot 1\,\text{cm} \cdot 4\,\text{cm} = 8\,\pi\,\text{cm}^2 \approx 25{,}1\,\text{cm}^2$

Grundflächen des Zylinders: $2\,G = 2\,\pi \cdot (1\,\text{cm})^2 \approx 6{,}3\,\text{cm}^2$

Oberfläche des Restkörpers: $O = 96\,\text{cm}^2 + 25{,}1\,\text{cm}^2 - 6{,}3\,\text{cm}^2 = 114{,}8\,\text{cm}^2$

Ergebnis: Der Restkörper hat eine Oberfläche von ungefähr 114,8 cm².

INFORMATION

a) Strategie zur Berechnung des Volumens zusammengesetzter Körper

Das Volumen zusammengesetzter Körper kann man auf zwei Wegen berechnen:

(1) Zerlege den Körper in geeignete Teilkörper. Berechne die Volumen dieser Teilkörper und addiere sie.

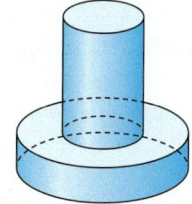

(2) Ergänze den Körper und subtrahiere vom Gesamtvolumen das Volumen des ergänzten Körpers.

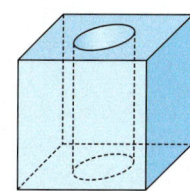

b) Oberfläche zusammengesetzter Körper

Die Oberfläche zusammengesetzter Körper besteht aus den Teilflächen, die man anfassen bzw. anstreichen kann. Bei dem nebenstehenden Körper setzt sie sich zusammen aus:

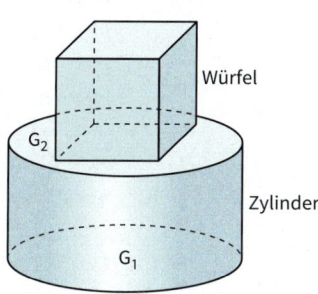

- Grundfläche G_1 des Zylinders
- Mantelfläche des Zylinders
- Grundfläche G_2 des Zylinders vermindert um eine Seitenfläche des Würfels
- fünf Seitenflächen des Würfels

FESTIGEN UND WEITERARBEITEN

3. Herr Durm hat aus Holzzylindern einen kleinen Gartentisch gebaut. Der Fuß ist 50 cm hoch und hat einen Durchmesser von 25 cm. Die Tischplatte ist 16 cm dick und hat einen Durchmesser von 55 cm.

a) Bestimme das Volumen des Tischs.

b) Beschreibe, aus welchen Flächen sich die Oberfläche zusammensetzt und berechne sie.

4. *Volumen eines Hohlzylinders*

Ein Stahlring ist ein Hohlzylinder. Der abgebildete Stahlring hat die Maße $r_a = 29\,\text{cm}$, $r_i = 26\,\text{cm}$, $h = 24\,\text{cm}$.

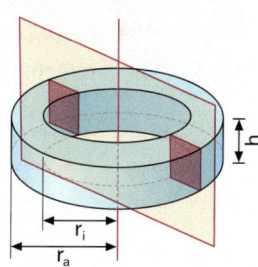

a) Berechne das Volumen des Stahlrings.

b) Stelle eine Formel für das Volumen des Hohlzylinders auf.

c) Berechne die Oberfläche des Stahlrings.

d) Stelle eine Formel für die Oberfläche des Hohlzylinders auf.

ÜBEN

5. Berechne (1) das Volumen und (2) die Oberfläche des Werkstücks.

a)

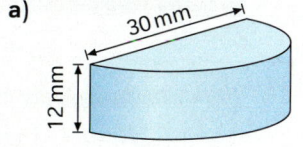

b)

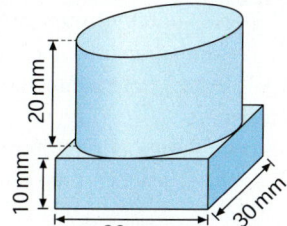

c) Maße in mm

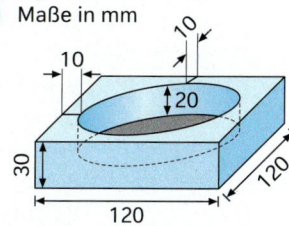

Im Motor bezeichnet man den Raum zwischen der höchsten und der niedrigsten Kolbenstellung als *Hubraum* (im Bild rot gefärbt). Die Länge s des Weges, den der Kolben zurücklegt, heißt *Hub*.

Den Innendurchmesser d des Zylinders nennt man *Bohrung*. Der Hubraum eines Motors setzt sich aus den Hubräumen aller Zylinder des Motors zusammen.

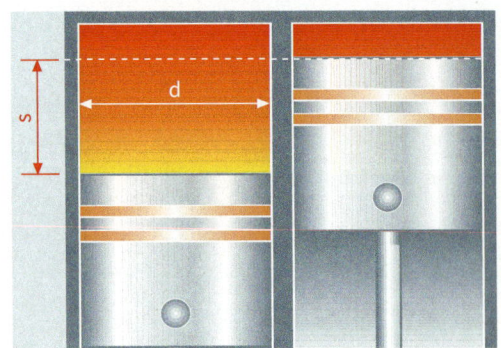

✶✶

Ein Zylinder eines Lanz-Bulldogs hat eine Bohrung von d = 190 mm und einen Hub von s = 220 mm. Der sogenannte „Felddank-Motor" hat zwei Zylinder und 38 PS.
Berechne den Hubraum eines Zylinders und des gesamten Motors.

✶✶✶

Berechne die fehlenden Werte.

Motor	Bohrung	Hub	Zylinder	Hubraum
A	76 mm	86 mm	8	?
B	81 mm	86 mm	?	2 215,79 cm³

✶✶✶✶

Eine offene Zylinderhülse hat einen Außendurchmesser von 78 mm, einen Innendurchmesser von 74 mm und eine Höhe von 180 mm.
Die Metalllegierung hat eine Dichte von 7,35 g/cm³; d. h. 1 cm³ wiegt 7,35 g.
Welches Gewicht besitzt die Zylinderhülse?

✶✶

Berechne näherungsweise, wie viel Kubikmeter Holz der Eichenstamm hat (siehe Angaben rechts).

✶✶✶

Aus dem abgebildeten Stamm sollen Sitzblöcke hergestellt werden. Sie sollen 50 cm hoch sein. Wie schwer ist ein solcher Sitzblock ungefähr?

Der Eichenstamm ist 12 m lang.
Der vordere Durchmesser beträgt 80 cm,
der hintere Durchmesser 50 cm.
1 cm³ Eiche hat ein Gewicht von ca. 0,86 g.

✶✶✶✶

Rohe Eichenstämme werden mit Rinde zum Preis von 369 € pro m³ verkauft.
Drei Jahre gelagertes und in Bretter geschnittenes Eichenholz erhält man für 1 636 € pro m³.
Beim Verkauf wird eine 2,5 cm breite Schicht für die Rinde abgezogen.
Welchen Erlös bringt der Eichenstamm, wenn er nach der Lagerzeit als Eichenbretter verkauft wird?

VERMISCHTE UND KOMPLEXE ÜBUNGEN

1. **a)** Ein Zylinder ist 4,6 cm hoch und besitzt den Radius 1,8 cm.
Berechne (1) das Volumen, (2) die Oberfläche.
  b) Ein Zylinder ist 6,5 cm hoch und seine Grundfläche ist 50,27 cm² groß.
Berechne (1) die Oberfläche, (2) das Volumen.
  c) Ein Zylinder besitzt den Radius 3,2 cm und seine Mantelfläche ist 180,56 cm² groß.
Berechne (1) die Oberfläche, (2) das Volumen.
  d) Das Volumen eines 18 cm hohen Zylinders beträgt 905 dm³. Berechne die Oberfläche.

2. Ein Zylinder hat den Radius r = 2,7 cm und die Höhe 4,2 cm.
  a) Skizziere ein Schrägbild des Zylinders (stehend und liegend).
  b) Berechne das Volumen und die Oberfläche des Zylinders.
  c) Wie verändert sich das Volumen des Zylinders, wenn
  (1) die Höhe um 15 % vergrößert wird;
  (2) der Radius um 15 % vergrößert wird?

3. Eine Firma bietet 550 g Weinsauerkraut in einer zylinderförmigen Dose mit dem Radius 4,2 cm und der Höhe 11 cm an.
Die Füllmenge einer neuen Dose soll um 20 % erhöht werden. Gib drei verschiedene Möglichkeiten für Radius und Höhe der neuen Dose an.

4. Ein Stahlrohr hat die Form eines Hohlzylinders. Der Außendurchmesser eines Rohres beträgt 18 cm, der Innendurchmesser 17 cm.
Berechne das Volumen eines 15 m langen Rohres.

5. Der Flachkollektor einer Solaranlage enthält ein Kupferrohr mit 20 m Länge und einem Innendurchmesser von $\frac{3}{4}$ Zoll. In diesem Rohr wird Wasser erwärmt.
Wie viel ℓ Wasser können im Flachkollektor gleichzeitig erwärmt werden?

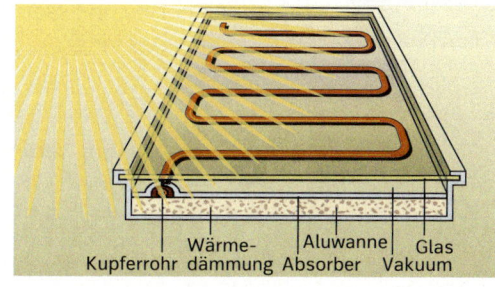

Kupferrohr Wärme-dämmung Absorber Aluwanne Vakuum Glas

1 Zoll
1" = 25,4 mm

6. Gib eine Formel für die Oberfläche eines Zylinders mit dem Radius r und der Höhe h an, wenn gilt:
  a) h ist genau so lang wie r;
  b) r ist halb so lang wie h;
  c) h ist 3 cm kürzer als r;
  d) h ist 10 % länger als r.

7. Aus einem Rundstahl (Länge 450 mm) soll ein Metallstab mit dem angegebenen Querschnitt (Maße in mm) gefräst werden. 1 cm³ des Stahls wiegt 7,8 g.
  a) Wie viel wiegt der Metallstab?
  b) Wie viel Abfall entsteht? Wie viel Prozent sind das?

(1)
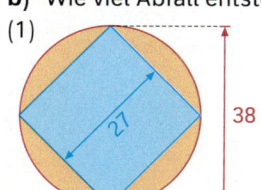
27 38

(2)
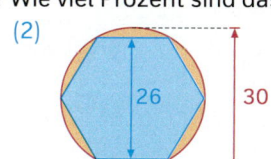
26 30

(3)
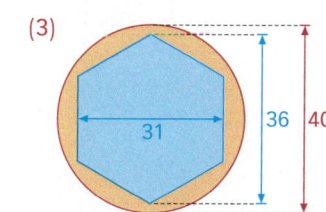
31 36 40

8. Im Bild siehst du die Grundfläche eines Metallteils (Maße in mm). Seine Höhe beträgt 45 mm. Welches Gewicht hat das Metallteil aus Stahl, wenn 1 cm³ 7,8 g wiegt?

a) **b)** **c)**

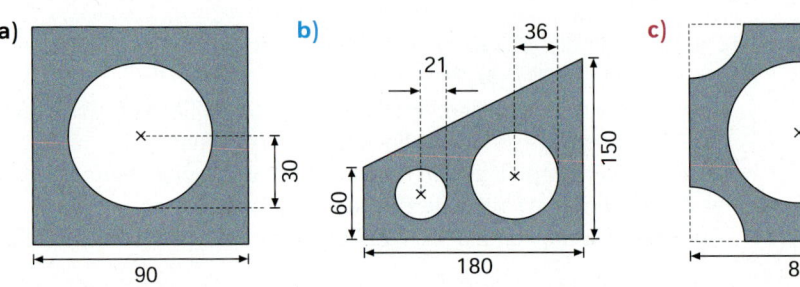

Die Rohre erhalten innen und außen eine Schutzschicht. Gib deren Größe
(1) für ein Rohr,
(2) für die gesamte Schutzrohrleitung in Quadratmeter an.

 Wie viel m³ Gas fasst ein Rohr?

9. Von einem norwegischen Gasfeld kommend führt die Erdgasleitung „Europipe" durch die Nordsee zur ostfriesischen Küste. Für die Verlegung wurde das Wattenmeer mit einer 2 524 m langen Schutzrohrleitung untertunnelt.
Maße der Rohre:

Länge: 4,00 m
innerer Durchmesser: 3,00 m
äußerer Umfang: 10,68 m
Beton: 1 cm³ wiegt 2,3 g

 Drei Rohre werden mit einem Lkw transportiert.

 Es wäre auch möglich gewesen, Rohre mit einer anderen Länge zu verwenden. Diese hätten ein Volumen im Inneren des Rohres von 38,88 m³ gehabt.
Ermittle die Länge dieser Rohre.

10. Die kanadische Goldmünze „Maple Leaf" hat einen Durchmesser von 30 mm und eine Dicke von 2,3 mm. Da sie Gold der feinsten Reinheit enthält, wiegt 1 cm³ der Münze 19,3 g. Wie schwer ist die kanadische Goldmünze?

11. Berechne
(1) das Volumen,   (2) die Oberfläche
des Hohlzylinders.
a) $r_a = 27{,}0$ cm $r_i = 16{,}0$ cm $h = 12{,}0$ cm
b) $r_a = 1{,}74$ dm $r_i = 12{,}5$ cm $h = 85{,}0$ cm
c) $d_a = 0{,}870$ m $d_i = 4{,}90$ dm $h = 14{,}0$ cm

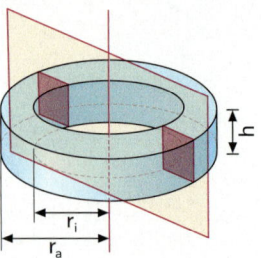

12. Ein Rohr hat die Form eines *Hohlzylinders*.

  a) Der Außendurchmesser eines Rohres beträgt 18 cm, der Innendurchmesser 17 cm. Das Rohr ist 15 m lang.

    (1) Berechne das Volumen des Rohres als Hohlzylinder.

    (2) Wie viel Liter Wasser fasst das Rohr?

  b) Stelle für das Volumen eines Rohres als Hohlzylinder mit dem Innendurchmesser d_i, dem Außendurchmesser d_a und der Länge l eine Formel auf.

13. Schätze das Volumen der abgebildeten Käsestücke. Beschreibe deine Überlegungen.

14. **a)** Eine Firma stellt aus Beton die rechts abgebildeten Schornsteinelemente her. Wie viel dm³ Beton benötigt man für ein solches Element?

  b) Welches Gewicht hat ein solches Element, wenn 1 dm³ Beton 2,4 kg wiegt?

  c) Welches Gewicht könnte man sparen, wenn man das Bauteil als Betonrohr mit einer Wandstärke von 7 cm herstellt? Gib diesen Anteil auch in Prozent an.

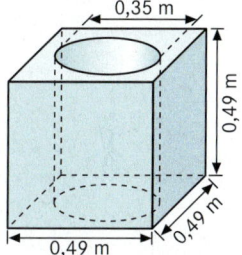

0,35 m · 0,49 m · 0,49 m · 0,49 m · 0,49 m

15. Jeder Rundstahl einer bestimmten Sorte ist 6,40 m lang und hat einen Durchmesser von 12 mm. 1 cm³ des Stahls wiegt 7,85 g. Wie viel wiegt ein Bund mit 50 Stück?

16. **a)** Ein Zylinder hat den Radius $r = 5$ cm und das Volumen $V = 549{,}5$ cm³. Wie hoch ist der Zylinder?

  b) Ein Zylinder ist 7 cm hoch. Seine Mantelfläche ist 197,92 cm² groß. Berechne das Volumen des Zylinders.

17.

1 cm³ Fichtenholz wiegt 0,47 g.

Frankenpost, 28. Dezember 2013:
Maibaum-Diebe scheitern kläglich
Sechs Unholde hatten es auf das 26 m lange Prachtstück der Feuerwehr Rothenbürg-Hüttung abgesehen.

  a) Die sechs Unholde stießen auf gewaltige Probleme. Warum?

  b) Wie viele Leute braucht man, um den Stamm zu transportieren?

WAS DU GELERNT HAST

Zylinder – Eigenschaften

Jeder Zylinder hat zwei parallele Kreisflächen als **Grundflächen G**. Die gekrümmte Seitenfläche heißt **Mantelfläche M**.

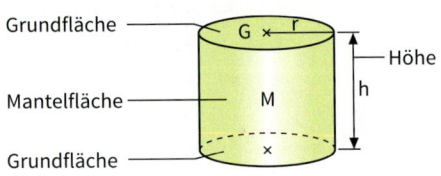

Zylinder – Darstellungen

Schrägbild eines stehenden Zylinders
Die Tiefenstrecken werden auf die Hälfte verkürzt und in einem Winkel von 90° gezeichnet.

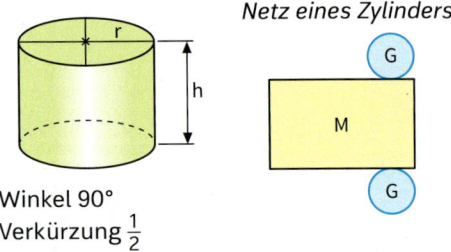

Netz eines Zylinders

Winkel 90°
Verkürzung $\frac{1}{2}$

Zylinder – Oberfläche

Grundfläche: $G = \pi\,r^2$
Mantelfläche: $M = u \cdot h$ **bzw.** $M = 2\,\pi\,r \cdot h$
Oberfläche: $O = 2\,G + M$
$\qquad\qquad O = 2\,\pi\,r^2 + 2\,\pi\,r \cdot h$

Gegeben: r = 2,5 cm, h = 6,5 cm
$G = \pi \cdot (2{,}5\,\text{cm})^2 \approx 19{,}63\,\text{cm}^2$
$M = 2\,\pi \cdot 2{,}5\,\text{cm} \cdot 6{,}5\,\text{cm} \approx 102{,}18\,\text{cm}^2$
$O = 2 \cdot 19{,}63\,\text{cm}^2 + 102{,}10\,\text{cm}^2$
$O = 141{,}36\,\text{cm}^2$

Zylinder – Volumen

Volumen: $V = G \cdot h$
$\qquad\qquad V = \pi\,r^2 \cdot h$

Gegeben: r = 1,8 cm, h = 4,0 cm
$G = \pi \cdot (1{,}8\,\text{cm})^2 \approx 10{,}18\,\text{cm}^2$
$V = 10{,}18\,\text{cm}^2 \cdot 4{,}0\,\text{cm}$
$V = 40{,}72\,\text{cm}^3$

Zusammengesetze Körper

Um das Volumen zusammengesetzer Körper zu berechnen, berechnet man das Volumen geeigneter Teilkörper.

Die Oberfläche zusammengesetzer Körper besteht aus den Teilflächen, die man anstreichen kann.

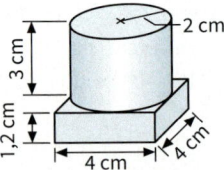

Volumen = Volumen des Quaders
$\qquad\qquad$ + Volumen des Zylinders

Oberfläche = Grundfläche des Quaders
$\qquad\qquad\quad$ + 4 Seitenflächen des Quaders
$\qquad\qquad\quad$ + Grundfläche des Quaders
$\qquad\qquad\quad$ − Grundfläche des Zylinders
$\qquad\qquad\quad$ + Mantelfläche des Zylinders
$\qquad\qquad\quad$ + Grundfläche des Zylinders

BIST DU FIT?

1. Berechne (1) das Volumen, (2) die Oberfläche des Zylinders.

   a) $r = 4\,cm$, $h = 7\,cm$ **b)** $G = 21{,}8\,cm^2$, $h = 6{,}5\,cm$ **c)** $M = 56{,}4\,cm^2$, $r = 3{,}4\,cm$

2. Ein Zylinder hat den Radius $r = 2{,}7\,cm$ und die Höhe $4{,}2\,cm$.

   a) Zeichne drei verschiedene Schrägbilder des Zylinders (stehend und liegend).

   b) Zeichne ein Netz des Zylinders.

   c) Berechne das Volumen und die Oberfläche des Zylinders.

   d) Wie verändert sich das Volumen des Zylinders, wenn

      (1) die Höhe um 30 % vergrößert wird;

      (2) der Radius um 20 % vergrößert wird?

3. Ein 2,50 m langes Rohr hat den Durchmesser $d_i = 2{,}7\,cm$. Die Rohrwand ist 2 mm dick. Berechne das Volumen des Rohres als Hohlzylinder.

4. Eine Firma soll für verschiedene Zwecke zylinderförmige Blechdosen liefern. Alle Dosen sollen das Volumen $\frac{3}{4}\,\ell$ haben.

   a) Wie hoch muss eine Dose sein, wenn der Radius (1) 3,5 cm; (2) 3 cm; (3) 4,5 cm sein soll?

   b) Welchen Radius muss eine Dose haben, wenn sie (1) 13 cm; (2) 8 cm; (3) 6 cm hoch sein soll?

5. Die Mantelfläche eines Zylinders ist 400 cm². Berechne die Höhe des Zylinders für folgende Radien: (1) 2,5 cm; (2) 5,4 cm; (3) 7,9 cm.

6. Wie viel wiegt der Hohlzylinder aus Gusseisen im Bild rechts (Maße in mm)? 1 cm³ Gusseisen wiegt 7,3 g.

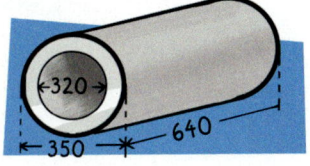

7.

Der Käse am Brandenburger Tor war eine Werbeaktion der Niederländer zur „Grünen Woche" in Berlin.
Schätze das Volumen des Käserades.

8. Der Kerzenständer im Bild rechts ist aus Messing (Maße in mm). 1 cm³ Messing wiegt 8,6 g.

   a) Wie viel wiegt der Kerzenständer?

   b) Wie groß ist die Oberfläche des Kerzenständers?

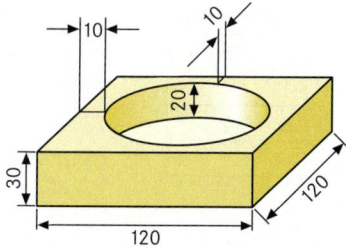

WAS IST DIE „BESTE" DOSE?

 Dosen gibt es in vielen Ausführungen, in Quaderform (z. B. für Kekse), abgerundet (z. B. als Fischdose) oder oval (z. B. als Geschenkdose), am häufigsten jedoch in Zylinderform.

Wir wollen uns hier nur mit zylinderförmigen Dosen befassen. Ihr findet sicher eine Menge Beispiele, wo solche Dosen verwendet werden.

1. Erkundet eure Umwelt, zu Hause, im Supermarkt oder im Internet.
Notiert die Art des Inhaltes, den angegebenen Doseninhalt sowie die Höhe und den Durchmesser der Dose.
Präsentiert eure Ergebnisse in der Klasse.

2. Im ersten Schritt der Auswertung vergleicht ihr die angegebene Füllmenge mit dem Dosenvolumen, das ihr aus den Maßen errechnet. Dann bestimmt ihr, um wie viel Prozent das gemessene Volumen von dem auf der Dose angegebenen Inhalt abweicht.

Mit einem Tabellenkalkulationsprogramm geht es leicht und übersichtlich. Die Werte in den Zellen E6, F6 und G6 werden dabei nicht eingegeben, sondern sollen vom Programm automatisch berechnet werden. Dazu gebt ihr die entsprechenden Formeln ein:
für Zelle E6 die Formel **=PI()*(C6/2)*(C6/2)*D6**,
für Zelle F6 die Formel **=E6-B6**,
und für Zelle G6 die Formel **=F6/B6*100**.
Um eine bessere Übersicht zu erhalten, stellt ihr am besten im Menüpunkt „Format/Zellen/Zahlen" die Anzahl der Dezimalstellen auf 1.

	A	B	C	D	E	F	G
1	zylinderförmige Dosen						
2							
3	Inhalt	angegebenes	Durchmesser	Höhe	Volumen	Abweichung	Abweichung
4		Volumen (in ml)	(in cm)	(in cm)	(in cm^3)	(in cm^3)	(in %)
5							
6	Erbsen	500	8,3	9,7	524,8	24,8	5,0
7	......						

Nach der Eingabe weiterer Werte in den Spalten A bis D lassen sich die Berechnungen E, F und G mit der Funktion „Kopieren" schnell erledigen.
Was stellt ihr fest? Sicher habt ihr Erklärungen für die Abweichungen zwischen Doseninhalt und Dosenvolumen.

3. Als nächstes vergleicht ihr nun die Formen eurer Dosen. Sie sind alle zylinderförmig, haben aber ganz unterschiedliche Durchmesser und Höhen. Ein Maß für den Vergleich ist das Verhältnis aus Höhe h und Durchmesser d, also der Quotient h:d.

H
Verhältnis
h:d
1,2

Erweitert dazu eure Tabelle um eine weitere Spalte H.
In der Zelle H6 wird der Wert h:d berechnet mit der Formel **=D6/C6**.
Im Beispiel wird dann vom Programm (gerundet auf eine Nachkommastelle) der Wert 1,2 berechnet. Die übrigen Werte lassen sich wieder durch Kopieren einfügen.

Gibt es Werte für das Verhältnis, die besonders häufig oder eher selten auftreten?

4. Überlegt euch, welche Gründe die recht unterschiedlichen Abmessungen haben können. Zum Beispiel:
- Die Dose muss zum Inhalt passen.
- Die Dose muss für den Nutzer gut zu „händeln" sein.
- Material- und Fertigungskosten spielen eine Rolle.

Findet ihr noch mehr Gesichtspunkte?

5. Sparsamer Umgang mit dem Rohstoff Blech sollte bei der Herstellung der Dosen angestrebt werden.
Wie müsste eine solche „optimale" Dose aussehen?
Untersucht das mit einem Tabellenkalkulationsprogramm am Beispiel einer 1-ℓ-Dose.

Um den Materialverbrauch zu bestimmen, muss die Oberfläche berechnet werden. Gegeben sind das Volumen und der Durchmesser oder die Höhe. Wir entscheiden uns für die Vorgabe des Durchmessers und bestimmen dazu die passende Höhe.

Dazu wird die Volumenformel für den Zylinder nach der Höhe umgestellt:

$$h = \frac{V}{\pi \cdot r^2}$$

Mit dem Radius und der berechneten Höhe lässt sich dann die Oberfläche berechnen.

Beginnt nun mit einem Durchmesser von 8,0 cm in Zelle A6.

	A	B	C	D
1		zylinderförmige Dose mit V = 1000 ml		
2				
3	Durchmesser	Radius	Höhe	Oberfläche
4	(in cm)	(in cm)	(in cm)	(in cm²)
5				
6	8,0	4,0	19,9	600,5
7	8,2	4,1	18,9	593,4
8	8,4			
9	...			

Die notwendigen Formeln für die automatische Berechnung der weiteren Werte sind:
Berechnung des Radius aus dem Durchmesser in Zelle B6: **=A6/2**
Berechnung der Höhe gemäß der umgestellten Formel in Zelle C6: **=1000/(PI()*B6*B6)**
Berechnung der Oberfläche nach der Formel in Zelle D6: **=2*PI()*B6*B6+2*PI()*B6*C6**

Erhöht nun den Durchmesser in Schritten von 0,2 cm. Wie verändert sich dabei die Oberfläche?
a) Sucht nach einem optimalen Wert für die Oberfläche. Gebt die zugehörigen Werte für Radius und Höhe an.
b) Bestimmt für diesen Fall das Verhältnis aus Höhe und Durchmesser und vergleicht mit den Ergebnissen eurer zuvor gemachten Auswertungen.
c) Stellt die Funktion *Durchmesser → Oberfläche* auch in einem Diagramm dar.
d) Zeichnet mit einem geeigneten Maßstab ein Schrägbild von der „theoretisch optimalen Dose".

6. Stellt Kriterien auf, nach denen das Prädikat „beste Dose" vergeben werden kann.
Präsentiert eure Ergebnisse.

KAPITEL 6
MEHRSTUFIGE ZUFALLSEXPERIMENTE

Pasch

Zeigen beim Werfen von mehreren Würfeln zwei oder mehr Würfel dieselbe Augenzahl, spricht man von einem Pasch. Ein Zweierpasch liegt vor, wenn zwei der geworfenen Würfel dieselbe Augenzahl zeigen.

» Wie groß ist die Wahrscheinlichkeit, dass beim Werfen eines roten und eines blauen Würfels ein Zweierpasch geworfen wird?

» Ändert sich die Wahrscheinlichkeit für einen Zweierpasch, wenn mit zwei weißen Würfeln gewürfelt wird?

» Beim Werfen von drei Würfeln wurde dreimal die Sechs geworfen.
Wie groß ist die Wahrscheinlichkeit für einen Dreierpasch beim Werfen von drei Würfeln?

Zahlenschloss

» Wie viele verschiedene Zahlenkombinationen sind bei dem abgebildeten Fahrrad-Zahlenschloss insgesamt möglich?

» Wie viele Zahlenkombinationen gibt es, wenn alle vier Ziffern verschieden sein sollen?

» Jonas sichert sein Fahrrad mit zwei Zahlenschlössern ab und behauptet:
„Nun ist das Fahrrad mit doppelt so vielen Zahlenkombinationen abgesichert."
Was meinst du? Begründe.

HIV-Schnelltest

» Wie viele Personen sind ungefähr in einer Millionenstadt HIV-infiziert und wie viele nicht?

» Nimm an, dass sich alle Einwohner der Millionenstadt dem HIV-Test unterziehen. Wie viele Personen werden schätzungsweise positiv getestet?

» Die positiv getesteten Personen machen sich große Sorgen, dass sie tatsächlich HIV haben.
Wie viel Prozent dieser Personen sind wahrscheinlich nicht mit HIV infiziert?

GIB AIDS KEINE CHANCE

Qualität der HIV-Tests verbessert
In Deutschland sind ungefähr 0,09 % der Bevölkerung mit HIV infiziert. Gegenüber den frühen 90er Jahren gelten die heute benutzten Schnelltestverfahren zur Testdiagnostik als relativ sicher; nur bei 0,1 % der HIV-Erkrankten versagt der Test.
Probleme bereitet allerdings die Tatsache, dass auch bei 0,2 % der Nicht-Infizierten ein zunächst positives Testergebnis für Aufregung sorgt; diese Probanden müssen dann ein weiteres Mal getestet werden.

IN DIESEM KAPITEL LERNST DU ...

... *wie man mit Gegenereignissen Wahrscheinlichkeiten berechnen kann.*

... *was mehrstufige Zufallsexperimente sind und wie man sie mit Baumdiagrammen darstellen kann.*

... *wie man bei mehrstufigen Zufallsexperimenten mit den Pfadregeln Wahrscheinlichkeiten berechnen kann.*

... *wie man bei mehrstufigen Laplace-Experimenten durch geeignetes Zählen Wahrscheinlichkeiten berechnen kann.*

WAHRSCHEINLICHKEITEN – GRUNDLAGEN

EINSTIEG

》 Wie groß ist die Wahrscheinlichkeit, mit einem Würfel
(1) eine *Vier*, (2) eine *gerade Zahl* zu werfen?

》 Das Glücksrad rechts wird gedreht.
Wie groß ist die Wahrscheinlichkeit für das Ereignis *Blau*
oder *Rot*?

》 Das Glücksrad wird 200-mal gedreht.
Wie oft erwartest du ungefähr die Farbe *Gelb*?

INFORMATION

Ergebnis – Ergebnismenge

Alle möglichen Ergebnisse eines Zufallsexperiments fasst man in der Ergebnismenge **S** zusammen.

Werfen eines Würfels:
S = {1; 2; 3; 4; 5; 6}　← Mögliche Ergebnisse

Ereignis

Man kann Ergebnisse zu einem Ereignis **E** zusammenfassen.

Ereignis E: *Augenzahl ist kleiner als 5.*
E = {1; 2; 3; 4}　← Günstige Ergebnisse

Laplace-Experiment

Alle Ergebnisse haben die gleiche Wahrscheinlichkeit. Für die Wahrscheinlichkeit eines Ereignisses E gilt:

$$P(E) = \frac{\text{Anzahl der günstigen Ergebnisse}}{\text{Anzahl der möglichen Ergebnisse}}$$

Ereignis E: *Augenzahl ist eine Primzahl.*
mögliche Ergebnisse: 1, 2, 3, 4, 5, 6
günstige Ergebnisse: 2, 3, 5

$$P(E) = \frac{3}{6} = \frac{1}{2} = 50\%$$

Glücksrad

Bei einem Glücksrad gibt der Anteil des Kreisausschnitts am ganzen Kreis die Wahrscheinlichkeit an.

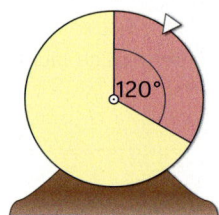

$$P(\text{Rot}) = \frac{120°}{360°} = \frac{1}{3}$$

Relative Häufigkeit – Wahrscheinlichkeit

Bei einer langen Versuchsreihe gilt näherungsweise:
relative Häufigkeit ≈ Wahrscheinlichkeit

$P(\text{Rot}) = \frac{1}{3}$ bedeutet:

Wird das Glücksrad sehr häufig gedreht, so kommt in etwa einem Drittel aller Fälle das Ergebnis *Rot*.

Summenregel

Die Wahrscheinlichkeit eines Ereignisses ist die Summe der Wahrscheinlichkeiten der zugehörigen Ergebnisse.

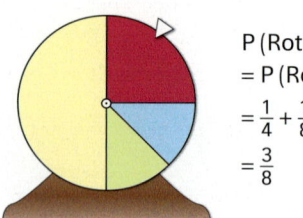

P(Rot oder Blau)
= P(Rot) + P(Blau)
$= \frac{1}{4} + \frac{1}{8}$
$= \frac{3}{8}$

ÜBEN

1. Ein Skatblatt besteht aus 8 Karo-Karten, 8 Herz-Karten, 8 Pik-Karten und 8 Kreuz-Karten.

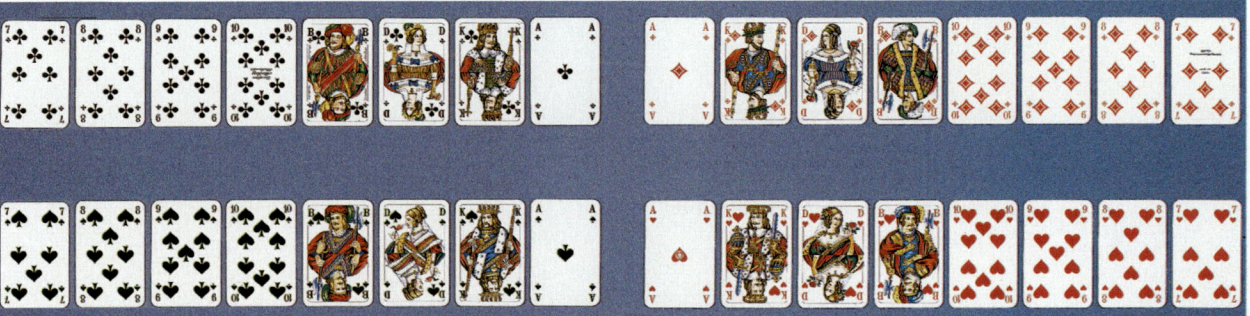

Aus dem Skatblatt wird zufällig eine Karte gezogen.
Wie groß ist die Wahrscheinlichkeit für folgende Ereignisse?
(1) Die gezogene Karte ist der Herz-Bube.
(2) Die gezogene Karte ist eine Dame.
(3) Die gezogene Karte ist eine Karo-Karte.
(4) Die gezogene Karte ist kein Ass.

2. Beim Lotto 6 aus 49 sind 49 Kugeln in der Trommel.
 a) Wie groß ist die Wahrscheinlichkeit, dass die zuerst gezogene Kugel
  (1) die Zahl 13 trägt,
  (2) eine Zahl mit zwei gleichen Ziffern trägt,
  (3) eine Primzahl hat?
 b) Bei einer Lottoziehung werden zunächst die Zahlen 27, 44 und 31 gezogen.
  Wie groß ist die Wahrscheinlichkeit, dass die nächste gezogene Zahl
  (1) die Zahl 13, (2) eine Zahl mit zwei gleichen Ziffern, (3) eine Primzahl ist?

3. Die Wahrscheinlichkeit für die Geburt eines Jungen beträgt 51 %.
 a) Wie groß ist die Wahrscheinlichkeit für die Geburt eines Mädchens?
 b) Familie Möller hat bereits ein Mädchen und erwartet das zweite Kind.
  Herr Möller meint: „Jetzt ist die Wahrscheinlichkeit für einen Jungen aber größer als 51 %."
  Hat Herr Möller recht?

> b) Herr Möller hat ... Die Wahrscheinlichkeit für die Geburt eines Jungen ist unabhängig davon, ob vorher ...

4. Beim Tennistraining wirft Leas Trainer ihr Bälle aus einem großen Korb zu. Zu Beginn des Trainings sind 72 Bälle im Korb, von denen 6 kaputt sind. Sie sehen zwar genauso aus wie die anderen, springen aber nicht richtig.
 a) Wie groß ist die Wahrscheinlichkeit dafür, dass Leas Trainer als erstes einen kaputten Ball erwischt?
 b) Von den ersten 22 Bällen war nur einer kaputt. Wie groß ist nun die Wahrscheinlichkeit dafür, dass Leas Trainer als nächstes einen kaputten Ball erwischt?

5. Aus einem Behälter mit insgesamt 20 roten, blauen und grünen Kugeln wird verdeckt eine Kugel gezogen und wieder zurückgelegt. Dieses Zufallsexperiment wurde

rot	blau	grün
54	28	68

mehrmals wiederholt. In der Tabelle siehst du die Ergebnisse. Schätze, wie viele Kugeln von jeder Farbe in dem Behälter sind. Begründe deine Schätzwerte.

WAHRSCHEINLICHKEIT EINES GEGENEREIGNISSES

Malik und Lena berechnen für das Glücksrad links auf verschiedene Weisen die Wahrscheinlichkeit für folgende Ereignisse:

E_1: *Die Zahl ist nicht durch 4 teilbar.*
E_2: *Die Zahl ist größer als 5.*

» Erkläre und vergleiche die unterschiedlichen Lösungswege.

Malik: (1) $P(E_1) = \frac{9}{12} = 0,75 = 75\%$
(2) $P(E_2) = \frac{7}{12} \approx 0,583 = 58,3\%$

Lena:
(1) $P(E_1) = 1 - \frac{3}{12} = \frac{9}{12} = 0,75 = 75\%$
(2) $P(E_2) = 1 - \frac{5}{12} = \frac{7}{12} \approx 0,583 = 58,3\%$

1. Für einen bestimmten Typ von LED-Lampen hat man die Wahrscheinlichkeiten für die angegebenen Betriebszeiten ermittelt.

a) Berechne auf verschiedene Weisen die Wahrscheinlichkeit dafür, dass eine LED-Lampe dieses Typs länger als 25 000 Stunden leuchtet.

b) Berechne möglichst vorteilhaft die Wahrscheinlichkeit dafür, dass die Betriebszeit einer Lampe höchstens 100 000 h beträgt.

Betriebszeiten	Wahrscheinlichkeit
bis 25 000 h	0,03
über 25 000 h – 50 000 h	0,09
über 50 000 h – 75 000 h	0,20
über 75 000 h – 100 000 h	0,54
über 100 000 h	0,14

Lösung

a) Ereignis E: *Die LED-Lampe leuchtet länger als 25 000 Stunden.*
1. Möglichkeit:
Wir addieren die Wahrscheinlichkeiten der Betriebszeiten, die zu diesem Ereignis gehören. Das sind in der Tabelle alle Werte außer 0,03:
$P(E) = 0,09 + 0,20 + 0,54 + 0,14 = 0,97 = 97\%$
2. Möglichkeit:
Wie betrachten das so genannte Gegenereignis $\overline{E}$, das besagt, dass E nicht eintritt.
Gegenereignis $\overline{E}$: *Die LED-Lampe hält nur 0 bis 25 000 Stunden.*
Der Tabelle entnehmen wir: $P(\overline{E}) = 0,03 = 3\%$
Die Summe der Wahrscheinlichkeiten von Ereignis und Gegenereignis ist 1 bzw. 100 %.
Somit gilt: $P(E) = 1 - P(\overline{E}) = 0,97 = 97\%$
Ergebnis: Die Wahrscheinlichkeit, dass eine LED-Lampe länger als 25 000 Stunden leuchtet, beträgt 97 %.

b) Ereignis E: *Die LED-Lampe leuchtet höchstens 100 000 Stunden.*
Gegenereignis $\overline{E}$: *Die LED-Lampe leuchtet länger als 100 000 Stunden.*
Der Tabelle entnehmen wir: $P(\overline{E}) = 0,14$
Somit erhalten wir: $P(E) = 1 - P(\overline{E}) = 1 - 0,14 = 0,86 = 86\%$
Ergebnis: Die LED-Lampe leuchtet mit einer Wahrscheinlichkeit von 86 % höchstens 100 000 Stunden.

INFORMATION

Ist ein Ereignis E gegeben, so besagt das **Gegenereignis $\overline{E}$**, dass E nicht eintritt. Manchmal ist es einfacher, die Wahrscheinlichkeit eines Ereignisses E über das Gegenereignis $\overline{E}$ zu berechnen.
Es gilt: $\mathbf{P(E) + P(\overline{E}) = 1}$ bzw. $\mathbf{P(E) = 1 - P(\overline{E})}$

2. Ein Würfel wird geworfen. Gib für das Ereignis und das zugehörige Gegenereignis jeweils die Ereignismenge an. Beschreibe das Gegenereignis auch mit Worten.
Berechne die Wahrscheinlichkeit des Ereignisses mithilfe des Gegenereignisses.
Die Augenzahl ist

a) ungerade;

b) eine Primzahl;

c) größer als 3;

d) kleiner als 5;

e) nicht durch 5 teilbar;

f) durch 2 oder durch 3 teilbar;

g) kleiner als 3 oder größer als 5;

h) eine Primzahl und gerade.

ÜBEN

3. a) Das Wetteramt gibt die Regenwahrscheinlichkeit für den nächsten Tag mit 25 % an. Wie groß ist die Wahrscheinlichkeit, dass es am nächsten Tag nicht regnen wird?

b) Bei einer Produktion von Tongefäßen sind erfahrungsgemäß 20 % Ausschuss. Wie groß ist die Wahrscheinlichkeit, dass ein zufällig aus der Produktion herausgenommenes Tongefäß brauchbar ist?

4. Es wird mit einem
(1) Dodekaeder (Zahlen 1 bis 12)
(2) Ikosaeder (Zahlen 1 bis 20) gewürfelt.
Wie groß ist die Wahrscheinlichkeit, dass das Ergebnis

a) keine 6 ist,

b) größer als 3 ist,

c) keine 13 ist?

(1) Dodekaeder

(2) Ikosaeder

5. Aus einem Skatblatt (vgl. Seite 165 Aufgabe 1) wird verdeckt eine Karte gezogen. Beschreibe das Gegenereignis jeweils mit Worten und berechne mithilfe des Gegenereignisses die Wahrscheinlichkeit dafür, dass die gezogene Karte

(1) Kreuz ist;

(2) kein König ist;

(3) Karo, Herz oder Kreuz ist;

(4) schwarz oder ein Bube ist;

(5) rot und kein Bube ist;

(6) weder Pik noch König noch Bube ist.

6. Die Tabelle gibt die Wahrscheinlichkeit für das Reißen des Zahnriemens eines bestimmten Automodells an. Mit Zahnriemen werden im Motor Kräfte übertragen.

Laufleistung	Wahrscheinlichkeit
bis 30 000 km	0,02
über 30 000 km bis 60 000 km	0,09
über 60 000 km bis 90 000 km	0,14
über 90 000 km bis 120 000 km	0,25
über 120 000 km bis 150 000 km	0,21
über 150 000 km	

a) Mit welcher Wahrscheinlichkeit reißt der Zahnriemen erst bei einer Laufleistung von über 150 000 km?

b) Berechne die Wahrscheinlichkeit dafür, dass der Zahnriemen

(1) mehr als 60 000 km hält;

(2) höchstens 120 000 km hält;

(3) mehr als 60 000 km und höchstens 120 000 km hält.

SIMULATION VON ZUFALLSEXPERIMENTEN

  Mit einem Tabellenkalkulationsprogramm kann man Zufallszahlen erzeugen. Diese Zufallszahlen kann man verwenden, um Zufallsexperimente, z. B. das Werfen einer Münze oder eines Würfels zu simulieren.

Durch Erweitern der Kalkulationstabelle ist es möglich, sehr viele solcher Simulationen durchzuführen. Schließlich kann die Kalkulationstabelle auch gleichzeitig zur Auswertung der Simulation eingesetzt werden.

1. Erstelle ein Tabellenblatt und simuliere mithilfe der Formel **=ZUFALLSBEREICH(0;1)** zweihundertmal das viermalige Werfen einer Münze.

» Deute die Zufallszahl 1 als Wappen, die Zufallszahl 0 als Zahl.

» Addiere die Zufallszahlen und werte die Simulation aus:

Summe 0 bedeutet 0-mal W
Summe 1 bedeutet 1-mal W
Summe 2 bedeutet 2-mal W ...

	A	B	C	D	E	F	G	H	I
1				Simulation: Viermaliger Münzwurf					
3	W1	W2	W3	W4	Su.		Auswertung		Rel. H.
4	1	0	1	0	2		0-mal W	9	0,05
5	1	1	0	0	2		1-mal W	45	0,23
6	0	0	1	0	1		2-mal W	85	0,43
7	0	1	0	0	1		3-mal W	49	0,25
8	0	0	0	0	0		4-mal W	12	0,06
9	0	1	0	1	2				

Mithilfe der Funktion **=ZÄHLENWENN(E4:E203;"=0")** usw. kannst du die Simulation auswerten.

a) Erweitere das Tabellenblatt auf 1 000 Zufallsexperimente.

b) Bei den relativen Häufigkeiten kannst du eine Symmetrie vermuten. Begründe mithilfe des Gegenereignisses.

3-mal Wappen bedeutet 1-mal Zahl

2. Simuliere das (1) fünfmalige; (2) sechsmalige Werfen einer Münze.
Untersuche die relativen Häufigkeiten der Simulation auf Symmetrie.

3. Untersuche, wie häufig beim Werfen von zwei Würfeln ein Pasch vorkommt. Dabei bedeutet ein Pasch, dass beide Würfel gleiche Augenzahlen zeigen.

» Für das Werfen eines Würfels kannst du eine Zufallszahl von 1 bis 6 erzeugen.

» In den Zellen D4 bis D13 soll eine 1 stehen, falls ein Pasch vorliegt, ansonsten eine 0. In der Zelle D4 verwendest du dazu die folgende Funktion: **=WENN(B4=C4;1;0)**.

	A	B	C	D	E	F	G
1			Simulation: Pasch bei 2 Würfeln				
3	Wurf	Würfel 1	Würfel 2	Pasch		Auswertung	
4	1	6	3	0		Pasch	1
5	2	1	6	0		kein Pasch	9
6	3	6	1	0			
7	4	6	2	0		Relative Häufigkeiten	
8	5	3	1	0		Pasch	0,1
9	6	1	3	0		kein Pasch	0,9
10	7	3	5	0			
11	8	4	6	0			
12	9	5	5	1			
13	10	2	3	0			

a) Erweitere die Tabelle und führe die Simulation mehrfach durch.

b) Bestimme näherungsweise die Wahrscheinlichkeit für einen Pasch.

4. Beim Werfen von zwei Würfeln kannst du als Summe der Augenzahlen die Zahlen von 2 bis 12 erhalten. Simuliere mit deinem Kalkulationsprogramm das 200-malige Werfen von 2 Würfeln.

a) Bestimme die absoluten und relativen Häufigkeiten für die Summe der Augenzahlen. Berechne daraus näherungsweise die Wahrscheinlichkeiten.

b) Welche Summen haben gleiche Wahrscheinlichkeiten?

c) Welche Summen haben die größten Wahrscheinlichkeiten?

WAHRSCHEINLICHKEIT BEI MEHRSTUFIGEN ZUFALLSEXPERIMENTEN – PFADREGELN

EINSTIEG

Bei der Herstellung eines hochwertigen Glases darf das fertige Glas
- keine kleinen Luftblasen enthalten,
- das Gewicht darf maximal 3 % vom vorgegebenen Wert abweichen und
- die Form muss gleichmäßig sein.

In Qualitätskontrollen lässt der Fabrikant die Gläser prüfen und in Güteklassen einteilen.
Die Kontrolle von 1 000 Gläsern hatte folgende Ergebnisse:

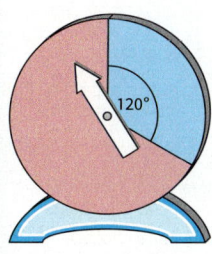

Blasenbildung		Masse		Form	
nicht vorhanden	940	Abweichung max. 3 %	964	gleichmäßig	925
vorhanden	60	Abweichung über 3 %	36	nicht gleichmäßig	75

》 Welchen Näherungswert würdet ihr für die Wahrscheinlichkeit angeben, dass bei einem zufällig ausgesuchten Glas die Form nicht gleichmäßig ist?

》 Berechnet auch Näherungswerte für die anderen Kontrollergebnisse.

》 Zeichnet für das dreistufige Zufallsexperiment *Kontrolle der Blasenbildung, der Masse und der Form eines Glases* ein Baumdiagramm.

》 Wie viel Prozent einer großen Anzahl unsortierter Gläser werden näherungsweise weder eine Blasenbildung noch Mängel bei der Masse oder bei der Form aufweisen?

》 Präsentiert eure Ergebnisse.

AUFGABE

1. Das abgebildete Glücksrad wird dreimal gedreht.

    a) Zeichne ein Baumdiagramm und schreibe an die einzelnen Zweige die zugehörigen Wahrscheinlichkeiten.
Untersuche, ob ein Laplace-Experiment vorliegt.

    b) Angenommen, das dreistufige Zufallsexperiment wird 540-mal ausgeführt. Wie oft kann man dabei das Ergebnis (Rot|Blau|Rot) erwarten?

    c) Welche Wahrscheinlichkeit hat das Ergebnis (Rot|Blau|Rot)?
Wie kann man diese Wahrscheinlichkeit direkt berechnen?

    d) Wie groß ist die Wahrscheinlichkeit, dass das Glücksrad zweimal auf Blau und einmal auf Rot stehen bleibt?

Lösung

a)

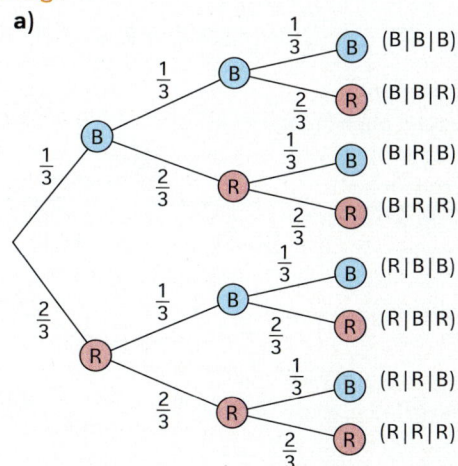

Dies ist ein dreistufiges Zufallsexperiment. Jeder Pfad beschreibt ein Ergebnis des Experiments.

(R|B|R) bedeutet z. B.: Zunächst bleibt der Zeiger auf Rot, dann auf Blau und zum Schluss wieder auf Rot stehen.

Es handelt sich nicht um ein Laplace-Experiment, da die Wahrscheinlichkeiten nicht für alle Ergebnisse gleich groß sind.

b) Wir erwarten bei $\frac{2}{3}$ aller Drehungen des Glücksrades, dass der Zeiger auf Rot stehen bleibt, also bei ungefähr 360 der 540 Versuchsdurchführungen.

Bei ungefähr $\frac{1}{3}$ aller Drehungen erwarten wir, dass der Zeiger auf dem blauen Feld anhält, also bei ungefähr einem Drittel von 360 Drehungen, bei denen es zuvor auf Rot stehen blieb. Das sind 120.

Bei ungefähr $\frac{2}{3}$ dieser 120 Versuchsdurchführungen, also bei ca. 80, erwarten wir, dass das Rad dann wieder auf Rot stehen bleibt.

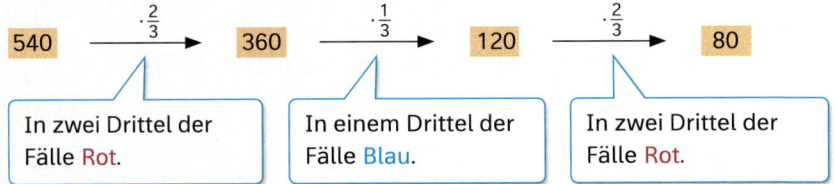

In zwei Drittel der Fälle Rot.	In einem Drittel der Fälle Blau.	In zwei Drittel der Fälle Rot.

Das Ergebnis (Rot | Blau | Rot) kommt also bei 540 Dreifachdrehungen ca. 80-mal vor.

c) Bei ungefähr 80 von 540 Versuchsdurchführungen kommt das Ergebnis (Rot | Blau | Rot) vor. Die Wahrscheinlichkeit für dieses Ergebnis ist also $\frac{80}{540} = \frac{4}{27}$.

Die Wahrscheinlichkeit für das Ergebnis (Rot | Blau | Rot) kann auch als Produkt der Wahrscheinlichkeiten $\frac{2}{3}$, $\frac{1}{3}$ und $\frac{2}{3}$ längs des zugehörigen Pfades berechnet werden.

Begründung:

Bei $\frac{2}{3}$ der Versuchsdurchführungen erwartet man Rot und bei $\frac{1}{3}$ davon Blau, das sind $\frac{2}{3} \cdot \frac{1}{3} = \frac{2}{9}$. Bei $\frac{2}{3}$ hiervon erwartet man dann wieder Rot, das sind $\frac{2}{9} \cdot \frac{2}{3} = \frac{4}{27}$.

d) Von den 8 Ergebnissen (Pfaden) führen 3 Pfade zu dem Ereignis *zweimal Blau und einmal Rot*. Die Wahrscheinlichkeiten für die einzelnen Ergebnisse berechnen wir wie in Teilaufgabe c) als Produkt der einzelnen Wahrscheinlichkeiten längs der Pfade.

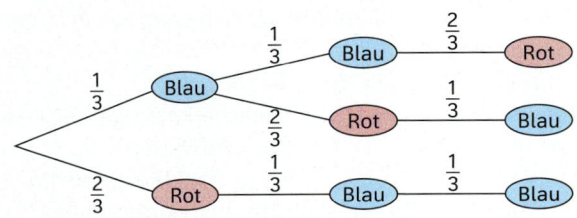

Ergebnis	Wahrscheinlichkeit
(B | B | R)	$\frac{1}{3} \cdot \frac{1}{3} \cdot \frac{2}{3} = \frac{2}{27}$
(B | R | B)	$\frac{1}{3} \cdot \frac{2}{3} \cdot \frac{1}{3} = \frac{2}{27}$
(R | B | B)	$\frac{2}{3} \cdot \frac{1}{3} \cdot \frac{1}{3} = \frac{2}{27}$

Mit der Summenregel erhalten wir:

P (*zweimal Blau und einmal Rot*) $= \frac{2}{27} + \frac{2}{27} + \frac{2}{27} = \frac{6}{27} = \frac{2}{9}$

INFORMATION

(1) Mehrstufiges Zufallsexperiment
Ein Zufallsexperiment, das in zwei oder mehr Schritten nacheinander durchgeführt wird, heißt **mehrstufiges Zufallsexperiment**.
Die Ergebnisse können übersichtlich in einem Baumdiagramm dargestellt werden.
Beispiel:
- Jemand wirft dreimal hintereinander eine Münze.
- Auch das gleichzeitige Werfen mit drei Würfeln kann als mehrstufiges Zufallsexperiment aufgefasst werden.

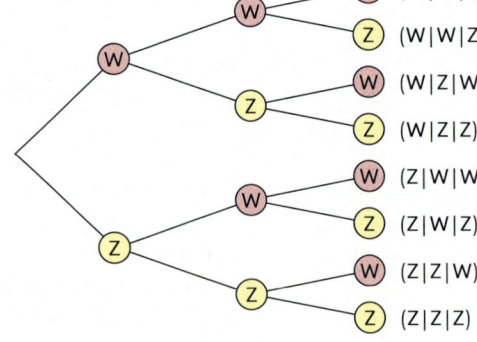

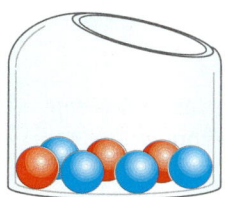

(2) Pfadregeln zur Berechnung von Wahrscheinlichkeiten bei mehrstufigen Zufallsexperimenten

Beispiel:

Aus einem Behälter mit 4 blauen und 3 roten Kugeln werden nacheinander drei Kugeln gezogen, ohne sie zurückzulegen.

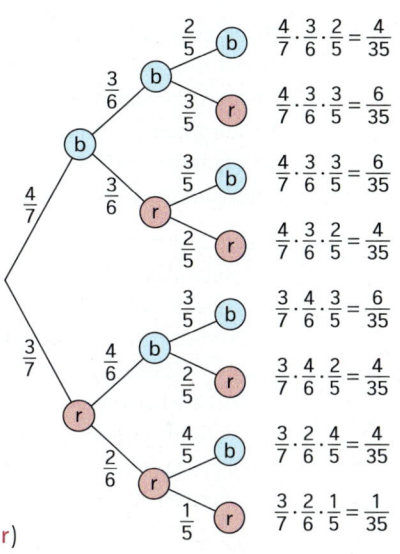

(a) Produktregel

Man erhält die Wahrscheinlichkeit für ein Ergebnis, indem man die Wahrscheinlichkeiten entlang des zugehörigen Pfades multipliziert.

$$P(b|r|r) = \frac{4}{7} \cdot \frac{3}{6} \cdot \frac{2}{5} = \frac{4}{35}$$

(b) Summenregel

Besteht ein Ereignis aus mehreren Ergebnissen, so addiert man die zugehörigen Wahrscheinlichkeiten.

$$P(\text{drei gleichfarbige Kugeln}) = P(b|b|b) + P(r|r|r)$$

$$= \frac{4}{35} + \frac{1}{35} = \frac{5}{35} = \frac{1}{7}$$

FESTIGEN UND WEITERARBEITEN

2. a) Eine 50-Cent-Münze wird dreimal geworfen. Wie groß ist die Wahrscheinlichkeit, dass dreimal
  (1) dieselbe Seite oben liegt;
  (2) genau einmal *Zahl* oben liegt?

 b) Nun wird mit einer Spielmünze geworfen, bei der mit einer 70-prozentigen Wahrscheinlichkeit *Zahl* geworfen wird.

Manchmal ist es einfacher, die Wahrscheinlichkeit des Gegenereignisses zu bestimmen.

3. Drei Würfel werden gleichzeitig geworfen. Es ist hier nur wichtig, ob eine Sechs gewürfelt wird oder nicht.

 a) Erkläre das Baumdiagramm. Welche Wahrscheinlichkeiten sind an die Pfade zu schreiben?

 b) Berechne die Wahrscheinlichkeiten für folgende Ereignisse:
  (1) Es wird keine Sechs gewürfelt.
  (2) Es wird genau eine Sechs gewürfelt.
  (3) Es werden genau zwei Sechsen gewürfelt.
  (4) Es wird mindestens eine Sechs gewürfelt.
  (5) Es wird höchstens eine Sechs gewürfelt.

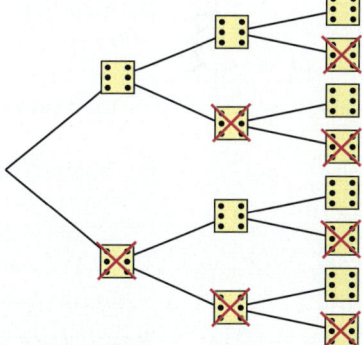

4. In einem Gefäß sind 8 gleichartige Kugeln: 5 rote und 3 blaue Kugeln.

 a) Nacheinander zieht man verdeckt dreimal je eine Kugel, wobei vor dem nächsten Zug die vorher gezogene Kugel wieder in das Gefäß zurückgelegt wird. Man gewinnt, wenn alle drei Kugeln die gleiche Farbe haben.

 b) Nun wird vor dem nächsten Zug die vorher gezogene Kugel nicht wieder in das Gefäß zurückgelegt.
  Wie groß ist jetzt die Gewinnwahrscheinlichkeit?

 c) Ändert sich die Gewinnwahrscheinlichkeit aus Teilaufgabe b), wenn man alle drei Kugeln gleichzeitig aus dem Gefäß zieht? Begründe.

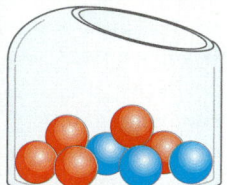

INFORMATION

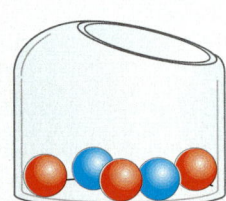

Urne
Gefäß

Ziehvorgänge mit dem Urnenmodell

In der Wahrscheinlichkeitsrechnung betrachtet man häufig Ziehvorgänge, wie das Ziehen eines Loses oder die Auswahl von Personen für Umfragen. Solche Ziehvorgänge können mit dem Urnenmodell simuliert werden:

Aus einem Gefäß, der so genannten Ziehungsurne, werden gleichartige, aber z. B. durch Färbung oder Nummerierung unterscheidbare Kugeln gezogen.

Dabei unterscheidet man folgende drei Fälle:

(1) Beim **Ziehen mit Zurücklegen** legt man die gezogene Kugel vor dem nächsten Zug wieder in das Gefäß zurück. Damit stellt man den ursprünglichen Zustand der Urne wieder her, sodass die Wahrscheinlichkeiten bei jeder Ziehung übereinstimmen.

(2) Beim **Ziehen ohne Zurücklegen** ändern sich dagegen bei der nächsten Ziehung die Wahrscheinlichkeiten für das Ziehen der Kugeln. Man sagt, die Wahrscheinlichkeit ist *abhängig* vom Ergebnis der vorangegangenen Ziehung.

(3) Das **gleichzeitige Ziehen** kann in gewisser Weise als ein Ziehen ohne Zurücklegen betrachtet werden. Der Unterschied besteht darin, dass man auf die Reihenfolge nicht achtet.

Beispiel:

Wie groß ist die Wahrscheinlichkeit, aus der Ziehungsurne links gleichzeitig eine rote und eine blaue Kugel zu ziehen?

Das Baumdiagramm beschreibt das Ziehen ohne Zurücklegen. Wir berechnen die Wahrscheinlichkeiten für die Ergebnisse (rot|blau) und (blau|rot) und addieren sie.

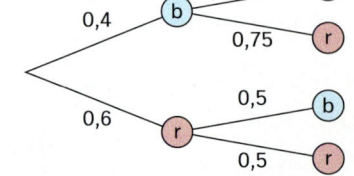

Ergebnis:

$P(\text{blau und rot}) = 0,4 \cdot 0,75 + 0,6 \cdot 0,5$
$\qquad\qquad\qquad = 0,6 = 60\,\%$

ÜBEN

5. Anne hat in ihrem Mäppchen drei rote und zwei blaue Farbstifte. Sie nimmt ohne hinzusehen zwei Stifte heraus. Zeichne ein Baumdiagramm und bestimme, mit welcher Wahrscheinlichkeit sie

a) zwei verschiedenfarbige Stifte,   **b)** zwei rote Stifte herausgenommen hat.

6. In einem Gefäß sind 4 rote, 3 gelbe, 1 blaue und 2 grüne Kugeln. Nacheinander werden zwei Kugeln gezogen

a) mit Zurücklegen;   **b)** ohne Zurücklegen.

  (1) Zeichne jeweils ein Baumdiagramm.

  (2) Berechne jeweils die Wahrscheinlichkeiten für folgende Ereignisse:

  E_1: Beide Kugeln sind rot. E_3: Genau eine Kugel ist grün.

  E_2: Die erste Kugel ist gelb. E_4: Beide Kugeln sind verschiedenfarbig.

c) Jetzt werden zwei Kugeln gleichzeitig gezogen.

  Wie groß ist die Wahrscheinlichkeit, dass zwei gleichfarbige Kugeln gezogen werden?

Multiple-Choice-Test:
Test, bei dem von mehreren Antworten eine oder mehrere als richtig anzukreuzen sind.

7. Bei einem Multiple-Choice-Test kann man bei jeder Frage zwischen mehreren vorgegebenen Antworten wählen. Wenn man nicht weiß, welche Antwort richtig ist, kann man raten. Wie groß ist die Wahrscheinlichkeit, dass man bei einem Test mit drei Fragen und jeweils vier möglichen Antworten, wovon nur eine richtig ist,

(1) genau zwei Antworten,   (2) nur eine Antwort,   (3) mindestens eine Antwort

richtig rät?

8. Ein Glücksrad wird dreimal nacheinander gedreht. Bei welchem der drei Räder ist es günstig, auf das Ereignis

    a) dreimal dieselbe Farbe,   **b)** drei verschiedene Farben zu setzen?

(1) 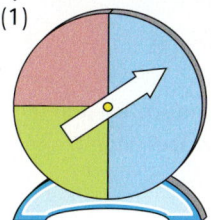   (2) 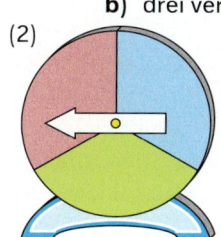   (3)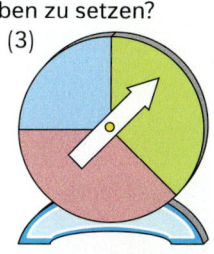

> Das Baumdiagramm könnte das Ziehen von Kugeln beschreiben. In dem Gefäß könnten z. B. …

9. Gib ein Zufallsexperiment an, das durch das nebenstehende Baumdiagramm beschrieben wird.
Ergänze die fehlenden Wahrscheinlichkeiten in deinem Heft. Beschreibe dein Vorgehen.

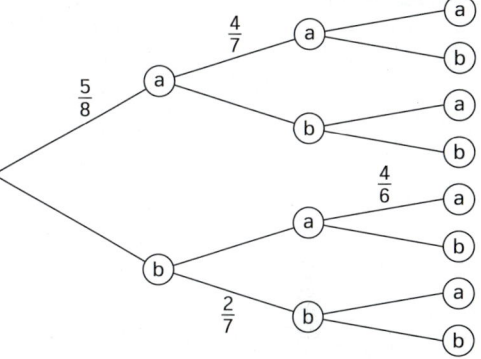

> Du kannst dir Arbeit ersparen, indem du nur einzelne Pfade zeichnest.

10. Im Jahre 2019 wurde beim Kauf eines Pkws in 39 % aller Fälle die Farbe Grau (einschließlich Silbergrau) gewählt, in 31 % der Fälle die Farbe Schwarz, in 14 % der Fälle die Farbe Blau, in 4 % der Fälle die Farbe Grün.

  a) Nimm an, dass sich dies nicht geändert hat. An einem Tag verkauft ein Autohändler drei Autos. Wie groß ist die Wahrscheinlichkeit, dass
    (1) alle drei Autos grau sind;
    (2) zwei Autos grün und ein Auto blau ist;
    (3) ein Auto blau, ein Auto schwarz und ein Auto grün ist?

  b) Auf dem Firmengelände des Autohändlers stehen 50 Autos.
    (1) Wie viele graue Autos erwartest du?
    (2) Wie viele Autos erwartest du, die keine der genannten Farben haben?

11. Aus dem Gefäß wird eine Kugel gezogen, der Buchstabe wird notiert und die Kugel wieder in das Gefäß zurückgelegt.

  a) Zeichne ein Baumdiagramm für das Zufallsexperiment, dass dreimal nacheinander gezogen und wieder zurückgelegt wird.
    Wie groß ist die Wahrscheinlichkeit, dass TIM gezogen wird?
    Wie groß ist die Wahrscheinlichkeit, dass TIM oder MIT gezogen wird?

  b) Zeichne ein Baumdiagramm dafür, dass dreimal ohne Zurücklegen gezogen wird.
    Wie groß sind dann die Wahrscheinlichkeiten für TIM bzw. TIM oder MIT?

  c) Nun wird viermal gezogen
    (1) mit Zurücklegen,
    (2) ohne Zurücklegen.
    Wie groß ist jeweils die Wahrscheinlichkeit für TIMO?

BERECHNEN VON WAHRSCHEINLICHKEITEN BEI MEHRSTUFIGEN LAPLACE-EXPERIMENTEN

Mehrstufige Laplace-Experimente

EINSTIEG

In einem Etui befinden sich je ein roter, ein blauer, ein gelber und ein schwarzer Stift. Nacheinander werden drei Stifte zufällig herausgezogen, wobei der gezogene Stift vor dem nächsten Zug nicht wieder in das Etui zurückgelegt wird.

》 Welche Ergebnisse hat dieses dreistufige Zufallsexperiment?
》 Was kannst du über die Wahrscheinlichkeit der einzelnen Ergebnisse aussagen? Begründe.

AUFGABE

1. Eine Münze wird dreimal nacheinander geworfen. Bei jedem Wurf erhältst du entweder W (Wappen) oder Z (Zahl). Rechts findest du zwei mögliche Ergebnisse dieses dreistufigen Experiments.

(W | W | Z)

a) Stelle die möglichen Ergebnisse in einem Baumdiagramm dar.

b) Wie groß ist die Wahrscheinlichkeit für jedes Ergebnis? Begründe.

c) Wie groß ist die Wahrscheinlichkeit
   (1) dreimal das gleiche Ergebnis,
   (2) mindestens zweimal Zahl zu werfen?

(W | Z | Z)

d) Wie ändern sich die Wahrscheinlichkeiten in Teilaufgabe c), wenn 3 Münzen gleichzeitig geworfen werden?

Lösung

a)

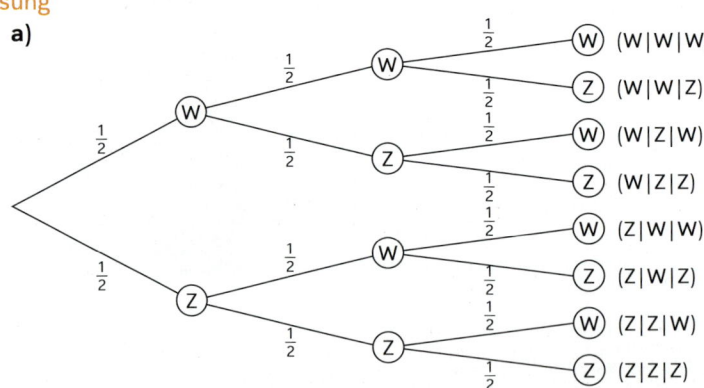

b) Da bei jedem der drei Würfe die Wahrscheinlichkeiten für Wappen und Zahl gleich groß sind, sind alle 8 Ergebnisse gleich wahrscheinlich. Es ist ein mehrstufiges Laplace-Experiment. Die Wahrscheinlichkeit für jedes Ergebnis beträgt $\frac{1}{8}$ = 12,5 %.

c) (1) E_1 = {(W | W | W); (Z | Z | Z)}   Daraus folgt: $P(E_1) = \frac{2}{8} = \frac{1}{4}$ = 25 %

   (2) E_2 = {(W | Z | Z); (Z | W | Z); (Z | Z | W); (Z | Z | Z)} $P(E_2) = \frac{4}{8} = \frac{1}{2}$ = 50 %

d) Die Wahrscheinlichkeiten ändern sich nicht. Stellen wir uns vor, die drei Münzen wären unterscheidbar (Markierungen mit einem Filzstift), so könnten wir die Ergebnisse mit einem Baumdiagramm wie in Teilaufgabe a) notieren.

INFORMATION

Mehrstufiges Laplace-Experiment
Sind bei einem mehrstufigen Zufallsexperiment die Wahrscheinlichkeiten auf jeder Stufe jeweils gleich groß, so nennt man dies ein **mehrstufiges Laplace-Experiment**.

Beispiel:
Aus dem Gefäß links werden nacheinander zwei Kugeln verdeckt gezogen, ohne die zuerst gezogene Kugel zurückzulegen.
Auf der 1. Stufe beträgt die Wahrscheinlichkeit jeweils $\frac{1}{3}$, auf der 2. Stufe jeweils $\frac{1}{2}$.
Es liegt somit ein zweistufiges Laplace-Experiment mit 6 möglichen Ergebnissen vor.
Jedes Ergebnis tritt mit der Wahrscheinlichkeit $\frac{1}{6}$ ein.

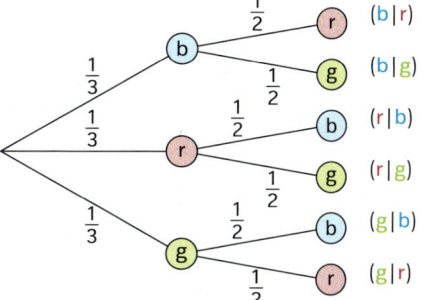

FESTIGEN UND WEITERARBEITEN

2. Zwei Tetraeder, beschriftet mit den Zahlen 1 bis 4, werden gleichzeitig geworfen.
   a) Stelle die möglichen Ergebnisse in einer Tabelle dar.
   b) Berechne die Wahrscheinlichkeit für:
      (1) einen Pasch.   (3) Augendifferenz kleiner als 4.   (5) keine 3.
      (2) Augensumme 5.   (4) mindestens eine 4.   (6) höchstens eine 1.
      Gib vorher jeweils die Menge E der für das Ereignis günstigen Wurfkombinationen an.

3. Das Glücksrad (Bild rechts) wird dreimal gedreht.
   a) Zeichne ein Baumdiagramm.
   b) Gib die Wahrscheinlichkeit für jedes Ergebnis an. Begründe.
   c) Wie groß ist die Wahrscheinlichkeit dafür, dass das Glücksrad dreimal die gleiche Farbe zeigt?

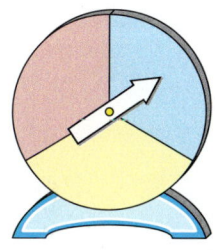

ÜBEN

4. Vier Münzen werden gleichzeitig geworfen.
   a) Stelle die möglichen Ergebnisse in einem Baumdiagramm dar.
   b) Wie groß ist die Wahrscheinlichkeit, dass
      (1) viermal Wappen,   (3) zweimal Zahl und zweimal Wappen,
      (2) keinmal Wappen,   (4) mindestens einmal Wappen
      geworfen werden?

5. In einem Gefäß sind je eine rote, eine gelbe, eine blaue und eine schwarze Kugel. Zwei Kugeln werden nacheinander gezogen. Die zuerst gezogene Kugel soll vor dem zweiten Zug wieder in das Gefäß zurückgelegt werden.
   a) Stelle die möglichen Ergebnisse in einem Baumdiagramm dar und schreibe die Ergebnismenge S auf.
   b) Wie groß ist die Wahrscheinlichkeit für jedes einzelne Ergebnis? Begründe.
   c) Schreibe zu folgenden Ereignissen die Ereignismenge E auf und gib die zugehörige Wahrscheinlichkeit an.
      E_1: zweimal die gleiche Farbe E_3: beim zweiten Zug gelb
      E_2: keinmal rot E_4: mindestens einmal gelb
   d) Wie ändern sich die Wahrscheinlichkeiten, wenn beide Kugeln gleichzeitig gezogen werden?

Berechnen von Wahrscheinlichkeiten mithilfe der Zählregel

Jens steht vor seinem Schrank und weiß nicht so recht, was er heute in der Schule anziehen soll. Zur Auswahl hat er

- 3 Paar Schuhe (schwarz, braun, blau),
- 4 Hosen (blau, schwarz, braun, grün) und
- 6 Hemden (weiß, schwarz, gelb, braun, grün, blau).

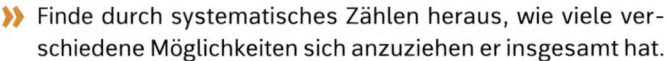

» Finde durch systematisches Zählen heraus, wie viele verschiedene Möglichkeiten sich anzuziehen er insgesamt hat.

» Jens spielt gerne. Er greift im Dunkeln zufällig im Schrank nach einem Paar Schuhe, dann nach einer Hose und schließlich nach einem Hemd. Wie groß ist die Wahrscheinlichkeit, dass er

(1) einfarbig,

(2) in drei verschiedenen Farben zur Schule geht?

1. Mit einem roten, einem blauen und einem grünen Würfel wird gleichzeitig geworfen. Wie groß ist die Wahrscheinlichkeit, drei verschiedene Zahlen zu werfen?

Lösung

Das Experiment kann, wie der Ausschnitt des Baumdiagramms unten zeigt, als dreistufiges Laplace-Experiment betrachtet werden. Auf jeder Stufe beträgt die Wahrscheinlichkeit für ein Ergebnis jeweils $\frac{1}{6}$. Es ist aber zu umfangreich, das ganze Baumdiagramm zu zeichnen. Deshalb berechnen wir in zwei Schritten die Wahrscheinlichkeit mit der Laplace-Formel

$$P(E) = \frac{\text{Anzahl der günstigen Ergebnisse}}{\text{Anzahl der möglichen Ergebnisse}}$$

1. Schritt: *Bestimmen der Anzahl der möglichen Ergebnisse*

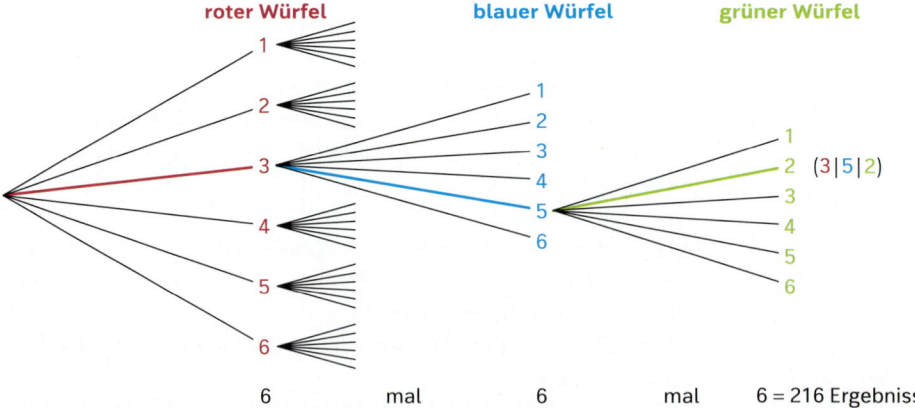

Mit dem roten Würfel können die Zahlen 1 bis 6 gewürfelt werden. Diese 6 Ergebnisse können dann jeweils mit den 6 Zahlen des blauen Würfels kombiniert werden. Das sind $6 \cdot 6 = 36$ Möglichkeiten, die dann wieder mit den 6 Zahlen des grünen Würfels kombiniert werden können.

Ergebnis: Es gibt insgesamt $6 \cdot 6 \cdot 6 = 216$ mögliche Ergebnisse.

2. Schritt: *Bestimmen der Anzahl der günstigen Ergebnisse*

Das Baumdiagramm zeigt, wie man die Anzahl der günstigen Ergebnisse (drei verschiedene Augenzahlen) bestimmen kann.

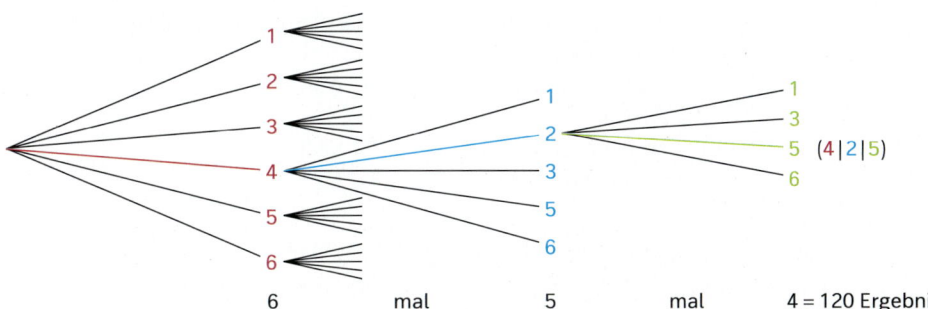

6　　　　mal　　　　5　　　　mal　　　　4 = 120 Ergebnisse

In der 1. Stufe können alle 6 Zahlen vorkommen. In der 2. Stufe darf die Zahl, die mit dem roten Würfel geworfen wurde, nicht mehr vorkommen. Die Zahlen des roten Würfels können also nur noch jeweils mit 5 Zahlen des blauen Würfels und diese Ergebnisse dann mit 4 Zahlen des grünen Würfels kombiniert werden.

Es gibt somit $6 \cdot 5 \cdot 4 = 120$ günstige Ergebnisse.

Daraus folgt: $P(\text{drei verschiedene Zahlen}) = \frac{120}{216} = \frac{5}{9} \approx 55{,}6\,\%$

INFORMATION

Bei mehrstufigen Laplace-Experimenten ist es zur Berechnung der Wahrscheinlichkeiten oft günstig, die Anzahl der möglichen Ergebnisse mit der folgenden **Zählregel** zu berechnen:

Gibt es bei einem mehrstufigen Zufallsexperiment

- auf der 1. Stufe n_1 Möglichkeiten,
- auf der 2. Stufe n_2 Möglichkeiten,
- auf der 3. Stufe n_3 Möglichkeiten usw.,

so hat das Zufallsexperiment insgesamt $n_1 \cdot n_2 \cdot n_3 \ldots$ mögliche Ergebnisse.

FESTIGEN UND WEITERARBEITEN

2. In einem Restaurant kann man sich ein Menü bestehend aus einer Suppe, einem Salat, einem Hauptgericht und einem Dessert selbst zusammenstellen. Zur Auswahl stehen drei Suppen, zwei Salate, sieben Hauptgerichte und vier Desserts.
Wie viele verschiedene Menüs sind möglich?

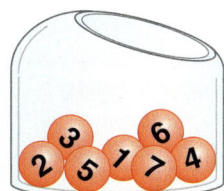

3. In einem Behälter sind 7 Kugeln mit den Nummern 1 bis 7. Drei Kugeln werden nacheinander verdeckt herausgezogen, wobei die gezogene Kugel vor dem nächsten Zug nicht wieder zurückgelegt wird.
　a) Wie viele Ergebnisse sind möglich?
　b) Wie viele Ergebnisse mit nur ungeraden Zahlen sind möglich?
　c) Wie groß ist die Wahrscheinlichkeit, dass
　　(1) nur gerade Zahlen,　　　　(3) drei gleiche Zahlen,
　　(2) nur Primzahlen,　　　　　(4) verschiedene Zahlen　　gezogen werden?
　d) Alle sieben Kugeln werden nacheinander gezogen.
　　Wie viele verschiedene Anordnungen sind möglich?

ÜBEN

Für den 1. Platz
hat sie 8 Stauden
zur Auswahl.
Für den 2. Platz
noch ...

4. a) Frau Teipel hat acht unterschiedliche Blumenstauden gekauft, die sie nun vor einer Gartenhecke anpflanzen will.
Wie viele verschiedene Möglichkeiten gibt es, sie in einer Reihe anzuordnen?

b) Auf einem Parkplatz sind noch sieben Plätze frei. Drei Autofahrer fahren auf den Platz, um zu parken.
Wie viele Möglichkeiten, die freien Parkplätze zu belegen, gibt es?

c) Peter hat acht Bauklötze. Mit sechs Bauklötzen baut er ein Haus (s. Abbildung).
Wie viele verschiedene Häuser kann er auf diese Weise bauen?

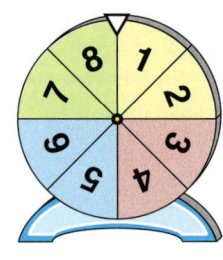

5. Das Glücksrad wird viermal nacheinander gedreht.

a) Es kommt nur auf die Farben an.

(1) Berechne die Anzahl der möglichen Ergebnisse.

(2) Wie groß ist die Wahrscheinlichkeit, dass das Glücksrad auf vier verschiedenen Farben stehen bleibt?

(3) Wie groß ist die Wahrscheinlichkeit, viermal die gleiche Farbe zu erhalten?

b) Es kommt jetzt nur auf die Zahlen an.

(1) Wie viele mögliche Ergebnisse gibt es?

(2) Wie groß ist die Wahrscheinlichkeit, nur Zahlen kleiner als 6 zu bekommen?

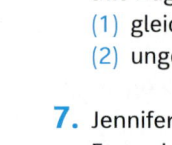

6. Ein Tetraeder (Zahlen 1 bis 4), ein normaler Würfel und ein Oktaeder (Zahlen 1 bis 8) werden gleichzeitig geworfen.
Wie groß ist die Wahrscheinlichkeit, dass alle Augenzahlen

(1) gleich, (3) größer als 3,

(2) ungerade, (4) verschieden sind?

7. Jennifer feiert mit ihren Freundinnen und Freunden Laura, Melanie, Ayda, Tobias, Max, Attila und Felix ihren 15. Geburtstag. Sie steht vor ihrem Platz und überlegt, wer wo sitzen soll.

a) Wie viele Möglichkeiten hat Jennifer, ihre Gäste auf die Plätze zu verteilen? Schätze vorher.

b) Jennifer verteilt die sieben freien Plätze zufällig auf ihre Gäste.
Wie groß ist die Wahrscheinlichkeit, dass

(1) ihre beste Freundin Laura neben ihr sitzt,

(2) eine bunte Reihe Junge – Mädchen – Junge – Mädchen ... entsteht?

8. Bei dem Spiel Fußball-Toto müssen von 11 Spielen folgende Ergebnisse getippt werden:
1: Heimmannschaft gewinnt,
0: unentschieden,
2: Gastmannschaft gewinnt.

a) Wie viele mögliche Tippreihen gibt es?

b) Ist das Ausfüllen einer Toto-Tippreihe ein mehrstufiges Laplace-Experiment? Begründe.

Das Roulette ist ein altes Glücksspiel, dessen Erfindung häufig dem französischen Mathematiker Blaise Pascal (1623–1662) zugeschrieben wird.
Rechts siehst du einen Roulettekessel. Nach dem Drehen des Rouletterads wird eine Kugel in den Kessel geworfen, die dann in einem der Zahlenfächer liegen bleibt. Die Fächer mit den Zahlen 1 bis 36 sind abwechselnd rot und schwarz, das Fach mit der Null ist grün.

★★

Peter behauptet: „Die Wahrscheinlichkeit, dass die Kugel in einem roten Fach liegen bleibt, beträgt 50 %."
Hat Peter recht? Begründe.

★★★

Die Kugel bleibt viermal hintereinander in einem roten Fach liegen. Maria meint: „Beim nächsten Spiel ist es wahrscheinlicher, dass die Kugel in einem schwarzen Fach liegen bleibt."
Nimm dazu Stellung.

★★★★

Wie groß ist die Wahrscheinlichkeit, dass die Kugel dreimal hintereinander in einem schwarzen Fach liegen bleibt?

In einer Fabrik wird Porzellangeschirr hergestellt.
Jedes Teil wird zunächst auf Form und dann auf Farbe geprüft.
Erfahrungsgemäß wird bei $\frac{1}{6}$ die Form beanstandet.
Bei der anschließenden Überprüfung der Farbe weisen $\frac{1}{10}$ der Teile Mängel auf.

★★

Stelle die Kontrolle in einem Baumdiagramm dar.

★★★

Es werden 1 500 Teller hergestellt.
Wie viele davon kann man
(1) nur mit einem Formfehler,
(2) nur mit einem Farbfehler,
(3) mit Formfehler und Farbfehler erwarten?

★★★★

Durch eine Verbesserung im Produktionsprozess bei der Farbgestaltung wird der Anteil der Produkte ohne Fehler auf 80 % erhöht.
Welcher Anteil der Produkte ist ohne Farbfehler?

VERMISCHTE UND KOMPLEXE ÜBUNGEN

1. Hakans Klasse bereitet für das Schulfest eine Lotterie vor. Es soll 400 Nieten, 75 Trostpreise und 25 Hauptgewinne geben.

a) Hakans Mutter zieht das erste Los.

(1) Wie groß ist die Wahrscheinlichkeit dafür, dass Hakans Mutter einen Hauptgewinn zieht?

(2) Wie groß ist die Wahrscheinlichkeit dafür, dass Hakans Mutter keine Niete zieht?

> b) Es sind noch insgesamt ... Lose im Lostopf. Davon sind ... Hauptgewinne ...

b) Nachdem 100 Lose gezogen wurden, sind immer noch alle Hauptgewinne im Lostopf. Wie groß ist die Wahrscheinlichkeit dafür, dass als nächstes ein Hauptgewinn gezogen wird?

2. In einem Behälter sind 15 Kugeln mit den Zahlen 1 bis 15. Eine Kugel wird verdeckt gezogen. Berechne für folgende Ereignisse die Wahrscheinlichkeit mithilfe des Gegenereignisses. Beschreibe das Gegenereignis vorher mit Worten und gib es durch eine Menge an.

(1) Die Zahl ist größer als 2.

(2) Die Zahl ist kleiner als 15.

(3) Die Zahl ist keine Primzahl.

(4) Die Zahl ist nicht durch 5 teilbar.

(5) Die Zahl ist durch 2 oder 3 teilbar.

(6) Die Zahl ist einstellig und gerade.

3. Tim möchte die Daten auf seinem Computer vor unberechtigtem Zugriff schützen. Er wählt ein Codewort, das aus vier aneinandergereihten Buchstaben besteht.

a) Wie viele Möglichkeiten hat Tim, aus den 26 Buchstaben des Alphabetes ein solches Codewort, z. B. HUND, DXTR, AHHR, auszuwählen?

b) Wie groß ist die Wahrscheinlichkeit, dass ein Unberechtigter gleich auf „Anhieb" das richtige Codewort trifft?

4. Aus dem Gefäß werden verdeckt nacheinander drei Kugeln gezogen.

a) Vor dem nächsten Zug wird die vorher gezogene Kugel wieder zurückgelegt. Wie groß ist die Wahrscheinlichkeit, drei Kugeln mit der gleichen Farbe zu ziehen?

b) Die vorher gezogene Kugel wird nicht zurückgelegt. Wie groß ist jetzt die Wahrscheinlichkeit, drei Kugeln mit der gleichen Farbe zu ziehen?

5. Bevor ein Buch gedruckt wird, werden alle Seiten auf Fehler durchgesehen. Der erste Korrekturleser findet erfahrungsgemäß 75 % der Fehler und korrigiert sie. Dann bekommt alle Seiten ein zweiter Korrekturleser, der von den übrig gebliebenen Fehlern noch ca. 60 % entdeckt und korrigiert.

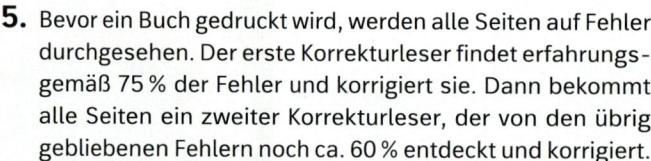

a) Mit welcher Wahrscheinlichkeit ist ein Fehler, der ursprünglich in einem Drucktext vorhanden war, nach beiden Korrekturen noch nicht entdeckt worden?

b) In zwei Korrekturen wurden 194 Fehler entdeckt. Wie viele Fehler sind schätzungsweise nach der zweiten Korrektur noch im Drucktext?

6. Ein Schachverein möchte für ein Turnier eine Mannschaft aus 4 Spielern aufstellen. Da in dem Verein 12 Spitzenspieler sind, die alle ungefähr gleich gut spielen, werden 4 von ihnen für das Turnier durch das Los bestimmt. Wie viele Vierer-Mannschaften kann man aus 12 Spielern bilden?

7. Frau Demirei kauft 4 Halogenlampen. Beim Kauf kann sie kontrollieren, ob sie leuchten oder defekt sind. Erfahrungsgemäß sind 3 % der Halogenlampen aus dieser Produktionsserie defekt.

a) Berechne mithilfe eines Baumdiagramms die Wahrscheinlichkeit dafür, dass
  (1) keine Halogenlampe defekt ist;
  (2) genau eine Halogenlampe defekt ist;
  (3) alle Halogenlampen defekt sind.
b) Schätze ab, wie viele Halogenlampen bei einer Produktion von 7 500 Lampen defekt sind.

b) 3 % von insgesamt ... sind defekt. Das sind ...

In dem Gefäß sind drei rote und vier gelbe Kugeln. Wie groß ist die Wahrscheinlichkeit, zwei Kugeln mit gleicher Farbe zu ziehen?

Die Wahrscheinlichkeit, aus dem Gefäß eine gelbe Kugel zu ziehen, soll 65 % betragen. Es sind sieben rote und fünf gelbe Kugeln im Gefäß. Wie viele gelbe Kugeln müssen noch dazugelegt werden?

8.

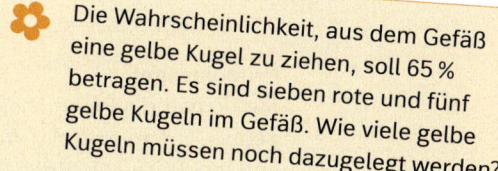

Aus einem Gefäß mit roten und gelben Kugeln werden nacheinander zwei Kugeln verdeckt gezogen, wobei vor dem zweiten Zug die zuerst gezogene Kugel zurückgelegt wird.

Nun sollen die beiden Kugeln gleichzeitig gezogen werden. Wie groß ist die Wahrscheinlichkeit, eine rote und eine gelbe Kugel zu ziehen, wenn sechs gelbe und vier rote Kugeln im Gefäß sind?

Es sind drei rote und eine unbekannte Anzahl gelber Kugeln im Gefäß. Die Wahrscheinlichkeit, zwei Kugeln mit verschiedenen Farben zu ziehen, beträgt 42 %.

9. Ein Glücksrad hat die Sektoren R und B, ein zweites Glücksrad hat die Sektoren R, G und W. Die beiden Glücksräder werden nacheinander gedreht. Ergänze die Eintragungen am Baumdiagramm in deinem Heft.
Gib an, wie groß die verschiedenen Sektoren des Glücksrades sind.

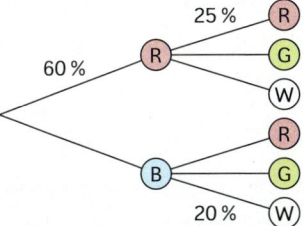

10. Die Wahrscheinlichkeit, dass sich bei einem neuen Auto innerhalb der ersten drei Monate ein Mangel herausstellt, liegt für Fahrzeuge, die an einem Montag hergestellt werden, bei ca. 1,5 %. Bei den anderen Arbeitstagen (Dienstag bis Samstag) liegt diese Wahrscheinlichkeit bei durchschnittlich 0,8 %.
Mit welcher Wahrscheinlichkeit wird sich bei einem zufällig ausgesuchten Auto ein Mangel herausstellen? Schätze vorher.

WAS DU GELERNT HAST

Gegenereignis

Ist ein Ereignis E gegeben, so besagt das Gegenereignis $\overline{E}$, dass E nicht eintritt.

E: Würfeln einer Zahl, die durch 2 *oder* 3 teilbar ist.
E = {2; 3; 4; 6}, also $P(E) = \frac{4}{6} = \frac{2}{3}$
$\overline{E}$: Würfeln einer Zahl, die nicht durch 2 *und* nicht durch 3 teilbar ist.
$\overline{E}$ = {1; 5}, also $P(\overline{E}) = \frac{2}{6} = \frac{1}{3}$

Es gilt: $P(E) = 1 - P(\overline{E})$

$P(E) = 1 - \frac{1}{3} = \frac{2}{3}$

Pfadregeln für mehrstufige Zufallsexperimente

Produktregel

Man erhält die Wahrscheinlichkeit für ein Ergebnis, indem man die Wahrscheinlichkeiten entlang des zugehörigen Pfades multipliziert.
$P(\text{rot} \mid \text{blau}) = \frac{3}{5} \cdot \frac{2}{4} = \frac{3}{10} = 30\%$

Summenregel

Man erhält die Wahrscheinlichkeit eines Ereignisses, indem man die Wahrscheinlichkeiten der zugehörigen Ergebnisse addiert.
$P(\text{gleiche Farben})$
$= P(\text{rot} \mid \text{rot}) + P(\text{blau} \mid \text{blau})$
$= \quad \frac{3}{5} \cdot \frac{2}{4} \quad + \quad \frac{2}{5} \cdot \frac{1}{4} \quad = \frac{4}{10} = 40\%$

Ziehen ohne Zurücklegen

Berechnen von Wahrscheinlichkeiten bei mehrstufigen Laplace-Experimenten

Sind bei einem mehrstufigen Zufallsexperiment die Wahrscheinlichkeiten auf jeder Stufe gleich groß, so liegt ein mehrstufiges Laplace-Experiment vor.

Für die Wahrscheinlichkeit eines Ereignisses E gilt:

$$P(E) = \frac{\text{Anzahl der günstigen Ergebnisse}}{\text{Anzahl der möglichen Ergebnisse}}$$

Die Anzahlen kann man häufig mit folgender Zählregel bestimmen:
Gibt es auf der
- 1. Stufe n_1 Möglichkeiten,
- 2. Stufe n_2 Möglichkeiten,
- 3. Stufe n_3 Möglichkeiten,

so hat das Experiment insgesamt $n_1 \cdot n_2 \cdot n_3$ mögliche Ergebnisse.

Das Glücksrad wird dreimal gedreht. Man gewinnt, wenn drei verschiedene Primzahlen kommen.

Anzahl der möglichen Ergebnisse:
Auf jeder Stufe sind 12 Zahlen möglich, also sind $12 \cdot 12 \cdot 12 = 1\,728$ Ergebnisse möglich.

Anzahl der günstigen Ergebnisse:
Das Rad hat fünf Primzahlen (2, 3, 5, 7, 11).
- 1. Stufe 5 mögliche Primzahlen,
- 2. Stufe 4 mögliche Primzahlen,
- 3. Stufe 3 mögliche Primzahlen
Also sind $5 \cdot 4 \cdot 3 = 60$ Ergebnisse günstig.
$P(\text{Gewinn}) = \frac{60}{1\,728} \approx 3,5\%$

BIST DU FIT?

1. Welche der Vorhersagen für das einmalige Würfeln ist am wahrscheinlichsten?
Helen: „Meine Augenzahl ist durch 2 und 3 teilbar."
Lutz: „Ich erwarte nicht mehr als drei Augen."
Luzi: „Meine Zahl wird eine Primzahl sein."
Julius: „Die Augenzahl 5 und 6 schaffe ich nicht."

2. Ein Glücksrad hat 16 gleich große nummerierte Sektoren.
a) Das Rad wird einmal gedreht. Berechne für folgende Ereignisse die Wahrscheinlichkeit mithilfe des Gegenereignisses.
Beschreibe das Gegenereignis vorher mit Worten und gib es durch eine Menge an.
  (1) Die Zahl ist gerade.   (3) Die Zahl ist nicht durch 3 teilbar.
  (2) Die Zahl ist kleiner als 14.   (4) Die Zahl ist zweistellig oder ungerade.
b) Das Glücksrad wird dreimal gedreht. Wie groß ist die Wahrscheinlichkeit, dass die Zahlen verschieden sind?

3. Julian und Jannis spielen mit einem roten und einem blauen Würfel, die sie gleichzeitig werfen. Das Ergebnis (4|6) bedeutet, dass der rote Würfel eine Vier und der blaue eine Sechs zeigt.
a) Wie viele Ergebnisse sind möglich? Schreibe sie in einer Tabelle auf. Gehe dabei systematisch vor.
b) Vergleiche die Gewinnchancen bei den beiden Spielregeln rechts.

4. Bei einer Produktion von Tongefäßen gibt es erfahrungsgemäß bei 15 % Farbfehler. Diese Gefäße werden als zweite Wahl verkauft.
Wie groß ist die Wahrscheinlichkeit, dass bei der Herstellung von drei Gefäßen
(1) alle,   (2) genau zwei
erste Wahl sind? Zeichne ein Baumdiagramm.

5. In einem Gefäß sind 6 gleichartige Kugeln: 1 rote, 2 gelbe und 3 blaue Kugeln.
  (1) Nacheinander zieht man verdeckt dreimal je eine Kugel, wobei vor dem nächsten Zug die vorher gezogene Kugel wieder in das Gefäß zurückgelegt wird.
  (2) Nun wird vor dem nächsten Zug die vorher gezogene Kugel nicht wieder in das Gefäß zurückgelegt.
Man gewinnt, wenn alle Kugeln verschiedene Farben haben.
Vergleiche die Gewinnwahrscheinlichkeiten.

6. Jemand hat in der Tasche vier Schlüssel, die er zufällig einen nach dem anderen herauszieht, von denen aber nur einer passt. Mit welcher Wahrscheinlichkeit hat er
  (1) gleich beim 1. Griff,
  (2) spätestens beim 2. Griff, d. h. beim 1. oder 2. Griff,
  (3) frühestens beim 3. Griff
den richtigen Schlüssel erfasst?

KAPITEL 7

QUADRATISCHE FUNKTIONEN UND GLEICHUNGEN

Praktischer Bogen

Die Schiwopisny-Brücke in Moskau wurde am 30. Dezember 2007 für den Autoverkehr freigegeben. Es handelt sich hierbei um eine sogenannte Schrägseilbrücke, die über den Fluss Moskwa führt. Sie ist die höchste Brücke dieser Art in Europa.

» Welche Form hat der Bogen der Schiwopisny-Brücke? Versuche, sie möglichst genau zu beschreiben.
» Finde weitere Informationen über die Brücke heraus.
 » Suche in deiner Umgebung, im Internet, auf Bildern oder in Büchern nach ähnlichen Bögen. Welche Aufgaben haben die Bögen dort jeweils?

Wasser marsch!

Der abgebildete Wasserstrahl tritt auf Höhe der Wasseroberfläche aus einer Düse aus und trifft dann in einem Abstand von 2,40 m wieder auf die Wasseroberfläche.
In der Mitte zwischen diesen beiden Stellen erreicht der Wasserstrahl seine maximale Höhe von 1,60 m.

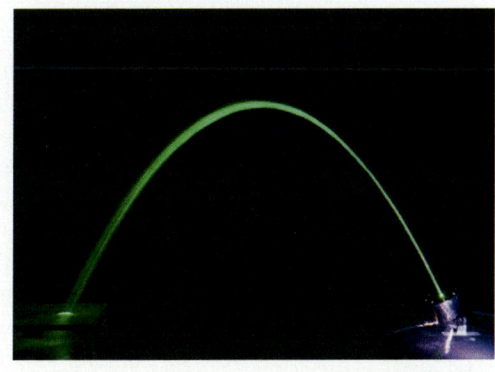

» Übertrage den Wasserstrahl in ein geeignetes Koordinatensystem in dein Heft. Dabei soll die y-Achse durch den höchsten Punkt des Wasserstrahls gehen und die x-Achse die Wasseroberfläche darstellen.

» Lies aus deinem Koordinatensystem ab, welche Höhe der Wasserstrahl 20 cm vor der x-Koordinate des höchsten Punktes und 20 cm hinter der x-Koordinate des höchsten Punktes hat.

» Ermittle die Höhe für weitere x-Werte. Erstelle daraus eine Wertetabelle für den Wassestrahl.

Bremsen

Wenn man schneller fährt, wird auch der Bremsweg länger. Das ist klar – und gilt für Autos genauso wie für Lkws oder Motorräder. Aber wie verlängert sich der Bremsweg?
In der Abbildung sind Daten für normale Pkws, Lkws und Motorräder dargestellt.

» Wie lang ist ihr Bremsweg bei 30 $\frac{km}{h}$, bei 50 $\frac{km}{h}$, bei 100 $\frac{km}{h}$ ...?

» Wie verändert sich der Bremsweg, wenn sich die Geschwindigkeit verdoppelt?

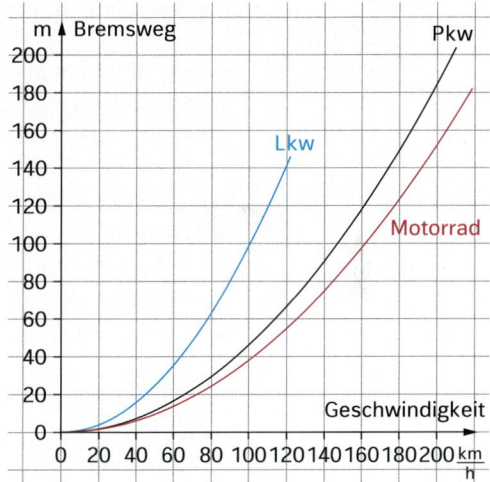

IN DIESEM KAPITEL LERNST DU ...

... *quadratische Funktionen und ihre Eigenschaften kennen.*
... *wie man quadratische Funktionen zeichnet.*
... *wo quadratische Funktionen und Gleichungen vorkommen.*
... *wie man einfache quadratische Gleichungen löst.*

DIE QUADRATISCHE FUNKTION $f(x) = x^2$

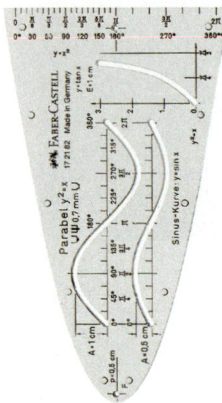

Ein Hilfsmittel für den Mathematikunterricht in den Klassen 9 und 10 ist die Parabelschablone. In der Abbildung hat jemand mit einer solchen Schablone einen Funktionsgraphen in ein Koordinatensystem gezeichnet.

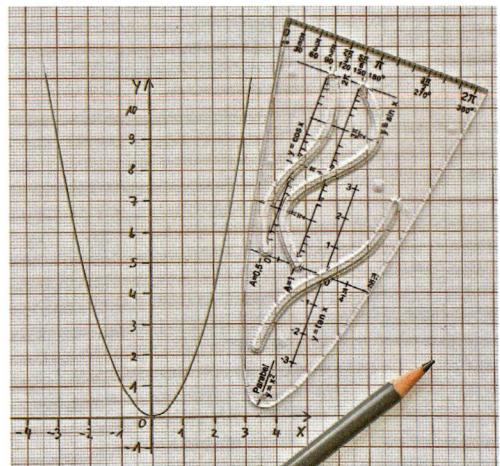

- ➤➤ Wenn du eine Parabelschablone hast, dann zeichne auch einen solchen Funktionsgraphen in ein Koordinatensystem.
- ➤➤ Welche Funktionswerte gehören zu den x-Werten $-3, -2, -1, 0, 1, 2$ und 3? Erstelle eine Wertetabelle.
- ➤➤ Versuche, eine Funktionsgleichung zu dem Graphen anzugeben.
- ➤➤ Welche Funktionswerte gehören zu den x-Werten $0,5$, $1,5$ und $2,5$?

1. Der Flächeninhalt eines Quadrates hängt nur von der Seitenlänge ab. Wenn x die Seitenlänge ist, dann gilt für den Flächeninhalt $A = x^2$.

Da der Flächeninhalt nur von x abhängt und durch x eindeutig bestimmt ist, können wir diesen Sachverhalt auch mit der Funktionsgleichung
$f(x) = x^2$
beschreiben.

$$A = x^2$$
x

a) Berechne den Flächeninhalt von Quadraten mit den in der Tabelle angegebenen Seitenlängen.

x (in cm)	0,25	0,5	0,75	1	1,25	1,5	1,75	2	2,25	2,5
A (in cm²)										

Stelle deine Ergebnisse in einer Wertetabelle zusammen.
Trage die Werte in ein Koordinatensystem ein.

b) Setze jetzt in die Funktionsgleichung $f(x) = x^2$ auch negative Zahlen und die Null ein:

x	$-2,5$	$-2,25$	-2	$-1,75$	$-1,5$	$-1,25$	-1	$-0,75$	$-0,5$	$-0,25$	0
f(x)											

Zeichne den Graphen der Funktion möglichst genau. Nutze dafür auch die Ergebnisse aus a).
Wenn du eine Parabelschablone hast, dann lege diese auf den Funktionsgraphen und vergleiche beide miteinander.

c) Beschreibe die Eigenschaften des Funktionsgraphen möglichst genau.
Berücksichtige dabei besondere Punkte, den Verlauf des Graphen und seine Symmetrieeigenschaften.

Lösung

a) Wertetabelle

Seitenlänge (in cm)	Flächeninhalt (in cm²)
0,25	0,0625
0,5	0,25
0,75	0,5625
1	1
1,25	1,5625
1,5	2,25
1,75	3,0625
2	4
2,25	5,0625
2,5	6,25

Koordinatensystem

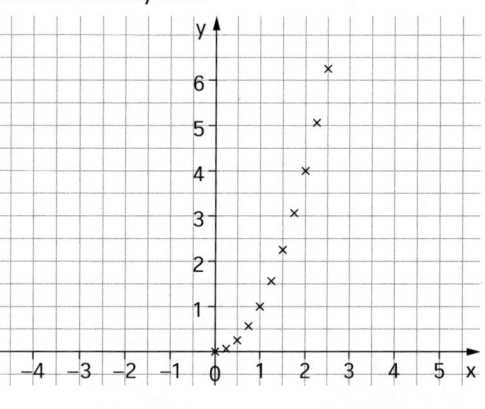

b) Wertetabelle

x	$f(x) = x^2$
−2,5	6,25
−2,25	5,0625
−2	4
−1,75	3,0625
−1,5	2,25
−1,25	1,5625
−1	1
−0,75	0,5625
−0,5	0,25
−0,25	0,0625
0	0

Funktionsgraph

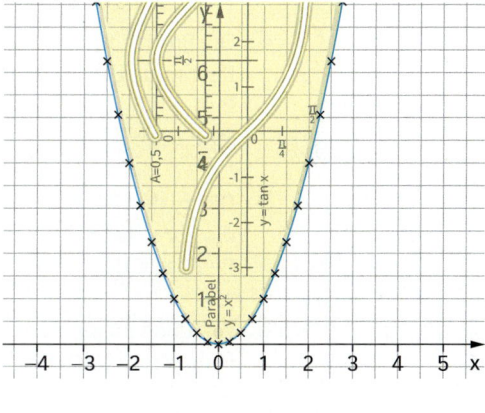

c) Der Funktionsgraph hat seinen tiefsten Punkt im Koordinatenursprung O(0|0). Links davon werden die Funktionswerte von links nach rechts immer kleiner, der Graph fällt. Rechts vom Koordinatenursprung werden die Funktionswerte immer größer, der Graph steigt.

Der Graph ist achsensymmetrisch mit der y-Achse als Symmetrieachse. Diese Symmetrie kann man auch an den Wertetabellen aus a) und b) erkennen.

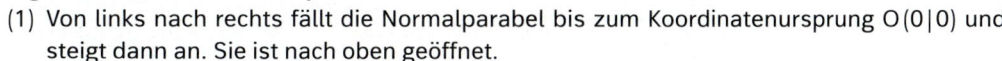

INFORMATION

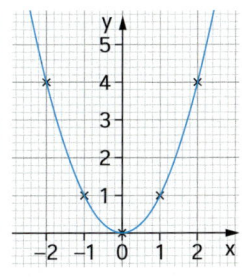

Eine Funktion der Form $f(x) = x^2$ ist eine **quadratische Funktion**. Ihr Graph heißt **Normalparabel**.

Eigenschaften der Normalparabel

(1) Von links nach rechts fällt die Normalparabel bis zum Koordinatenursprung O(0|0) und steigt dann an. Sie ist nach oben geöffnet.

(2) An der Stelle 0 tritt auch der Funktionswert 0 auf. An allen anderen Stellen sind die Funktionswerte positiv. Der Punkt O(0|0) ist also der tiefste Punkt der Normalparabel. Er wird **Scheitelpunkt** genannt.

(3) Die Normalparabel ist symmetrisch zur y-Achse. Jeder positive Funktionswert tritt an zwei Stellen auf, die sich nur im Vorzeichen unterscheiden.

FESTIGEN UND
WEITERARBEITEN

2. Zeichne die Normalparabel für $-3 \leq x \leq 3$.

a) Lies an der Normalparabel ab:

$0{,}7^2$; $1{,}3^2$; $2{,}6^2$; $(-0{,}4)^2$; $(-1{,}7)^2$; $(-2{,}1)^2$. Kontrolliere rechnerisch.

b) Lies an der Normalparabel ab:

An welchen Stellen x nimmt die quadratische Funktion mit $f(x) = x^2$ die Werte
4; 3,5; 0,5; 0 an?

Kontrolliere rechnerisch.

c) Lies an der Normalparabel mögliche Werte für x ab.

(1) $x^2 = 4{,}5$ (2) $x^2 = 2{,}2$ (3) $x^2 = 1$ (4) $x^2 = -1$

3. Entscheide, welche der Punkte auf der
Normalparabel liegen, welche nicht.

$P_1\,(-0{,}9\,|\,0{,}81)$;
$P_2\,(1{,}4\,|\,-1{,}96)$;
$P_3\,(2{,}5\,|\,6{,}25)$;
$P_4\,(2{,}4\,|\,5{,}67)$

> *Punktprobe*
> $P\,(-1{,}2\,|\,1{,}44)$ liegt auf der Normalpara-
> bel, denn Einsetzen der Koordinaten in
> die Funktionsgleichung $f(x) = x^2$ ergibt:
> $1{,}44 = (-1{,}2)^2$ (wahre Aussage)

ÜBEN

4. Die Punkte P_1 bis P_8 liegen auf der Normalparabel.
Bestimme die fehlende Koordinate.

$P_1\,(1{,}2\,|\,\blacksquare)$ $P_3\,(-1{,}4\,|\,\blacksquare)$ $P_5\,(\blacksquare\,|\,2{,}25)$ $P_7\,(\blacksquare\,|\,6{,}25)$

$P_2\,(2{,}6\,|\,\blacksquare)$ $P_4\,(\blacksquare\,|\,0)$ $P_6\,(\blacksquare\,|\,1{,}21)$ $P_8\,(\blacksquare\,|\,2{,}56)$

5. Gib zu den Punkten $A\,(0{,}5\,|\,0{,}25)$; $B\,(-1{,}5\,|\,2{,}25)$; $C\,(3\,|\,9)$; $D\,(-4\,|\,16)$ der Normalparabel jeweils
die zur y-Achse symmetrisch liegenden Punkte A', B', C', D' an.
Bestätige durch eine Punktprobe, dass sie auch auf der Normalparabel liegen.

> Für $x = 2$ ist
> $x^2 = \ldots$
> Verdoppelt man x,
> so $\ldots$

6. Gegeben ist die Funktion mit $f(x) = x^2$.
Untersuche: Wie verändert sich der y-Wert, wenn man x verdoppelt?

7. Luca hat den Graphen von $f(x) = x^2$ gezeichnet. Kontrolliere seine Zeichnung.

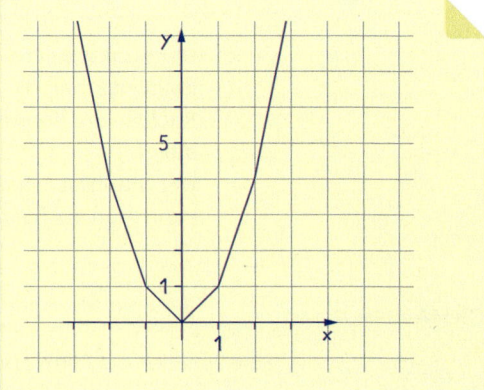

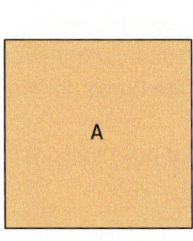

8. Die Seitenlänge eines Quadrates wird verdreifacht. Wie ändert sich der Flächeninhalt?

9. Wie muss die Seitenlänge eines Quadrates
verändert werden, damit sich der Flächeninhalt verdoppelt?

QUADRATISCHE FUNKTIONEN MIT $f(x) = a \cdot x^2$

EINSTIEG

Untersuche mit einer dynamischen Geometrie-Software (DGS) die Graphen der quadratischen Funktionen mit $f(x) = a\,x^2$.
Gestalte das Grafikfenster so, dass du den Wert für a mit einem Schieberegeler verändern kannst. Wähle für a verschiedene (auch negative) Zahlen.

>> Wie wirkt sich die Veränderung von a auf den Graphen aus? Vergleiche jeweils mit dem Graphen der Normalparabel.

>> Zeichne den Graphen für $a = -1$. Wie erhältst du diesen Graphen aus der Normalparabel?

>> Präsentiere deine Ergebnisse.

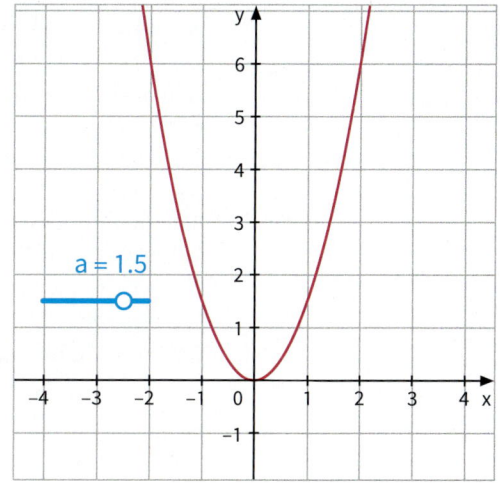

AUFGABE

1. a) Zeichne den Graphen der Funktion mit $f(x) = 2x^2$. Beschreibe, wie der Graph dieser Funktion aus der Normalparabel hervorgeht.

b) Zeichne den Graphen der Funktion mit $f(x) = \frac{1}{2}x^2$.
Beschreibe, wie der Graph dieser Funktion aus der Normalparabel hervorgeht.

c) Zeichne die Normalparabel. Spiegele diese an der x-Achse, indem du die y-Koordinate eines jeden Punktes mit (-1) multiplizierst.
Wie lautet die Gleichung der neuen Funktion?

Lösung

a) Wir gehen von der Normalparabel aus. Bei jedem Punkt P der Normalparabel wird die y-Koordinate mit dem Faktor 2 multipliziert. Die x-Koordinate wird beibehalten. Wir erhalten so einen neuen Graphen (rot).

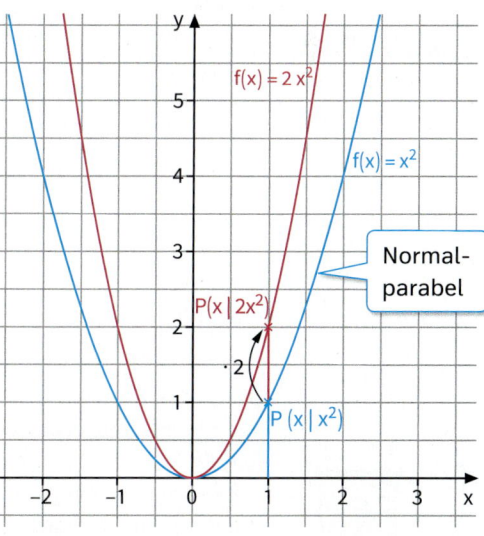

x	−2	−1	0	1	2	x
x^2	4	1	0	1	4	x^2
f(x)	8	2	0	2	8	$2 \cdot x^2$

$\Big\} \cdot 2$

Man erhält jeweils den neuen Funktionswert $y = f(x)$, indem man den alten Funktionswert x^2 mit 2 multipliziert:
$f(x) = 2x^2$
Durch das Multiplizieren der alten Funktionswerte x^2 mit dem Faktor 2 wird die Normalparabel in Richtung der y-Achse *gestreckt*. Dabei bleibt die y-Achse als Symmetrieachse erhalten, ebenso der Scheitelpunkt.
Der neue Graph ist schmaler als die Normalparabel.

b)

x	−2	−1	0	1	2	x
x²	4	1	0	1	4	x²
f(x)	2	$\frac{1}{2}$	0	$\frac{1}{2}$	2	$\frac{1}{2}\cdot x^2$

$\cdot\frac{1}{2}$

Wir gehen von der Normalparabel aus.
Bei jedem Punkt P der Normalparabel
wird die y-Koordinate mit dem Faktor $\frac{1}{2}$
multipliziert.
Die x-Koordinate wird beibehalten.
Dadurch wird die Normalparabel in
Richtung der y-Achse *gestaucht*.
Dabei bleiben die Symmetrieachse der
Parabel und die Lage des Scheitelpunktes erhalten.
Der neue Graph ist breiter als die Normalparabel.

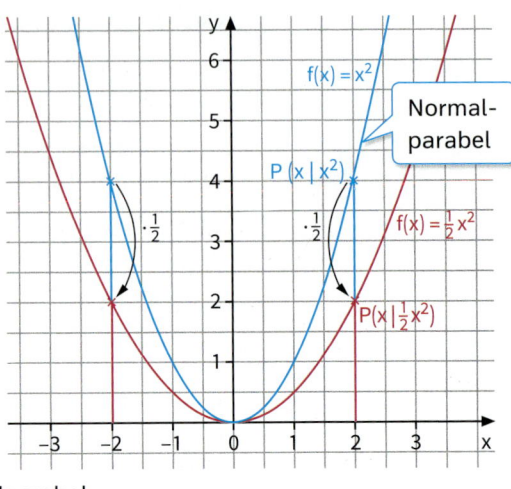

c)

x	−2	−1	0	1	2	x
x²	4	1	0	1	4	x²
f(x)	−4	−1	0	−1	−4	−x²

$\cdot(-1)$

Man erhält den Funktionswert y der
neuen Funktion, indem man x² mit (−1)
multipliziert:
$f(x) = -x^2$
Der Graph der neuen Funktion entsteht
durch Spiegeln der Normalparabel an
der x-Achse.

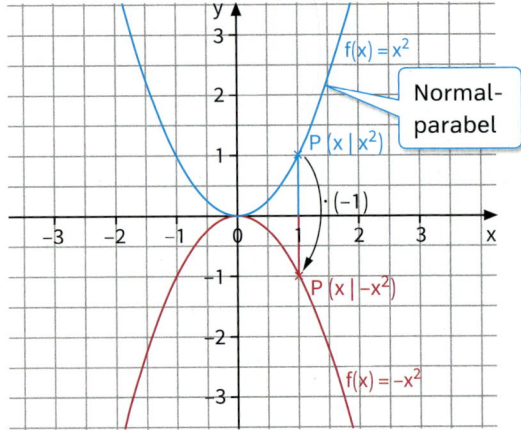

INFORMATION

Die Parabel mit $f(x) = a \cdot x^2$ erhält man aus der Normalparabel durch **Strecken** oder **Stauchen**
in y-Richtung und ggf. **Spiegeln an der x-Achse.**

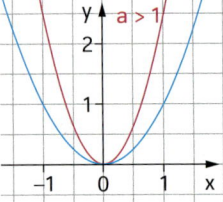

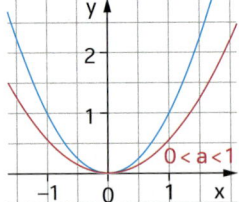

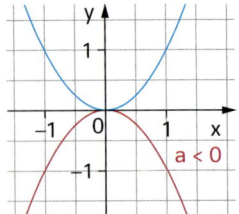

Durch das Multiplizieren des
Funktionsterms x² mit einem
Faktor a > 1 (z. B. a = 2,5)
wird die Normalparabel in
Richtung der y-Koordinatenachse *gestreckt*.

Wenn der Faktor a zwischen
0 und 1 liegt $\left(z.\,B.\ a = \frac{1}{2}\right)$, wird
die Parabel *gestaucht*.

Ist a negativ (z. B. a = −1) wird
die Parabel *gespiegelt*.

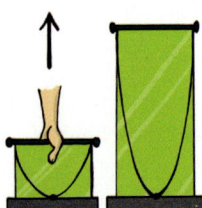

Im Bild links wird ein Gummituch, auf dem eine Normalparabel gezeichnet ist, nach oben
gestreckt.

FESTIGEN UND WEITERARBEITEN

2. Zeichne den Graphen der Funktion.

a) $f(x) = 2{,}5x^2$ **b)** $f(x) = \frac{1}{4}x^2$ **c)** $f(x) = -2x^2$ **d)** $f(x) = -\frac{1}{2}x^2$

Wie ist er aus der Normalparabel entstanden? Beschreibe.
Gib die Eigenschaften des Graphen an und begründe sie.

3. Zeichne mit einer Schablone die Normalparabel. Strecke bzw. stauche sie in Richtung der y-Achse, indem du die y-Koordinate eines jeden Parabelpunktes
(1) mit $\frac{3}{4}$;   (2) mit (-3);   (3) mit $(-0{,}4)$ multiplizierst.
Wie lauten die Funktionsgleichungen der neuen Funktionen?

4. Zeichnet in das gleiche Koordinatensystem die Graphen der Funktionen.

(1) $f(x) = x^2$;   (3) $f(x) = 0{,}5x^2$;   (5) $f(x) = \frac{1}{4}x^2$;   (7) $f(x) = 2x^2$;   (9) $f(x) = 3x^2$;

(2) $f(x) = -x^2$;   (4) $f(x) = -0{,}5x^2$;   (6) $f(x) = -\frac{1}{4}x^2$;   (8) $f(x) = -2x^2$;   (10) $f(x) = -3x^2$.

a) Welche Graphen sind schmaler, welche breiter als die Normalparabel?
b) Wie ändert sich die Steilheit der Graphen der Funktion mit $f(x) = ax^2$, wenn für a ein größerer Faktor gewählt wird?
Unterscheide die Fälle $a > 0$ und $a < 0$.

> Man setzt für x die x-Koordinate und für f(x) ... ein. Man erhält eine Gleichung, die ...

5. Bestimme den Faktor a so, dass der Punkt P zum Graphen der quadratischen Funktion mit der Gleichung $f(x) = a x^2$ gehört.
Beschreibe dein Vorgehen und begründe.

a) $P(1|4)$ **b)** $P(2|1)$ **c)** $P(-2|8)$ **d)** $P(3|-9)$ **e)** $P\left(\frac{1}{2}\middle|4\right)$

INFORMATION

Der Graph einer **quadratischen Funktion mit** $f(x) = a x^2$ $(a \neq 0)$ geht aus der Normalparabel hervor, indem alle Funktionswerte mit dem Faktor a multipliziert werden.
Die Funktion hat folgende Eigenschaften:
(1) Der Graph ist symmetrisch zur y-Achse; es gilt $f(x) = f(-x)$.
(2) Der Scheitelpunkt $S(0|0)$ liegt im Ursprung des Koordinatensystems.
(3) *Für $a > 0$ gilt:*
Der Graph ist nach oben geöffnet.
Der Scheitelpunkt ist der *tiefste* Punkt des Graphen.
Bei $a > 1$ ist der Graph schmaler, bei $a < 1$ breiter als die Normalparabel.
(4) *Für $a < 0$ gilt:*
Der Graph ist nach unten geöffnet.
Der Scheitelpunkt ist der *höchste* Punkt des Graphen.

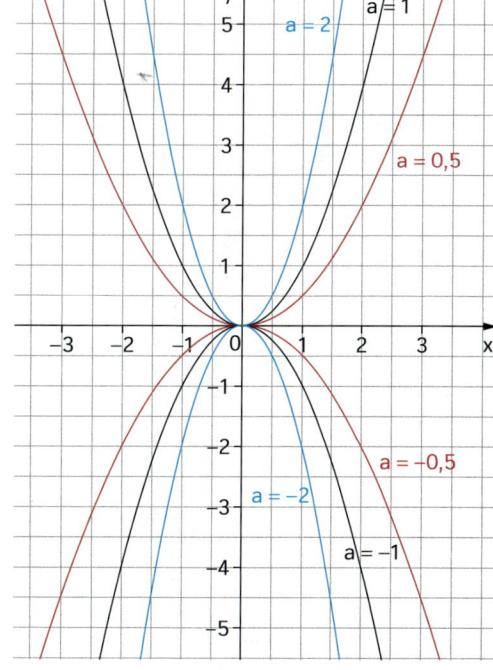

6. Zeichne den Graphen. Wie ist der Graph der Funktion aus der Normalparabel entstanden? Welche Eigenschaften hat er?

a) $f(x) = 1{,}8x^2$ **b)** $f(x) = \frac{7}{2}x^2$ **c)** $f(x) = 0{,}8x^2$ **d)** $f(x) = -2{,}5x^2$ **e)** $f(x) = -0{,}7x^2$

7. Zeichne den Graphen. Gib die Funktionsgleichung an.
  a) Die Normalparabel wird in Richtung der y-Achse mit dem Faktor 3 gestreckt.
  b) Die Normalparabel wird an der x-Achse gespiegelt, die gespiegelte Parabel wird dann in Richtung der y-Achse mit dem Faktor 0,6 gestaucht.

8. Welcher der Punkte $P_1(3|18)$, $P_2(-2{,}5|-6{,}25)$, $P_3(1{,}5|-11{,}25)$, $P_4(-4|12)$ liegt auf dem Graphen zu

(1) $f(x) = -x^2$; (2) $f(x) = 2x^2$; (3) $f(x) = \frac{3}{4}x^2$; (4) $f(x) = 5x^2$?

9. $P_1(1|\blacksquare)$; $P_2(-1|\blacksquare)$; $P_3(5|\blacksquare)$; $P_4(-1{,}5|\blacksquare)$; $P_5(\blacksquare|0)$
Bestimme jeweils die fehlende Koordinate so, dass der Punkt zum Graphen der Funktion mit der Gleichung

(1) $f(x) = 0{,}2x^2$; (2) $f(x) = -1{,}4x^2$ gehört.

10. Die quadratische Funktion hat die Gleichung $f(x) = ax^2$.
Bestimme den Wert des Faktors a, für den der Graph durch den Punkt P geht.
  a) $P(-1{,}2|-1{,}44)$ **b)** $P(-0{,}8|3{,}2)$ **c)** $P(6|-2{,}4)$ **d)** $P(-4|4)$

11. Notiere die zugehörige Funktionsgleichung.

a)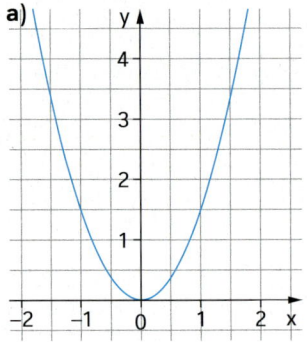

c)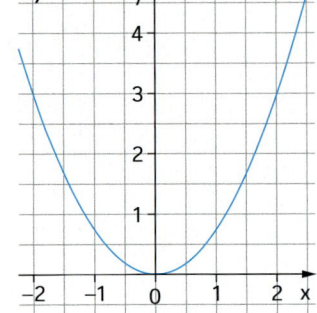

e)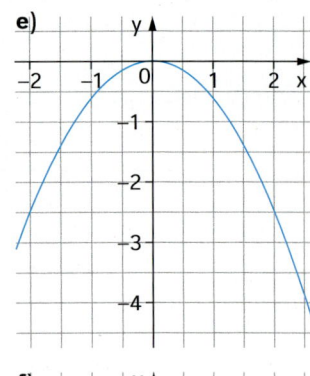

b)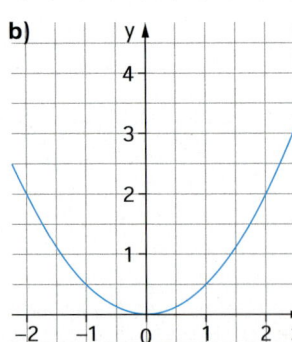

d)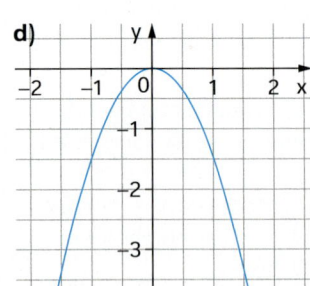

f)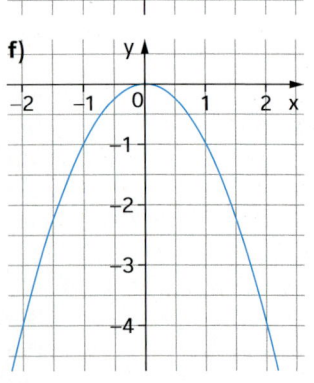

12. a) Jedem Würfel mit der Kantenlänge a ist die Oberfläche O zugeordnet.
Wie lautet die Funktionsgleichung? Zeichne den Graphen.
  b) Jedem Kreis mit dem Radius r ist der Flächeninhalt des Kreises zugeordnet.
Wie lautet die Funktionsgleichung? Zeichne den Graphen.

LÄNGER ALS MAN DENKT: DER ANHALTEWEG

Bremsspur

Zu hohe Geschwindigkeit ist die häufigste Unfallursache im Straßenverkehr. Wenn in einer Tempo-30-Zone ein Fußgänger angefahren wird, stellen sich zwangsläufig Fragen wie: „Ist das Auto zu schnell gefahren? Hätte es noch anhalten können, wenn es nur 30 $\frac{km}{h}$ gefahren wäre?"

In diesem Blickpunkt erfahrt ihr mehr darüber, wie der Anhalteweg mit der gefahrenen Geschwindigkeit zusammenhängt.

1. Vom Erkennen einer Gefahr bis zum Niedertreten des Bremspedals vergeht ungefähr eine Sekunde, die so genannte *Schrecksekunde*. In dieser Zeit fährt das Fahrzeug ungebremst weiter. Den Weg, den ein Fahrzeug in der Schrecksekunde zurücklegt, nennt man **Reaktionsweg**.

a) Erstelle mit einem Kalkulationsprogramm eine Tabelle für die Zuordnung *Geschwindigkeit* $\left(in\ \frac{km}{h}\right) \rightarrow$ *Länge des Reaktionsweges (in m)* für Geschwindigkeiten bis 150 $\frac{km}{h}$. Rechne zunächst die Geschwindigkeitsangabe $\frac{km}{h}$ in die Einheit $\frac{m}{s}$ um. Bestimme dann aus der Geschwindigkeit in $\frac{m}{s}$ die Länge des Reaktionsweges.

b) Wie ändert sich die Länge des Reaktionsweges, wenn die Geschwindigkeit
   (1) verdoppelt;   (2) verdreifacht wird?

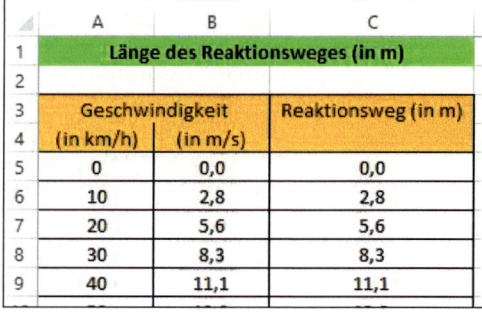

	A	B	C
1	**Länge des Reaktionsweges (in m)**		
2			
3	**Geschwindigkeit**		**Reaktionsweg (in m)**
4	**(in km/h)**	**(in m/s)**	
5	0	0,0	0,0
6	10	2,8	2,8
7	20	5,6	5,6
8	30	8,3	8,3
9	40	11,1	11,1

c) Erzeuge mit deinem Kalkulationsprogramm den Graphen der Zuordnung. Welche Art von Zuordnung liegt vor? Begründe mithilfe der Tabelle und anhand des Graphen.

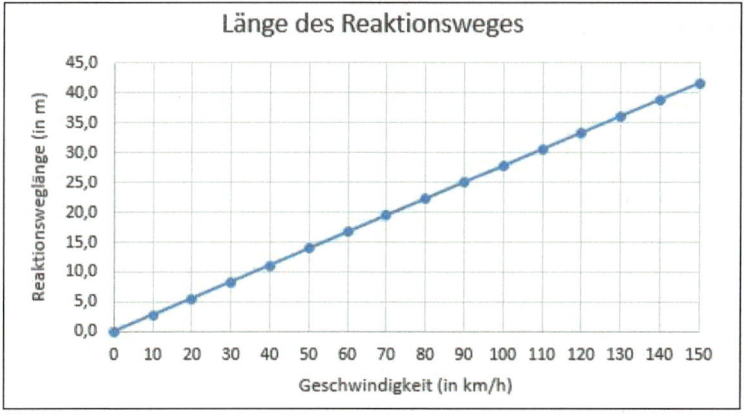

2. Die Dauer der so genannten Schrecksekunde ist je nach Verkehrssituation und Aufmerksamkeit des Fahrers unterschiedlich lang. Bei einer müden Person ist die Reaktionszeit z. B. wesentlich länger als bei einem bremsbereiten Fahrer.
Ergänze die Tabelle aus Aufgabe 1. Berechne auch die Länge des Reaktionsweges für eine Reaktionszeit von 0,8 s und 1,2 s. Erzeuge alle drei Graphen. Vergleiche.

Vom Niedertreten des Bremspedals bis zum Stillstand legt ein Fahrzeug den **Bremsweg** zurück. Die Länge des Bremsweges lässt sich ungefähr mit folgender Formel berechnen:

$b = \frac{1}{2 \cdot k} \cdot v^2$ $\left(v \text{ Geschwindigkeit in } \frac{m}{s}\right)$.

Der Faktor k im Nenner wird *Verzögerungswert* genannt. Er hängt vom Fahrzeug und der Fahrbahnbeschaffenheit ab. Die Tabelle rechts zeigt einige Werte.

Verzögerungswerte	
1,0	Pkw auf vereister Fahrbahn
2,0	Pkw auf schneebedeckter Fahrbahn
5,0	Pkw auf nasser Fahrbahn
8,0	Pkw auf trockener Fahrbahn
3,5	Lkw (beladen) auf trockener Fahrbahn
4,5	Lkw (leer) auf nasser Fahrbahn
5,0	Lkw (leer) auf trockener Fahrbahn
10,0	Motorrad auf trockener Fahrbahn
3,5	Fahrrad auf trockener Fahrbahn

3. a) Erstelle mit einem Kalkulationsprogramm für einen Pkw und verschiedene Fahrbahneigenschaften eine Tabelle für die Zuordnung

Geschwindigkeit $\left(in \frac{km}{h}\right) \rightarrow$ *Länge des Bremsweges (in m)*.

Wähle Geschwindigkeiten bis 150 $\frac{km}{h}$.

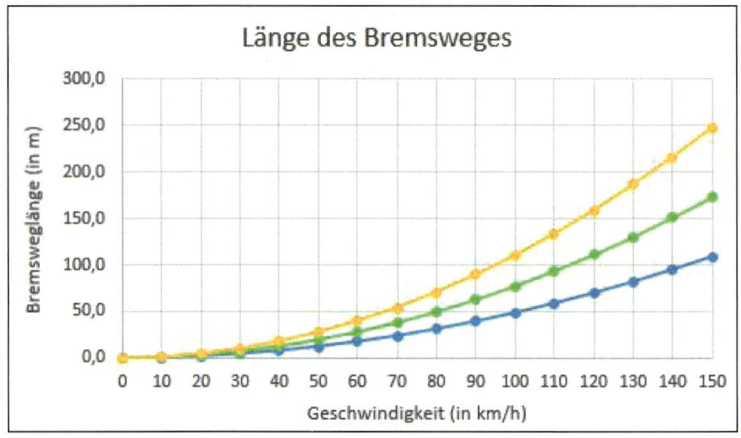

Geschwindigkeit		Länge des Bremswegs (in m) bei verschiedenen Verzögerungswerten		
(in km/h)	(in m/s)	8,0	5,0	3,5
0	0,0	0,0	0,0	0,0
10	2,8	0,5	0,8	1,1
20	5,6	1,9	3,1	4,4
30	8,3	4,3	6,9	9,9
40	11,1	7,7	12,3	17,6
50	13,9	12,1	19,3	27,6

b) Vergleiche die Länge des Bremsweges für eine Geschwindigkeit von 30 $\frac{km}{h}$, 50 $\frac{km}{h}$, 100 $\frac{km}{h}$, 120 $\frac{km}{h}$ und 150 $\frac{km}{h}$.

c) Wie ändert sich die Länge des Bremsweges, wenn die Geschwindigkeit
(1) verdoppelt; (2) verdreifacht wird?

d) Lass auch die Graphen der Zuordnung zeichnen.
Vergleiche.

4. Vergleiche mithilfe einer Kalkulationstabelle die Bremswege für Pkw, Lkw (unbeladen) und Motorrad auf trockener Fahrbahn für verschiedene Geschwindigkeiten.
Stelle die Länge der Bremswege auch grafisch dar.

5. Die Länge des Bremsweges hängt auch von der Qualität der Reifen und dem richtigen Reifendruck ab. Abgefahrene Reifen oder falscher Reifendruck verlängern den Bremsweg. Untersuche die Verlängerung des Bremsweges für einen Pkw auf trockener Fahrbahn. Gehe von einer Abnahme des Verzögerungswertes um 1,0 beziehungsweise 2,0 aus.
Erstelle eine Tabelle und erzeuge den Graphen.

Der Weg vom Erkennen einer Gefahr bis zum Stillstand des Fahrzeugs wird **Anhalteweg** genannt. Die Länge des Anhalteweges ist die Summe aus der Länge des Reaktionsweges und der Länge des Bremsweges.

6. a) Erstelle eine Kalkulationstabelle und vergleiche die Länge von Reaktionsweg, Bremsweg und Anhalteweg für verschiedene Geschwindigkeiten.

	A	B	C	D	E
1	Länge des Anhalteweges (in m)				
2					
3			Reaktionszeit (in s):		1,0
4			Verzögerungswert:		8,0
5					
6	Geschwindigkeit		Reaktionsweg	Bremsweg	Anhalteweg
7	(in km/h)	(in m/s)	(in m)	(in m)	(in m)
8	0	0,0	0,0	0,0	0,0
9	10	2,8	2,8	0,5	3,3
10	20	5,6	5,6	1,9	7,5
11	30	8,3	8,3	4,3	12,7
12	40	11,1	11,1	7,7	18,8
13	50	13,9	13,9	12,1	25,9
14	60	16,7	16,7	17,4	34,0

b) Gestalte die Tabelle so, dass du verschiedene Werte für die Reaktionszeit und den Verzögerungswert eingeben kannst.

c) Stelle die Graphen für Reaktionsweg, Bremsweg und Anhalteweg in einem gemeinsamen Diagramm dar. Vergleiche die Graphen.

7. Untersuche die Auswirkung verschiedener Fahrbahneigenschaften auf die Länge des Anhalteweges eines Pkws. Wähle als Reaktionszeit 1 Sekunde und entnimm die Daten für die Verzögerungswerte der Tabelle.

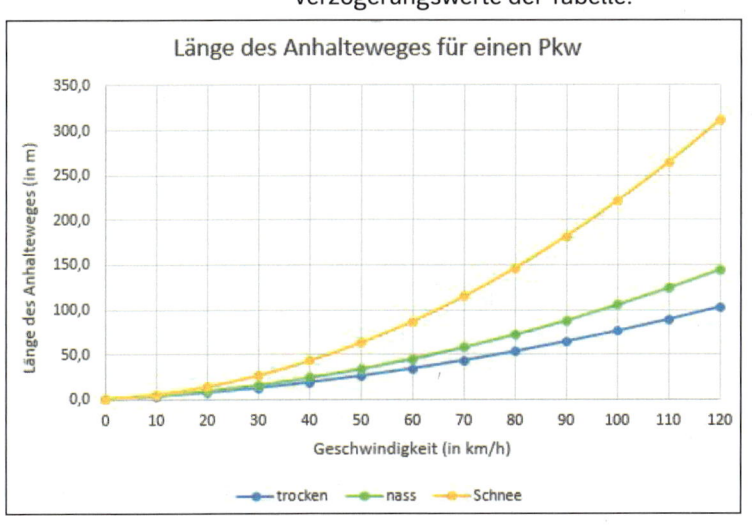

a) Gestalte ein Tabellenblatt für verschiedene Geschwindigkeiten und stelle die Ergebnisse grafisch dar.

b) Bei Nebel oder Regen ist die Sichtweite oft stark eingeschränkt. Lies aus dem Graphen aus Teilaufgabe a) die Höchstgeschwindigkeit ab, mit der ein Pkw fahren darf, um bei einer Sichtweite von 50 m noch rechtzeitig vor einem Hindernis anhalten zu können.

c) Mit welcher Geschwindigkeit darf ein Pkw höchstens fahren, um bei Regen und einer Sichtweite von 80 m noch rechtzeitig vor einem Hindernis anhalten zu können?

8. a) Gestalte eine Tabelle und berechne den Anhalteweg eines Fahrrades auf trockener Fahrbahn. Wähle geeignete Geschwindigkeiten und gehe von einer Reaktionszeit von 1 Sekunde aus.

b) Vergleiche die Anhaltewege für Pkw und Fahrrad auf trockener Fahrbahn.

c) Bestimme für eine Geschwindigkeit von 20 $\frac{km}{h}$ den Sicherheitsabstand eines Fahrrades zu einem mit gleicher Geschwindigkeit vorausfahrenden Pkw. Berücksichtige, dass der Fahrradfahrer erst auf das Aufleuchten der Bremslichter reagiert.

QUADRATISCHE FUNKTIONEN MIT $f(x) = a \cdot x^2 + c$

EINSTIEG

Untersuche mit einem DGS die Graphen quadratischer Funktionen der Form $f(x) = a x^2 + c$ mit $a \neq 0$. Gestalte das Grafikfenster so, dass du die Werte für a und c mit zwei Schiebereglern verändern kannst.

>> Wähle zunächst $a = 1$ und für c verschiedene (auch negative) Zahlen. Wie wirkt sich die Wahl von c auf die Form und die Lage des Funktionsgraphen aus?
Wie viele Punkte hat der Funktionsgraph jeweils mit der x-Achse gemeinsam?
>> Wiederhole die Untersuchung nun auch für $a = -1$; $a = -2$; $a = 0,5$ und $a = 2$.
>> Beschreibe, wie der Graph der Funktion $f(x) = a x^2 + c$ schrittweise aus der Normalparabel mit $f(x) = x^2$ hervorgeht.
>> Gib den Scheitelpunkt der Parabel mit $f(x) = a x^2 + c$ allgemein an.
>> Präsentiere deine Ergebnisse.

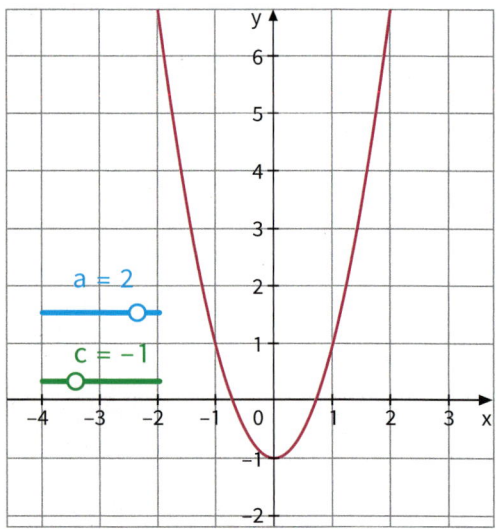

AUFGABE

1. Zeichne die Graphen der quadratischen Funktionen mit den Gleichungen
(1) $f(x) = 0,5 x^2 + 1$;   (2) $f(x) = 0,5 x^2 - 2$.
Zeichne in dasselbe Koordinatensystem den Graphen der quadratischen Funktion mit der Gleichung $f(x) = 0,5 x^2$.
Beschreibe, wie die Graphen zu (1) bzw. (2) schrittweise aus der Normalparabel mit $f(x) = x^2$ hervorgehen.
Gib auch die Eigenschaften der Graphen an.

Lösung
(1) $f(x) = 0,5 x^2 + 1$ (2) $f(x) = 0,5 x^2 - 2$

x	x^2	$0,5 x^2$	$0,5 x^2 + 1$
−3	9	4,5	5,5
−2	4	2	3
−1	1	0,5	1,5
0	0	0	1
1	1	0,5	1,5
2	4	2	3
3	9	4,5	5,5

hoch 2 · 0,5 + 1

x	x^2	$0,5 x^2$	$0,5 x^2 - 2$
−3	9	4,5	2,5
−2	4	2	0
−1	1	0,5	−1,5
0	0	0	−2
1	1	0,5	−1,5
2	4	2	0
3	9	4,5	2,5

hoch 2 · 0,5 − 2

(1)

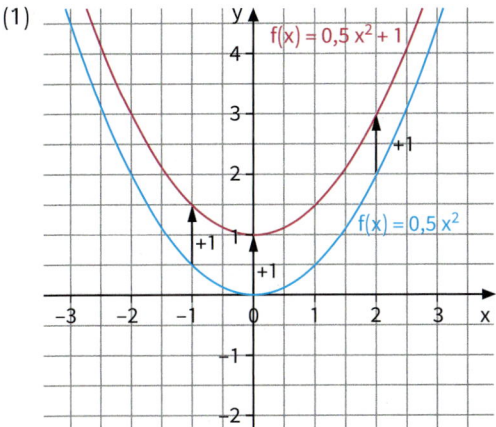

(2)

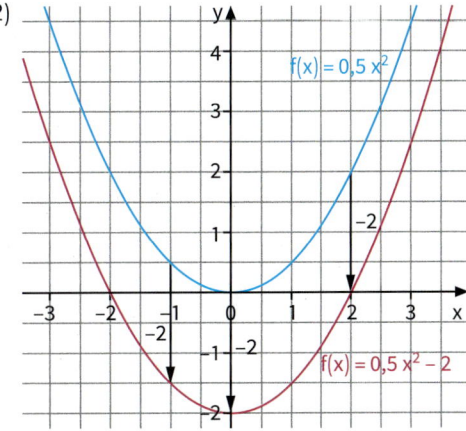

Die rote Parabel zu $f(x) = 0.5\,x^2 + 1$ erhält man, indem man die Normalparabel zunächst mit 0,5 staucht und dann um 1 Einheit nach oben (in Richtung der y-Achse) verschiebt.

- Der Graph ist eine Parabel.
- Symmetrieachse: y-Achse
- Scheitelpunkt: $S\,(0\,|\,1)$
- Die Parabel fällt bis zum Scheitelpunkt und steigt dann; der Scheitelpunkt ist der tiefste Punkt.

Die blaue Parabel zu $f(x) = 0.5\,x^2 - 2$ erhält man, indem man die Normalparabel zunächst mit 0,5 staucht und dann um 2 Einheiten nach unten (in Richtung der y-Achse) verschiebt.

- Der Graph ist eine Parabel.
- Symmetrieachse: y-Achse
- Scheitelpunkt: $S\,(0\,|\,{-2})$
- Die Parabel fällt bis zum Scheitelpunkt und steigt dann; der Scheitelpunkt ist der tiefste Punkt.

INFORMATION

Den Graphen einer quadratischen Funktion der Form $f(x) = a\,x^2 + c$ mit $a \neq 0$ erhält man schrittweise, indem man

- die Normalparabel mit dem Faktor a in Richtung der y-Achse streckt bzw. staucht (blaue Pfeile).
- Ein negatives a führt dazu, dass die Parabel nach unten geöffnet ist.
- Dann verschiebt man um c Einheiten in Richtung der y-Achse (rote Pfeile).
- Für $c > 0$ ist dies eine Verschiebung nach oben, für $c < 0$ eine Verschiebung nach unten.

Eigenschaften:

(1) Der Scheitelpunkt S hat die Koordinaten $S\,(0\,|\,c)$.

(2) Die Symmetrieachse der Parabel ist die y-Achse.

(3) Für $a > 0$ ist der Scheitelpunkt der tiefste Punkt.
    Für $a < 0$ ist der Scheitelpunkt der höchste Punkt.

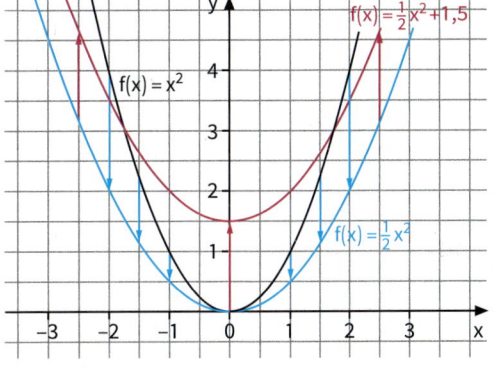

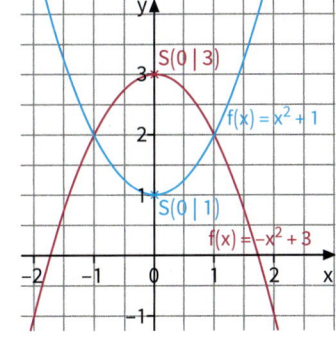

FESTIGEN UND
WEITERARBEITEN

2. Zeichne den Graphen der Funktion.

   a) $f(x) = x^2 + 2$ **b)** $f(x) = 3x^2 - 5$ **c)** $f(x) = -2x^2 + 3$ **d)** $f(x) = 0,5x^2 + 1$

   Überlege zunächst, wie der Graph aus der Normalparabel entsteht.
   Gib die Koordinaten des Scheitelpunkts an.

3. Die Parabel mit $f(x) = 2x^2$ wird

   (1) um 4 Einheiten nach unten verschoben;
   (2) um 2,5 Einheiten nach oben verschoben.
   Welche Funktionsgleichung gehört zu dem neuen Graphen?
   Gib die Koordinaten des Scheitelpunkts an.

> Die in Richtung y-
> Achse verschobene
> Normalparabel hat
> die Gleichung ...
> Man setzt für x ...

4. Die in Richtung der y-Achse verschobene Normalparabel geht durch den Punkt P. Gib die Gleichung der zugehörigen quadratischen Funktion an.
   Beschreibe dein Vorgehen und begründe.

   a) $P(0 \mid -4,2)$ **b)** $P(1 \mid 1,8)$ **c)** $P(-1 \mid 4)$ **d)** $P(2 \mid -6)$ **e)** $P(-2 \mid -2)$

ÜBEN

5. Zeichne den Graphen der Funktion mit:

   a) $f(x) = x^2 - 2$ **c)** $f(x) = 1,5x^2 + 0,5$ **e)** $f(x) = -x^2 - 2$ **g)** $f(x) = -1,5x^2 + 0,5$

   b) $f(x) = 2x^2 - 3$ **d)** $f(x) = 0,25x^2 + 3$ **f)** $f(x) = 2x^2 + 3$ **h)** $f(x) = -0,25x^2 - 3$

   Gib jeweils die Eigenschaften der Parabel an. Orientiere dich dabei an der Information auf Seite 197.

6. Die Parabel mit $f(x) = 0,5x^2$ wird verschoben

   a) um 2 Einheiten nach oben;   **c)** um 0,75 Einheiten nach oben;

   b) um 2 Einheiten nach unten;   **d)** um 0,75 Einheiten nach unten.

   Welche Funktionsgleichung gehört zur neuen Parabel?
   Gib die Koordinaten des Scheitelpunkts an.

7. Entscheide, welcher der Punkte $P_1(2 \mid 2)$, $P_2(1 \mid 4)$, $P_3(-1 \mid -3,5)$, $P_4(-2 \mid -2)$ auf der Parabel mit   (1) $f(x) = -2x^2 + 6$;   (2) $f(x) = 1,5x^2 + -4$ liegen und welche nicht.

8. Der Graph gehört zu einer quadratischen Funktion. Gib die Funktionsgleichung an.

   a)   **b)**   **c)**

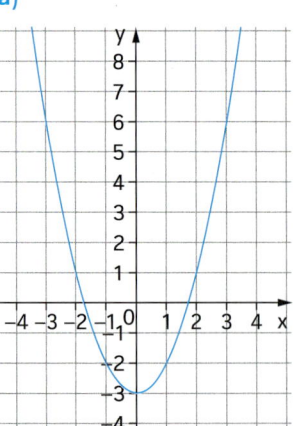 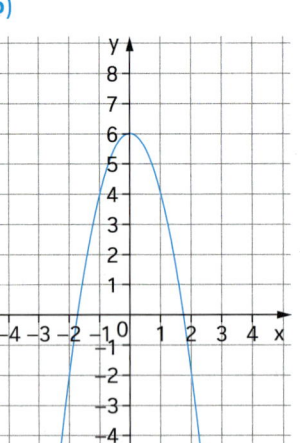 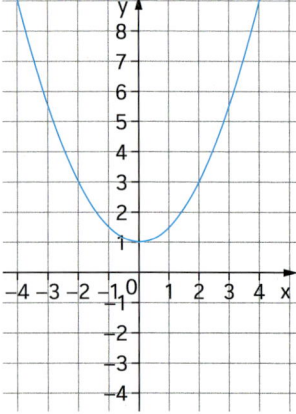

9. Wie muss man a und c wählen, so dass die Parabel mit der Gleichung $f(x) = ax^2 + c$

   (1) keinen;   (2) genau einen;   (3) zwei   gemeinsame Punkte mit der x-Achse hat?

NULLSTELLEN VON FUNKTIONEN

EINSTIEG

In dem abgebildeten Wasserbecken siehst du parabelförmige Wasserstrahlen, die aus einer Düse in Höhe der Wasseroberfläche austreten. Der höchste Punkt der Wasserstrahlen befindet sich 2,25 m über der Wasseroberfläche. Wenn man ein geeignetes Koordinatensystem ergänzt, lässt sich der vordere Wasserstrahl gut durch die Funktion mit der Gleichung $f(x) = -x^2 + 2,25$ beschreiben.

» Skizziere den Graphen der Funktion. Beschreibe anschließend, wie das Koordinatensystem in der Abbildung verlaufen würde.

» Welche Koordinaten gehören zu dem Punkt, an dem der vordere Wasserstrahl aus der Düse austritt?

» Welche Koordinaten gehören zu dem Punkt, an dem der vordere Wasserstrahl wieder auf die Wasseroberfläche trifft?

» Welchen Abstand haben die beiden Punkte voneinander?

AUFGABE

1. Gegeben ist die quadratische Funktion mit der Gleichung $f(x) = 5x^2 - 1,8$.
Versuche, die gemeinsamen Punkte des Funktionsgraphen mit der x-Achse zeichnerisch und mithilfe einer Tabellenkalkulation möglichst genau zu bestimmen.

Lösung

Der Graph entsteht aus der Normalparabel durch Streckung mit dem Faktor 5 und Verschiebung um 1,8 nach unten. Für die Zeichnung wird die folgende Wertetabelle bestimmt:

x	−1	−0,5	0	0,5	1
f(x)	3,2	−0,55	−1,8	0,55	3,2

Die gesuchten Punkte haben x-Koordinaten, die zwischen −1 und −0,5 bzw. zwischen 0,5 und 1 liegen. Da die gesuchten Punkte genau auf der x-Achse liegen sollen, ist ihre y-Koordinate jeweils 0.

Wenn man etwa den Bereich zwischen −1 und −0,5 in kleineren Schritten untersucht, findet man $P_1(-0,6\,|\,0)$ als einen gesuchten Punkt, da $f(-0,6) = 0$ gilt. Aufgrund der Symmetrie des Graphen ist $P_2(0,6\,|\,0)$ der zweite gesuchte Punkt.

Da die gegebene Funktion an den Stellen −0,6 und 0,6 jeweils den Funktionswert 0 hat, werden diese Stellen auch *Nullstellen* der Funktion genannt.

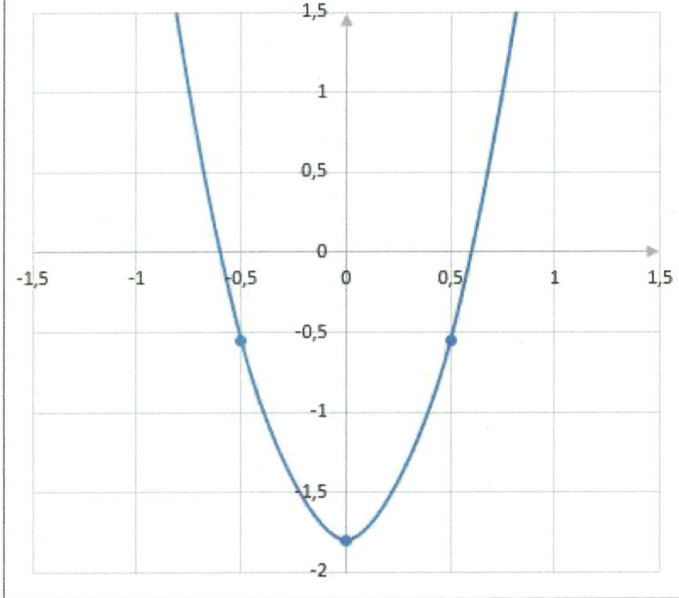

2. a) Zeichne jeweils den Graphen der Funktion und bestimme die vorhandenen Nullstellen.
(1) $f(x) = 0,5\,x^2 - 1$ (2) $f(x) = 0,5\,x^2$ (3) $f(x) = 0,5\,x^2 + 2$

b) Wie viele Nullstellen kann eine quadratische Funktion der Form $f(x) = a\,x^2 + c$ haben?
Begründe.

INFORMATION

Eine Stelle x, an der eine Funktion den Wert 0 annimmt, heißt **Nullstelle** der Funktion. An den
Nullstellen hat der Graph gemeinsame Punkte mit der x-Achse.

Eine quadratische Funktion kann zwei, eine oder keine Nullstelle haben.

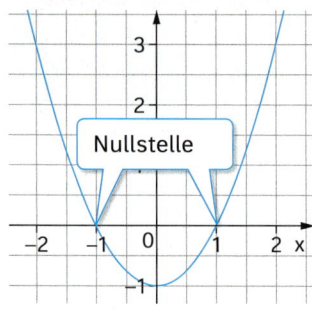 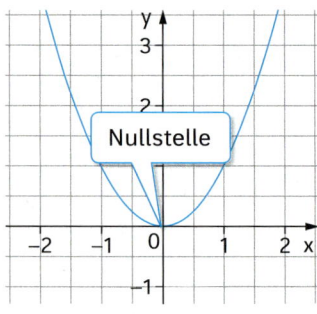 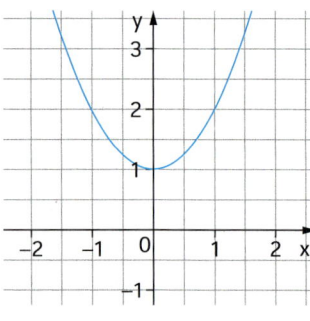

zwei Nullstellen   eine Nullstelle   keine Nullstelle

---

3. Zeichne den Graphen der Funktion und bestimme die vorhandenen Nullstellen.
a) $f(x) = -2\,x^2 + 0,5$ **c)** $f(x) = 2\,x^2 - 0,5$ **e)** $f(x) = 0,5\,x^2 - 2$
b) $f(x) = -2\,x^2 - 0,5$ **d)** $f(x) = 0,25\,x^2$ **f)** $f(x) = 0,25\,x^2 - 4$

4. a) Bestimme mithilfe einer Tabellenkalkulation möglichst gute Näherungswerte für die
Nullstellen der folgenden Funktionen:
(1) $f(x) = x^2 - 2$;   (2) $f(x) = 2\,x^2 - 6$;   (3) $f(x) = -0,5\,x^2 + 1$.

b) Woran liegt es, dass du die Nullstellen der Funktionen mit der Tabellenkalkulation nicht
exakt bestimmen kannst?

5. Wird aus einem Flugzeug mit der Geschwindigkeit v $\left(\text{in } \frac{m}{s}\right)$
ein Gegenstand in der Höhe h (in m) abgeworfen, so bewegt
er sich auf einer Parabel mit der Gleichung $f(x) = -\frac{5}{v^2} \cdot x^2 + h$.
Dabei bezeichnet f(x) die Höhe des Gegenstands und x die
Entfernung von der Abwurfstelle.

a) Ein Flugzeug fliegt mit der Geschwindigkeit 30 $\frac{m}{s}$ und
wirft in einer Höhe von 320 m ein Versorgungspaket ab.
In welcher Entfernung von der Abwurfstelle landet das
Paket?

b) Löse Teilaufgabe a) für eine viermal so große (1) Höhe; (2) Geschwindigkeit.
Was stellst du fest?

6. Gib die Gleichungen von drei verschiedenen Funktionen an.
a) Die Funktionen haben keine Nullstellen.
b) Die Funktionen haben eine Nullstelle.
c) Die Funktionen haben die Nullstellen -1 und 1.

QUADRATISCHE GLEICHUNGEN DER FORM
$a \cdot x^2 + c = 0$

EINSTIEG

Die Länge des Bremsweges eines Personenzuges hängt vor allem von der Geschwindigkeit ab, mit der er fährt. Für viele Züge kann die Länge des Bremsweges (in m) näherungsweise mithilfe der folgenden Funktion berechnet werden, wobei v die Geschwindigkeit in $\frac{km}{h}$ angibt: $b(v) = 0{,}075 \cdot v^2$.

>> Wie lang ist der Bremsweg, wenn der Zug 50 $\frac{km}{h}$, 100 $\frac{km}{h}$ bzw. 150 $\frac{km}{h}$ schnell fährt?

>> Wie kann man bestimmen, für welche Geschwindigkeit der Bremsweg 1 080 m beträgt?

AUFGABE

1. Gegeben ist die Funktion mit der Gleichung $f(x) = 0{,}5 x^2 - 3$. Gesucht sind die Nullstellen der Funktion, also die Werte x, für die $f(x) = 0$ gilt. Dies soll mithilfe des Funktionsgraphen, mithilfe eines Kalkulationsprogramms oder durch Lösen einer Gleichung geschehen.

Lösung

Der Graph entsteht aus der Normalparabel durch Stauchung mit dem Faktor 0,5 und Verschiebung um 3 Einheiten nach unten. Man kann ablesen, dass die Nullstellen zwischen -3 und -2 bzw. zwischen 2 und 3 liegen.

Die genauere Untersuchung dieser Bereiche mit einem Kalkulationsprogramm hilft dabei, die Nullstellen weiter anzunähern. Die Nullstelle rechts von 0 liegt zwischen 2,44 und 2,45. Aber auch wenn man die Suche weiter verfeinert, findet man auf diesem Weg die Nullstellen nicht exakt.

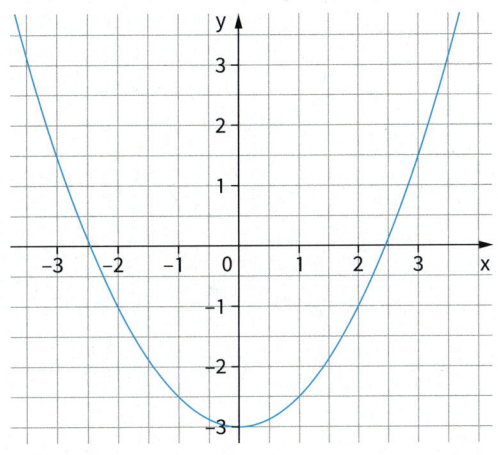

G5	▼	:	✕ ✓ $f\!x$	=0,5*G4^2-3							
◢	A	B	C	D	E	F	G	H	I	J	K	L
1	x	2,0	2,1	2,2	2,3	2,4	2,5	2,6	2,7	2,8	2,9	3,0
2	f(x)	-1,000	-0,795	-0,580	-0,355	-0,120	0,125	0,380	0,645	0,920	1,205	1,500
3												
4	x	2,4	2,41	2,42	2,43	2,44	2,45	2,46	2,47	2,48	2,49	2,50
5	f(x)	-0,120	-0,096	-0,072	-0,048	-0,023	0,001	0,026	0,050	0,075	0,100	0,125

Die exakten Werte liefert das Lösen der Gleichung, die bei der Suche nach Nullstellen entsteht. Die Frage lautet: Für welche x gilt $f(x) = 0$, also $0 = 0{,}5 x^2 - 3$?

$$0 = 0{,}5 x^2 - 3 \qquad | +3$$
$$3 = 0{,}5 x^2 \qquad | : 0{,}5$$
$$6 = x^2$$
$$x = \sqrt{6} \approx 2{,}45 \text{ oder } x = -\sqrt{6} \approx -2{,}45$$
$$L = \{-\sqrt{6}; \sqrt{6}\}$$

> Es gibt hier zwei Lösungen für x, weil sowohl $(\sqrt{6})^2 = 6$ als auch $(-\sqrt{6})^2 = 6$ gilt.

2. Wir betrachten nun unterschiedliche Fälle beim Lösen von Gleichungen der Form $a\,x^2 + c = 0$. Bestimme die Lösungsmengen der Gleichungen.
Was fällt dir auf?

(1) $9\,x^2 - 16 = 0$ (2) $2\,x^2 + 20 = 20$ (3) $\frac{2}{3}\,x^2 + 6 = 0$

Lösung

(1) $\begin{aligned} 9\,x^2 - 16 &= 0 &&\mid +16 \\ 9\,x^2 &= 16 &&\mid :9 \\ x^2 &= \frac{16}{9} \end{aligned}$

$x_1 = \sqrt{\frac{16}{9}}$ und $x_2 = -\sqrt{\frac{16}{9}}$

$x_1 = \frac{4}{3}$ und $x_2 = -\frac{4}{3}$

$L = \left\{ -\frac{4}{3}\,; \frac{4}{3} \right\}$

(2) $\begin{aligned} 2\,x^2 + 20 &= 20 &&\mid -20 \\ 2\,x^2 &= 0 &&\mid :2 \\ x^2 &= 0 \\ x &= 0 \end{aligned}$

$L = \{0\}$

(3) $\begin{aligned} \frac{2}{3}\,x^2 + 6 &= 0 &&\mid -6 \\ \frac{2}{3}\,x^2 &= -6 &&\mid :\frac{2}{3} \\ x^2 &= -9 \end{aligned}$

Das Quadrat einer Zahl kann nicht negativ sein, also hat die Gleichung keine Lösung.

$L = \{\ \}$

Quadratische Gleichungen

Gleichungen der Form $a\,x^2 + c = 0$ $(a \neq 0)$ heißen **quadratische Gleichungen**.
Mit ihnen kann man Nullstellen von quadratischen Funktionen der Form $f(x) = a\,x^2 + c$ bestimmen.

Lösungen einer quadratischen Gleichung

Die Funktionsgraphen zeigen, welche Fälle es bei quadratischen Gleichungen der Form $a\,x^2 + c = 0$ geben kann: zwei, eine oder keine Lösungen.

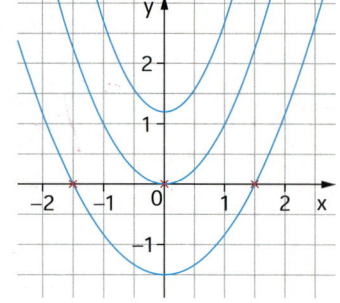

(1) $\begin{aligned} \frac{2}{3}x^2 - \frac{3}{2} &= 0 &&\mid +\frac{3}{2} \\ \frac{2}{3}x^2 &= \frac{3}{2} &&\mid :\frac{2}{3} \\ x^2 &= \frac{9}{4} &&\mid \sqrt{\ } \end{aligned}$

$x_1 = \sqrt{\frac{9}{4}} = \frac{3}{2}$ und $x_2 = -\sqrt{\frac{9}{4}} = -\frac{3}{2}$

$L = \left\{ -\frac{3}{2}\,; \frac{3}{2} \right\}$

(2) $\begin{aligned} x^2 &= 0 &&\mid \sqrt{\ } \\ x &= 0 \end{aligned}$

$L = \{0\}$

(3) $\begin{aligned} 0{,}6\,x^2 + 1{,}2 &= 0 &&\mid -1{,}2 \\ 0{,}6\,x^2 &= -1{,}2 &&\mid :0{,}6 \\ x^2 &= -2 \end{aligned}$

$L = \{\ \}$

Die Variable muss nicht immer x sein.

3. Gib die Lösungsmenge an. Führe auch die Probe durch.

a) $x^2 = 25$

b) $x^2 = -4$

c) $x^2 = 0$

d) $0{,}16 = y^2$

e) $-4z^2 = 9$

f) $\frac{1}{3}x^2 = 27$

g) $x^2 + 1 = 6$

h) $4(z^2 - 9) = 28$

i) $\frac{3}{4}(z^2 - 4) = 0$

j) $0 = 9x^2 - \frac{1}{4}$

k) $0 = 9\left(x^2 - \frac{1}{4}\right)$

l) $2y^2 - \frac{15}{2} = \frac{1}{4}$

m) $8x^2 = 6x^2$

n) $2y^2 - \frac{15}{2} = \frac{1}{2}y^2$

o) $2y^2 - \frac{15}{2}y^2 = -\frac{2}{11}$

p) $5{,}5z^2 - \frac{9}{4} = 1{,}5z^2$

ÜBEN

4. Gib die Lösungsmenge an.

a) $x^2 = \frac{49}{16}$ c) $x^2 = 3$ e) $\frac{1}{2}x^2 = \frac{25}{8}$ g) $\frac{1}{4}x^2 = 25$

b) $x^2 = 0{,}36$ d) $x^2 = 1{,}44$ f) $0{,}3z^2 = 0{,}012$ h) $\frac{1}{4}y^2 = 0$

5. Löse rechnerisch. Mache auch die Probe.

a) $x^2 - 0{,}09 = 0$ c) $4x^2 - 9 = 0$ e) $0{,}24x^2 - 6 = 0$ g) $\frac{4}{5}x^2 - 2 = 0$

b) $x^2 + 0{,}49 = 0$ d) $4y^2 + 1 = 0$ f) $\frac{3}{2}x^2 - \frac{10}{3} = 0$ h) $\sqrt{5}z^2 - \sqrt{80} = 0$

6. Kontrolliere die Rechnungen. Berichtige, wenn nötig.

(1) $x^2 + 9 = 0$
$\quad x^2 = -9$
$\quad\ x = -3$

(2) $4x^2 = 0$
$\quad x^2 = -\frac{1}{4}$
$\quad x_1 = +\frac{1}{2}$ und $x_2 = -\frac{1}{2}$

(3) $3x^2 = 75$
$\quad x^2 = 25$
$\quad\ x = 5$

7. Bestimme die Lösungsmenge.

a) $11x^2 = 36 + 2x^2$ c) $9x^2 - 4 = 5x^2 - 4$ e) $13y^2 - 8 = 9y^2 + 1$

b) $5x^2 = 343 - 2x^2$ d) $7x^2 + 2 = 1 + 5x^2$ f) $16z^2 - 20 = 5 - 20z^2$

$a \cdot (b + c)$
$= ab + ac$

$(a + b)^2$
$= a^2 + 2ab + b^2$

$(a - b)^2$
$= a^2 - 2ab + b^2$

$(a + b)(a - b)$
$= a^2 - b^2$

8. a) $x(x - 20) = 2(72 - 10x)$ e) $(x + 4)^2 + (x - 4)^2 = 34$

b) $9x(x + 1) - 7(x - 11) = 86 + 2x$ f) $(z + 5)(z - 8) = -3(z + 8)$

c) $3x(x + 7) + 5x(x - 2) = 11x + 60{,}5$ g) $(5x + 7)^2 - (7x + 5)^2 = -72$

d) $14x(x - 4) = 5(9 - 22x) + 9x(x + 6)$ h) $\frac{1}{3}(x^2 + 5) - \frac{1}{5}(x^2 - 1) = 4$

9. a) $(x - 3)^2 = 25 - 6x$ b) $(x + 1)^2 = 2x + 37$ c) $(2y + 5)^2 = 146 + 20y$

10. a) $(2x + 3)(2x - 3) = 16$ c) $(3x - 5)(3x + 5) = -153x^2 + 73$

b) $(y + 2)(y - 2) = 46 - 71y^2$ d) $(3 - 2x)(3 + 2x) = -3x^2 - 11$

11. Notiere zu der Lösungsmenge eine passende quadratische Gleichung.

a) $L = \{-7; 7\}$ c) $L = \left\{-\frac{3}{2}; \frac{3}{2}\right\}$ e) $L = \{\ \}$

b) $L = \{0\}$ d) $L = \{-0{,}4; 0{,}4\}$

12. Die Oberfläche eines Würfels beträgt $3456\,cm^2$.
Wie lang ist eine Kante?

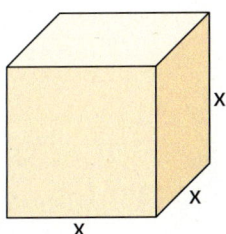

13. Drei gleich große quadratische Büroräume sowie der $18{,}25\,m^2$ große Flur sollen mit neuem Teppichboden ausgelegt werden. Dazu werden insgesamt $55\,m^2$ benötigt.
Wie lang ist die Seitenlänge eines Büroraumes?

14. Ein quadratisches Blumenbeet in einem Park wird auf einer Seite um 7 m verkürzt und auf der benachbarten Seite um 7 m verlängert. Das neue, rechteckige Blumenbeet ist $435\,m^2$ groß.
Welche Seitenlänge hatte das ursprüngliche Blumenbeet?

✮✮

Welche Punkte liegen auf dem Graphen der quadratischen Funktion mit $f(x) = 4x^2 - 8$?

A$(-1|4)$　　　　　B$(0|-8)$　　　　　C$(2|8)$　　　　　D$(1|-4)$

✮✮✮

Ein Rechteck, dessen eine Seite dreimal so lang ist wie die andere, hat den Flächeninhalt 147 cm². Welchen Umfang hat es?

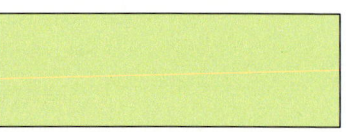

✮✮✮✮

Gib die Gleichungen von drei quadratischen Funktionen mit den Nullstellen -2 und 2 an.

✮✮

Welcher Graph gehört jeweils zur Funktionsgleichung?

(1) $f(x) = 0,5x^2 - 1$　　(3) $f(x) = 1,5x^2 - 3$

(2) $f(x) = -1,5x^2 + 3$　　(4) $f(x) = 0,75x^2$

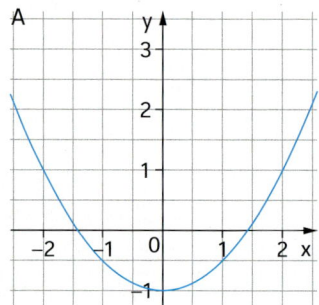

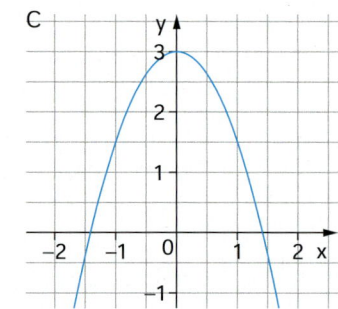

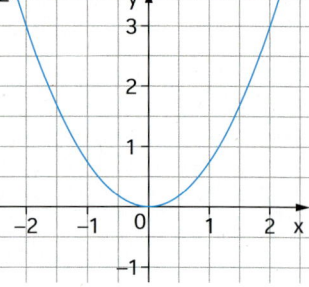

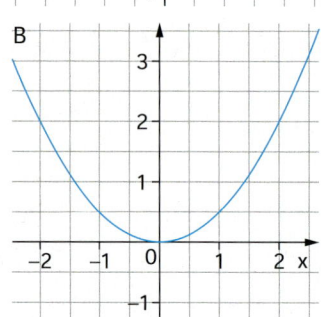

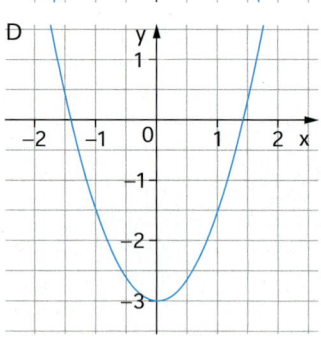

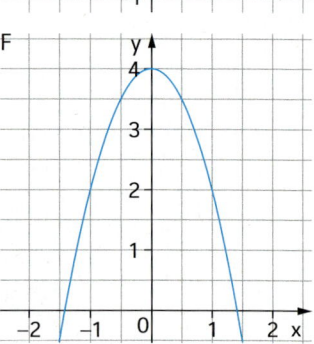

✮✮✮

Ergänze bei den drei Punkten die fehlenden Koordinaten so, dass die Punkte auf dem Graphen der quadratischen Funktion mit $f(x) = -0,25x^2 + 1,5$ liegen.

A$(\blacksquare|1,5)$　　　　B$(4|\blacksquare)$　　　　C$(\blacksquare|-2,5)$

✮✮✮✮

Eine Parabel mit dem Scheitelpunkt S$(0|-4)$ geht durch den Punkt P$(2|2)$.
Welche Funktionsgleichung gehört zu der Parabel?

VERMISCHTE UND KOMPLEXE ÜBUNGEN

1. Gegeben ist die quadratische Funktion.

   a) $f(x) = 3x^2 + 1$ **c)** $f(x) = 1,5x^2 - 2$ **e)** $f(x) = 4x^2 - 4$

   b) $f(x) = 1,25x^2$ **d)** $f(x) = 5x^2 - 10$ **f)** $f(x) = 0,05x^2 - 2$

   (1) Bestimme den Scheitelpunkt.

   (2) Untersuche, ob die Funktion Nullstellen hat, und berechne diese gegebenenfalls.

2. Gegeben ist die quadratische Funktion mit $f(x) = 0,25x^2 - 4$.

   a) Zeichne den Graphen der Funktion.

   b) Spiegele den Graphen der Funktion an der x-Achse und bestimme die Funktionsgleichung zum gespiegelten Graphen.

   c) Die Schnittpunkte der beiden Graphen mit den beiden Koordinatenachsen bilden ein Viereck. Gib die Koordinaten seiner Eckpunkte an und bestimme seinen Flächeninhalt.

3. Ordne jeder Parabel die zugehörige Funktionsgleichung zu. Begründe deine Entscheidung.

   (1) $f(x) = 0,5x^2 + 1$

   (2) $f(x) = 0,5x^2 - 2$

   (3) $f(x) = 0,25x^2 + 1$

   (4) $f(x) = -1,5x^2 + 2$

   (5) $f(x) = -1,5x^2 - 1$

   (6) $f(x) = -2x^2 + 2$

   (7) $f(x) = 2x^2 - 1$

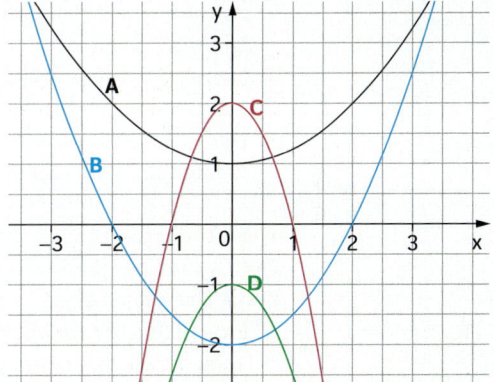

4. Löse die quadratische Gleichung.

   a) $0 = 2x^2 - 8$

   b) $1,2 = 4x^2 + 1,2$

   c) $0,2 = 0,5x^2 + 0,02$

 Zeichne die Parabel mit der Gleichung $f(x) = 2x^2 + 3$.

 Eine Parabel hat den Scheitelpunkt $S(0|-3)$ und schneidet die x-Achse in den Punkten $A(-2|0)$ und $B(2|0)$. Gib eine zugehörige Funktionsgleichung an.

 5. Parabeln mit Gleichungen der Form $f(x) = ax^2 + c$ kann man gut zeichnen, indem man von der Normalparabel ausgeht. Sie wird gestreckt bzw. gestaucht, ggf. an der x-Achse gespiegelt und in y-Richtung verschoben.

 Gegeben sei eine Parabel mit einer Gleichung der Form $f(x) = ax^2 + c$. Wie wirkt sich das Spiegeln der Parabel an der x-Achse auf die Gleichung aus?

 Wie viele Punkte müssen von einer Parabel mit der Gleichung der Form $f(x) = ax^2 + c$ bekannt sein, damit sie eindeutig bestimmt ist?

6. Ein Rechteck mit den Seitenlängen $4x$ und $x + 3$ soll den gleichen Flächeninhalt haben wie ein Quadrat mit der Seitenlänge $x + 6$. Berechne die Seitenlängen des Rechtecks und des Quadrats.

WAS DU GELERNT HAST

Quadratische Funktion mit $f(x) = x^2$

Der Graph einer quadratischen Funktion mit $f(x) = x^2$ heißt **Normalparabel.**

- Sein tiefster Punkt ist $S(0|0)$ und wird **Scheitelpunkt** genannt.
- Bis zum Scheitelpunkt fällt die Normalparabel, anschließend steigt sie.
- Sie hat die y-Achse als Symmetrieachse.

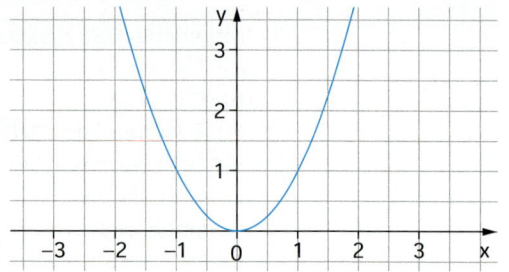

Quadratische Funktionen mit $f(x) = a \cdot x^2$

Der Graph von quadratischen Funktionen mit $f(x) = ax^2$ heißt **Parabel**.

- Er geht durch Strecken $(a > 1)$ oder Stauchen $(0 < a < 1)$ aus der Normalparabel hervor.
- Für negative a $(a < 0)$ kommt eine Spiegelung an der x-Achse hinzu.
- Der Scheitelpunkt $S(0|0)$ ist für $a > 0$ der tiefste Punkt, für $a < 0$ der höchste.

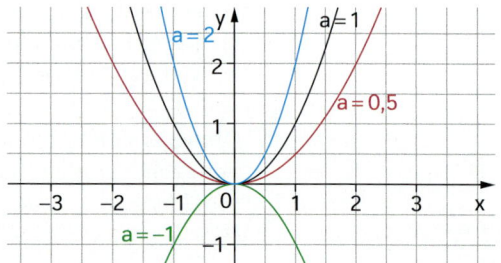

Quadratische Funktionen mit $f(x) = a \cdot x^2 + c$

Der Graph von quadratischen Funktionen mit $f(x) = ax^2 + c$ ist ebenfalls eine Parabel.

- Er geht aus der Parabel zu $f(x) = ax^2$ durch Verschieben in Richtung der y-Achse hervor.
- Für $c > 0$ wird die Parabel nach oben verschoben, für $c < 0$ nach unten.
- Der Punkt $S(0|c)$ ist der Scheitelpunkt.

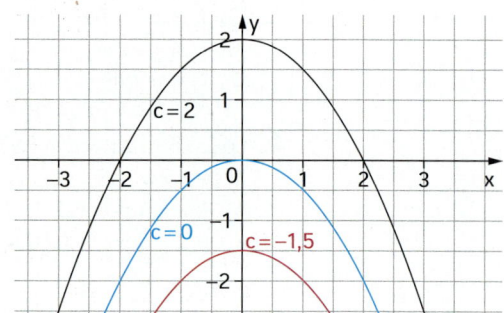

Nullstellen von Funktionen

Eine Stelle x, an der $f(x) = 0$ gilt, heißt **Nullstelle** der Funktion f.

- An den Nullstellen schneidet der Funktionsgraph die x-Achse.
- Quadratische Funktionen mit $f(x) = ax^2 + c$ können zwei, eine oder keine Nullstellen haben.

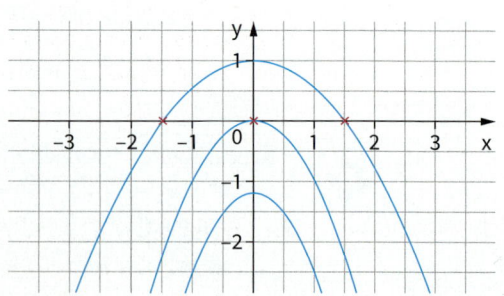

Einfache quadratische Gleichungen

Quadratische Gleichungen können zwei, eine oder keine Lösungen haben.

$$0 = 2x^2 - 6 \qquad | +6$$
$$6 = 2x^2 \qquad | :2$$
$$3 = x^2$$
$$x_1 = \sqrt{3} \text{ und } x_2 = -\sqrt{3}$$
$$L = \{-\sqrt{3}; \sqrt{3}\}$$

BIST DU FIT?

1. Gegeben ist die quadratische Funktion.

a) $f(x) = x^2 - 4$ **c)** $f(x) = x^2 - 6$ **e)** $f(x) = -x^2 + 2$

b) $f(x) = -x^2 + 4$ **d)** $f(x) = -x^2 + 6$ **f)** $f(x) = x^2 - 3$

(1) Zeichne die zugehörige Parabel mithilfe einer Parabelschablone.

(2) Lies die Nullstellen der quadratischen Funktion möglichst genau ab.

(3) Berechne die Nullstellen der quadratischen Funktion und vergleiche dein Ergebnis mit dem Ergebnis aus (2).

2. Erstelle eine Wertetabelle und zeichne die Parabeln zur quadratischen Funktion.

a) $f(x) = 2x^2 - 2$ **c)** $f(x) = 1,5x^2 + 1$ **e)** $f(x) = 0,75x^2 + 1$

b) $f(x) = 2x^2 + 2$ **d)** $f(x) = -1,5x^2 + 1$ **f)** $f(x) = 0,4x^2 - 1,5$

3. Der Graph gehört zu einer quadratischen Funktion. Gib die Funktionsgleichung an.

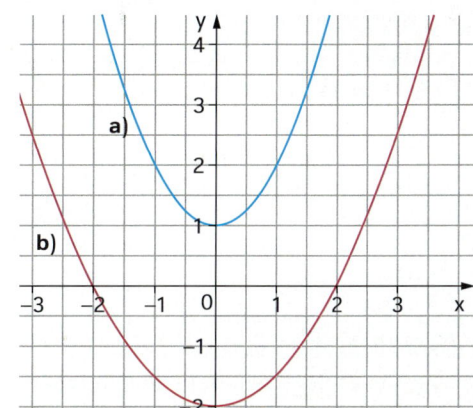 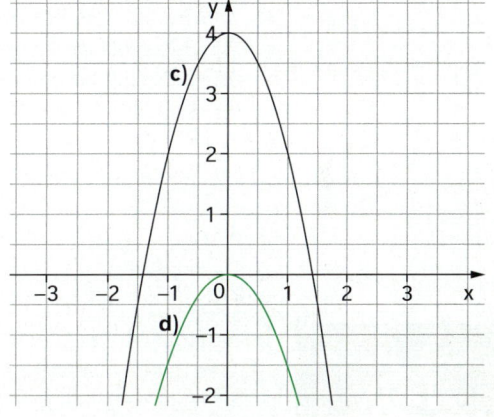

4. Gegeben ist die quadratische Funktion.

a) $f(x) = 4x^2 + 2$ **c)** $f(x) = 2,5x^2 - 1$ **e)** $f(x) = -4x^2 - 1$

b) $f(x) = 1,75x^2 + 2$ **d)** $f(x) = -5,5x^2 + 10$ **f)** $f(x) = 0,01x^2 - 0,1$

(1) Beschreibe, wie die zugehörige Parabel schrittweise aus der Normalparabel hervorgeht.

(2) Bestimme den Scheitelpunkt der zugehörigen Parabel.

(3) Untersuche, ob die Funktion Nullstellen hat, und berechne diese gegebenenfalls.

5. Löse die quadratische Gleichung.

a) $0 = x^2 - 2$ **b)** $-10 = -2x^2 + 2$ **c)** $4 = 0,01x^2 + 3$

6. Für ein Fahrrad kann die Länge des Bremsweges in Metern mit der Formel $s = \frac{1}{7}v^2$ berechnet werden, wobei v die gefahrene Geschwindigkeit in Metern pro Sekunde angibt.

a) Wie lang ist der Bremsweg, wenn die Geschwindigkeit $8\frac{m}{s}$ beträgt?

b) Wie groß war die Geschwindigkeit, wenn der Bremsweg 5 m lang ist?

c) Rechne die Geschwindigkeiten aus a) und b) in $\frac{km}{h}$ um.

TOPFIT – VERMISCHTE ÜBUNGEN 1

1. Zeichne den Graphen der Funktion, ohne eine Wertetabelle aufzustellen.

a) $f(x) = x^2$ **b)** $f(x) = 0,5x^2$ **c)** $f(x) = -x^2 + 3,5$ **d)** $f(x) = -x + 3$

Stoff	Gewicht von 1 cm³
Blei	11,34 g
Glas	2,5 g
Kupfer	8,93 g
Zink	7,14 g
Eisen	7,86 g
Gold	19,3 g
Silber	10,51 g

2. Von einem Quadrat wird auf einer Seite ein rechteckiger Streifen abgeschnitten, dessen eine Seite fünfmal so lang ist wie die andere. Das Reststück des Quadrats ist 57,8 cm² groß. Berechne die Seitenlänge des ursprünglichen Quadrats.

3. Ein 3 m langes Eisenrohr hat einen Außendurchmesser von 36 mm und eine Wandstärke von 3 mm.
a) Berechne das Gewicht des Eisenrohrs.
b) Wie viel Prozent wiegt ein Kupferrohr mit den gleichen Abmessungen mehr als das Eisenrohr? Beschreibe, wie du vorgehst.

4. Der Radius des Kreises beträgt 5 cm.
a) Wie groß ist die grüne Fläche?
b) Wie groß ist eine der beiden roten Flächen?
c) Wie lang ist die Sehne $\overline{AB}$?

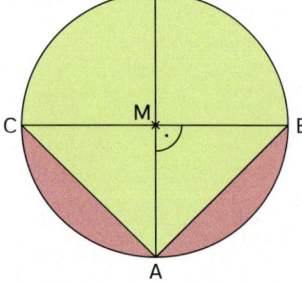

5. Thomas Müller schießt mit einer Ballgeschwindigkeit von ca. $70\,\frac{km}{h}$ einen Elfmeter flach über den Rasen in das gegnerische Tor. Dabei streift der Ball den Innenpfosten.
a) Erkundige dich, wie breit ein Fußballtor ist und berechne die Länge der Strecke, die der Ball bis zur Torlinie zurückgelegt hat.
b) Wie viel Sekunden nach dem Schuss hätte der Torwart mit seiner Hand in der richtigen Ecke sein müssen, um den Elfmeter noch zu halten?

6. In Deutschland wurde eine gigantische Tunnelbohrmaschine gebaut, die einen Durchmesser von 15,4 m hat. Zwei dieser Tunnelbohrer haben sich in Shanghai unter dem Jangtse Fluss jeweils 7,4 km durch das Erdreich gebohrt, um die Flussinsel Chang-xing mit der Shanghaier Finanzmetropole Pudong zu verbinden. Für eine Tunnelboh-rung brauchte eine Maschine zwei Jahre und drei Monate.

a) Wie viel Kubikmeter Erde haben beide Bohrer zusammen für den Bau der beiden Tunnel ungefähr bewegt? Erkläre deine Rechnungen.
b) Welche Kantenlänge hätte ein Würfel mit diesem Volumen?
c) Schätze ab, wie viel Kubikmeter Erdreich täglich während der Bohrphase von dieser Großbaustelle abtransportiert werden musste. Wie viele Lkw-Ladungen waren das ungefähr pro Tag? Beschreibe, wie du vorgegangen bist.

TOPFIT – VERMISCHTE ÜBUNGEN 2

1. a) Berechne die Länge x der Dachschräge.   **b)** Wie lang ist der See?

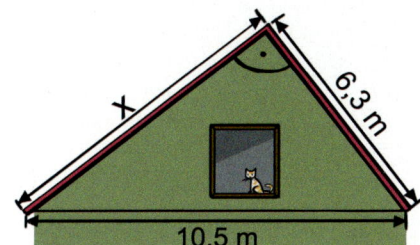

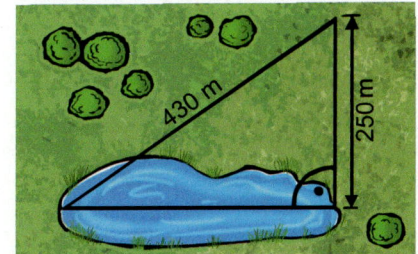

2. Zeichne den Graphen der Funktion in ein Koordinatensystem.

a) $f(x) = 1,2x$ **c)** $f(x) = 2,5x + 1$ **e)** $f(x) = x^2 + 2$ **g)** $f(x) = -x^2 - 2$

b) $f(x) = -\frac{3}{2}x$ **d)** $f(x) = -x - 3$ **f)** $f(x) = 2x^2$ **h)** $f(x) = -0,5x^2$

3. Der Graph gehört zu einer Funktion. Gib die zugehörige Funktionsgleichung an.

a) 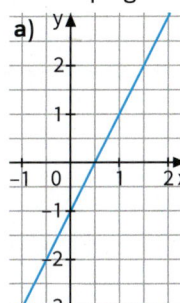   **b)** 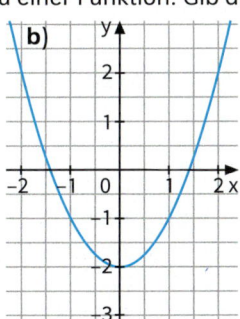   **c)** 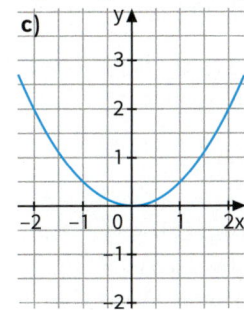   **d)**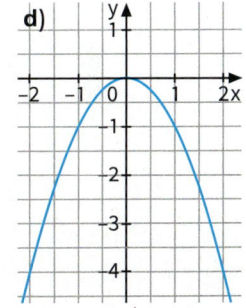

4. Berechne mit dem Taschenrechner und runde auf Tausendstel.

a) $\sqrt{7}$ **b)** $\sqrt{12}$ **c)** $\sqrt[3]{36}$ **d)** $\sqrt[3]{1,4}$ **e)** $\sqrt{0,008}$ **f)** $\sqrt{1\,258}$

5. Die Mammutbäume Nordamerikas sind die höchsten und ältesten Bäume der Welt. Sie können über 100 m hoch und älter als 2 500 Jahre werden. Sie waren einst viel weiter verbreitet. Während des großen Goldrausches wurden leider Tausende abgeholzt. Heute stehen sie in Nationalparks unter Naturschutz.

Der dickste Baum der Welt ist der „General Sherman Tree" (siehe Bild), ein Riesenmammutbaum im kalifornischen Sequoia National Park.

a) Schätze ab, wie groß der Umfang des dicksten Baums der Welt direkt über dem Boden ist. Beschreibe dein Vorgehen.

b) Erkundige dich im Internet über weitere Daten des General Sherman Tree.

6. Ein Würfel hat das Volumen $V = 3\frac{3}{8}\,\ell$.
Wie groß ist seine Oberfläche?

TOPFIT – VERMISCHTE ÜBUNGEN 3

1. a) Berechne die Länge x.

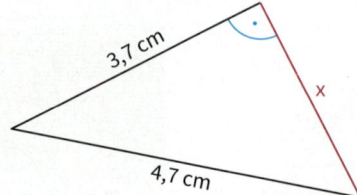

b) Berechne die Längen x und y.

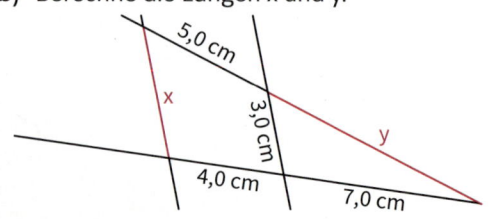

2. Welche der Punkte $A(1|0)$, $B(1|1)$, $C(1|2)$ und $D\left(\frac{1}{4}\Big|\frac{7}{2}\right)$ liegen auf welchem Graphen?

(1) $f(x) = -2x + 3$ (2) $f(x) = \frac{1}{2}x^2 + 0{,}5$ (3) $f(x) = x - 1$ (4) $f(x) = x^2 + 1$

3. Bestimme jeweils die fehlende Koordinate so, dass der Punkt zum Graphen der Funktion gehört:

$P_1(1|\blacksquare)$ $P_2(-1|\blacksquare)$ $P_3(5|\blacksquare)$ $P_4\left(-\frac{3}{2}\Big|\blacksquare\right)$ $P_5(\blacksquare|0)$

a) $f(x) = 3x - 2$ **b)** $f(x) = 0{,}3x^2$ **c)** $f(x) = x^2 - 10$

4. Löse das lineare Gleichungssystem rechnerisch. Führe eine Probe durch.

a) $\left| \begin{array}{l} y = -x + 1 \\ y = \frac{3}{2}x + 6 \end{array} \right.$ **b)** $\left| \begin{array}{l} 11x - 3y = -7 \\ y = 3{,}5x + 4 \end{array} \right.$ **c)** $\left| \begin{array}{l} 2a = -2c + 4 \\ 2c = 2a - 3 \end{array} \right.$

5. Der Schatten eines 1,21 m langen Stabes ist um 15:45 Uhr 1,46 m lang. Wie hoch ist ein Baum, dessen Schatten zur gleichen Zeit 12,04 m lang ist?

6. In einer Vergleichsarbeit erreichten die Schülerinnen und Schüler der Klassen 9a, 9b und 9c folgende Noten:

9a	4	2	6	3	4	2	5	5	4	2	6	3	2	2	5	4	4	2	5	4
9b	1	4	3	2	1	5	4	5	1	6	5	4	4	5	1	1	5	2	5	5
9c	3	3	2	5	3	1	4	3	3	2	2	4	3	4	3	5	2	4	5	3

a) Bestimme für die drei Klassen das arithmetische Mittel, den Median und die Spannweite.

b) Beurteile mithilfe der von dir bestimmten Daten, welche Klasse bei der Vergleichsarbeit am besten abgeschnitten hat.

7. Gib den Wert der dritten Wurzel an.

a) $\sqrt[3]{125}$ **b)** $\sqrt[3]{0{,}001}$ **c)** $\sqrt[3]{1\,331}$ **d)** $\sqrt[3]{27\,000\,000}$ **e)** $\sqrt[3]{512}$ **f)** $\sqrt[3]{1\,728}$

8. Rolle gedanklich eine 1-€-Münze um den Rand einer aufgeklebten zweiten 1-€-Münze so herum, dass beide Ziffern „1" am Ende wieder aufrecht nebeneinanderstehen. Wie viele Umdrehungen hat die gedrehte Münze ausgeführt?

9. Berechne die Nullstellen der Funktion.

a) $f(x) = 2{,}5x + 2$ **c)** $f(x) = x^2 - 6{,}25$ **e)** $f(x) = x^2 - 4$

b) $f(x) = -x - 2{,}4$ **d)** $f(x) = 2x^2 - 1$ **f)** $f(x) = 2x^2 - 6$

TOPFIT – VERMISCHTE ÜBUNGEN 4

1. Welcher der folgenden Werte ist der beste Näherungswert für die Seitenlänge eines Quadrates, das einen Flächeninhalt von $2\,m^2$ hat?

(1) 0,5 m   (2) 1 m   (3) 1,5 m   (4) 1,4 m   (5) 1,41 m   (6) 1,42 m

2. Berechne möglichst im Kopf.

a) $\sqrt{15^2 - 9^2}$ c) $\sqrt{-16}$ e) $\sqrt[3]{27}$ g) $\sqrt{1,21}$

b) $\sqrt{169}$ d) $\sqrt{3^2 + 4^2}$ f) $\sqrt[3]{64}$ h) $\sqrt[3]{0,125}$

3. Tim steht an der Anlegestelle A an einem Fluss und schaut zur gegenüberliegenden Anlegestelle B.
Zur Bestimmung der Flussbreite $\overline{AB}$ benutzt er das aus dem Mathematikunterricht bekannte gleichschenklige rechtwinklige Geodreieck.
Er steht genau 220 Schritte (Schrittlänge: 65 cm) vom Punkt A entfernt und stellt fest, dass er beim Anpeilen des Punktes A über eine Kathete des Geodreiecks sogleich den Punkt B über die Hypotenuse sieht.
Wie breit ist der Fluss? Erkläre dein Vorgehen.

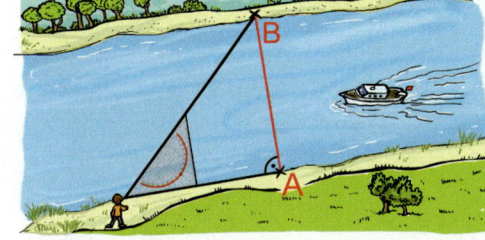

4. a) Zeichne ein Netz des Körpers rechts.
b) Berechne die Oberfläche und das Volumen.

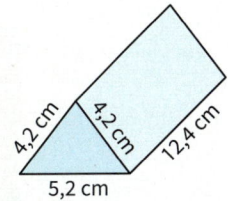

4,2 cm   4,2 cm   12,4 cm
5,2 cm

5. Ein quaderförmiges Aquarium hat eine Grundfläche von $2\,800\,cm^2$ und eine Höhe von 0,5 m. Wie viel Liter Wasser enthält das Aquarium, wenn es zu 95 % gefüllt ist?

6. Auf einem Glücksrad gibt es mehrere rote, blaue und grüne Abschnitte. Die einzelnen Abschnitte sind gleich groß.
a) Zeichne ein solches Glücksrad, sodass jede Farbe die gleiche Wahrscheinlichkeit hat.
b) Zeichne ein solches Glücksrad, sodass die Wahrscheinlichkeit für rot $\frac{1}{2}$ und für blau $\frac{3}{8}$ beträgt.

7. In einen Würfel wird eine zylindrische Öffnung gefräst (Maße in cm).
a) Berechne das Volumen des Körpers.
b) Berechne die Oberfläche des Körpers.

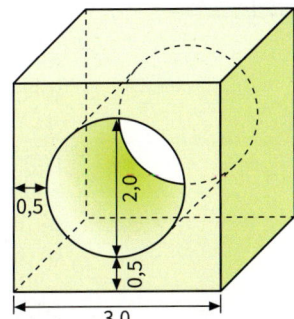

0,5   2,0   0,5
3,0

TOPFIT – VERMISCHTE ÜBUNGEN 5

1. In einer zylinderförmigen Regentonne (Höhe 1 m; Durchmesser 80 cm) sind 100 Liter Wasser.
   a) Wie viel Wasser passt noch hinein?
   b) Wie viel dm² Blech wurden für die Herstellung der Tonne (ohne Deckel) benötigt?
   c) Die Regentonne soll innen und außen neu lackiert werden. Eine Dose Lack fasst 125 mℓ.
   Sie reicht für 1,3 m² und kostet 3,99 €.

2. Maja hat Pythagorasfiguren aus einem rechtwinkligen Dreieck und drei Quadraten gezeichnet.

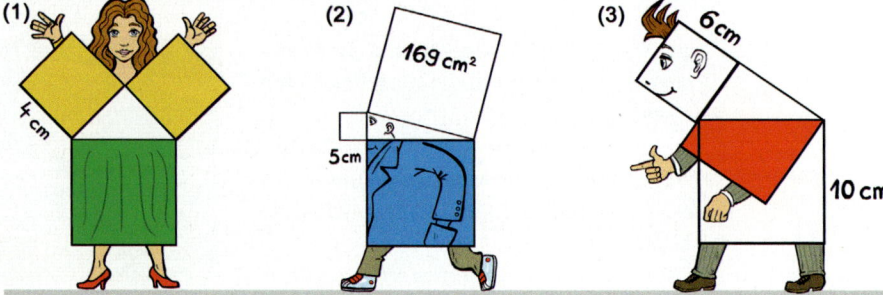

Wie groß ist die
   • gelbe Ärmelfläche;   • Huthöhe;   • rote Ärmelfläche?
   • grüne Rockfläche;   • blaue Jackenfläche;

3.

Tim steht unter einer freistehenden, hohen Tanne, deren Schatten 12,50 m lang ist. Tim selbst ist 1,55 m groß. Er hat ausgemessen, dass bei diesem Sonnenstand sein Schatten 2,50 m lang ist.
Wie hoch ist die Tanne?

4. Aus einer Urne mit drei roten, vier grünen und fünf blauen Kugeln werden nacheinander drei Kugeln gezogen.
   a) (1) Zeichne ein Baumdiagramm für den Fall, dass bereits gezogene Kugeln nicht wieder zurückgelegt werden.
   (2) Wie groß ist die Wahrscheinlichkeit, die drei roten Kugeln zu ziehen?
   (3) Wie groß ist die Wahrscheinlichkeit, dass genau eine rote Kugel dabei ist?
   b) Zeichne ein Baumdiagramm für den Fall, dass bereits gezogene Kugeln wieder zurück-gelegt werden. Wie groß ist jetzt die Wahrscheinlichkeit, drei rote Kugeln zu ziehen?

5. Mias Vater ist im letzten Monat für zwei Wochen mit dem Auto und anschließend für zwei Wochen mit dem Fahrrad durch die Stadt zur neuen Arbeitsstelle gefahren. Er hat jedes Mal die Fahrzeit notiert.
Fahrzeit mit dem Auto (Zeit in Minuten): 28; 25; 29; 27; 25; 22; 23; 21; 25; 25
Fahrzeit mit dem Fahrrad (Zeit in Minuten): 20; 23; 18; 23; 20; 24; 20; 18; 23; 21
   a) Berechne für das Auto und das Fahrrad die durchschnittliche Fahrzeit und die Spannweite.
   b) Erkläre, warum sich die durchschnittliche Fahrzeit des Autos von der des Fahrrades unterscheidet.
   c) Soll Mias Vater zukünftig mit dem Auto oder mit dem Fahrrad zur neuen Arbeitsstelle kommen? Welchen Rat würdest du Mias Vater geben? Begründe.

TOPFIT – VERMISCHTE ÜBUNGEN 6

1. In der Weihnachtszeit wird mitten auf dem Marktplatz ein hoher Weihnachtsbaum aufgestellt. Susanne und Tobias wollen die Höhe bestimmen. Dazu peilen sie die Spitze des Baumes über einen 3 m langen Stab an und messen die in der Zeichnung angegebenen Längen. Wie hoch ist der Weihnachtsbaum?

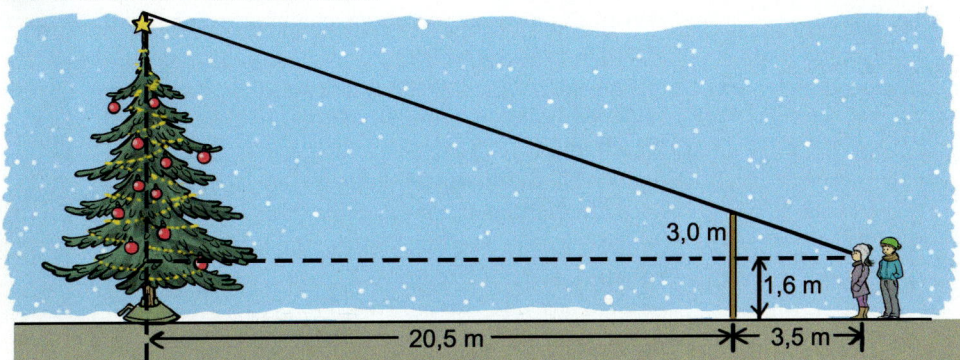

2. Löse das Gleichungssystem.

a) $\begin{vmatrix} 5x - 3y = 56 + y \\ 12x + 16y = 3x \end{vmatrix}$

b) $\begin{vmatrix} 28x + 39 + 3x = 6(y+1) \\ 12y - 4(x+3) = 3(2x+4) \end{vmatrix}$

3. Der Umfang eines rechtwinkligen Dreiecks beträgt 24 cm. Eine Kathete und die Hypotenuse sind zusammen 20 cm lang. Berechne die Längen der Dreieckseiten. Wie groß ist der Flächeninhalt?

4. Es wird mit zwei gleichen Würfeln gewürfelt und die Augensumme ermittelt.
   a) Wie groß ist die Wahrscheinlichkeit, die Augensumme 4 zu werfen?
   b) Welche Augensumme wird am wahrscheinlichsten gewürfelt? Begründe.

5. Eine 9. Klasse hat im Unterricht Körpermodelle gebaut. Die Skizze zeigt das Netz eines solchen Modells.
   a) Welcher Körper wird hier dargestellt? Wie viele Kanten hat dieser Körper?
   b) Zeichne das Körpernetz auf unliniertes Papier. Verwende dabei einen geeigneten Maßstab.
   c) Wie groß ist die Mantelfläche des Körpers?
   d) Berechne Höhe und Flächeninhalt der Grundfläche.
   e) Ermittle das Volumen des Körpers.

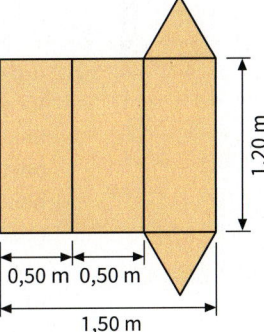

6. Bei den Bundesjugendspielen wurden bei den Mädchen in drei Gruppen folgende Weitsprungergebnisse erzielt:
   Gruppe 1: 2,45 m; 3,65 m; 2,85 m; 4,25 m
   Gruppe 2: 2,60 m; 3,25 m; 4,10 m; 2,85 m
   Gruppe 3: 4,20 m; 2,90 m; 3,15 m; 2,75 m; 4,05 m
   a) Bestimme für jede Gruppe das arithmetische Mittel, den Median und die Spannweite.
   b) Berechne für jede Gruppe die durchschnittliche Abweichung und vergleiche sie.

TOPFIT – VERMISCHTE ÜBUNGEN 7

1. Hannah kauft auf dem Wochenmarkt Äpfel ein. Für 2,850 kg Cox Orange bezahlt sie 3,42 €.

  a) Lisa bezahlt 4,20 €.
  Wie viel kg Cox Orange hat sie gekauft?

  b) Max kauft $1\frac{3}{4}$ kg Äpfel von dergleichen Sorte. Er bezahlt mit einem 10-Euro-Schein.
  Wie viel Wechselgeld bekommt er zurück?

  c) Stelle die Funktion *Gewicht x (in kg)* → *Preis y (in €)* grafisch dar.
  Gib auch die Gleichung der Funktion an.
  Welche Bedeutung hat die Steigung des Graphen?

  d) Frau Reck kauft 15 kg Cox Orange. Sie erhält 5 % Mengenrabatt.
  Wie viel Euro muss sie bezahlen?

2. Tom ist Auszubildender in einer metallverarbeitenden Firma. Beim Praktikum in der Werkstatt der Firma hat er eine zylinderförmige Regentonne (ohne Deckel) herzustellen. Ihr Durchmesser soll 600 mm und die Höhe 950 mm betragen.

  a) Den Boden der Tonne schneidet Tom aus einem 750 mm langen und 650 mm breiten rechteckigen Blech aus.
  Fertige dazu eine Zeichnung in einem geeigneten Maßstab an.

  b) Gib den beim Ausschneiden des Bodens entstehenden Abfall in mm² und cm² an.

  c) Mithilfe einer Vorrichtung kann Tom ein rechteckiges Blech so biegen, dass er es als Mantel am Zylinderboden anschweißen kann.
  Welche Maße muss dieses Blech haben?

  d) Die Tonne schließt Tom an das Fallrohr der Dachrinne an. Nach dem ersten Regen stand das Wasser in der Tonne 66 cm hoch.
  Wie viel Liter passen noch hinein?

  e) Größere Flüssigkeitsmengen werden oft in Hektoliter angegeben.
  Gib das Fassungsvermögen von Toms Regentonne in Liter bzw. Hektoliter an.

3. Auf einem Schulfest kann man an dem Stand der Klasse 9b für einen Einsatz von 0,60 € das Glücksrad zweimal drehen. Bleibt es jedesmal auf demselben Feld stehen, gewinnt man:
bei *Grün/Grün* einen Trostpreis im Wert von 0,25 €,
bei *Gelb/Gelb* einen Sachpreis von 5 € und
bei *Rot/Rot* einen Hauptpreis im Wert von 25 €.
Wer *Blau/Blau* dreht, bekommt den doppelten Einsatz zurück.

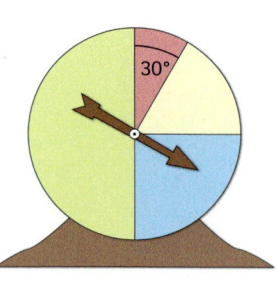

  a) Zeichne ein Baumdiagramm und berechne die Wahrscheinlichkeiten für die möglichen Ergebnisse.

  b) Wie groß ist die Wahrscheinlichkeit, bei diesem Spiel
  (1) zu gewinnen;   (2) nicht zu gewinnen?

  c) Mit welchem Gewinn kann die Klasse durchschnittlich pro Spiel rechnen? Runde geeignet.
  Hinweis: Nimm an, dass 1 000-mal gespielt wird.

  d) Ein Schüler der Klasse behauptet:

  > Wenn wir den Einsatz von 60 Cent auf 80 Cent erhöhen, können wir durchschnittlich pro Spiel mit 20 Cent mehr Gewinn rechnen.

  Hat der Schüler recht?

NEUGESTALTUNG EINES STÄDTISCHEN GRUNDSTÜCKS

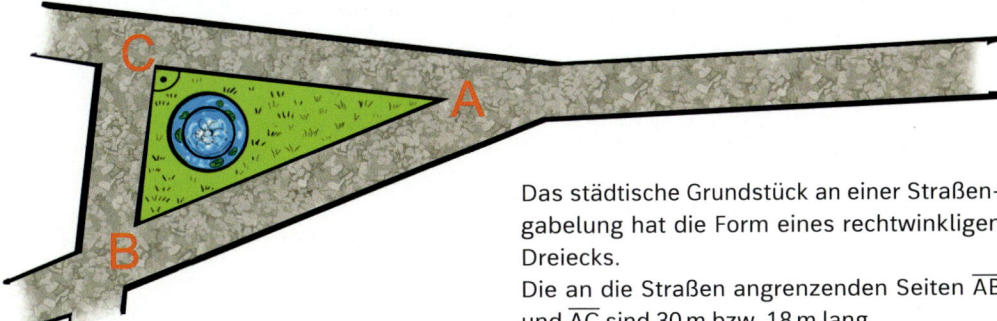

Das städtische Grundstück an einer Straßen-gabelung hat die Form eines rechtwinkligen Dreiecks.
Die an die Straßen angrenzenden Seiten $\overline{AB}$ und $\overline{AC}$ sind 30 m bzw. 18 m lang.

1. Es ist geplant, das Grundstück rundherum mit 40 cm langen Rasenkantensteinen einzufassen. Wie viele Steine werden benötigt?

2. Auf dem Grundstück soll ein kreisringförmiges Blumenbeet angelegt werden.
Der äußere Kreis hat den Radius $r_a = 3,8$ m.
Im inneren Kreis, der einen Radius von 1,3 m hat, ist eine Springbrunnenanlage geplant.

a) Erstelle eine Zeichnung des städtischen Grundstücks und des Blumenbeets in einem geeigneten Maßstab.

b) Das Blumenbeet soll außen mit einer kleinen Buchsbaumhecke eingefasst werden. Man rechnet mit 8 Pflanzen auf 1 m.
Wie viele Buchsbaumpflanzen werden benötigt?

c) Im Frühjahr wird das Blumenbeet mit Begonien und Petunien im Verhältnis von 2 : 5 bepflanzt. Auf 1 m² kommen 16 Pflanzen. Eine Begonie kostet 1,59 €, eine Petunie 0,85 €.
Wie viel Euro kosten die Blumen?

d) Die restliche Grundstücksfläche außerhalb des Blumenbeets wird mit Rasen eingesät.
Wie viel Prozent des gesamten Grundstücks sind das?

3. Das zylinderförmige Springbrunnenbecken hat innen einen Durchmesser von 2,5 m und ist 28 cm tief.
Die Seitenwand ist 5 cm dick.
Der Boden ist 7 cm dick.

a) Wie viel Liter Wasser fasst das Becken?

b) Das Becken besteht aus Beton;
1 cm³ wiegt 2,1 g.

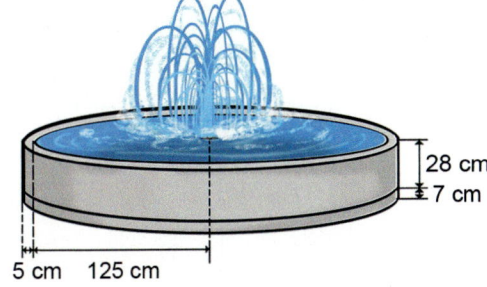

28 cm
7 cm
5 cm   125 cm

[?]

ANHANG

LÖSUNGEN

Bist du fit?

SEITE 39

1. a)

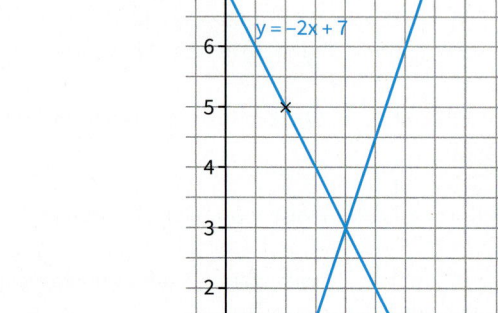

$L = \{(2\,|\,3)\}$

b)

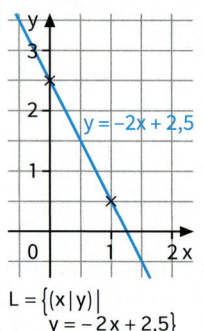

$L = \{(x\,|\,y)\,|\, y = -2x + 2{,}5\}$

c)

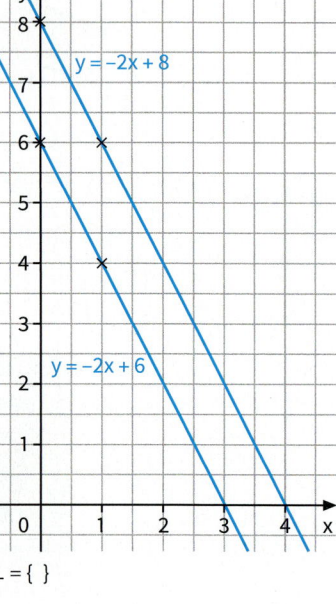

$L = \{\ \}$

2. a) (1) $L = \{(5\,|\,3)\}$ (2) $L = \left\{\left(\frac{11}{5}\,\middle|\,\frac{33}{10}\right)\right\}$ **c)** (1) $L = \{(2\,|\,-4)\}$ (2) $L = \{(3\,|\,5)\}$

b) (1) $L = \{(6\,|\,13)\}$ (2) $L = \{(0\,|\,1)\}$ **d)** (1) $L = \{(-2\,|\,6)\}$ (2) $L = \{(7\,|\,-1)\}$

3. a) $L = \{(1\,|\,7)\}$ **d)** $L = \left\{\left(\frac{1}{3}\,\middle|\,\frac{1}{2}\right)\right\}$ **g)** $L = \left\{(x\,|\,y)\,\middle|\, y = -\frac{2}{3}x + \frac{1}{3}\right\}$

b) $L = \{(-0{,}5\,|\,3)\}$ **e)** $L = \{(x\,|\,y)\,|\, y = 3x - 2\}$ **h)** $L = \{(9\,|\,-3)\}$

c) $L = \{(-2\,|\,1)\}$ **f)** $L = \{\ \}$ **i)** $L = \{(4\,|\,-1)\}$

4. Gasverbrauch (in m³): x; Preis (in €): y
basis: $y = 0{,}70\,x + 5{,}50$
spezial: $y = 0{,}60\,x + 11{,}00$
Bei einem Gasverbrauch von 55 m³ sind beide Tarife gleich teuer. Für geringeren Verbrauch ist der Basistarif günstiger, für höheren Verbrauch der Spezialtarif.

5. Preis für eine Flasche Orangensaft (in €): x; für eine Flasche Limonade: y
$\left|\begin{array}{l} 3x + 4y = 7{,}20 \\ 2x + 3y = 5{,}10 \end{array}\right|$ $L = \{(1{,}20\,|\,0{,}90)\}$

6. Alter von Nina: x; Alter von Eva: y
$\left|\begin{array}{l} x = y + 5 \\ x + y = 39 \end{array}\right|$ $L = \{(17\,|\,22)\}$

SEITE 39

7. erste Zahl: x; zweite Zahl: y

$$\left| \begin{array}{l} 2\,x + y = 22 \\ 4\,x - y = 14 \end{array} \right| \qquad L = \{(6\,|\,10)\}$$

8. Höhe des ersten Darlehens (in €): x; des zweiten Darlehens: y

$$\left| \begin{array}{l} x + y = 150\,000 \\ x \cdot 0{,}04 + y \cdot 0{,}03 = 5\,500 \end{array} \right| \qquad L = \{(100\,000\,|\,50\,000)\}$$

SEITE 75

1. 1 cm ≙ 150 km

    a) 210 km   **b)** 510 km   **c)** 525 km   **d)** 405 km   **e)** 315 km

2.

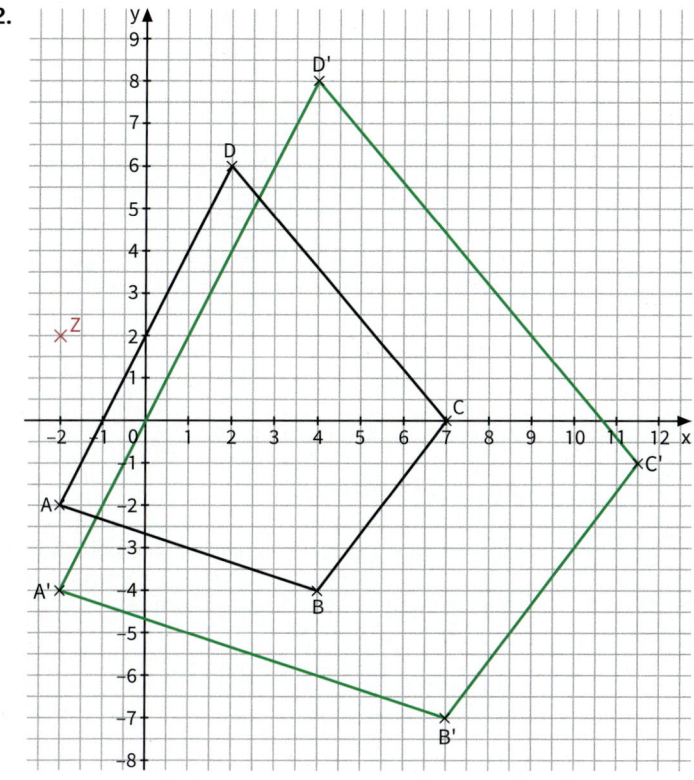

A'(−2|−4);
B'(7|−7);
C'(11,5|−1);
D'(4|8)

3. $\dfrac{x}{16} = \dfrac{19}{24}$; x ≈ 12,67 cm $\dfrac{19}{20} = \dfrac{24}{24 + y}$; y ≈ 1,26 cm

4. Das Längenverhältnis ist 1,5, also das Flächeninhaltsverhältnis $1{,}5^2 = 2{,}25$; $\dfrac{36\,cm^2}{2{,}25} = 16\,cm^2$.

5. $\dfrac{\overline{DE}}{\overline{DE} + 21\,m} = \dfrac{25\,m}{35\,m}$; $\overline{DE} = 52{,}5\,m$

6.

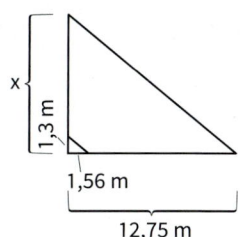

$\dfrac{x}{1{,}3\,m} = \dfrac{12{,}75\,m}{1{,}56\,m}$; x ≈ 10,63 m

SEITE 75

7. a) $\dfrac{\overline{DC}}{\overline{AB}} = \dfrac{\overline{CM}}{\overline{AM}}$ $(\overline{CM} = \overline{DM})$ **b)**

$\overline{DC} \approx 2{,}6\,\text{cm}$

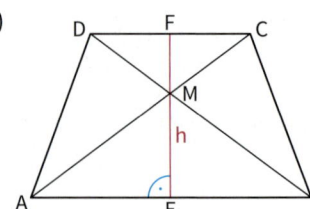

$\dfrac{\overline{ME}}{\overline{MF}} = \dfrac{\overline{AE}}{\overline{CF}} \approx 1{,}73 \approx \dfrac{7}{4}$

M teilt h im Verhältnis von ca. 7:4.

SEITE 105

1. a) 9   **b)** 25   **c)** 50   **d)** 0,4   **e)** 0,1   **f)** $\dfrac{7}{9}$

2. a) 3   **b)** 5   **c)** 10   **d)** $\dfrac{1}{4}$ **e)** 0,1   **f)** 0,5

3. a) $\sqrt{64}$ **b)** $\sqrt{441}$ **c)** $\sqrt{10\,000}$ **d)** $\sqrt{0{,}04}$ **e)** $\sqrt{6{,}25}$ **f)** $\sqrt{\dfrac{9}{16}}$

4. a) 70   **b)** 30   **c)** 0,5   **d)** $\dfrac{11}{13}$

5. Seitenlänge: $\sqrt{841\,\text{m}^2} = 29\,\text{m}$; Zaunlänge: $4 \cdot 29\,\text{m} - 3{,}50\,\text{m} = 112{,}50\,\text{m}$

6. a) 2,236   **b)** 27,404   **c)** 1,1   **d)** 0,513   **e)** 4,380

7. a) $L = \{-19; 19\}$ **b)** $L = \{\ \}$ **c)** $L = \{-2{,}3; 2{,}3\}$ **d)** $L = \{-2\sqrt{5}; 2\sqrt{5}\} = \{-4{,}47; 4{,}47\}$

8. a) $3\sqrt{5}$ **b)** $a\sqrt{5}$ **c)** $\dfrac{1}{5}\sqrt{3}$ **d)** $\dfrac{1}{a}\sqrt{30}$ **e)** $2\,a\sqrt{3}$ **f)** $\dfrac{a}{b}\sqrt{2}$

9. a) $\dfrac{5}{3}\sqrt{3}$ **b)** $\dfrac{3}{2 \cdot 6}\sqrt{6} = \dfrac{1}{4}\sqrt{6}$ **c)** $\dfrac{11 \cdot \sqrt{11}}{3 \cdot 11} = \dfrac{1}{3}\sqrt{11}$ **d)** $\sqrt{x}$ **e)** $\dfrac{a}{z}\sqrt{z}$

10. $A = 22{,}5\,\text{m} \cdot 36{,}0\,\text{m} = 810\,\text{m}^2$; $a = \sqrt{810\,\text{m}^2} \approx 28{,}46\,\text{m}$

11. a) $a = 3{,}5\,\text{cm}$ **b)** $a = \sqrt[3]{324\,\text{cm}^3} \approx 6{,}87\,\text{cm}$ **c)** Flächeninhalt einer Seitenfläche: $112\,\text{cm}^2$; $a \approx 10{,}58\,\text{cm}$

12. a) (1) $12{,}167\,\text{cm}^3$ (2) $42{,}875\,\text{dm}^3$ (3) $\approx 11{,}391\,\text{cm}^3$ (4) $\approx 0{,}002\,\text{m}^3$
  b) (1) $\approx 4{,}64\,\text{cm}$ (2) $10\,\text{cm}$ (3) $\approx 7{,}21\,\text{dm}$ (4) $\approx 1{,}26\,\text{m}$

13. (1) $7 < \sqrt{50} < 8$ (2) $11 < \sqrt{128} < 12$ (3) $2 < \sqrt[3]{25} < 3$ (4) $5 < \sqrt[3]{200} < 6$

SEITE 123

1. a) $c = 100\,\text{cm}$ **b)** $b = 75\,\text{cm}$ **c)** $b = 39\,\text{cm}$ **d)** $r = 28\,\text{m}$

2. a) $x = 4{,}1\,\text{m}$ mit Überstand $4{,}7\,\text{m}$
  b) Kathetenlängen $4\,\text{m}$ und $5{,}50\,\text{m}$; Sparrenlänge $\approx 6{,}8\,\text{m}$

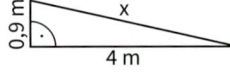

3. $d = \sqrt{(8\,\text{cm}^2) + (5\,\text{cm}^2) + (3{,}5\,\text{cm}^2)} \approx 10{,}1\,\text{cm}$

4. a) $h \approx 2{,}6\,\text{m}$
  b) $V = \dfrac{12\,\text{m} + 3{,}4\,\text{m}}{2} \cdot 2{,}6\,\text{m} \cdot 5\,\text{m} = 100{,}1\,\text{m}^3$

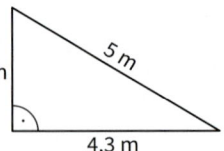

5.

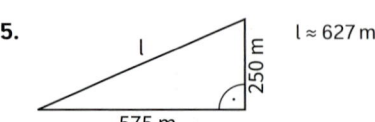

$l \approx 627\,\text{m}$

6. $(7{,}5\,\text{cm})^2 + (18\,\text{cm})^2 = (19{,}5\,\text{cm})^2$ (wahr)
Das Dreieck ist rechtwinklig.

SEITE 143

1. a) $u \approx 29{,}53\,cm$; $A \approx 69{,}4\,cm^2$ **c)** $u \approx 47{,}12\,m$; $A \approx 176{,}71\,m^2$
b) $u \approx 2\,733\,mm$; $A \approx 594\,468\,mm^2$ **d)** $u \approx 1344{,}60\,dm$; $A \approx 143\,872{,}38\,dm^2$

2. $d \approx 3{,}2\,cm$

3. $r = 0{,}9\,m$; $A \approx 2{,}54\,m^2$

4. a) $r \approx 2{,}4\,cm$ **b)** $r \approx 14{,}1\,m$ **c)** $r \approx 0{,}16\,m$ **d)** $r \approx 38{,}1\,cm$

5. a) $A \approx 42{,}07\,cm^2$ **b)** $A \approx 85{,}86\,m^2$ **c)** $A \approx 16\,898{,}63\,mm^2$ **d)** $A \approx 2\,272{,}76\,m^2$
$u_i \approx 28{,}27\,cm$ $u_i \approx 26{,}83\,m$ $u_i \approx 408{,}41\,mm$ $u_i \approx 392{,}07\,m$
$u_a \approx 36{,}44\,cm$ $u_a \approx 42{,}41\,m$ $u_a \approx 615{,}75\,mm$ $u_a \approx 426{,}94\,m$

6. a) $A_\alpha \approx 7{,}64\,cm^2$; $b_\alpha \approx 3{,}1\,cm$ **c)** $\alpha \approx 203{,}7°$; $b_\alpha \approx 21{,}3\,cm$ **e)** $r \approx 20\,cm$; $A_\alpha \approx 520\,cm^2$
b) $A_\alpha \approx 16\,071\,cm^2$; $b_\alpha \approx 373{,}7\,cm$ **d)** $\alpha \approx 79{,}6°$; $A_\alpha \approx 56{,}25\,m^2$ **f)** $r \approx 6\,cm$; $\alpha \approx 143°$

7. (1) großer Halbkreis: kleiner Halbkreis: (2) $r_1 = 2{,}5\,cm$; $r_2 \approx 2\,cm$
$r_1 = 2{,}5\,cm$; $A_1 \approx 9{,}82\,cm^2$ $r_2 = 1{,}5\,cm$; $A_2 \approx 3{,}53\,cm^2$ $A \approx 7{,}07\,cm^2$

$\frac{u_1}{2} \approx 7{,}85\,cm$ $\frac{u_2}{2} \approx 4{,}71\,cm$ $u \approx 28{,}27\,cm$

Gesamtfläche: $A \approx 13{,}35\,cm^2$ $u = 14{,}56\,cm$

8. a) $r_a = 23{,}2\,m$; $r_i = 16\,m$; $A_{Ring} = A_{außen} - A_{innen} \approx 1\,690{,}93\,m^2 - 804{,}25\,m^2 = 886{,}68\,m^2$
b) $d = 32\,m + 2 \cdot 3{,}6\,m = 39{,}2\,m$; $u = \pi \cdot d = \pi \cdot 39{,}2\,m = 123{,}2\,m$

SEITE 159

1. a) (1) $V \approx 351{,}86\,cm^3$ **b)** (1) $r \approx 2{,}63\,cm$; $V = 141{,}7\,cm^3$ **c)** (1) $h \approx 2{,}64\,cm$; $V = 95{,}88\,cm^3$
(2) $O \approx 276{,}46\,cm^2$ (2) $O \approx 151{,}18\,cm^2$ (2) $O = 128{,}03\,cm^2$

2. a)

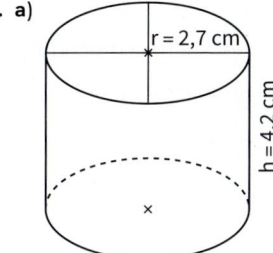 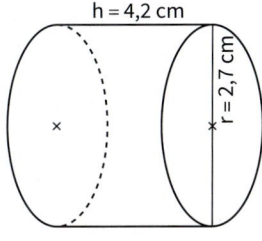

b) (verkleinert)

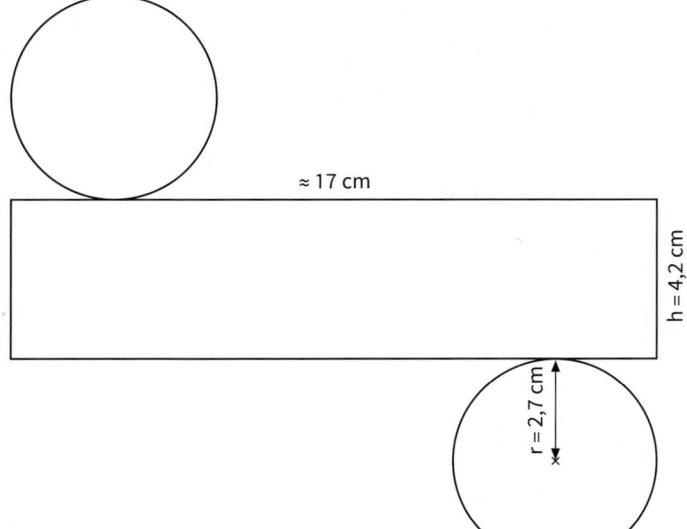

SEITE 159

2. c) $O \approx 117{,}1\,cm^2$; $V \approx 96{,}2\,cm^2$
d) (1) Es wird um 30 % größer.
(2) Es wird um 44 % größer. Die Grundfläche vergrößert sich um den Faktor $(1{,}2)^2 = 1{,}44$.

3. $V \approx 455{,}53\,cm^3$

4. a) (1) $h \approx 19{,}5\,cm$ (2) $h \approx 26{,}5\,cm$ (3) $h \approx 11{,}8\,cm$
b) (1) $r \approx 4{,}3\,cm$ (2) $r \approx 5{,}5\,cm$ (3) $r \approx 6{,}3\,cm$

5. (1) $h \approx 25{,}5\,cm$;   (2) $h \approx 11{,}8\,cm$;   (3) $h \approx 8{,}1\,cm$

6. $V \approx 10\,103{,}4\,cm^3$; Gewicht $\approx 73{,}75\,kg$

7. Annahmen: Der Käse ist zylinderförmig. Höhe ca. 0,8 m; Radius ca. 1,5 m. $V = 5{,}65\,m^3$

8. a) $V \approx 274{,}92\,cm^3$, also wiegt der Ständer $\approx 2{,}36\,kg$
b) $O \approx 144\,cm^2 + 2 \cdot 144\,cm^2 + 62{,}83\,cm^2 = 494{,}83\,cm^2$

SEITE 183

1. Helen: $P = \frac{1}{6}$; Lutz: $P = \frac{3}{6}$; Luzi: $P = \frac{3}{6}$; Julius $P = \frac{4}{6}$
Die Aussage von Julius ist am wahrscheinlichsten.

2. a) (1) Die Zahl ist ungerade: $\overline{E} = \{1; 3; 5; 7; 9; 11; 13; 15\}$; $P(E) = \frac{1}{2}$
(2) Die Zahl ist größer oder gleich 14: $\overline{E} = \{14; 15; 16\}$; $P(E) = \frac{13}{16}$
(3) Die Zahl ist durch 3 teilbar: $\overline{E} = \{3; 6; 9; 12; 15\}$; $P(E) = \frac{11}{16}$
(4) Die Zahl ist einstellig und gerade: $\overline{E} = \{2; 4; 6; 8\}$; $P(E) = \frac{3}{4}$
b) Wahrscheinlichkeit: $\frac{16 \cdot 15 \cdot 14}{16 \cdot 16 \cdot 16} = \frac{105}{128} \approx 82\,\%$

3. a) Es sind 36 Ergebnisse möglich: $(1|1), (1|2), (1|3), (1|4), (1|5), (1|6)$
$(2|1), (2|2), (2|3), (2|4), (2|5), (2|6)$
$(3|1), (3|2), (3|3), (3|4), (3|5), (3|6)$
$(4|1), (4|2), (4|3), (4|4), (4|5), (4|6)$
$(5|1), (5|2), (5|3), (5|4), (5|5), (5|6)$
$(6|1), (6|2), (6|3), (6|4), (6|5), (6|6)$
b) Julian: günstige Ergebnisse $E = \{(1|1), (2|2), (3|3), (4|4), (5|5), (6|6)\}$
Gewinnwahrscheinlichkeit: $P = \frac{1}{6} \approx 16{,}6\,\%$
Jannis: günstige Ergebnisse $E = \{(1|3), (2|4), (3|5), (4|6), (3|1), (4|2), (5|3), (6|4)\}$
Gewinnwahrscheinlichkeit: $P = \frac{2}{9} \approx 22{,}2\,\%$

4.

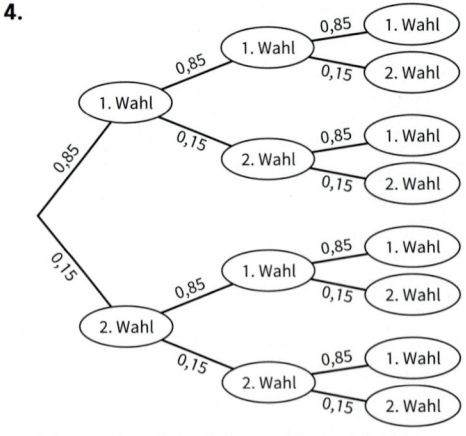

(1) $P = 0{,}85 \cdot 0{,}85 \cdot 0{,}85 \approx 0{,}6141 = 61{,}41\,\%$
(2) $P = 0{,}15 \cdot 0{,}85 \cdot 0{,}85 + 0{,}85 \cdot 0{,}15 \cdot 0{,}85 + 0{,}85 \cdot 0{,}85 \cdot 0{,}15 = 0{,}85^2 \cdot 0{,}15 \cdot 3 \approx 0{,}3251 = 32{,}51\,\%$

SEITE 183

5. (1) Ergebnisse: (R|G|B), (R|B|G), (G|R|B), (G|B|R), (B|R|G), (B|G|R)

mit der Wahrscheinlichkeit von je $\frac{1}{6} \cdot \frac{1}{3} \cdot \frac{1}{2} = \frac{1}{36}$

$P(E) = 6 \cdot \frac{1}{36} = \frac{1}{6} \approx 16{,}7\,\%$

(2) Die 6 Ergebnisse von (1) haben jeweils die Wahrscheinlichkeit $\frac{1}{6} \cdot \frac{2}{5} \cdot \frac{3}{4} = \frac{1}{20}$

$P(E) = 6 \cdot \frac{1}{20} = \frac{3}{10} = 30\,\%$

Die Gewinnchancen sind bei (2) fast doppelt so groß.

6.

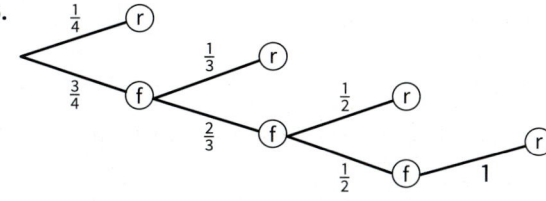

(1) $\frac{1}{4}$

(2) $\frac{1}{4} + \frac{3}{4} \cdot \frac{1}{3} = \frac{1}{2}$

(3) $\frac{3}{4} \cdot \frac{2}{3} \cdot \frac{1}{2} + \frac{3}{4} \cdot \frac{2}{3} \cdot \frac{1}{2} \cdot 1 = \frac{1}{2}$

SEITE 207

1. (1)

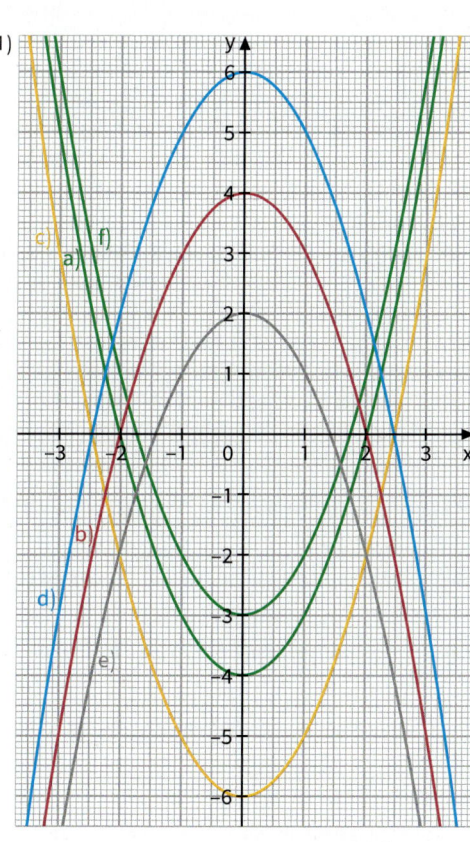

a) (2) −2; 2
   (3) −2; 2

b) (2) −2; 2
   (3) −2; 2

c) (2) −2,4; 2,4
   (3) $-\sqrt{6} \approx -2{,}45$; $\sqrt{6} \approx 2{,}45$

d) (2) −2,4; 2,4
   (3) $-\sqrt{6} \approx -2{,}45$; $\sqrt{6} \approx 2{,}45$

e) (2) −1,4; 1,4
   (3) $-\sqrt{2} \approx -1{,}41$; $\sqrt{2} \approx 1{,}41$

f) (2) −1,7; 1,7
   (3) $-\sqrt{3} \approx -1{,}73$; $\sqrt{3} \approx 1{,}73$

SEITE 207

2.

x	−3	−2	−1	0	1	2	3
a) f(x)	16	6	0	−2	0	6	16
b) f(x)	20	10	4	2	4	10	20
c) f(x)	14,5	7	2,5	1	2,5	7	14,5
d) f(x)	−12,5	−5	−0,5	1	−0,5	−5	−12,5
e) f(x)	7,75	4	1,75	1	1,75	4	7,75
f) f(x)	2,1	0,1	−1,1	−1,5	−1,1	0,1	2,1

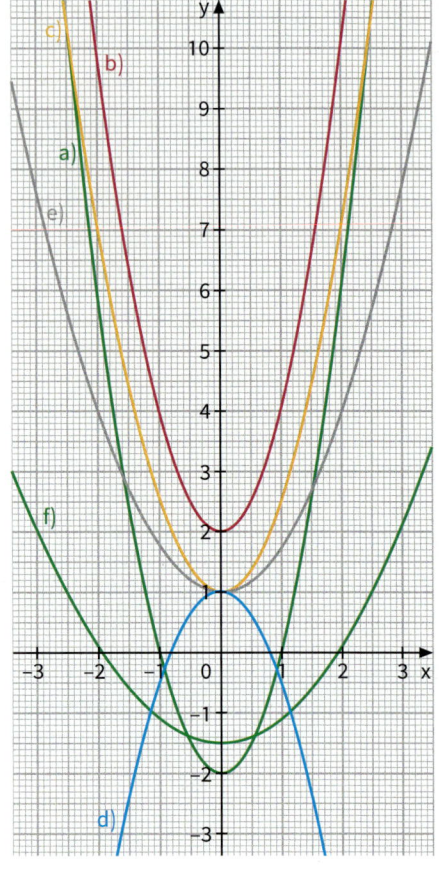

3. a) $f(x) = x^2 + 1$　　　　**b)** $f(x) = \frac{1}{2}x^2 - 2$　　　　**c)** $f(x) = -2x^2 + 4$　　　　**d)** $f(x) = -\frac{3}{2}x^2$

4. a) (1) Streckung mit dem Faktor 4; Verschiebung um 2 Einheiten nach oben
　　　(2) $S(0\,|\,2)$
　　　(3) keine Nullstellen
　b) (1) Streckung mit dem Faktor 1,75; Verschiebung um 2 Einheiten nach oben
　　　(2) $S(0\,|\,2)$
　　　(3) keine Nullstellen
　c) (1) Streckung mit dem Faktor 2,5; Verschiebung um 1 Einheit nach unten
　　　(2) $S(0\,|\,-1)$
　　　(3) Nullstellen: $-\sqrt{0,4}$ und $\sqrt{0,4}$
　d) (1) Streckung mit dem Faktor 5,5; Spiegeln der Parabel an der x-Achse; Verschiebung um 10 Einheiten nach oben
　　　(2) $S(0\,|\,10)$
　　　(3) Nullstellen: $-\sqrt{\frac{20}{11}}$ und $\sqrt{\frac{20}{11}}$
　e) (1) Streckung mit dem Faktor 4; Spiegeln der Parabel an der x-Achse; Verschiebung um 1 Einheit nach unten
　　　(2) $S(0\,|\,-1)$
　　　(3) keine Nullstellen
　f) (1) Stauchung mit dem Faktor 0,01; Verschiebung um 0,1 Einheiten nach unten
　　　(2) $S(0\,|\,-0,1)$
　　　(3) Nullstellen: $-\sqrt{10}$ und $\sqrt{10}$

5. a) $L = \{-\sqrt{2}\,;\,\sqrt{2}\}$　　　　**b)** $L = \{-\sqrt{6}\,;\,\sqrt{6}\}$　　　　**c)** $L = \{-10\,;\,10\}$

6. a) $s = \frac{64}{7}\,m \approx 9,14\,m$　　　　**b)** $v = \sqrt{35}\,\frac{m}{s} \approx 5,92\,\frac{m}{s}$　　　　**c)** $8\,\frac{m}{s} = 28,8\,\frac{km}{h}$; $5,92\,\frac{m}{s} \approx 21,3\,\frac{km}{h}$

Bist du topfit?

SEITE 208

1.

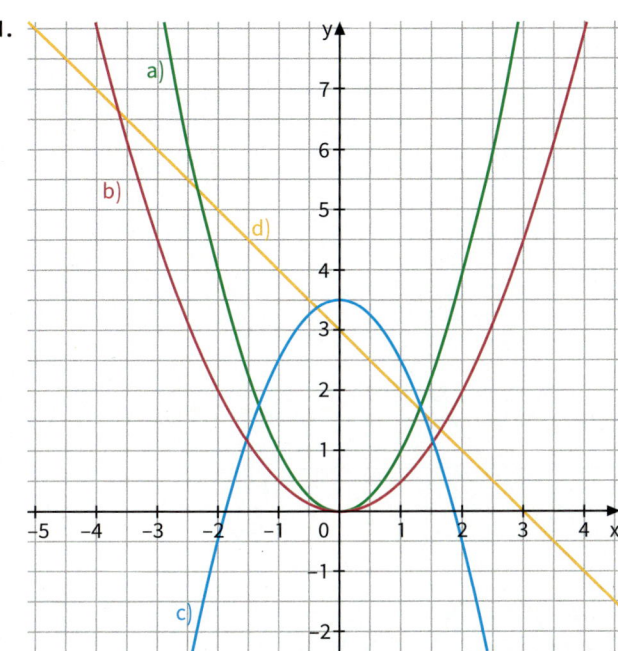

2. $57{,}8\,\text{cm}^2 = (a - x) \cdot a = (5x - x) \cdot 5x = 20x^2; \; x = 1{,}7\,\text{cm}; \; a = 8{,}5\,\text{cm}$

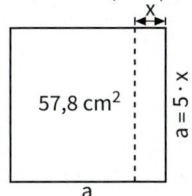

3. a) $r_i = 15\,\text{mm}, \; r_a = 18\,\text{mm}, \; l = 3\,000\,\text{mm}$
  $V \approx 933{,}05\,\text{cm}^3; \; \text{Gewicht} \approx 7\,333{,}797\,\text{g} \approx 7{,}33\,\text{kg}$

b) Es reicht, das Gewicht von $1\,\text{cm}^3$ zu vergleichen: $\dfrac{8{,}93\,\text{g}}{7{,}86\,\text{g}} \approx 1{,}136 = 113{,}6\,\%, \; \text{also um} \approx 13{,}6\,\%$

4. a) $A_{\text{Halbkreis}} = \frac{1}{2}\pi \cdot (5\,\text{cm})^2 \approx 39{,}27\,\text{cm}^2; \; A_{\text{Dreieck}} = \frac{1}{2} \cdot 10\,\text{cm} \cdot 5\,\text{cm} = 25\,\text{cm}^2.$
  Die grüne Fläche ist also $\approx 64{,}27\,\text{cm}^2$ groß.

b) Der Flächeninhalt beider roter Flächen beträgt $A_{\text{Halbkreis}} - A_{\text{Dreieck}} \approx 14{,}27\,\text{cm}^2$. Eine rote Fläche ist also
  rund $7{,}14\,\text{cm}^2$ groß.

c) $\overline{AB} = \sqrt{(5\,\text{cm})^2 + (5\,\text{cm})^2} = \sqrt{50\,\text{cm}^2} \approx 7{,}07\,\text{cm}$

5. a)

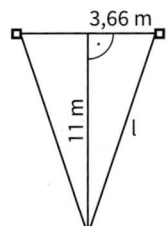

3,66 m   Torbreite: 7,32 m; $l \approx 11{,}59\,\text{m}$

b) $70\,\frac{\text{km}}{\text{h}} \approx 19{,}44\,\frac{\text{m}}{\text{s}}; \; \dfrac{11{,}59\,\text{m}}{19{,}44\,\frac{\text{m}}{\text{s}}} \approx 0{,}6\,\text{s}$

SEITE 208

6. a) $V = 2 \cdot (7{,}7\,\text{m})^2 \cdot \pi \cdot 7\,400\,\text{m} \approx 2\,756\,722{,}4\,\text{m}^3$

b) $140{,}22\,\text{m}$

c) Täglicher Abtransport von ca. $3\,400\,\text{m}^3$ Erde; entspricht ungefähr 170 Lkw-Ladungen ($20\,\text{m}^3$ pro Ladung). (27 Monate mit 30 Tagen)

SEITE 209

1. a) $x = 8{,}4\,\text{m}$ **b)** Länge des Sees $= \sqrt{(430\,\text{m})^2 - (250\,\text{m})^2} \approx 350\,\text{m}$

2.

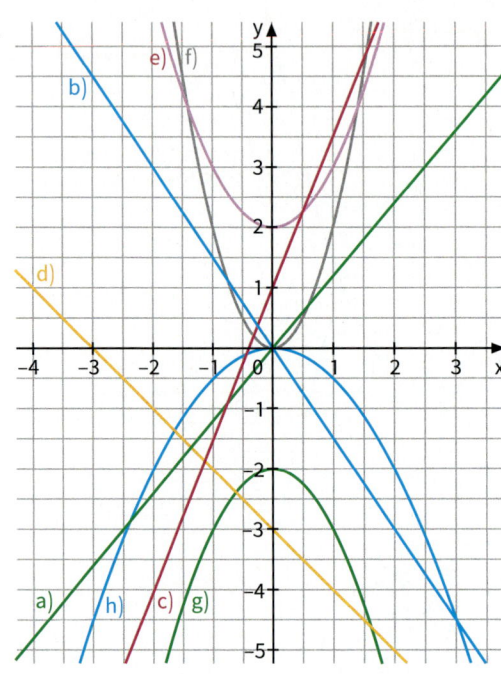

3. a) $f(x) = 2x - 1$ **b)** $f(x) = x^2 - 2$ **c)** $f(x) = \frac{1}{2}x^2$ **d)** $f(x) = -x^2$

4. a) $2{,}646$ **b)** $3{,}464$ **c)** $3{,}302$ **d)** $1{,}119$ **e)** $0{,}089$ **f)** $35{,}468$

5. a) Breite des Mannes auf dem Bild: $0{,}3\,\text{cm}$
Breite des Baumes auf dem Bild: $6{,}5\,\text{cm}$
Breite des Mannes in der Wirklichkeit: ca. $55\,\text{cm}$
Damit hat der Baum einen Durchmesser von ca. $12\,\text{m}$.
Der Umfang des Baumes ist $u = \pi \cdot d \approx 37{,}7\,\text{m}$.

b) –

6. $a = \sqrt[3]{3\frac{3}{8}\,\text{dm}^3} = \sqrt[3]{\frac{27}{8}\,\text{dm}^3} = \frac{3}{2}\,\text{dm} = 1\frac{1}{2}\,\text{dm}$; $O = 6 \cdot \left(1\frac{1}{2}\,\text{dm}\right)^2 = 13\frac{1}{2}\,\text{dm}^2$

SEITE 210

1. a) $x \approx 2{,}9\,\text{cm}$ **b)** $x \approx 4{,}7\,\text{cm}$; $y \approx 8{,}8\,\text{cm}$

2. (1) B   (2) B   (3) A   (4) C

3. a) $P_1(1|1)$ $P_2(-1|-5)$ $P_3(5|13)$ $P_4\left(-\frac{3}{2}\middle|-6{,}5\right)$ $P_5\left(\frac{2}{3}\middle|0\right)$

b) $P_1(1|0{,}3)$ $P_2(-1|0{,}3)$ $P_3(5|7{,}5)$ $P_4\left(-\frac{3}{2}\middle|0{,}675\right)$ $P_5(0|0)$

c) $P_1(1|-9)$ $P_2(-1|-9)$ $P_3(5|15)$ $P_4\left(-\frac{3}{2}\middle|-7\frac{3}{4}\right)$ $P_5\left(-\sqrt{10}\middle|0\right)$ und $P_6\left(\sqrt{10}\middle|0\right)$

4. a) $L = \{(-2|3)\}$ **b)** $L = \{(10|39)\}$ **c)** $L = \left\{\left(1\frac{3}{4}\middle|\frac{1}{4}\right)\right\}$

5. Der Baum ist ca. $9{,}98\,\text{m}$ hoch.

6. a)

	arithmetisches Mittel	Median	Spannweite
9a	$\frac{74}{20} = 3,7$	$\frac{4+4}{2} = 4$	$6 - 2 = 4$
9b	$\frac{69}{20} = 3,45$	$\frac{4+4}{2} = 4$	$6 - 1 = 5$
9c	$\frac{64}{20} = 3,2$	$\frac{3+3}{2} = 3$	$5 - 1 = 4$

b) Die Klasse 9c hat am besten abgeschnitten, da arithmetisches Mittel und Median am besten sind.

7. a) 5   **b)** 0,1   **c)** 11   **d)** 300   **e)** 8   **f)** 12

8. 2 Umdrehungen

9. a) $x = -0,8$ **c)** $x_1 = 2,5$ und $x_2 = -2,5$ **e)** $x_1 = 2$ und $x_2 = -2$
    b) $x = -2,4$ **d)** $x_1 = \frac{1}{\sqrt{2}}$ und $x_2 = -\frac{1}{\sqrt{2}}$ **f)** $x_1 = \sqrt{3}$ und $x_2 = -\sqrt{3}$

1. (5) 1,41 m

2. a) 12   **b)** 13   **c)** n. l.   **d)** 5   **e)** 3   **f)** 4   **g)** 1,1   **h)** 0,5

3. Entfernung Tim vom Punkt A: 143 m
Das Dreieck Tim, A, B ist ähnlich zum Geodreieck und deshalb auch gleichschenklig; damit auch $\overline{AB} = 143$ m.

4. a) (verkleinert)

b) $G \approx 8,58\,\text{cm}^2$
$O \approx 185,79\,\text{cm}^2$
$V \approx 106,40\,\text{cm}^3$

5. 133 ℓ

6. a) z. B. 2 rote Abschnitte zu je 60°
       2 blaue Abschnitte zu je 60°
       2 grüne Abschnitte zu je 60°

b) z. B. 12 rote Abschnitte zu je 15°
       9 blaue Abschnitte zu je 15°
       3 grüne Abschnitte zu je 15°

7. a) $V_{\text{Würfel}} = 27\,\text{cm}^3$
$V_{\text{Zylinder}} \approx 9,4\,\text{cm}^3$
$V \approx 17,6\,\text{cm}^3$

b) 4 quadrat. Seitenflächen: 36 cm²
2 Seitenflächen (Rest): 11,72 cm²
Zylindermantel: 18,85 cm²
Oberfläche: 66,57 cm²

1. a) $\approx 402,7\,ℓ$ (Fassungsvermögen $\approx 502,7\,ℓ$)
    b) 301,6 dm²
    c) Man benötigt 5 Dosen und muss 19,95 € bezahlen.

2. (1) Ärmelfläche: je 16 cm²   (2) Huthöhe: 13 cm   (3) Ärmelfläche: 40 cm²
     Rockfläche: 32 cm²   Jackenfläche: 144 cm²

SEITE 212

3. $\frac{1,55\,m}{2,50\,m} = \frac{x}{12,50\,m}$; $x = 7,75\,m$

4. a) (1) (2) $\frac{1}{220} \approx 0,45\,\%$ (3) $\frac{27}{55} \approx 49,1\,\%$

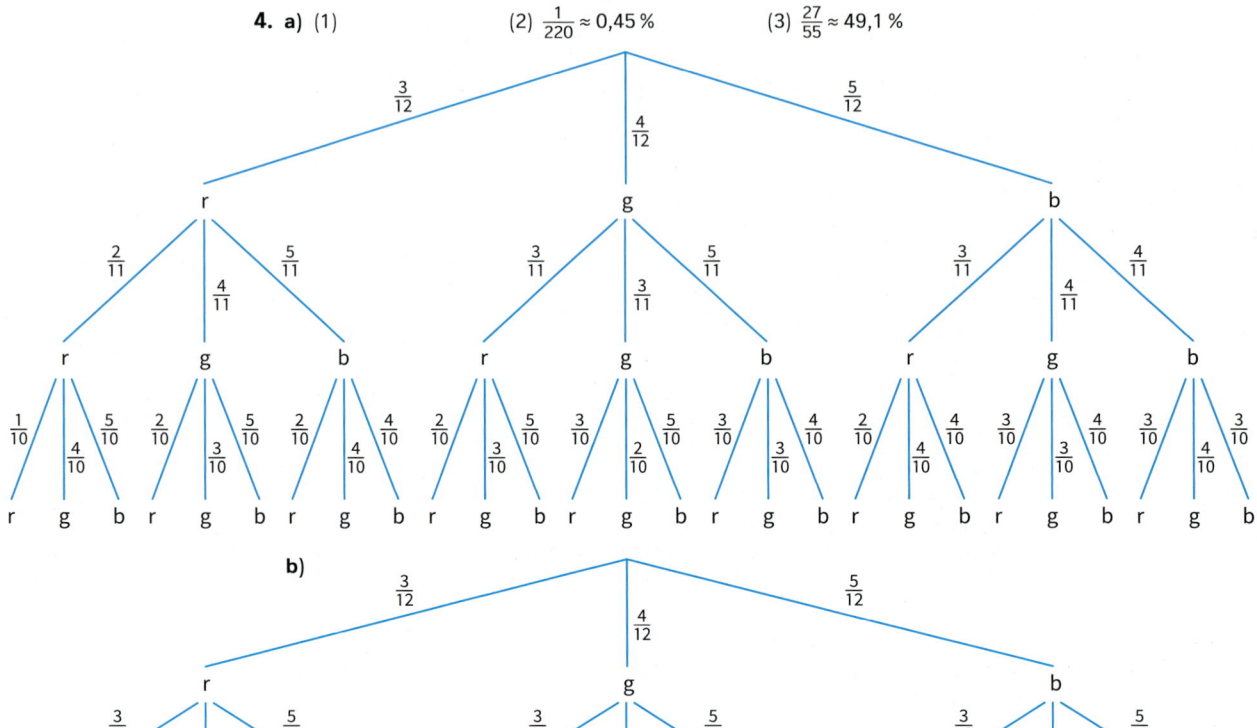

b)

$P(rrr) = \frac{1}{64} \approx 1,6\,\%$

5. a)

	Auto	Fahrrad
durchschnittliche Fahrzeit	$\frac{250\,min}{10} = 25\,min$	$\frac{210\,min}{10} = 21\,min$
Spannweite	29 min – 21 min = 8 min	24 min – 18 min = 6 min

b) Mit dem Auto muss man an mehreren roten Ampeln halten und kann nicht so direkt fahren wie mit dem Fahrrad.

c) Wenn das Wetter gut ist, sollte er mit dem Fahrrad fahren. Das ist umweltschonender und er ist schneller. Außerdem ist es gut für die Gesundheit.

SEITE 213

1. x: Höhe des Baums – 1,6 m;

2. Strahlensatz: $\frac{24\,m}{3,5\,m} = \frac{x}{1,4\,m}$; $x = 9,6\,m$;

9,6 m + 1,6 m = 11,2 m

2. a) $L = \left\{ \left(7\frac{21}{29} ; -4\frac{10}{29} \right) \right\}$ **b)** $L = \left\{ \left(-\frac{21}{26} ; 1\frac{17}{52} \right) \right\}$

3. 9,6 cm; 4 cm; 10,4 cm; $A = 19,2\,cm^2$

SEITE 213

4. a) günstig: (1|3), (2|2), (3|1) von 36 möglichen Ergebnissen

$$P = \frac{3}{36} = \frac{1}{12}$$

b) Für die Augensumme 7 gibt es 6 günstige Ergebnisse, für alle anderen Augensummen weniger.

5. a) dreiseitiges Prisma mit einem gleichseitigen Dreieck als Grundfläche; 9 Kanten
b) –
c) $M = 1,8\,m^2$
d) $h \approx 0,43\,m$; $G \approx 0,1\,m^2$
e) $V \approx 0,12\,m^3$

6. a)

	Gruppe 1	Gruppe 2	Gruppe 3
arithmetisches Mittel	$\frac{13,20\,m}{4} = 3,30\,m$	$\frac{12,80\,m}{4} = 3,20\,m$	$\frac{17,05\,m}{5} = 3,41\,m$
Median	$\frac{2,85\,m + 3,65\,m}{2} = 3,25\,m$	$\frac{2,85\,m + 3,25\,m}{2} = 3,05\,m$	$3,15\,m$
Spannweite	$4,25\,m - 2,45\,m = 1,80\,m$	$4,10\,m - 2,60\,m = 1,50\,m$	$4,20\,m - 2,75\,m = 1,45\,m$

b)

	Abweichung vom arithmetischen Mittel				durchschnittliche Abweichung
Gruppe 1	0,85 m	0,35 m	0,45 m	0,95 m		$\frac{2,60\,m}{4} = 0,65\,m$
Gruppe 2	0,60 m	0,05 m	0,90 m	0,35 m		$\frac{1,90\,m}{4} = 0,475\,m$
Gruppe 3	0,79 m	0,51 m	0,26 m	0,66 m	0,64 m	$\frac{2,86\,m}{5} = 0,572\,m$

Die Gruppe 2 hat die geringste durchschnittliche Abweichung.

SEITE 214

1. a) 3,5 kg   **b)** 7,90 €   **c)** $y = 1,2\,x$: Preis pro kg   **d)** 17,10 €

2. a) –
b) $204\,757\,mm^2 \approx 2\,048\,cm^2$
c) Länge 1 885 mm; Breite 950 mm
d) ≈ 82 Liter
e) 269 ℓ bzw. 2,69 hℓ ($V \approx 268,6\,ℓ$; Füllmenge $\approx 186,6\,ℓ$)

3. a)

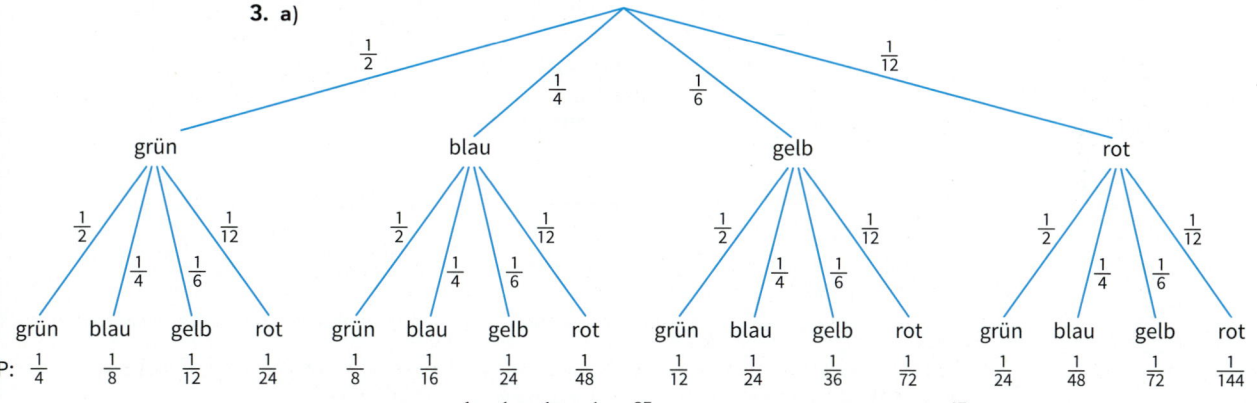

b) (1) $P(\text{Gewinn}) = \frac{1}{4} + \frac{1}{16} + \frac{1}{36} + \frac{1}{144} = \frac{25}{72} \approx 34,7\,\%$; (2) $P(\text{kein Gewinn}) = \frac{47}{72} \approx 65,3\,\%$

c) bei 1 000 Spielen
Einsatz: 600 €
Gewinne: $250 \cdot 0,25\,€ + 62,5 \cdot 1,20\,€ + 27,8 \cdot 5\,€ + 6,94 \cdot 25\,€ = 450\,€$
für die Klasse: 150 €; 150 € : 1 000 = 0,15 € pro Spiel

d) Der Gewinn bei Blau/Blau beträgt jetzt 1,60 €, der Einsatz bei 1 000 Spielen 800 €.
Für die Klasse bleiben 325 €, also 32,5 ct pro Spiel, 17,5 ct mehr.
Er hat nicht recht.

SEITE 215

1. $\overline{BC}$ = 24 m; 180 Steine

2. a)

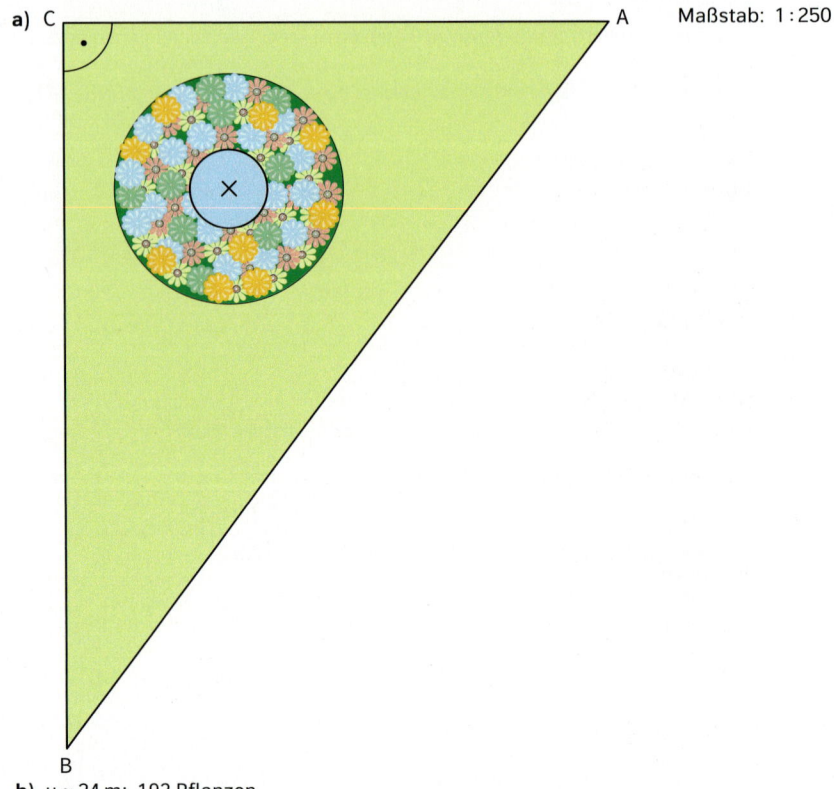

Maßstab: 1 : 250

b) u ≈ 24 m; 192 Pflanzen
c) A_{Ring} ≈ 40 m²; 640 Pflanzen, davon 183 Begonien und 457 Petunien
Gesamtkosten 679,42 €
d) A_{Kreis} ≈ 45,36 m²; $A_{Dreieck}$ = 216 m²; A_{Rasen} ≈ 170,64 m²; 79 % von 216 m²

3. a) V ≈ 1 374 ℓ

b) Volumen des Betons:
V_{Boden} ≈ 371 650,4 cm³
V_{Ring} ≈ 112 154,9 cm³
Gewicht des Beckens ≈ 1 016 kg

EINHEITEN

Längen

10 mm	= 1 cm
10 cm	= 1 dm
10 dm	= 1 m
1 000 m	= 1 km

Flächeninhalte

100 mm²	= 1 cm²		100 m²	= 1 a
100 cm²	= 1 dm²		100 a	= 1 ha
100 dm²	= 1 m²		100 ha	= 1 km²

Die Umwandlungszahl ist 100.

Volumen

1 000 mm³	= 1 cm³		1 cm³	= 1 mℓ
1 000 cm³	= 1 dm³		1 dm³	= 1 ℓ
1 000 dm³	= 1 m³		1 000 mℓ	= 1 ℓ

Die Umwandlungszahl ist 1 000.

Zeitspannen

60 s	= 1 min
60 min	= 1 h
24 h	= 1 d

Gewichte

1 000 mg	= 1 g
1 000 g	= 1 kg
1 000 kg	= 1 t

Die Umwandlungszahl ist 1 000.

MATHEMATISCHE SYMBOLE

Zahlen

$a = b$	a gleich b
$a \neq b$	a ungleich b
$a < b$	a kleiner b
$a > b$	a größer b
$a \mid b$	a ist Teiler von b
$a \nmid b$	a ist nicht Teiler von b
$a \approx b$	a ungefähr gleich (rund) b
$a + b$	Summe aus a und b; a plus b
$a - b$	Differenz aus a und b; a minus b
$a \cdot b$	Produkt aus a und b; a mal b
$a : b$	Quotient aus a und b; a durch b
a^n	Potenz aus Basis (Grundzahl) a und Exponent (Hochzahl) n; a hoch n
$\frac{a}{b}$	Bruch mit dem Zähler a und dem Nenner b
$\lvert a \rvert$	Betrag von a
$\sqrt{a}$	Quadratwurzel aus a $(a \geq 0)$
$\sqrt[3]{a}$	Kubikwurzel aus a $(a \geq 0)$
$p\,\%$	p Prozent
$\mathbb{N}$	Menge der natürlichen Zahlen
$\mathbb{Z}$	Menge der ganzen Zahlen
$\mathbb{Q}$	Menge der rationalen Zahlen
$\mathbb{R}$	Menge der reellen Zahlen

Geometrie

AB	Verbindungsgerade durch die Punkte A und B; Gerade durch A und B
$\overline{AB}$	Verbindungsstrecke der Punkte A und B; Strecke mit den Endpunkten A und B
$\overrightarrow{AB}$	Halbgerade mit dem Anfangspunkt A, der durch B verläuft
$g \parallel h$	Gerade g ist parallel zu Gerade h
$g \nparallel h$	Gerade g ist nicht parallel zu Gerade h
$g \perp h$	Gerade g ist senkrecht zu Gerade h
$P(x \mid y)$	Punkt P mit den Koordinaten x und y
ABC	Dreieck mit den Eckpunkten A, B und C
$ABCD$	Viereck mit den Eckpunkten A, B, C und D
$\sphericalangle PSQ$	Winkel mit dem Scheitel S und den Schenkeln $\overrightarrow{SP}$ und $\overrightarrow{SQ}$
$F \cong G$	Figur F ist kongruent zu Figur G
$F \sim G$	Figur F ist ähnlich zu Figur G
h_a	Höhe auf der Seite a

STICHWORTVERZEICHNIS

BILDQUELLENNACHWEIS